KB271414

동북아평화론

동북아시아의 지속 가능한 평화

지은이 **이용식**

법학자이자 경제학자이며, 국제관계 분야의 전문가이다. 1990년대 대한민국 외교통상부에서 근무하였으며, 이후 호주 시드니 대학교와 영국 맨체스터 대학교에서 교수직을 역임했다. 또한 미국 에모리 대학교, 뉴욕 대학교, 코넬 대학교 등에서도 학생들을 가르쳤다. 현재 법경제개발원(Law and Development Institute, USA)을 창립하여 활동하고 있으며, 미국 웨스트 버지니아 대학교 로스쿨의 전임교수로 재직 중이다. 미국 UC 버클리 대학교 경제학과와 영국 케임브리지 대학교 법학부를 졸업하였으며, 케임브리지 대학교에서 박사학위를 취득했다. 아울러, 미국, 유럽, 아시아 등 세계 여러 국가의 정상급 출판사 및 학술 저널을 통해 130여 편의 논문과 저서를 출판하였다. 대표적인 저서로는 *Sustainable Peace in Northeast Asia* (Anthem Press, 2023), *Law and Development: Theory and Practice* (Routledge, 2018, 2022), *Reclaiming Development in the World Trading System* (Cambridge University Press, 2006, 2016), *Microtrade: A New System of Trade Toward Poverty Elimination* (Routledge, 2013) 등이 있다.

동북아평화론 동북아시아의 지속 가능한 평화

이용식 지음

초판 1쇄 발행 2025년 7월 31일

펴낸이 오일주
펴낸곳 도서출판 혜안

등록번호 제22-471호
등록일자 1993년 7월 30일

주소 04052 서울시 마포구 와우산로 35길 3(서교동) 102호
전화 02-3141-3711~2 / **팩스** 02-3141-3710
이메일 hyeanpub@daum.net

ISBN 978-89-8494-754-2 93340

값 28,000 원

동북아평화론

동북아시아의 지속 가능한 평화

이용식 지음

혜안

평화를 위해 노력한 모든 사람,
그리고 우크라이나와 팔레스타인의 전장에서 목숨을 잃은
모든 이들을 추모하며

┃   이용식 교수는 복잡하기로 정평이 나 있는 동북아시아의 안보 환경에 대해 설득력 있는 분석을 제시한다. 저자는 각 역내 국가의 관점에서 현안을 분석하는 독특한 접근방식을 취하고 있다. 특히, 동북아 평화 문제에서 몽골의 기여를 고려한 점은 이 책에 특별한 가치를 더한다. 저자는 동북아 평화를 위한 장기적 해결책으로 제도적 접근의 필요성을 강조하며, 이는 북한을 동북아의 성공에 참여시킬 수 있는 일종의 지역 통합 노력을 의미한다. 그는 규칙에 기반한 동북아 질서의 수립이 중국의 국내 정치 방향에 의해 좌우될 것이라고 보면서도, 미국이 외교적 위험을 감수하고 경제 문제를 주도적으로 해결해야 한다고 강조한다. 이 책은 동북아 지역의 내부 사정을 잘 알고 있는 독자들뿐만 아니라, 이 지역의 문제를 처음 접하는 독자들에게도 유용한 입문서가 될 것이다.

스티븐 해거드 Stephan Haggard (UC 샌디에이고 대학교 글로벌 정책 및 전략 대학원 교수)

┃   이용식 교수의 책은 동북아시아의 정치적, 역사적, 군사적, 경제적 역학에 대해 균형 있고 날카로운 통찰력을 바탕으로 한 최신 분석을 제공한다. 이 책은 포괄적인 분석 범위, 혁신적인 접근방식, 철저한 실증 조사, 그리고 풍부한 정책적 함의를 갖추고 있다. 저자는 전통적인 강대국 중심의 결정론에서 벗어나 북한, 중국, 한국, 일본, 러시아, 몽골 등 6개국에 초점을 맞춘 "인사이드-아웃(inside-out)" 접근법을 도입했다. 그는 지역 역학의 숨겨진 코드를 능숙하게 해석하며, 동북아의 지속 가능한 평화를 위한 설득력 있는 정책적 방향을 제시한다. 이 책은 현대 동북아시아의 갈등과 평화 문제에 관심을 가진 학자, 정책 입안자, 그리고 일반 독자들에게 적극적으로 추천할 만한 가치가 있는 필독서다.

문정인(연세대학교 명예교수)

❚　　이용식 교수의 저서는 일본에 관한 내용을 포함하며, 일본의 정치·경제사, 주변국과의 갈등 관계, 그리고 그 해결 방안을 포괄적이고 정확하면서도 간결하게 서술하고 있다. 이 책은 이 주제를 연구하는 연구자와 학생들에게 필독서로 추천할 만하며, 동아시아 평화를 이루기 위한 훌륭한 입문서이자 실천적 처방전의 역할을 한다.

호시로 히로유키保城廣至(도쿄대학 사회과학연구소 교수)

❚　　이용식 교수의 신간 『동북아평화론』은 동북아시아의 지속적인 지정학적 갈등 상황에 대해 혁신적이고 심층적이며 포괄적인 분석을 제시한다. 특히, 한반도 통일이 동북아시아에 미치는 영향을 데이터에 기반하여 신중하고 철저하게 검토한 그의 연구는 국회 외교통일위원회에서 정책 결정을 위한 귀중한 학문적 통찰력을 제공했다. 또한 위기 상황 속 외부 세력의 영향력, 그들의 정치적·경제적 목표와 전략, 그리고 이들이 동북아시아 내에서 만들어낸 역학에 관한 저자의 분석은 매우 깊은 영감을 준다. 이 책은 학자들뿐만 아니라 정책 입안자들에게도 널리 읽혀야 할 만한 필독서다.

태영호(대한민국 국회 외교통일위원회 전 부위원장, 전 주영 조선민주주의인민공화국 차석대사)

❚　　이용식 교수의 신간 『동북아평화론』은 흥미롭고 혁신적이며 학제 간 접근을 통해 완성된 업적이다. 이 책은 문화적, 역사적, 정치·경제적, 지정학적 요인들을 유기적으로 통합하여 동북아시아의 평화와 정치적 역학을 심도 있게 설명하고 있다. 국제관계학자와 학생들, 동북아에 주목하는 정부 관료들, 그리고 역동적이고 중요한 동북아의 정치와 평화에 관심을 가진 독자들에게 적극적으로 추천할 만한 필독서다.

유광화Guanghua Yu(홍콩대학교 법학부 교수)

❚   이용식 교수의 저서 『동북아평화론』은 동북아 안보 문제에 대한 새로운 접근법
을 제시한다. 많은 학자들이 현재의 지정학적 및 군사적 문제에 초점을 맞춘 전통적
인 관점에서 동북아 문제를 다루는 데 반해, 이 책은 그러한 전통적 접근을 넘어
동북아의 지속 가능한 평화에 영향을 미치는 역사적, 정치적, 경제적, 문화적 요인들
에 대해 폭넓고 심층적인 분석을 제공한다. 이 책은 이러한 혁신적인 접근을 통해
독특한 학술적 기여를 하고 있으며, 정책 입안자, 학자, 학생은 물론 동북아시아의
평화 유지라는 중요한 문제에 관심을 가진 모든 이들에게 추천할 만한 가치가
있는 저작이다.
사할크훈데프 바야스갈란 Bayasgalan Sanallkhundev(몽골국립대학 국제관계 및 행정학 교수)

❚   이용식 교수는 법학자, 법개발학 전문가, 국제법 권위자, 법경제학 전문가,
전임 외교관이자 다수의 대륙에 관한 식견을 갖춘 전문가로서, 동북아시아를 철저히
분석할 수 있는 독보적인 위치에 있다. 그의 폭넓고 깊은 경험과 지식으로 볼
때, 이 책은 학생, 학자, 정책 결정자 및 정책 입안자들이 반드시 읽어야 할 중요한
저작이다. 국제관계 문헌은 흔히 거대한 글로벌 이론에 의해 지배되는 경향이
있으며, 지역 전문가는 종종 특정 국가나 특정 문제에 초점을 맞추는 경우가 많다.
그러나 저자는 이러한 한계를 넘어서 중국, 북한, 한국, 몽골, 일본을 지역적 및
국가별 관점에서 심도 있게 분석하며, 독창적이고 새로운 통찰을 제공한다. 또한
이 책은 지역 동맹, 외교, 무역, 투자 문제에 주요 글로벌 강대국이 미치는 영향을
분석함으로써, 독자들이 글로벌 환경 속에서 동북아시아의 중요성을 깊이 이해할
수 있도록 돕는다. 저자는 동북아의 현재 상황을 이해하는 데 효과적인 역사적
접근법을 활용하며, 독자들에게 다른 곳에서는 쉽게 접할 수 없는 동북아시아의
풍부한 맥락을 제공한다. 동북아 문제의 잠재적인 해결책과 전략에 대한 저자의
접근방식은 폭넓은 지적 기반에 기초하고 있기에 매우 유용하다. 동북아의 복잡한

역학 관계를 흥미롭고 독자의 사고를 자극하는 방식으로 다루었다는 점에서 이 책은 대단히 매력적이다. 이 책은 동북아시아뿐만 아니라 글로벌 이슈에 관심이 있는 모든 독자가 반드시 읽어야 할 필독서이다.

존 파시 John Parsi(루이지애나 주립대학교 로스쿨 교수)

저자는 2023년 영국 앤섬 출판사(Anthem Press)에서 이 책의 원저인 *Sustainable Peace in Northeast Asia*를 출간하였다. 이후 동북아 정세는 급격한 변화를 겪었다. 중국과 미국 간의 경쟁과 대립은 더욱 격화되었고, 북한은 2023년 말 한반도 통일 정책을 폐기하며 남북관계를 "적대적 국가 간 관계"로 규정하였다. 또한 러시아는 북한과의 군사 협력을 강화하였고, 러시아 - 우크라이나 전쟁에 북한군이 참전하기도 했다. 2024년 12월, 한국에서는 예기치 못한 비상계엄과 대통령 탄핵 사태가 발생하며 국내외에 큰 파장을 일으켰다. 한편, 2024년 대선에서 승리하며 다시 백악관에 돌아온 미국의 트럼프 대통령은 전 세계를 상대로 전례 없는 일방주의적인 관세 조치 등 더욱 강경한 미국 중심주의 정책을 예고하고 시행하여 동북아를 비롯한 전 세계의 경제, 무역 질서에 심각한 혼란을 초래하였다. 이러한 국제 정세의 변화를 반영하여, 원저의 내용을 개편하였다.

　동북아시아는 중국, 남북한, 일본, 몽골, 그리고 러시아 남동부의 극동 지방을 포함하는 아시아의 주요 지역으로, 경제적으로 세계에서 가장 활기찬 지역 중 하나이며 다양한 경제적 기회를 제공한다. 그러나 동시에 이 지역은 세계에서 가장 정치적·군사적으로 불안정한 지역 중 하나로, 글로벌 안보에 심각한 위험을 초래하고 있다. 이러한 위험은 2016년부터 2017년까지 북한의 핵 실험과 탄도미사일 발사로 촉발된 북핵 위기로 인해 명확히 드러났다. 2018년 4월 27일 남북한 정상회담과 2018년 6월 12일 미국과 북한의 정상회담을 통해 최악의 시나리오는 피할 수 있었을지 모르지만, 이 지역에는 여전히 상당한 불확실성이 존재하며 군사적 충돌의 위험은 여전히 상존하고 있다.

비록 북핵 위기만큼 극적이거나 외부 세계에 잘 드러나지는 않지만, 동북아시아는 수 세기 전으로 거슬러 올라가는 깊은 역사적 기원을 가진 다양한 정치적·군사적 긴장 상태에 놓여 있다. 역내에서 오랫동안 지속되어 온 독도, 쿠릴열도, 센카쿠열도에서의 영유권 분쟁과 제2차 세계대전 중 벌어진 전쟁범죄에 관한 미해결 문제들은 여전히 민감한 사안으로 남아 있다. 또한 중국의 부상이 초래한 역내 국가 간의 정치적 ·군사적 힘의 불균형, 남북한 대립, 그리고 북한 내부의 정치·경제적 문제로 인한 불안정성은 동북아시아 내 불확실성을 증폭시키는 주요 원인으로 작용하고 있다. 트럼프 대통령의 재선 이후 더욱 강경해진 미국의 일방주의적인 정책은 국제 무역과 경제의 안정성을 해쳐 무역과 상호 의존을 바탕으로 하는 동북아시아의 경제적 질서를 크게 흔들고 있다. 이들 문제는 동북아시아를 불안정하게 하는 잠재적 요인일 뿐 아니라, 그 여파가 전 세계에 상당한 영향을 미칠 가능성도 있다. 동북아의 문제는 역내의 긴장과 갈등이 단순히 지역적 차원을 넘어 국제적 안보와 평화에까지 파급력을 미칠 수 있다는 점에서 주목해야 한다.

이 책은 동북아시아에서 복잡하게 얽혀 있는 갈등의 원인과 그 기저에 있는 정치적, 역사적, 군사적, 경제적 변화의 과정을 면밀히 살펴본다. 더 나아가, 동북아의 문제들이 세계의 정치·경제에 미치는 영향을 논의하며, 이 지역에 항구적인 평화를 이룩하기 위해 가능한 해결책을 모색한다. 특히 중국, 남북한, 일본, 몽골 등 동북아시아 각국의 관점에서 이 지역의 문제를 검토하며, 각국의 역할과 입장을 분석해 주요 사안들에 대한 독창적인 접근법을 제시한다. 이 책은 역사적 맥락과 현대적 도전에 대한 통찰을 바탕으로, 동북아시아의 지정학적 특성과 이를 둘러싼 국제사회의 상호작용을 이해하는 데 기여한다.

동북아시아는 지역 내 국가들만의 문제에 국한되지 않고, 세계 주요 강대국들의 이해관계와도 밀접하게 얽혀 있다. 미국과 러시아와 같은 강대국들은 동맹, 외교, 무역, 투자 네트워크를 통해 이 지역의 정치 및 경제 문제에 깊이 관여하고 있다. 특히, 최근 러시아의 우크라이나 침공은 동북아에서 러시아의 활동과 입지에 중대한 영향을 미쳤다. 우크라이나 전쟁으로 인해 러시아는 이 지역에 배치된 군사 자원을 전장으로 이동해야 했고, 한국과 일본 등 동북아 역내 국가들이 미국과 함께 우크라이나를 지지하며 러시아에 반대하는 입장을 취함으로써 러시아의 외교적 고립이 심화되었다. 국제적인 비난을 받은 우크라이나 침공은 동북아에서 러시아의 정치적 신뢰도에도 심각한 손상을 초래했다. 2024년에는 러시아가 국제적으로 고립된 북한과의 군사 협력을 강화하며, 북한이 우크라이나 전선에 만 명이 넘는 대규모 전투 병력을 파병하는 사태가 발생했다.

남한과 북한은 지난 80여 년간 한반도 통일을 위해 노력해 왔다. 그러나 한국전쟁(1950~1953)은 전쟁 초기 북한이 의도했던 통일을 이루지 못했을 뿐 아니라, 남북한 사이에 깊은 파괴와 불신을 남겼다. 그 이후 수십 년 동안 남북한은 평화와 신뢰를 구축하는 데 실패했으며, 2023년 말에 북한이 통일 정책을 폐기하는 등, 한반도 통일의 전망은 여전히 불확실하다. 그러나 대한민국은 한반도 통일을 포기하지 않고 있으며 남북한 통일을 위한 지속적인 노력은 동북아시아의 정치, 경제, 안보 환경에 상당한 영향을 미칠 것으로 보인다. 이 책은 한반도 통일이

역내에 미치는 영향과 그 정당성, 그리고 실현 가능성을 심도 있게
검토한다. 또한 동북아시아 역내의 역학 관계에서 몽골의 역할을 조명한
다. 인구와 경제적 측면에서 다른 동북아 국가들에 비해 상대적으로
작은 몽골은 이러한 논의에서 자주 제외되어 왔다. 그러나 이 책은
몽골의 외교적 위치와 그 잠재적 기여를 분석하며, 동북아시아의 평화와
안정에 관한 보다 포괄적인 시각을 제공한다.

　19세기는 유럽의 세기, 20세기는 미국이 주도한 세기, 그리고 21세기
는 아시아의 세기라고 언급되어 왔다. 아시아, 특히 동북아시아의 경제적
·정치적 영향력은 최근 수십 년 동안 괄목할 만큼 증가했으며, 이러한
변화는 21세기가 "아시아의 세기"라는 평가에 신빙성을 더하고 있다.
동북아시아의 중요성을 반영하듯 미국과 러시아는 이 지역에 긴밀히
관여해 왔다. 특히, 중국의 부상과 관련된 정치적 긴장의 고조는 중국과
미국, 그리고 미국의 동맹국들 사이에 대립적인 분열을 야기하고 있으며,
그 여파는 동북아를 넘어 세계적으로 확산되고 있다. 북핵 문제는 몇
차례의 정상회담 이후 다소 진정된 것으로 보였으나, 여전히 완전하게
해결되지 않은 상태이다. 이 문제는 언제든 재점화되어 다시 심각한
위기로 발전할 가능성이 있다. 최근 트럼프 정권의 일방주의적인 정책은

미중간의 경쟁과 대립을 넘어서 전통적인 동맹국이었던 미국과 한국, 미국과 일본 사이에서도 갈등과 긴장을 초래할 위험이 있다. 동북아시아는 막대한 경제적 기회와 심각한 정치적·군사적 위험이 공존하고 있다. 이러한 복잡한 상황 속에서 지속 가능한 평화를 달성하기 위해서는 이 책에서 제시하는 새로운 접근법과 패러다임이 그 어느 때보다 절실히 필요하다.

2025년 4월 27일
미국 아틀란타에서 저자 이 용 식

감사의 글

이 책은 여러 고마운 분들의 헌신적인 도움과 지원이 없었다면 세상에 나오지 못했을 것이다. 먼저, 이 책을 저술하는 동안 아낌없는 배려와 격려를 보내준 가족에게 깊은 감사를 드린다. 사랑하는 아내이자 내 학문의 조력자인 문혜성 박사는 이 책의 원고를 여러 번 검토했고 많은 오류를 수정해 주었다. 또한 이 책의 출판을 결정해 주신 도서출판혜안의 관계자 여러분께도 감사의 말씀을 전한다. 아울러, 저술 과정에서 다양한 형태로 도움을 준 여러 조교와 동료들, 그리고 귀중한 평을 제공해 주신 국내외 석학들께도 진심으로 감사드린다. 무엇보다 이 책을 읽어주시는 독자 여러분께 깊은 고마움을 느끼며, 많은 질책을 해 주시기를 바란다.

글싣는 차례

제1장

서론

1.1 동북아시아 : 경제적, 전략적 중요성

1.1.1 동북아시아의 경제적 부상

중국, 남북한, 일본, 몽골, 러시아 남동부를 포함하는 동북아시아는 세계에서 경제적, 전략적으로 가장 중요한 지역 중 하나로 손꼽힌다.

대한민국 서울에서 약 1,200㎞ 이내, 비행시간으로 2시간도 채 걸리지 않는 거리에 세계 인구의 20% 이상과 세계 경제의 약 4분의 1을 차지하는 세 국가(한국, 중국, 일본)의 수도가 있다.[1] 세계 4대 경제 대국 중 2개국(중국과 일본)과 세계 10대 수출국 중 3개국(중국, 일본, 한국)이 있는 동북아시아의 경제적 중요성은 명백하다.[2] 제2차 세계대전이 끝날 무렵, 동북아시아는 세계에서 가장 가난한 지역 중 하나였으며, 전쟁의 여파로 많은 지역이 폐허로 변해 있었다. 그러나 1950년대 시작된 일본의 경제 부흥을 시작으로 역내 국가들은 급속한 경제발전과 성공적인

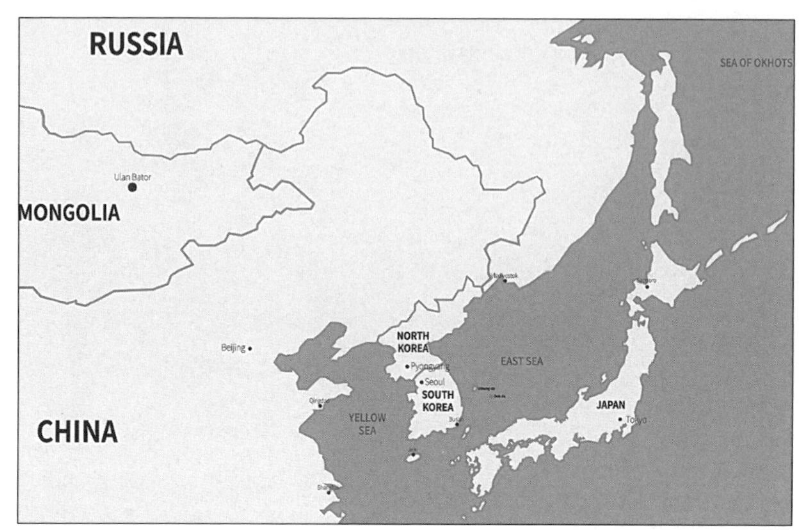

도안 1.1 동북아시아 지도

산업화를 이루어내며 이 지역은 세계 최대의 경제권 중 하나로 부상했다. 한편, 북한은 사회주의 경제체제 하에서 1970년대까지 급속한 경제성장을 이루었지만, 이후 쇠퇴하였고, 1990년대부터 경제적 위기를 겪고 있다.[3] 한국은 1960년대부터 시작된 성공적인 경제개발을 통해 1990년대에 이르러 산업화를 완성하여 경제적 선진국이자 주요 무역국으로 성장했다. 중국은 덩샤오핑鄧小平의 지도력 아래 "사회주의 시장경제"를 도입한 후, 1980년대 이후 경이적인 경제성장을 이루어 2010년에는 미국에 이어 세계 2위의 경제 대국이 되었다. 도안 1.2와 도안 1.3은 1960년대 이후 동북아시아 주요 국가(중국, 일본, 한국)의 경제성장을 미국과 비교하여 보여주고 있다.

동북아시아 지역은 이제 세계의 공장이자 새로운 기술과 혁신의 중심지로 알려져 있다. 철강, 자동차, 조선, 전자(반도체 포함), 화학과 같은 전통적인 제조업 분야에서 동북아 국가들, 특히 중국, 한국, 일본은 전 세계 생산에서 중요한 비중을 차지하고 있다. 2021년 기준으로,

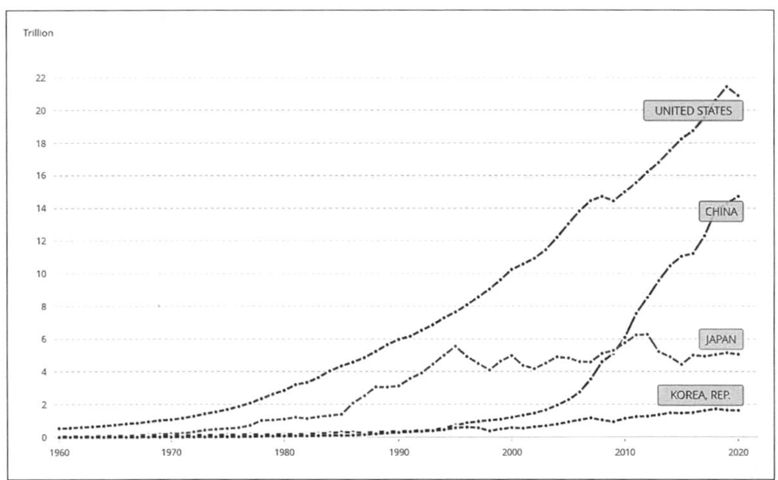

도안 **1.2** 동북아시아 주요국의 국내총생산(GDP) (1960~2020)
(출처 : World Bank, GDP(current US$) - China, Japan, Korea, Rep. United States)

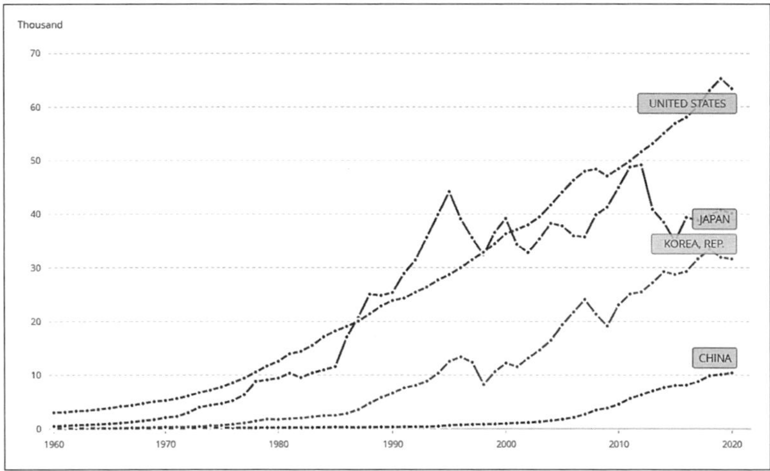

도안 **1.3** 동북아 주요국의 1인당 국내총생산(GDP) (1960~2020)
(출처: World Bank, GDP per capita(current US$) - China, Korea, Rep. Japan, United States)

이 세 나라는 전 세계 철강 공급량의 61% 이상,[4] 전 세계 자동차의 44% 이상,[5] 모든 선박(톤수 기준)의 94% 이상을 생산했다.[6] 전자제품 분야에서도 동북아시아는 매출 기준으로 세계 5대 가전제품 기업이 본사를 두고 활동하고 있다.[7] 특히, 동북아는 반도체 생산에 있어 핵심적인 지역으로, 한국은 전 세계 메모리 반도체 생산량의 70% 이상을 차지하며 이 분야를 주도하고 있다.[8] 이 지역 국가들은 전통적인 제조업 외에도 인공지능(AI), 생명공학, 정보통신기술(ICT) 등 첨단 기술과 산업을 발전시키고 있다. 2025년 1월, 중국의 신생 회사인 딥시크(Deep Seek)가 미국이 주도하고 있는 AI 분야에서 혁신적인 생성형 AI 모델을 출시하여 세상을 놀라게 했다.[9]

동북아시아는 지난 수십 년 동안 급속한 경제발전을 이루었으며, 전 세계 경제성장을 둔화시킨 코로나바이러스 팬데믹(코로나19)에도 불구하고 여전히 역동적으로 성장하는 세계 경제의 중심지로 자리 잡고 있다.[10] 산업화 이전 시대에 동북아시아 경제, 특히 중국은 세계 경제의 3분의 1을 차지할 정도로 중요한 위치에 있었다.[11] 산업혁명 시기에 동북아시아는 경제적으로 서구에 비해 뒤처졌지만, 20세기 후반 성공적인 산업화와 경제성장을 통해 북미, 유럽과 함께 세계 3대 경제권으로 부상했다. 현재 세계 10대 수입국 중 3개국(중국, 일본, 한국)이 동북아에 위치해 있으며, 이 지역은 2022년 기준 이미 유럽연합(EU)과 북미에 이어 세계 3대 수입 시장이다.[12] 따라서 동북아시아의 지속적인 경제성장은 글로벌 경제의 중요한 성장 동력이 될 것이다.

1.1.2 동북아시아의 전략적 중요성

역사적으로 동북아시아는 러시아와 중국을 포함한 대륙 강대국과 미국, 일본을 포함한 아시아·태평양 해양 강국 사이의 최전선을 형성했다.

동북아시아를 장악하는 국가들은 이 지역이 북쪽으로는 유라시아 대륙
으로, 남쪽으로는 태평양과 동남아시아로 가는 관문이기 때문에 중요한
전략적 이점을 누려왔다. 이러한 이유로 제국주의 일본은 1930년대와
1940년대에 아시아·태평양 지역 전체로 제국을 확장하기에 앞서, 먼저
한국을 병합하고 중국 동북부(만주)를 점령했다. 냉전 기간에 공산주의
러시아(구소련)[13]와 중국은 동북아시아, 특히 한반도에서 미국과 대립했
다. 한반도는 냉전 초기에 미국과 소련에 의해 남과 북으로 분단되었다.
동북아시아에서 공산주의의 팽창 시도는 1950년부터 1953년까지 이어
진 한국전쟁에서 절정에 달했으며, 이 전쟁은 유엔 안전보장이사회의
결의에 따라 24개국이 참전하여 공산주의 확산을 저지하려는 국제적
노력이 이루어진 사례였다.[14]

　동북아시아의 이러한 전략적 역학 관계와 세계 강대국들의 지속적인
개입을 고려할 때, 이 지역의 평화를 유지하는 것은 세계 평화를 유지하는
데 필수적임을 시사한다. 동북아시아, 특히 한반도에서는 지난 수십
년 동안 대규모 군사력 증강이 이루어졌다. 비록 러시아가 최근 우크라이
나 전쟁을 위해 이 지역에서 상당한 군사 자원을 철수했지만, 미국과
중국을 포함한 세계 최대 군사 대국들은 여전히 이 지역에서 전략적
군사력을 유지하고 있다. 냉전은 1990년대에 공식적으로 끝났으나,
이 지역에서 여전히 한편에서는 미국, 한국, 일본과 다른 편에서는
중국, 러시아, 북한 간의 정치적 대립이 지속되고 있다. 몽골은 두
집단 사이에서 중립을 유지하려고 노력하고 있다. 국제 무역과 투자를
통해 이들 국가 간 경제적 통합을 강화하는 것은 전면전을 억제하는
요인으로 작용할 수 있다.[15] 그러나 여전히 해결되지 않은 여러 문제로
인해 정치적 갈등과 군사적 충돌의 발생 가능성도 여전히 남아 있다.
국제사회에 많은 우려를 불러일으키고 있는 북핵 문제, 중국의 신장,
티베트, 홍콩, 그리고 대만을 상대로 한 억압적 정책, 남중국해와 동중국

해에서 중국의 팽창 정책, 중국 및 한국과의 정치적 마찰을 심화시키는 일본의 우경화, 그리고 최근 트럼프 행정부의 일방적인 관세 부과 등 자국 우선주의 정책으로 인해 미국과 동북아 각국 간에 초래되는 경제적 긴장과 혼란 등이 이러한 문제들이다.

동북아시아는 글로벌 권력 이동과 미국과 중국의 경쟁이 벌어지는 무대이기도 하다. 경제적, 산업적, 군사적 역량이 성장함에 따라 중국은 미국이 유지해 온 지역적, 국제적 패권에 도전하고 있다.[16] 이 경쟁 속에서 미국과 중국은 동북아시아의 다른 국가들로부터 동맹과 지원을 확보하기 위해 노력해 왔다. 미국의 주요 동맹국인 한국과 일본은 중국 시장에 상당히 의존하고 있다.[17] 이로 인해 두 나라는 민감한 입장에 놓여 있으며, 무역 제재와 같은 중국의 경제적 보복을 유발해 자국의 경제적 입지를 약화시키는 상황을 가급적 피하고자 한다.[18] 한편, 미국은 한국과 일본에 상당한 군사력을 주둔시키며 역내에서 강력한 군사적 존재감을 유지하고 있다. 미중 간 대립의 역사를 감안할 때, 미국과 중국 간의 군사적 충돌 가능성을 완전히 배제할 수 없다. 특히, 미국은 남중국해와 동중국해에 대한 중국의 영유권 주장을 인정하지 않으며, 중국의 대만 침공 시에 대만을 보호하겠다는 의사도 밝혔다.[19] 분쟁이 발생할 경우, 미국과 중국은 분쟁의 범위를 대만과 그 주변 해역으로 제한하려 할 가능성이 높다. 그러나 이 지역 외부의 미국 동맹국들이 분쟁에 개입할 경우, 분쟁이 확대될 가능성도 배제할 수 없다.

이러한 위험의 대표적인 사례가 1950년부터 1953년까지 3년 동안 지속된 한국전쟁이다. 공산주의 국가인 북한이 한반도 전체를 공산주의 통치 아래 두기 위해 일으킨 이 참혹한 전쟁으로 250만 명 이상이 사망했다.[20] 이 전쟁에는 전쟁 당사국인 남북한을 비롯해 미국, 중국, 영국, 프랑스, 캐나다, 호주, 뉴질랜드, 그리스, 터키, 벨기에, 네덜란드, 룩셈부르크, 태국, 필리핀, 남아프리카공화국, 에티오피아, 콜롬비아(이상 전투원으로 참여한 국가들)와 인도, 스웨덴, 노르웨이, 덴마크, 이탈리아, 서독(이상 비전투원으로 참여한 국가들) 등 총 24개국이 참전했다. 한국전쟁은 한반도에 국한되었지만, 연합군 사령관 더글러스 맥아더 장군이 중공군의 진격을 저지하기 위해 핵폭탄 사용을 고려했던 점에서, 전쟁이 제3차 세계대전으로 확산될 가능성도 있었다.[21]

동북아 지역의 경제적 중요성은 이 지역의 전략적 가치를 강화하고 있다. 앞서 논의한 바와 같이, 동북아시아는 산업 생산, 신기술, 무역 및 투자의 중심지가 되었다. 한편 중국의 경제적·정치적 영향력이 크게 증대하면서, 중국의 부상은 미국과 그 동맹국들에게 불안 요소로 작용했다. 이에 따라 2016년 오바마 행정부는 "아시아로의 회귀(Pivot to Asia)"를 선언하고,[22] 아시아·태평양 지역 12개국이 참여한 환태평양경제동반자협정(TPP) 협상을 타결했다.[23] 이후 트럼프 행정부가 TPP에서 탈퇴했지만, 미국을 제외한 11개 회원국들은 환태평양경제동반자협정(CPTPP)을 체결하여 시행하고 있다. 중국도 역내 국가들과의 경제·통상 관계를 강화하기 위해 한중일 3국 자유무역협정(FTA) 협상을 추진했으며, 또한 세계 인구의 3분의 1과 세계 GDP의 30%를 차지하는 15개 아시아·태평양 지역 국가들이 합의하여 체결한 포괄적 지역 경제 동반자 협정(RCEP)에 참여하여 경제적 영향력을 확대하고자 했다.[24]

몽골과 북한은 이러한 FTA에 참여하지 않고 있다. 몽골은 세계무역기구(WTO) 회원국으로 일본과 경제동반자협정을 체결했으나, RCEP나 TPP에는 가입하지 않았다. 몽골은 2021년 기준 국내총생산(GDP)이 151억 달러에 불과한 비교적 작은 경제 규모와 낮은 산업화 수준으로 인해,[25] 최대 무역 상대국이자 주요 투자국인 이웃 중국에 경제적으로 의존하고 있다. 북한은 이 지역에서 또 다른 고립된 국가로, 2021년 기준 경제 규모는 GDP 기준 281억 달러로 몽골보다 크지만, 1인당 소득은 1,085달러에 불과해 세계 최저 수준이다. 제2장에서 자세히 논하겠지만, 국제 경제 제재를 받고 있는 북한은 다른 국가와 경제 및 무역 협정을 추진하는 데 어려움이 있다. 경제적 관점에서 볼 때, 몽골과 북한은 동북아시아의 주변부에 머물러 있다. 두 나라 모두 상당한 광물 자원을 보유하며 경제적 잠재력을 가지고 있지만, 아직 역내에서 경제적으로 중요한 역할을 하지 못하고 있다.[26]

1.2 역사적 맥락

현재 동북아시아의 경제적·정치적 역학 관계는 복잡한 역사적 맥락을 반영하고 있다. 동북아시아에는 중국, 한국, 일본과 같이 수천 년의 역사를 가진 세계에서 가장 오래된 국가들이 존재하며, 이들은 오랜 세월 동안 문화적, 정치적, 경제적으로 상호 교류해 왔다.

그러나 19세기 이후 미국과 러시아와 같은 외부 세력이 동북아시아로 진출하면서 이 지역의 역사적 맥락은 더욱 복잡해졌다. 이러한 외부 세력의 개입은 동북아시아 국가 간의 관계에 새로운 긴장과 갈등을 초래하며, 오늘날까지 지속되는 영향을 남겼다. 따라서 동북아시아의 역내 역학 관계를 올바르게 평가하려면, 이 지역의 역사적 맥락을 이해하는 것이 필수적이다. 이는 현재의 경제적·정치적 관계를 형성한 배경과 그 지속적인 영향을 파악하는 데 필요하다.

1.2.1 팍스 차이나(Pax China)의 해체

동북아시아는 19세기 후반까지 중국의 정치적, 경제적 패권 아래 있었다. 중국은 광활한 영토, 방대한 인구, 유서 깊은 문화, 그리고 이 지역의 다른 어떤 국가와도 비교할 수 없는 경제적 자원을 보유하고 있었기 때문에 동북아 전체에 압도적인 정치적 영향력을 행사할 수 있었다. 이 지역에서 중국과 경쟁했던 다른 민족들은 결국 멸망했다. 예를 들어, 17세기에 성립된 만주족의 국가(아이신구룬 또는 후금, 이후 청나라)는 중국을 정복했으나, 만주 정복자들은 패배한 중국에 동화되었고, 청나라는 중국화 되어 1912년 해체될 때까지 중국의 마지막 왕조로 존재했다. 오랜 세월 동안 중국인들은 중국을 세계의 중심으로 여기며, 우월한 문명과 하늘이 부여한 권위를 통해 모든 인접 국가를 다스리고 지도해야 한다는 중화사상(중화주의)을 가지고 있었다.[27] 역사적으로 보면, 유럽에서 패권을 누리던 로마제국은 멸망했지만, 중국인들이 건설한 제국은 동아시아에 지속적으로 남아 동북아시아의 정치적·문화적 질서를 형성했다.

그러나 19세기 서구 열강의 부상은 중화주의에 기초한 중국의 패권을 붕괴시켰다. 아편전쟁(1839~1842)에서의 중국의 패배는 중국 패권의 종말을 알리는 신호탄이었다. 이후 청일전쟁(1894~1895)에서 일본이 거둔 승리는 중국의 쇠퇴를 명백하게 보여주었으며, 중국은 더 이상 동북아에서 우위를 점할 수 없게 되었다.[28] 19세기 후반, 일본은 서구의 기술을 수용하고, 국가를 개혁하며, 근대적 산업과 군대를 건설하여 성공적으로 근대화를 이룩한 반면, 중국은 개혁을 효과적으로 추진하지 못해 정체 상태에 머물렀다. 1912년 청나라가 멸망하자 중국은 내부 혼란, 내전, 외세의 침략에 휘말렸다. 신생 공화국인 중화민국은 대륙을 완전히 장악하지 못했고, 군벌들이 중국 전역에서 난립하여 영토를 차지했다.[29] 중화민국의 지도자 장제스蔣介石는 북벌을 단행하여 군벌들을 진압했으나, 이어진 일본의 침략과 공산주의자들과의 분쟁으로 인해 중국은 수십 년간 정치적 혼란과 파괴를 겪었다.[30]

그러나 동북아시아에서 중국의 패권이 소멸되었다고 해서 중국이 열강의 식민지가 되지는 않았다. 영국, 프랑스, 독일, 러시아, 일본 등 식민지 열강은 중국 내에 독자적인 조차지와 영향력을 확립했지만, 서구 열강의 식민지로 전락한 인도와 동남아시아 국가들과는 달리 청나라는 1912년 멸망할 때까지 주권을 유지했으며 대부분의 영토를 보존했다. 청나라의 뒤를 이은 중화민국은 18세기 중반 청나라가 정복한 외몽골을 제외한 중국 전역에 걸쳐 주권을 재확립했다. 1921년, 몽골은 러시아의 지원을 받아 독자적인 정부를 수립했다.[31] 중국 지도자들은 초기에 몽골의 독립에 반대했으나, 1945년에 몽골의 독립을 공식적으로 승인했다. 반면, 중국에 더 가까운 내몽골은 독립을 이루지 못하고 중국의 일부로 남았다. 수 세기 동안 중국의 정치적 영향력 아래에 있던 한국은 청일전쟁 이후 잠시 그 영향력에서 벗어났으나, 1910년 일본의 식민지가 되었다.[32]

1.2.2 일본의 부상, 전쟁, 파괴

또 다른 중요한 역사적 맥락은 19세기 후반 일본이 현대적이고 야심에 찬 팽창주의 국가로 부상한 것이다. 한반도 남동쪽에 있는 섬나라 일본은 역사적으로 동북아에서 주변부에 있었으며, 정치적, 경제적 영향력은 제한적이었다. 그러나 1868년 메이지 유신이라고 불리는 정치 개혁 과정을 통해 일본은 서구의 기술과 근대 국가 시스템을 받아들이며 성공적으로 근대화를 이루었다. 이를 통해 일본의 역내 중요성과 영향력은 급격히 증가했다.[33] 근대화를 이룬 일본 정부는 지역 영주들에게 정치적 자치권을 부여하던 봉건적 통치 시스템을 중앙집권적인 현대 관료제로 개편하여 권력을 중앙으로 집중시켰다.[34] 또한 일본은 강력한 군대를 육성하고 산업 역량을 확충했으며, 19세기 말 청일전쟁에서 중국을 상대로 승리를 거두며 이를 입증했다.

　일본은 영토 확장을 추구하며 동북아 지역에 군사력을 파견했다.

청일전쟁(1894~1895)의 결과로 일본은 중국으로부터 대만을 획득했다. 이후 러일전쟁(1904~1905)에서도 일본은 예상 밖의 승리를 거두며 러시아를 중국 동북 지역에서 축출했다.[35] 1905년 가쓰라-태프트 협정을 통해 미국은 일본의 한국 점령을 승인했고,[36] 1910년 일본은 한국을 강제 병합했다. 그러나 일본의 영토적 확장은 대만과 한국에 그치지 않았다. 1931년, 일본군은 만주를 침략해 괴뢰 국가인 만주국滿洲國을 세우고 이를 자국의 영향력 아래 두었다.[37] 1937년 일본은 중국 본토를 침략하여 중일전쟁을 일으켰다.[38] 이에 중국의 민족주의자들과 공산주의자들은 일본의 침략에 맞서기 위해 내전을 중단하고 공동으로 연합하여 저항했다. 일본군은 전쟁 초기 주요 전투에서 승리했으나, 전쟁이 장기화되고 연합군이 중국을 지원하면서 최종적인 승리를 거두지 못했다.

일본이 중국에서 벌인 전쟁은 극도로 잔혹했다.[39] 1937년 난징 대학살에서 일본군은 약 30만 명의 민간인을 학살했으며, 군부가 개입하여 "종군위안부(위안부)"로 불리는 민간 여성들을 강제적으로 성노예화하는 등 심각한 인권 범죄를 저질렀다.[40] 이에 대응하여 미국을 비롯한 서방 강대국들은 일본군의 중국 철수를 압박하기 위해 석유와 고철(steel scraps)의 대일 수출을 금지하는 경제 제재를 가했다.[41] 그러나 일본은 1941년 진주만에 주둔 중이던 미국 태평양 함대를 기습 폭격하면서, 중국에서의 전쟁을 끝내지 않은 채 미국과의 전쟁을 시작했다. 일본이 일으킨 이 전쟁으로 동북아시아의 많은 지역이 파괴되었다. 중국의 도시와 마을들이 황폐화되었고, 수천만 명의 중국인이 목숨을 잃었다. 초기에 승승장구하던 일본군은 1942년 여름부터 태평양 전쟁에서 패배하기 시작했다. 1945년, 히로시마와 나가사키에 투하된 두 발의 원자폭탄을 포함한 대규모 공습으로 일본 본토도 광범위한 파괴를 겪었다. 한반도는 직접적인 전쟁터가 아니었으므로 전쟁의 참화를 피할 수

있었지만, 수십만 명의 조선인이 일본의 전쟁을 위해 강제로 노동자와
병사로 동원되었고, 이들 중 다수가 가혹한 환경에서 목숨을 잃거나
부상을 입었다.[42]

1.2.3 공산주의 중국, 한국전쟁, 그리고 경제발전

1945년 중일전쟁에서 중국이 승리를 거두었지만, 이후 중국 국민당과
공산당 간에 국공내전이 발발했다.[43] 공산당은 마오쩌둥毛澤東의 지도
아래 내전에서 승리하고 1949년 중화인민공화국을 수립했다.[44] 패배한
국민당은 새로운 공산주의 국가에 항복하지 않고 제2차 세계대전 후에
일본으로부터 되찾은 대만으로 도피했다.[45] 국민당은 대만에 정부를
수립했으며, 대만 정부는 현재에도 존재하고 있다. 제2차 세계대전
말엽에 소련군은 중국 동북부에서 일본군을 몰아냈다.[46] 전쟁 후 소련군
은 중국 동북부에서 철수했지만, 동북아 북동부 연안 지역 영토는 유지했
다.[47] 이는 한국과 일본을 제외한 동북아시아 대부분이 공산주의 통치하
에 놓였음을 의미했으며, 그 결과 중국, 소련, 북한이 한 편에 서고,
다른 편에서 미국, 한국, 일본이 동맹을 맺게 되었다. 이 두 개의 동맹
구조는 냉전이 끝난 후에도 여전히 유지되고 있다.

제2차 세계대전 이후, 38도선을 경계로 해서 한반도의 남쪽과 북쪽은
각각 미국과 소련이 점령하였고, 이는 결국 한반도가 남한과 북한이라는
두 개의 나라로 분단되는 결과를 가져왔다. 이후 공산주의 국가인 북한이
일으킨 한국전쟁은 한반도의 대부분을 파괴하고 수백만 명의 사상자를
낳았다.[48] 한국전쟁은 제2차 세계대전 이후 처음으로 벌어진 국제전으로
서 유엔 안전보장이사회의 결의에 따라 북한의 남한 침공이 국제 평화와
안보에 대한 위협으로 규정되었고, 유엔 회원국으로 구성되는 유엔군
창설이 승인되어 미국이 지휘하는 유엔 연합군이 한국전쟁에 참전하였

다. 전쟁 중 북한군이 연합군에 밀려 북쪽으로 후퇴하자, 중국은 북한을 지원하기 위해 참전했다. 중국의 한국전쟁 참전은 이후 수십 년 동안 이어질 미국과 중국 간 대립의 서막을 알리는 사건이었다. 한국전쟁은 1953년 공식적인 평화조약 없이 교착 상태로 끝났고, 이후 한반도는 현재까지 휴전 상태에 있다.

한국전쟁은 이후 수십 년 동안 동북아시아의 정치 및 안보 상황에 중대한 변화를 가져왔다. 첫째, 피비린내 나는 전쟁은 남북한 사이에 깊은 적대감을 남겼고, 이로 인해 수십 년 동안 양국은 의미 있는 경제적, 정치적 관계를 맺을 수 없게 되었으며, 세계에서 가장 경비가 삼엄한 휴전선을 사이에 두고 심각한 적대 행위가 지속되었다. 둘째, 미국과 한국은 한국의 방위를 위해 미군 주둔을 포함하는 상호방위조약을 체결했는데, 이는 동북아시아의 모든 국가에 중대한 전략적, 안보적 영향을 미치고 있다. 셋째, 전쟁 참여자들은 한국전의 경험을 통해, 한반도에서의 또 다른 전쟁이 세계대전으로 확대될 수 있으며, 이는 역내 모든 이해당사자에게 재앙이 될 수 있다는 점을 깨달았다. 이후 역내 국가들은 한반도 문제에 대해 더욱 신중하게 접근했다. 그 결과, 한국전쟁 이후 휴전선을 사이에 두고 수백 차례의 도발과 소규모 교전이 있었지만 전면전으로 비화된 사례는 없었다.

한국전쟁에서 중국은 미국과 그 동맹국들이 북한을 종국적으로 패퇴시키는 것을 막고 전쟁을 교착 상태로 이르게 했을지 모르지만, 그 이후 수십 년 동안 중국은 미국에 실질적인 경제적, 기술적, 군사적 위협이 되지는 않았다. 중국은 1970년대 후반까지 경제적, 사회적, 정치적 혼란을 겪었다. 이 혼란은 대약진운동(1958~1962)의 사례와 같이 파국을 초래한 무모한 경제적 시도로 시작되었다.[49] 농촌을 산업혁명의 중심지로 만들겠다는 마오쩌둥의 비현실적인 목표는 경제적 참사와 심각한 식량 부족을 초래했으며, 이로 인해 수천만 명의 중국인이 기근으로 목숨을 잃었다.[50] 한편, 중국과 소련 간의 관계는 1950년대 후반에 악화되었다. 마오쩌둥은 소련 총리 니키타 흐루시초프가 경제 개혁을 위해 채택한 정책들을 "불순한 수정주의"로 인식하며 비판했고, 이러한 이념적 갈등은 중소관계의 단절로 이어졌다.[51] 마오쩌둥은 수정주의에 대응하고 중국 사회에 남아 있는 자본주의적 요소를 제거하기 위해 문화대혁명(1966~1976)을 주도했다.[52] 그러나 이 혁명은 광범위한 폭력 사태를 초래하며 수년간 지속되었고, 중국의 많은 문화적, 지적 기반을 파괴했다.[53]

동북아 역사에서 또 다른 결정적인 순간은 1978년, 실용주의 지도자 덩샤오핑이 주도한 중국의 경제 개혁이다. 이 개혁은 중국의 오랜 경제 침체와 정치적 혼란에 종지부를 찍었으며, 중국 경제를 변화시키고 산업, 기술 역량을 급속히 증가시켜 세계 및 지역 경제, 나아가 군사적 균형에도 변화를 가져왔다. 1960년대와 1970년대에 일본과 한국은 괄목할 만한 경제발전을 이루었고(도안 1.2와 1.3 참조), 중국은 이들 국가의 성공에 뒤이어 사회주의 시장경제로 불리는 경제 모델을 도입했다. 이는 공산주의적 통치를 유지하면서도 경제에는 시장 메커니즘을 결합한 방식이었다. 이를 통해 중국은 역내 경제적 성공에 동참할 수 있었다.[54] 당시 중국의 경제적 변화가 가능했던 것은 중국 지도부의 신중하고 점진적인 개혁 정책의 결과였다. 소련 붕괴 이후 러시아의 부실한 경제 개혁은 1990년대에 심각한 경제 위기를 초래했지만, 중국은 보다 안정적이고 단계적인 개혁을 통해 경제를 성장시키며 수억 명의 중국인을 절대 빈곤에서 벗어나게 했다.[55] 21세기 초, 중국은 전 세계에 영향을 미치는 주요 경제 대국이자 산업 강국으로 부상했다. 또한 중국의 경제적 성공은 군사력 증강을 위한 막대한 자원을 확보하는 기반이 되었다. 현재 중국의 군사력은 세계 최대 규모로 평가되며, 이는 동북아에서 미국의 군사적 패권에 도전을 야기하고 있다.

1.2.4 저변의 조류

몇 가지 뚜렷한 '흐름'이 동북아시아의 지속 가능한 평화 문제와 관련된 맥락을 형성하고 있다. 첫 번째 흐름은 미국과 중국 간 권력 이동과 경쟁이다. 이는 70여 년 전 한국전쟁에서 양국이 군사적으로 대립했던 시점까지 거슬러 올라간다. 20세기 대부분의 기간 동안 중국은 경제적, 기술적, 군사적 퇴보로 인해 미국의 경제적, 정치적, 군사적 패권에 실질적인 위협이 되지 못했다. 그러나 1980년대 이후, 중국의 성공적인 경제발전은 상황을 근본적으로 변화시켰다. 급속한 경제성장은 중국이 미국에 도전할 수 있을 정도의 경제적, 기술적, 군사적 자원과 능력을 확보하도록 만들었다. 이에 대응하여 미국은 중국으로부터의 상품 수입을 제한하는 조치를 시행하고,[56] 민감한 기술의 중국 이전을 통제하며, "오커스(AUKUS)"로 불리는 호주 - 영국 - 미국 간 삼국 동맹을 포함하여 중국에 대항하는 동맹을 강화했다. 최근에는 미국이 중국의 수출품에 대해 145%에 이르는 관세를 부과하고 인공지능(AI) 구현에 필요한 반도체의 대중국 수출을 통제하는 등 그 압박 수위를 높이고 있다.[57]

두 번째 흐름은 중국과 한국이 공유하는 외국의 침략, 전쟁(내전 포함), 자국의 파괴에 대한 집단적 기억이다. 이러한 집단적 기억은 정치 지도자들이 외부의 위협으로 인식되는 대상(예를 들어 중국에서는 미국)에 대해 민족주의적 입장을 취하게 하고, 대중의 이러한 감정을 활용하여 지지자들을 결집시키고 권력 기반을 강화하도록 한다. 중국인들이 외세의 침략에 대해 공유하는 집단적 기억은 시진핑習近平 중국 국가주석이 행정 권력을 강화하려는 시도를 뒷받침하는 기반이 되었다. 시진핑은 덩샤오핑이 제도화한 집단지도체제를 약화시키고 자신의 권력을 공고히 했다.[58] 이러한 과정에서, 외세의 침략과 고난에 대한 중국 대중의 광범위한 민족주의는 시진핑의 홍콩, 티베트, 신장, 대만에 대한 강경 정책에 대해 대중적 지지를 뒷받침하는 중요한 요소로 작용했다.[59] 한편, 전쟁으로 인한 박탈과 파괴에 대한 한국인들의 집단적 기억은 1960년대부터 1980년대까지 한국 정부가 경제발전을 위해 국민들을 결집시키는 데 중요한 역할을 했다.[60] 또한 일본의 억압적인 식민지 통치(1910~1945)에 대한 기억은 강제 노동, 강제 성노예(위안부) 등 일본의 식민통치 기간에 자행된 잔학 행위에 대해 제대로 사과하지 않는 일본에 대한 대중의 적대감과 저항을 야기했다. 제5장에서 더 자세히 논의하겠지만, 일본의 식민통치 시절의 잔혹 행위에 대한 한국인들의 집단적 기억은 한일 간 지속적인 정치적 갈등의 주요 원인이 되고 있다.

세 번째 흐름은 중국에 대한 구심력과 중국의 영향력에 저항하려는 움직임 간의 대립이다. 한편으로, 중국은 풍부한 경제적 기회를 제공하며 역내 국가들을 끌어들이는 구심력을 발휘하고 있다. 다른 한편으로는, 자국의 자율권과 독립성을 유지하기 위해 중국의 영향력에 저항하려는 동북아시아 국가들의 움직임이 병존하고 있다. 과거 동북아시아에서는 역내 국가들이 중국의 패권에 적절히 대응할 세력을 찾지 못했기 때문에, 중국의 패권을 인정하는 대신 중국은 이들 국가의 자치와 독립을 보존해 주는 관계가 형성되었다. 이러한 관계의 사상적 기초가 된 중화주의는 오늘날에도 중국 관료들 사이에서 여전히 드러난다.[61] 중화주의는 이웃 국가들을 다소 가볍게 취급하거나 하위로 간주하는 태도를 정당화하며, 이는 다시 반중 감정과 저항을 유발한다.[62] 한국, 일본, 몽골과 같은 다른 동북아시아 국가들은 자율성과 독립성을 유지하기 위해 중국에 대응할 수 있는 세력을 모색하며, 이는 현재 중국에 대한 경제적, 정치적, 군사적 대응을 할 수 있는 유일한 강대국인 미국이 동북아에서 동맹을 형성할 수 있는 충분한 정치적 토양을 제공한다. 그러나 최근에 동맹국과 경쟁국을 가리지 않고 국제통상규범을 위반하는 관세를 일방적으로 부과하는 등 트럼프 행정부가 실시하는 자국 우선주의 정책은 미국과 동맹국 사이에 균열을 조성하고 중국이 미국의 전통적인 동맹국들과 협력 관계를 강화할 수 있는 공간을 제공하고 있다.

1.3 동북아시아의 군사적, 정치적 긴장

1.3.1 군사력 증강과 지역 동맹

서두에서 논의한 바와 같이, 동북아시아는 상당한 군사적, 정치적 긴장이 경제적 역동성과 함께 공존하고 있는 지역이다. 동북아시아는 세계에서 가장 군사화가 심한 지역 중 하나로, 세계 최대 군사 강국인 미국, 러시아, 중국은 제2차 세계대전 이후 이 지역에 군사력을 주둔시켜 왔다. 일본은 전후 헌법에 따라 군대 보유가 금지되었으나, 소위 자위대, 특히 해상자위대는 세계에서 가장 규모가 크고 첨단 장비를 갖춘 해군 전력 중 하나로 평가받고 있다. 한반도에서는 남북한이 좁은 휴전선을 사이에 두고 대규모 군사력을 전투 준비 상태로 배치하고 있다. 이들은 각각 수천 문의 대포, 수천 대의 탱크, 장갑차, 다양한 사거리와 능력을 갖춘 수천 기의 미사일, 수백 대의 전투기, 폭격기, 군함 등을 보유하고 있다. 미국은 한국과 일본에 상당한 규모의 육군, 해군, 공군 병력을 주둔시키고 있으며, 유사시에는 본토와 해외 주둔지에서 추가 병력을 파견해 증강할 수 있다. 도안 1.4는 이 지역의 군사력 배치를 보여준다. (도안에 명기된 러시아의 군사 배치는 2022년 러시아 - 우크라이나 전쟁 발발 이전의 상황을 기준으로 작성되었다.)

각국의 군대들은 군사 동맹 하에 운영되고 있다. 미국은 한국, 일본과 개별적으로 체결된 상호방위조약에 따라 양국을 보호할 것을 약속했다.

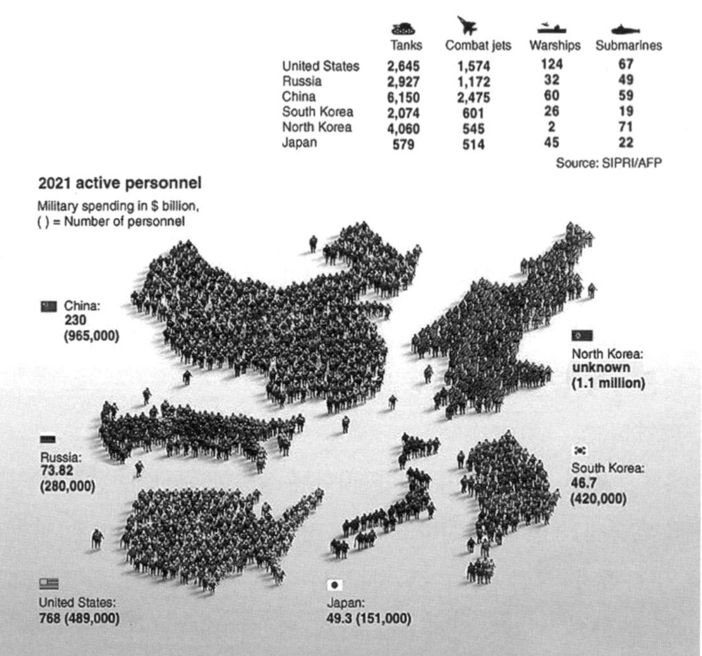

도안 1.4 동북아시아의 군사 배치
(출처: : International Institute for Strategy Studies, Military balance in Northeast Asia, 2022)

중국과 북한 간에도 방위조약이 체결되어 있으며, 이 조약은 북한에 대한 외부 공격 시 중국군이 참전할 수 있는 자동 개입 조항을 포함하고 있다.[63] 러시아는 최근 북한과 방위조약을 체결했다.[64] 비록 러시아와 중국은 상호 방위조약을 맺고 있지 않지만, 양국은 합동 군사훈련을 정기적으로 실시하고 있다. 이러한 훈련은 양국 군대가 필요할 경우 공동으로 작전을 수행할 수 있음을 시사한다. 또한 러시아는 방위 조약상의 의무가 없더라도 군사적 위기 상황에서 중국을 지원할 가능성이 있다. 예를 들어, 한국전쟁 당시 소련 공군이 비공식적으로 참전했듯이, 러시아는 유사한 상황에서 개입할 수 있다.[65] 다만, 우크라이나 전쟁으로 인해 러시아의 군사력이 약화되면서, 유사시 개입 가능성에 영향을 미칠 수 있다.

1950년대에 발발한 한국전쟁은 공식적으로 종결되지 않았다. 1953년 7월에 미국, 북한, 중국 간의 휴전협정이 체결되었지만, 전쟁을 공식적으로 종결하는 평화협정은 체결되지 않았다. 이후, 2010년 북한군이 연평도를 포격해 민간인 사상자가 발생한 사건을 비롯하여,[66] 한국전쟁이 끝난 뒤에도 휴전선에서는 북한의 수많은 군사적 도발이 지속되었다. 250㎞에 달하는 휴전선 주변에 남북한의 군사력이 집중되어 있다는 점을 감안할 때, 이러한 군사적 도발은 비록 한국전쟁 이후 지금까지 전면전으로 비화하지 않았으나, 언제든 전면전으로 발전할 위험을 내포하고 있다. 북한은 지난 1968년 대한민국 대통령 암살을 목적으로 특공대 공격을 감행한 적도 있다.[67] 최근 몇십 년 동안 북한의 군사적 도발은 한국의 강력한 대응과 방어 태세의 강화로 인해 줄어들었다. 한국은 북한의 도발을 번번이 격퇴했으며, 휴전선 경비를 지속적으로 강화했다. 또한 남북한 간의 경제적 격차가 확대됨에 따라 군사력 증강에 투입될 수 있는 경제적·기술적 자원에서도 상당한 차이가 나타났다. 그 결과, 한국군은 핵 공격을 제외한 북한의 군사적 공격을 성공적으로 격퇴할 수 있을 것으로 평가되고 있다.[68] 이러한 군사력의 차이는 북한이 남한에 대한 군사 도발을 축소한 주요 이유 중 하나로 보인다.

남북한 간의 군사력 격차가 커지면서, 북한은 이를 만회하기 위해 핵무장에 착수했다. 이는 다음 장에서 더 자세히 논의될 것이다. 전통적 동맹국인 중국과 러시아를 포함한 어떤 나라도 북한의 핵무장을 공식적으로 지지하지 않았다.[69] 그러나 최근 우크라이나 전쟁에서 고전을 하고 있는 러시아는 북한의 도움을 받기 위해 북한의 핵무장에 대해 이의를 제기하지 않고 있는 실정이다. 반면, 미국, 한국, 일본은 북한의 핵무장을 강력히 규탄하며, 유엔 결의안과 자체적인 조치를 통해 북한에 대해 강도 높은 경제 제재를 시행했다. 그러나 이러한 노력은 북한의 핵무기 개발 프로그램을 중단시키는 데 성공하지 못했다. 북한의 전통적 우방국인 중국은 북한의 핵무장에 반대해 왔으나, 대북 제재는 제한적이었다. 중국은 북한에 대한 휘발유 등 필수품 공급을 지속하며, 제재에 전면적으로 동참하지 않았다.[70] 북한에 부과된 경제 제재는 단일 국가에 대한 국제사회의 제재 중 가장 강력한 수준으로 알려져 있다. 이러한 제재는 의심할 여지 없이 북한 경제에 상당한 부담을 주었지만, 북한은 이를 감내하며 핵무기 개발도 지속했다.[71]

1.3.2 지속되는 정치적 긴장

최근 몇 년 동안 북한의 핵과 장거리 탄도미사일 프로그램은 미국과 북한 간의 긴장을 고조시켰다. 2017년 11월, 북한은 미국 전역을 사정권에 둘 수 있는 대륙간 탄도미사일(ICBM) 개발을 발표했다.[72] 미국은 이를 자국에 대한 직접적인 위협으로 간주하며, 본토에 대한 핵 공격을 막기 위해 북한에 대한 선제공격을 감행할 준비가 되어 있다고 경고했다.[73] 이와 같은 양국 간의 핵 위협은 2018년 4월 남북한 정상회담과 2018년 6월 싱가포르 북미 정상회담이 열릴 때까지 공개적으로 이어졌다. 싱가포르 정상회담에서 북한은 한반도의 비핵화에 원칙적으로 합의했으나,[74] 이후 2019년 베트남 하노이 정상회담에서는 비핵화의 구체적인 조건에 합의하지 못해 회담은 결렬되었다.[75] 2025년 1월 현재, 북한은 추가적인 핵 실험을 하지 않았으나, 여러 차례 미사일 발사를 재개하며 긴장이 지속되고 있다. 북한에 대한 경제 제재는 여전히 시행 중이며, 이는 북한 경제에 심각한 부담을 주고 있다. 그런데도, 북한은 핵무기 개발 프로그램을 포기하지 않고 있으며, 북핵 문제는 여전히 해결되지 않은 상태로 남아 있다.

미국과 중국 간에도 심각한 정치적 긴장과 갈등이 존재한다. 남중국해와 동중국해에서의 중국의 팽창 정책, 그리고 신장, 티베트, 홍콩에 대한 중국 정부의 조치는 이들 지역 주민들의 민권과 기본적인 인권을 침해하며,[76] 이에 대해 미국과 그 동맹국들이 반발하고 있다.[77] 그러나 시진핑 중국 국가주석은 이러한 지역적, 국제적 반대를 무릅쓰고 이들 지역에서 중국의 통제를 강화하며 자신의 정치적 권력을 확고히 하고 지도력을 과시하려는 노력을 지속해왔다.[78] 또한 중국의 핵심 기술 분야에서 우위를 점하려는 "중국제조 2025(Made in China 2025)" 계획은 미국의 경제적·산업적 우위에 대한 직접적인 도전으로 인식되었다. 이에 대응하여, 미국은 중국 수출품에 대한 관세를 대폭 인상하는 무역 조치를 시행했다.[79] 이러한 조치는 미국과 중국 간의 무역 관계에 심각한 갈등을 야기했으며, WTO 규정(국제통상법 규정)에도 부합하지 않는 것으로 보인다.[80] 미국의 이러한 관세 조치는 트럼프 행정부에서 시작되었으나, 바이든 행정부에서도 철회되지 않았고, 2024년 대선에서 승리하여 다시 대통령으로 취임한 트럼프는 추가적인 관세 인상을 공언했다.[81] 2025년 4월 현재 미국은 중국에 145%의 관세를 부과하고 있으며 중국은 미국에 125%의 보복관세를 부과하여 두 나라 간의 관세전쟁이 격화되고 있다.[82]

중국은 대만이 독립을 추구할 경우 군사 행동을 감행하겠다고 위협했으며, 이에 대응해 미국은 대만을 보호하겠다는 의지를 재확인했다.[83] 중국의 신장 자치구에서 100만 명 이상의 이슬람교도를 포함한 주민들에 대한 체포와 자의적 구금은 국제사회의 주목과 비판을 받고 있다. 이러한 행위는 티베트, 홍콩에서도 반복되며, 현지 주민들의 권리를 침해하고 있다.[84] 미국은 중국의 홍콩 탄압을 강력히 비판하고, 양국 간 회담에서 신장 위구르 자치구의 대량학살 문제를 제기하겠다는 의지를 표명했다.[85] 중국은 자국의 탄압과 인권 침해에 관한 미국의 주장을 부인하며, 중국 내정에 대한 부당한 간섭으로 간주하고 있다.[86] 홍콩, 신장, 티베트를 둘러싼 미중 간의 대립이 가까운 장래에 군사적 충돌로 발전할 가능성은 낮다. 그러나 대만 문제에 관해서는 군사적 충돌의 가능성을 배제할 수 없다. 대만을 둘러싼 갈등은 동북아 및 세계 안보에 중대한 영향을 미칠 수 있다. 앞서 논의한 바와 같이, 미국은 영국, 호주, 뉴질랜드 등 서방 국가와 동맹을 강화하며 중국을 견제하려는 움직임을 보이고 있다. 2021년, 영국 항공모함 HMS 퀸 엘리자베스호가 한국과 일본을 방문한 것은 이러한 동맹 강화의 신호로 해석될 수 있다.[87] 그러나 대만을 두고 분쟁이 발생할 경우, 이들 국가가 실제로 군사적 개입을 할지는 불확실하다.

동북아의 또 다른 지속적인 긴장은 한국과 일본 사이에서 발생하고 있다. 한국과 일본 간 지속적인 갈등은 1910년부터 1945년까지 이어진 일본의 한국 식민지 통치로 인한 미해결 정치적 갈등에서 비롯된다. 두 나라는 경제와 무역에서 긴밀한 관계를 맺고 있으며, 양국 모두 미국의 동맹국이지만, 이러한 역사적 문제로 인해 두 나라는 군사 동맹을 맺은 적은 없다. 한국과 일본은 제2차 세계대전 종전 후 20년이 지난 1965년에야 국교를 정상화했다.[88] 당시 체결된 협정에 따라 일본은 한국에 식민지 통치에 대한 보상금을 지급했으나,[89] 식민통치 기간에 자행된 전쟁범죄와 인권 침해에 대한 법적 책임을 인정하지 않았다는 비판을 받아왔다. 앞서 언급한 바와 같이, 일본군이 자행한 위안부(성노예)의 참상은 오늘날까지도 한국과 일본 간의 주요 갈등 요소로 남아 있다. 2015년 12월 한일 간 체결된 한일 위안부 합의는 이 문제를 종결짓지 못했고, 일본은 위안부 문제에 관한 법적 책임을 명확히 인정하거나 적절한 배상을 하지 않았다는 비판을 받고 있다.[90] 또한 일본은 2019년 한국 기업의 반도체 생산에 필요한 특정 일본산 핵심 소재에 대한 수출 승인 절차를 강화하여 한국에 경제적 압박을 가하려 시도했다.[91] 이 조치는 한국 대법원이 일본 기업에 대해 강제 노동(징용) 피해자

배상을 명령한 판결에 대한 보복 조치로 인식되었다.[92]

지난 20년 동안 일본 정치는 우경화되었으며, 일본의 우파 정부는 보수층의 지지를 확보하기 위해 한국과의 갈등을 고조시켰다.[93] 독도를 둘러싼 한국과 일본 간의 이견은 이러한 갈등의 대표적인 사례 중 하나이다.[94] 독도는 동해에 위치한 두 개의 작은 바위섬으로, 한반도와 일본 열도에서 대략 같은 거리에 있다. 독립 이후 한국의 실효적 통제하에 있었으나, 일본은 이 섬들이 자국의 영토이며 한국이 이를 불법적으로 점유하고 있다고 주장한다.[95] 일본 정부는 독도에 대한 영유권 주장을 강화하며, 최근 수백 차례에 걸쳐 독도 근처에 경비정을 파견했다.[96] 독도를 둘러싼 불화는 한일 관계에 불안 요소로서, 많은 한국인은 일본의 한국 침략이 1910년 강제 병합보다 앞서, 일본이 1905년 독도를 점령한 사건에서 시작되었다고 인식한다.[97] 독도에 대한 일본의 영유권 주장은 한국인들에게 일본의 식민지 침략을 상기시키며, 이는 한국 내 반일 감정을 격화시키고 있다. 독도 문제 외에도 일본은 중국, 러시아와 각각 센카쿠열도(중국명: 댜오위다오)와 쿠릴 열도를 둘러싸고 영토 분쟁을 이어가고 있다.[98] 이러한 분쟁은 일본과 중국, 러시아 간의 정치적 긴장을 지속적으로 고조시키는 요인이다.

지금까지 동북아시아의 경제적, 전략적 중요성, 역사적 맥락, 그리고 이 지역의 군사적, 정치적 긴장에 대해 살펴보았다. 논의한 바와 같이, 이 지역은 경제적으로 매우 중요한 역할을 하고 있지만, 정치적으로 불안정하며 군사적 충돌의 위험이 상존한다. 역설적으로, 동북아시아 각국은 대규모 군사력 증강을 통해 잠재적인 핵전쟁을 포함하여 모든 당사국에 파멸적인 결과를 초래할 수 있는 군사적 충돌을 억제해왔다. 이 지역에서 군사력을 배치하고 있는 7개국 중 4개국(미국, 러시아, 중국, 북한)이 핵무기를 보유하고 있다. 한국과 일본은 현재 핵무기를 보유하고 있지 않으나, 자체 핵무기 개발 능력을 보유하고 있다. 특히,

미국의 핵우산에 대한 신뢰가 약화될 경우, 두 나라는 핵 개발을 추진할 가능성이 있다.[99] 역내의 군사력 집중에도 불구하고, 동북아시아에는 경제적 기회를 공유하고, 파국을 초래할 수 있는 군사적·정치적 긴장을 완화하려는 공통의 이해관계가 존재한다. 이는 역내 국가들이 협력과 상호 이해를 통해 지속 가능한 평화를 이룩할 가능성을 보여준다. 다음 장들은 각 역내 국가의 고유한 정치적, 경제적, 역사적 조건을 고려하여 이러한 목표를 달성하기 위해 가능한 방안들을 살펴본다.

제2장

냉전의 유산 : 북한과 핵 위기

2.1 북핵 위기의 원인

2.1.1 북한의 핵 개발

핵전력을 보유하겠다는 북한의 의지는 동북아시아뿐 아니라 국제사회에서 가장 우려하는 군사적 문제이다. 무기용 핵 개발을 금지하는 NPT(핵확산금지조약)의 존재에도 불구하고 핵무기를 개발한 나라는 북한뿐만이 아니며, 인도, 파키스탄, 이스라엘도 NPT를 거부하고 자체 핵무기를 개발했다. 그러나 이들 국가와 달리, 북한과 서방 간의 지속적인 적대 관계로 인해 북한의 핵무기 개발은 특히 우려스럽다. 2006년 10월 9일, 북한은 자국의 첫 핵 실험을 공식적으로 선언했다.[100] 이후 북한은 핵탄두를 미국 본토로 운반할 수 있는 ICBM(대륙간탄도미사일)을 개발해 시험 발사했다.[101] 인도, 파키스탄, 이스라엘 등 다른 나라들이 비공개적으로 핵 능력을 확보한 반면, 북한은 핵 실험 사실을 공개하고 자체

개발한 핵무기를 미국과 한국에 대해 사용하겠다고 공공연히 위협하고 있다.[102] 분석가들은 북한이 2021년 기준으로 60개 이상의 핵무기를 보유하고 있으며 2027년까지 약 200개의 핵무기를 개발하고 수백 기의 탄도미사일을 비축할 수 있다고 추정했다.[103] 북한의 핵 개발은 동북아시아의 군사력 균형과 이 지역의 안보 지형을 변화시켰고, 상당한 정치적, 경제적 파장을 초래했다.

북한의 핵무기 개발은 한국전쟁 종전 직후인 1950년대 중반으로 거슬러 올라간다.[104] 북한은 핵무기 개발에 필요한 우라늄 매장량을 보유하고 있었지만, 기술이 부족했다. 1956년, 북한은 소련과 핵 연구 협정을 체결했고, 북한 과학자들은 러시아에서 핵기술에 관한 교육을 받았다.[105] 1959년 9월에는 소련이 북한의 핵 연구소 설립을 돕기로 합의했고,[106] 같은 해 북한은 중국과도 핵 협력 협정을 체결했다.[107] 1965년에 북한은 소련으로부터 2 - 4MW(메가와트) 용량의 소형 연구용 원자로를 구입했고, 북한은 1967년 영변 인근에서 이 원자로를 가동하기 시작했다.[108] 그러나 1970년대에 들어서면서 미국과 소련이 핵확산금지 조약(NPT)을 체결하는 등 국제사회의 정세가 유화적으로 전개되면서, 북한은 핵무기 개발을 위한 외국의 지원을 확보하기 어려워졌다.[109] 그런데도 당시 북한은 핵무기 개발의 시급성을 별로 느끼지 않았다. 이는 당시 경제개발에 집중하고 있던 남한으로부터 군사적인 위협을 받지 않았기 때문이다.[110] 흥미롭게도 1970년대 북한은 남한에 공동 핵 개발 프로그램을 제안했으나, 남한이 이를 수용하지는 않았다.[111] 1980년대에 북한은 자국의 핵 프로그램이 광범위한 비군사적 핵 프로그램을 보유한 남한보다 뒤처져 있음을 깨닫고 핵 연구를 강화했다.[112] 1985년, 소련과 북한은 북한 내 네 곳의 핵발전소 건설에 합의했는데 이는 같은 해 NPT에 서명한 북한에 대한 소련의 보상으로 보인다.[113]

1993년, 평론가들이 오늘날 최초의 북핵 위기라고 부르는 우려할 만한 사건이 벌어졌다. 북한이 핵폐기물 처리장으로 의심되는 북한 내 미등록 시설 두 곳에 대한 국제원자력기구(IAEA)의 특별사찰을 거부한 것이다.[114] 북한은 그해 3월 12일에 NPT 탈퇴를 선언했다. 1994년까지 북한은 10kg의 플루토늄을 생산했는데, 이는 한두 개의 조잡한 핵무기를 만들 수 있는 양이었다.[115] 북한의 NPT 탈퇴는 국제사회의 긴장을 고조시켰고 국제사회는 북한의 핵무기 개발을 중단시키기 위한 노력에 착수했다. 미국은 1994년 북한과 제네바 합의를 통해 북한에 경수로 건설을 위한 경제적, 기술적 지원을 제공하기로 합의했고, 북한은 그 대가로 군사적으로 전용될 수 있는 기존 원자로를 철거하기로 동의했다.[116] 남북한과 미국, 일본, 중국, 러시아를 포함한 동북아 지역의 이해당사국들은 2003년에 6자회담을 열어 북핵 위기 해결을 모색했다.[117] 그러나 회담은 결국 결렬됐고, 북한의 핵무기 개발을 막는 데 실패했다.

북한의 핵무기 개발은 이후 가속화되었다. 북한은 2005년에 원자폭탄 개발을 발표한 데 이어 2006년에 1차 핵실험을 감행했다.[118] 북한은 2009년, 2013년, 2016년(2회), 그리고 2017년에 모두 6차례에 걸쳐 추가 핵실험을 실시했다. 2016년 9월에 진행된 북한의 5차 핵실험은 15에서 30kt(킬로톤) 사이의 폭발력이 있었던 것으로 추정되는데, 이는 1945년 히로시마와 나가사키에 투하된 핵폭탄의 폭발력과 비슷하다. 북한은 2017년에는 수소폭탄 실험을 했다고 주장했다.[119] 북한은 핵무기 개발을 위한 프로그램과 함께 핵탄두를 운반할 수 있는 장거리 미사일 개발을 동시에 진행하고 있다. 2016년 북한은 탄도미사일에 사용할 핵탄두 설계를 성공적으로 완성했다고 주장했다.[120] 북한은 또한 ICBM을 시험 발사하여 미국 본토에 도달할 수 있다고 주장하고 있지만, 핵탄두를 ICBM에 결합하는 기술적 문제를 극복했는지 논란이 있다.[121] 이러한 논란에도 불구하고, 김정은 북한 국무위원장은 2017년 북한의 6차 핵실험과 화성-15형 ICBM 시험 발사 이후 "국가 핵 무력을 완성했다"고

선언했다.[122]

2.1.2 핵 개발의 의심스러운 안보적 정당성

북한은 핵 개발로 인해 혹독한 대가를 치렀다. 2006년 이래 북한은 유엔 안전보장이사회가 부과한 엄격한 경제 제재에 직면했으며,[123] 유엔의 대북 경제 제재는 북한의 적대국인 미국, 한국, 일본이 지지했을 뿐 아니라, 중국과 러시아와 같은 전통적 동맹국도 반대하지 않았다.[124] 유엔 안전보장이사회의 경제 제재 외에도 호주, 미국, 한국, 일본 등 여러 나라가 핵과 미사일 실험을 감행한 북한에 대해 자체적인 제재를 가했다. 북한이 핵과 미사일 실험을 계속함에 따라 경제 제재의 강도가 더욱 높아졌다. 2006년 유엔 안전보장이사회의 제1차 경제 제재는 일부 군수물자와 사치품의 대북 수출을 금지했지만, 2013년, 2016년, 그리고 2017년에 통과된 후속 제재는 북한을 국제 금융 시스템에서 배제하기 위해 북한과 관련된 금융 거래를 제한하고 석탄과 같은 북한의 주요 수출품을 통제했다. 또한 석유와 석유 제품의 대북 수출을 제한하고, 해외에서 외화를 벌어들이는 모든 북한 국민을 본국으로 송환할 것을 요구했다.[125]

북한은 경제 제재에 굴복하지 않았으나,[126] 지속되는 제재는 북한 경제에 상당한 부담을 주고 있다. 엄격한 제재 속에서도 북한은 핵무기와 미사일 개발 프로그램을 지속하고 있다. 북한이 즉각적인 안보 위협에 직면하지 않았음에도 불구하고 엄청난 국제적 압박 속에서 탄도미사일과 핵무기 개발 프로그램을 이처럼 끈질기게 추진하는 이유에 대해 의문을 갖지 않을 수 없다. 실제로 김정은 위원장은 2018년 도널드 트럼프 당시 미국 대통령과의 역사적인 회담에서 한반도 비핵화 의지를 공유하는 듯 보였다.[127] 그러나 양국 간 협상은 결렬되었고, 김정은은 기존의 비핵화 약속을 번복하여 2020년 노동당 대회에서 북한이 "책임 있는 핵무기 국가"로 남을 것이며, 비핵화가 아닌 군비 통제를 위한 "군축"에 관해 미국과 대화할 용의가 있다고 밝혔다.[128] 그 후 북한의 핵 보유 입장은 더욱 강경해졌으며, 김정은은 핵무기를 "협상의 도구"로 사용하지 않을 것이라고 선언했다.[129] 이 책을 쓰는 시점에도, 국제사회가 북한의 핵무기 개발을 명확히 반대하고 있음에도 북한이 핵 프로그램의 폐기를 고려하고 있음을 시사하는 증거는 없다.

앞서 언급했듯이, 북한이 엄격한 국제 제재를 겪으면서도 막대한 비용이 드는 핵과 미사일 개발을 지속하려는 이유에 대해 분석할 필요가 있다. 동북아시아에는 이미 중국, 러시아, 미국과 같은 핵 보유국이 존재하며, 일본과 한국은 미국이 군사 동맹을 통해 제공하는 "핵우산" 아래에 있다. 이는 북한이 핵무장을 할 수 있는 능력을 갖추더라도 이 지역에서 다른 나라들보다 우월한 군사적, 정치적 지위를 즉각적으로 확보할 가능성이 낮음을 의미한다. 그렇다면, 북한 정권이 이러한 고비용, 고위험 프로젝트를 추진하는 다른 이유가 있는지 살펴볼 필요가 있다. 이 절에서는 북한이 경제적 부담과 국제적 반대에도 불구하고 핵무기 개발을 지속적으로 추구하는 동기를 살펴본다. 북한의 동기에는 복잡한 면이 있으나, 대내외적으로 정권의 안보를 보장하고, 장기적으로 경제적, 정치적 이익을 증진하려는 전략적 계산에서 비롯된 것으로 보인다.[130]

안보 측면에서 북한은 100만 명 이상의 병력, 수천 대의 탱크, 대포, 수백 대의 전투기와 군함 등 표면적으로는 대규모 군사력을 보유하고 있다. 그러나 이들 군사 장비의 대부분은 구식으로, 일부는 1950년대와 1960년대에 개발되어 배치된 것들이다. 최근 북한은 러시아와 협력을 통해 최신 군사 기술을 도입하려고 노력하고 있으나, 노후된 장비를 교체하고 현대화하는 데 필요한 재정적 자원과 기술이 부족하다. 또한 북한은 세계에서 가장 강력한 전력을 보유한 한미 연합군과 상대하고 있다. 한미 연합군은 우월한 타격 능력을 갖추고 있으며, 전쟁을 장기적으로 지속할 수 있는 자원을 보유하고 있다. 반면, 북한은 전통적 동맹국인 중국과 러시아와 한미 연합군에 필적할 만한 긴밀하고 조직적인 군사 동맹을 형성하지 못했다. 더욱이, 군사적 충돌이 발생하더라도, 중국이나 러시아가 실제로 북한을 방어해 줄 것이라는 보장도 없다.[131] 이로 인해 북한은 한국이나 미국이 직접적이고 즉각적인 위협을 가하지 않더라도, 상대적으로 불리한 안보 환경에 처해 있다고 볼 수 있다.

이러한 북한의 입장에서, 남북 간 재래식 군사력의 격차가 상당하다는 점을 감안하면, 핵 능력을 확보하는 것은 북한에 매력적인 선택이 될 수 있다.[132] 북한의 핵 능력 보유는 동북아시아에서 국면 전환의 계기가 될 수 있다. 실제로, 2017년 북한은 핵탄두를 운반할 수 있는 ICBM을 시험발사하며 신뢰할 수 있는 핵 억지력을 확보했다고 주장했다.[133] 또한 전통적인 동맹국인 중국에 대해 북한의 신뢰가 약화되고 있는 것도 북한의 안보 우려를 심화시키는 요인이다.[134] 2024년에 북한이 러시아와 군사 동맹 조약을 체결하며 러시아에 경도되는 경향을 보인 것도 중국에 대한 불신이 한 요인이다. 중국은 북한의 핵무장을 반대한다는 입장을 명확히 했으며, 국제사회의 대북 제재를 지지해 왔다.[135]

비록 중국이 국제사회의 합의된 제재를 북한에 대해 적극적으로 시행하지는 않았지만, 북한의 핵무기 개발에 대한 중국의 반대는 평양의 정책 입안자들이 중국을 신뢰할 수 없는 동맹국으로 판단하도록 했다. 특히, 그들은 북한이 미국이나 그 동맹국의 공격에 직면할 경우 중국은 북한을 방어할 의지가 없다고 판단하고 있다.[136] 이처럼 중국에 대한 신뢰가 약화되면서, 북한이 독자적인 핵 억지력을 확보하려는 동기는 더욱 강화되고 있다. 최근 러시아가 북한과 방위조약을 체결하며 상대국에 대한 파병을 가능하게 했고, 북한은 우크라이나 전장에 만 명이 넘는 전투병을 보낸 것으로 알려져 있다.[137] 그러나 그렇다고 해서 북한이 공격을 당했을 때 러시아가 반드시 전쟁에 참여한다는 보장은 없다. 평양이 국제적으로 고립된 상황에서 자국의 안보를 스스로 해결해야 한다는 절박함과, 홀로 군사적 침공에 직면할 가능성에 대한 우려는 핵무기 개발의 동기로 작용한다.[138]

그러나 이러한 북한의 안보 우려가 북한의 핵무기 개발을 정당화할 수 있는지는 여전히 의문으로 남는다. 1953년 한국전쟁이 끝난 이래 남북한 사이에는 수천 건의 도발과 소규모 침투가 있었다.[139] 그러나 이러한 사건들은 대부분 북한에 의해 자행되어 왔으며, 지난 70년 동안 북한은 한국이나 미국으로부터 군사적 침략이나 위협을 당하지 않았다. 이 지역의 어떤 국가가 북한에 실질적인 안보 위협을 가하고 있는지 의문이다. 핵무기를 사용하지 않더라도 북한에 대한 전면적인 침공은 양측에 대규모 사상자와 상당한 경제적 손실을 초래할 가능성이 높기 때문에 한국이나 미국의 북한 침공 가능성은 거의 없다. 또한 핵무기는 우크라이나 전쟁에서도 보이듯이 모든 군사적 분쟁에 투입하거나 국내 폭동에 대한 억지력으로 사용할 수 있는 전력이 아니며, 핵무기는 북한이 "위험하다"고 비판적으로 규정한 한국과 미국의 대규모 군사 훈련을 막을 수도 없다.[140] 북한 정권의 안보에 대한 잠재적 위험은 외부가 아니라 내부에 있으며, 경제적 궁핍과 정치적 억압으로 고통받고 있는 북한 주민들의 불만은 저항과 봉기로 이어질 수도 있다. 이는 핵무기로 막을 수 없는 것이다.

2.1.3 핵 개발의 경제적, 정치적 동기

앞서 논의한 바와 같이, 북한의 핵 개발은 국제사회의 경제 제재를 초래하여 북한 경제에 심각한 부담을 주고 있다. 그러나 역설적으로,

북한의 핵무기 프로그램은 협상을 통해 핵 감축을 조건으로 삼아 경제적 기회를 확보하는 계기가 될 가능성도 있다. 북한은 1990년대 이후 심각한 경제적 위기를 겪어왔다. 소련 붕괴 이후, 북한 경제는 급격히 피폐해졌으며, 주민들 사이에 광범위한 고통과 기아를 초래한 대규모 기근에 직면했다.[141] 특히 소련이 주도했던 공산권의 붕괴는 북한 경제에 치명적인 타격을 입혔으며, 이와 더불어 군비 과잉 지출과 같은 내부적 경제 문제는 해결되지 않았다. 이러한 상황에서 북한은 외부로부터 충분한 경제 원조를 확보하지 못했고, 내부적으로도 실질적인 해결책을 마련하지 못했다. 지속되는 경제적 어려움 속에서, 북한의 핵무기 개발은 국제사회의 고강도 제재를 초래하며, 경제 문제를 더욱 악화시켰다.[142]

북한 정권은 이를 부인하고 있음에도 불구하고 핵무기 개발을 경제적 원조를 위한 유용한 협상 수단으로 여전히 활용할 수 있다.[143] 미국과 같은 강대국들과 한국, 일본 등 북한에 인접한 국가들은 북한의 핵무기 개발 프로그램을 중단시키고자 노력해 왔으며, 북한은 이를 잘 알고 있다. 이러한 상황에서 북한은 핵 문제와 관련해 일정한 양보를 하는 대가로 경제적 보상을 확보하기 위해 지속적으로 노력해 왔다.[144] 이러한 "핵 위협(nuclear extortion)" 전략을 통해 북한은 지난 수십 년 동안 한국, 미국, 일본, 중국으로부터 수십억 달러의 원조를 확보했다.[145] 특히 2020년, 코로나19 위기 상황에서 북한 경제는 8.5%나 위축되었고, 중국과의 교역은 약 80% 감소하는 등 경제난이 가중됨에 따라 이러한 경제적 동기는 더욱 강화되었다.[146] 또한 북한 정부가 코로나19 확산을 통제하기 위해 내린 국경 폐쇄와 입국 금지 조치는 이미 약화된 북한 경제에 치명적인 타격을 입혔다. 이는 북한 정권이 외부로부터 경제적 지원을 확보해야 할 필요성이 더욱 커지는 요인으로 작용했다.

그러나 경제적인 보상을 얻기 위한 핵 위협 전략은 이제 한계를 보이고 있다. 미국과 동맹국들은 북한의 핵무기 개발 프로그램을 중단하고 핵 시설을 제거하는 조건으로 북한에 경제적 인센티브를 제공할 가능성이 있지만 북한 정권이 실질적인 비핵화를 수용할 징후는 없기 때문이다. 한미 양국과의 비핵화 대화에도 불구하고 북한은 여전히 핵무기 보유를 생존 전략의 필수 요소로 보고 있다.[147] 북한이 완전한 핵무기 포기가 아닌 군비통제를 위한 군축 협상에 나설 수도 있겠지만,[148] 국제사회가 북한을 핵 보유국으로 인정하고 경제적 인센티브를 대가로 이러한 협상에 나설 가능성은 낮다. 그런데도 김정은은 북한이 핵 보유를 끝까지 고수한다면 국제사회는 결국 북한의 비핵화를 포기하고 북한의 핵 보유국 지위를 받아들일 것이라고 판단하는 듯 하다.[149] 그러나 북한의 핵 능력이 초래하는 여러 위험에 대한 국제사회의 강한 우려, 억압적인 김정은 정권에 대한 불신, 그리고 북한의 핵 보유로 인해 불안정해지는 한반도의 안보 환경을 고려할 때 국제사회가 북한의 핵 보유를 인정하고 수용할 가능성은 매우 낮다.

북한의 핵 개발에 대한 안보적 명분과 경제적 논거들은 분명한 한계를 가지고 있다. 따라서, 북한이 핵무기 보유를 추진하는 가장 강력한 동기는 정치적인 요인일 가능성이 높다. 2012년 북한의 2차 핵실험 이후 북한은 핵무기 보유국 지위를 자국 헌법에 명문화하여 그 정치적 중요성을 강조했다.[150] 1990년대 이후 북한은 경제적 위기를 겪었다. 이와는 대조적으로, 한때 경제적으로나 군사적으로 북한보다 열세였던 남한은 몰라보게 번영하고 경제적으로 발전했으며,[151] 1996년에는 경제협력개발기구(OECD)에 가입해서 고소득 국가들의 대열에 합류하기까지 했다. 일각에서는 통일이 이루어질 경우 번영하는 남한이 북한을 "흡수"할 수 있다는 관측이 나오고 있는데,[152] 이는 북한의 국가적 정당성과 국가로서 존속할 수 있는 지속가능성에 대한 우려를 낳고 있다. 북한은 경제난에도 불구하고 실추된 국가적 위신을 회복하고 국내의 지지를 확보하는 수단으로 핵무기 보유와 세계적 수준의 군대 육성을 추구해 왔다.[153] 북한 정권의 입장에서 보면 핵무기 보유는 자국을 더 강하게 보이게 하여 내부적으로 정권의 정당성을 확립하고 정권에 대한 불만을 방지하기 위해 필요한 것이다.[154]

북한 정권은 또한 북한의 국가적 정체성과 정치 문화적 맥락에서 핵무기 개발 프로그램의 중요성을 강조해왔다. 북한의 국가이데올로기는 "자력갱생"을 뜻하는 "주체사상"을 중심으로 구성되어 있으며, 민족자주의 패러다임으로 이해되고 있다.[155] 냉전 시대 북한은 자국의 빈약한 군사 자원에 비해 미국의 대규모 핵무기 비축량이 불공평하다는 이유로 핵무기 개발을 위해 다른 공산주의 국가들의 지원을 요청했다.[156] 1970년대와 1980년대를 거치면서 주체사상은 북한의 헌법과 국가 존립의 주요 원칙으로 확립되었다.[157] 주체사상이 북한의 문화적, 정치적 정체성에서 중요한 위치를 차지함에 따라, 김일성은 민족적 자위와 정치적 자결권을 보장하기 위해 핵무기의 중요성을 강조했다. 그는 북한이 핵 보유국 지위를 확보하면, 자국은 미국과 같은 더 강력한 적대국들과 보다 동등한 위치에 설 수 있을 것이라고 주장했다.[158]

1994년 김일성이 사망한 이후, 그의 후계자인 김정일은 북한의 민족적 정체성과 문화에서 주체사상의 중요성을 더욱 강조했다.[159] 이어 김정은은 핵무기 개발을 주체사상의 국가적 담론과 연결시키며, 핵무기를 북한 주민들에게 자부심과 위신을 고취시키는 북한의 강력한 힘의 상징으로 만들었다.[160] 북한 문화에 대한 제한적인 사회학적 증거는 주체사상의 문화적 영향이 주로 북한 엘리트층에 집중되어 있음을 시사하지만, 핵무기 개발이라는 국가적 담론은 주체사상에 회의적인 시민들에게도 강한 영향을 미쳤다. 이를 통해 그들이 비록 사적으로는 북한 정권에 의심이 있더라도, 공개적으로는 정권의 정당성을 인정하도록 만들었다.[161] 따라서 주체사상과 북한 핵 프로그램의 결합은 핵무기 개발을 뒷받침하는 강력한 사상적, 문화적 동력을 제공한다.[162] 이러한 논리에 따르면, 핵무기 개발은 단순한 군사력 증강을 넘어, 국가의 정체성과 독립성을 확보하고 이를 입증하기 위한 필수적인 정치적 과정으로 간주된다.

북한의 핵무력 증강은 국가적 정체성과 문화적 요인뿐만 아니라, 많은 권위주의 국가에서 흔히 볼 수 있는 보다 실질적인 정치적 필요성에도 부응하고 있다. 북한은 외부의 안보 위협으로부터 스스로를 방어하는 동시에, 국가 질서를 유지하기 위해 군사력에 의존하고 있다. 김정일 시대에 북한은 "선군정책"이라는 공식적인 군 우대 정책을 시작했다. 핵무기 개발을 우선시함으로써 대규모 군사 예산을 정당화하고, 북한 군인들의 사기를 진작시켜 북한 군부 내에서 김정은에 대한 지지를 강화하도록 했다.[163] 군부에 대한 지지를 유지하는 것은 군 지도자들의 쿠데타 시도를 방지하는 데에도 필요하다.[164] 군사적 지원을 유지하는 데 초점을 맞춘 이러한 정치 전략은 김정은이 젊고 경험이 부족한 가운데 권력을 잡았던 집권 초기에 더욱 절실했다. 그는 자신을 강하고 유능한 지도자로 입증할 필요성을 느꼈다.[165] 핵무력 증강은 국제사회의 강력한 반대에도 불구하고, 김정은이 군부와 일반 대중 모두에게 자신의 강력한 지도력을 과시할 수 있는 효과적인 방법이었다. 이를 통해 그는 정권 내부와 외부에서 자신의 권위를 공고히 하고 정권의 안정을 유지할 수 있었다.

마지막으로, 북한의 핵무기 프로그램은 북한 정권이 국제 정치 무대, 특히 한국에 일정한 영향력을 행사할 수 있는 수단이 된다.[166] 북한이 핵 능력을 확보한다고 해도, 핵 프로그램과 시설의 실질적인 감축이나 폐지를 이행하지 않는 한, 국제사회가 제재를 철회할 가능성은 낮다. 그렇다 하더라도 핵무기는 남한이나 국제사회가 북한의 광범위한 인권 침해와 같은 정치적 문제로 북한을 압박하는 것을 억제할 수 있다.[167] 핵무기가 없는 한국은 미국의 핵우산에 의존하고 있으며, 이로 인해 북한에 대해 상당한 취약성을 가지고 있다. 이러한 취약성은 한국이 보다 신중한 태도를 취하고 방어적인 자세를 유지하도록 하는 원인이 된다. 북한이 이러한 자신감을 바탕으로 2022년 한국 대통령 선거에 영향을 미치려는 시도를 했다는 정황이 있다.[168] 북한은 핵 협상력을 활용하여 남한의 선거 결과에 영향을 미치려 했으며,[169] 남한 정권이 역사적으로 대북 원조와 양보에 더 적극적이었던 진보 진영의 통제하에 있도록 유도하려는 의도를 드러냈다. 이러한 접근은 북한의 핵무기 프로그램이 단순히 군사적 목적을 넘어 정치적 수단으로 활용되고 있음을 보여준다.[170]

이 절에서는 동북아시아에서 가장 첨예한 안보 문제인 북한의 핵 개발을 살펴보았다. 2016~2017년 북핵 위기 동안 미국과 북한 간의 대립은 극에 달했으며, 세계 최강국인 미국의 대통령과 세계에서 가장 예측하기 어려운 북한의 지도자가 핵 위협을 공개적으로 주고 받는 상황이 전개되었다. 2018년 싱가포르에서 이루어진 북미 합의 이후 북핵 위기는 다시 격화되지 않았지만, 북한은 핵무기 프로그램을 상당한 정도로 감축하거나 폐기하지 않았다. 남북 간 긴장은 여전히 지속되고 있으며, 북한은 계속해서 핵무기를 사용할 가능성을 거론하며 지속적으로 위협을 가하고 있다.[171] 북한의 지속적인 핵 개발은 동북아시아뿐만 아니라 전 세계의 평화와 안정에도 심각한 부정적 영향을 미칠 것이다. 다음 절에서는 이러한 북핵 위기를 초래한 북한이 오늘날과 같은 독특한 권위주의적이고 세습적인 정권으로 자리 잡게 된 과정, 그리고 막대한 국내 희생과 국제적 반대에도 불구하고 핵무기 보유에 집착하게 된 역사적, 정치적, 경제적 맥락을 심층적으로 살펴본다.

2.2 냉전과 북한

2.2.1 북한정부의 수립과 한국전쟁

남북한은 오늘날에도 여전히 존재하는 몇 안 되는 분단국가이다. 한반도가 분단된 것은 제2차 세계대전 이후 미국이 주도하는 자유 진영과 소련이 주도하는 공산권 간의 갈등이 주요 원인이었다. 미국은 소련의 북한 점령을 허용했는데, 처음에는 북한 주둔 일본군의 무장을 해제하기 위한 목적이었으나, 이후 소련은 공산주의 정부를 세우지 않고서는 한국을 떠나려 하지 않았다. 소련은 한반도를 동유럽의 폴란드에 비유하면서 다른 강대국이 한반도를 소련 공격의 발판으로 삼을 수 있다고 판단했기 때문에 소련에 충성하는 정부를 한반도에 수립할 필요가 있다고 여겼다.[172] 그리하여 북한을 통치하던 소군정(1945~1948)은 한국에서 유엔의 지도 아래 단일 정부를 수립하자는 제안에 소극적이었다. 이는 그러한 정부가 친서방적 성향을 가질 가능성이 높다고 판단했기 때문이다.[173] 당시 남한에 진주해 있던 미국도 한반도 전체를 통제하는 친소련 공산주의 국가의 수립을 용납하지 않았다. 미국과 소련 사이에 이러한 타협할 수 없는 대립이 계속되었으며, 각각 자국의 진영에 충실한 한반도 정부의 수립을 추진했다. 결국 한반도의 분단은 피할 수 없는 결과가 되었다.

1948년, 미국과 소련이 각각 남한과 북한에서 3년간 군사 통치를 한 후, 한반도에는 두 개의 독립된 정부가 수립되었다. 하나는 유엔의 지지 아래 남한에, 다른 하나는 소련의 지도하에 북한에 세워졌다. 김일성이 이끄는 북한은 일본의 식민지 지배 기간에 건설된 생산시설과 인프라를 포함한 토지의 몰수와 국유화를 핵심으로 하는 공산주의 정책을 시행했다.[174] 또한 북한 정부는 소련식 계획경제 체제를 채택하여 국가 계획에 따라 산업을 통제했다.[175] 북한은 공산주의 통치를 강화하기 위해 교육, 선전, 문화 분야에 상당한 자원을 투입했으며, 이는 제1차 인민위원회 예산의 약 20%에 달했다.[176] 이와 함께, 주민들에 대한 정부의 통제를 강화하기 위한 강력한 치안 시스템과 광범위한 감시 체계를 구축했다.[177] 공산주의 정부로부터 적대적인 처우를 받았거나, 지주나 사업가 등 공산주의 체제하에서 장래를 보장받기 어려운 사람들 약 50만 명이 대규모로 월남했다.[178] 이로 인해 남북의 이념적 대립은 더욱 심화되었다.

당시 북한의 지도자였던 김일성은 소련의 지시에 따라 북한에 공산주의 국가를 세우는 데 만족하지 않았다. 그는 남한 역시 자신의 지배 아래에 두기를 원했으며, 이를 위해 북한군을 무장시키고 강화하기 위해 소련의 지원을 적극적으로 요청했다.[179] 당시 소련의 지도자 이오시프 스탈린은 한반도 전체가 하나의 공산주의 국가로 통합되기를 원했기 때문에 지원을 아끼지 않았다.[180] 김일성은 또한 새로 수립된 공산주의 중국으로부터도 지지를 확보했다. 소련과 중국의 전폭적인 지원을 받은 김일성은 1950년 6월 25일, 남한보다 더 잘 무장되고 체계적으로 준비된 군대를 동원하여 남한에 대한 군사 공격을 개시했다.[181] 미국은 이 공격을 스탈린의 명령에 따른 공산주의자들의 침공으로 간주했다. 해리 트루먼 미국 대통령은 당시 상황에 대해 "한국에 대한 공격은 공산주의가 독립 국가를 정복하기 위해 단순히 국가 전복을 넘어 이제 무력 침공을 사용할 것이라는 점을 의심의 여지 없이 명백히 보여준다"고 언급했다.[182] 역사학 자 칼 버거(Carl Berger)도 이러한 견해에 동의하면서 북한의 공격은 동아시아 전체를 지배하기 위한 모스크바의 첫 단계라고 주장했다.[183]

한국전쟁(1950~1953)은 이후 수십 년 간 동북아시아의 정치적 지형을 결정하는 중요한 역할을 했다. 이 참혹한 전쟁으로 인해 수백만 명의 전투원과 민간인 사상자가 발생했으며, 한반도 남북의 주요 기반 시설이 파괴되어 막대한 경제적 손실을 초래했다. 한 연구에 따르면 전쟁 중 약 60만 채의 주택, 철도 인프라의 46.9%, 총 길이 500㎞에 이르는 1,656개의 도로, 총 49㎞에 이르는 1,453개의 교량이 파괴되었다.[184] 1951년 8월에는 공장 건물의 44%와 생산 시설의 42%가 폐허가 되었고, 거의 80%에 이르는 발전소가 파괴되었다.[185] 3년에 걸친 이 전쟁에서 한국인들은 극심한 고통을 겪었고, 가족과 집을 잃었으며, 정치 이데올로기를 수호한다는 명목으로 자행된 수많은 고문과 살인을 목격했다. 전쟁을 통해 남북한은 완전히 적대적인 관계가 되었고, 그 후 수십 년 동안 극심한 적대감이 지속되었다. 전쟁은 승부를 가리지 못한 채 휴전으로 종결되었고, 38선에 가까운 새로운 휴전선이 설정되었으며, 남북한은 전후 70년이 지나도록 평화 조약을 맺지 못했다. 전쟁으로 인한 적대감은 한반도에만 국한되지 않았고 동북아 전역으로 확대되었다. 한 평론가에 따르면 한국전쟁은 냉전이 아시아로 확대되는 전환점이었으며, 이 지역에 대한 미국의 공약이 강화되면서 대만, 한국, 그리고 동남아시아의 프랑스를 포함한 비공산주의 세력에 대한 지원이 확대되었다.[186]

한국전쟁은 김일성에게 자신의 정치권력을 확고히 할 수 있는 중요한 기회를 제공했다. 김일성은 전쟁 중과 이후에 잠재적인 경쟁자들을 제거하고, 반대 세력을 억압함으로써 1994년 사망할 때까지 권력을 유지한 북한의 절대적 통치자가 되었다.[187] 그는 자신의 권력을 강화하는 한편, 북한 주민들을 결집시키는 데 성공했다. 북한 주민들은 전쟁 중 북한의 파괴에 대한 책임을 남한과 미국에 돌리며 깊은 적대감을 갖게 되었다. 전쟁 중 미국의 막강한 화력을 경험한 북한은 제한된 자원과 인력에도 불구하고 군사력 건설과 유지에 상당한 자원을 투입했다. 따라서 막대한 비용을 소모하는 북한 군사력 증강의 근본적인 원인은 한국전쟁에서 비롯되었다고 볼 수 있다. 앞서 논의한 바와 같이, 북한 정권은 핵무기 개발을 한국과 미국의 실질적 군사적 우위에 대항하여 자국의 안보이익을 확보하기 위한 필수적인 수단으로 간주하고 있다.

2.2.2 냉전 중 대립과 북한경제의 쇠퇴

한국전쟁은 냉전이 심화되는 전환점이었고 서방과 공산권 간의 대립을 격화시켰다. 한국전쟁은 공산주의의 위협과 그로 인한 전쟁 위험에 대한 대중의 인식에 큰 영향을 미쳤다. 예를 들어, 로버트 저비스(Robert Jervis) 교수에 따르면, 1940년대에 대부분의 미국 관리들은 "전쟁의 위험에 대해 엇갈리고 일관성 없는 견해"를 가지고 있었으며, 소련은 위협적이고 팽창주의적인 존재로 여겨졌지만, 동시에 나약하고 조심스러운 존재로 여겨졌다고 한다.[188] 그러나 한국전쟁 이후, 여론은 소련을 신중함과 위협이 혼재된 존재로 인식하던 시각에서, 보다 위험한 팽창주의적 세력으로 간주하기 시작했다.[189] 미 상원은 한국전쟁을 통해, 공산주의자들이 승리할 가능성이 있다고 믿는 상황에서는 제3차 세계대전을 일으킬 위험을 감수하면서까지 무력 침략을 주저하지 않는다는 점이 드러났다고 지적했다.[190] 공산주의에 대한 대중의 우려는 냉전 (1945~1991) 기간 지속적으로 고조되었으며, 이에 따라 서방과 공산주의 진영 모두 군사력을 증강하고 동맹국에 대한 경제적 지원과 협력을 강화하며 세력을 더욱 공고히 했다.[191]

역설적이게도, 북한은 냉전 시기의 이러한 대결 구도에서 상당한 이익을 얻었다. 우선 한국전쟁 이후에 공산주의 진영, 특히 소련으로부터 상당한 경제적 지원을 확보했다.[192] 또한 동독, 폴란드, 체코슬로바키아 등 다른 공산주의 국가로부터도 원자재, 기계, 그리고 기술 지원을 받았다. 이러한 지원으로 북한은 한국전쟁의 폐허 속에서 파괴된 국토와 경제를 재건할 수 있었다. 남한도 미국으로부터 1970년대 초까지 미화 470억 달러 상당에 달하는 상당한 경제적 지원을 받았지만, 1950년대와

1960년대를 통해 급속히 성장한 북한 경제는 남한의 경제를 능가했다. 아래 표는 이 기간 북한의 인상적인 경제성장을 보여준다.

표 2.1 북한의 연평균 성장률(1946~1960) (괄호 안은 연평균 성장률)

	1946		1949		1953		1956		1960
국민소득	100	(27.8)	209	(-7.6)	145	(30.0)	319	(20.4)	683
공업 총생산	100	(49.9)	337	(-10.5)	216	(41.0)	605	(36.6)	2105

출처 : 전홍택, 「북한의 경제발전 : 1945~1995」, 『경제개발연구』 제1권(1995).

북한은 사회주의 계획경제를 시행하고 경제성장에 필요한 자원을 동원했다.[193] 1960년대에 이르러 북한은 주민들에게 생필품을 공급할 수 있는 산업 경제를 구축했다. 1965년에 케임브리지의 저명한 경제학자 조안 로빈슨(Joan Robinson)은 북한의 경제적 성공을 "기적(Korean Miracle)"으로 표현했다.[194] 중국의 대약진 운동과 같은 다른 사회주의 국가들의 경제 실험이 비극적인 기근과 급격한 경제 쇠퇴 등의 비참한 결과를 초래했던 데 반해, 북한의 경제성장은 실제로 중요한 성공으로 인식되었다.[195] 북한 공산주의 경제가 이윤과 같은 사적 인센티브를 허용하지 않는 조건에서 어떻게 경제발전을 이룰 수 있었는지 의문이 제기될 수 있다. 저자가 발표한 "경제개발의 신 일반이론(New General Theory of Economic Development)"에 따르면, 정부에 의한 자원의 동원은 사기업이나 자본주의 시장이 부재하더라도 경제개발의 성공적인 시작으로 이어질 수 있다. 경제발전의 지속성은 별개의 문제이지만, 초기 단계에서 경제를 성공적으로 성장시킨 북한은 이러한 이론을 입증하는 성공 사례로 제시되고 있다.[196]

그러나 이러한 성공은 지속 가능하지 않았다. 국가 주도의 자원 동원, 다른 공산주의 국가들의 지원, 그리고 일본이 전쟁 전에 건설한 인프라에 기초한 북한의 산업 잠재력은 1970년대 초에 이르러 고갈되었다. 그 결과, 북한 경제는 1980년대 쇠퇴하기 시작해서 1990년대에 붕괴 국면에 접어들었다.[197] 북한 경제 실패의 원인은 다음과 같다. 첫째, 경제에 대한 관료적 통제가 혁신을 저해하고 만성적인 비효율성을 초래했다. 둘째, 과도한 군사비 지출은 경제적 부담을 가중시켰다. 셋째, 공산권의 붕괴로 경제 파트너를 상실했고, 넷째, 서방의 경제 제재, 특히 미국의 무역과 투자 금지 조치가 경제를 더욱 악화시켰다.[198] 반면, 한국은 부족한 자원의 배분 문제를 해결하기 위해 정부 주도의 경제개발 정책을 채택했지만, 삼성과 현대와 같은 민간기업들이 경제에서 핵심적인 역할을 수행할 수 있도록 했다. 이들 민간기업은 국내외 시장에서 경쟁하며 생산성의 향상과 혁신을 통해 경제의 효율성을 높이는 데 기여했다. 이러한 차이는 남북한 경제에 현격한 격차를 만든 원인이다.

남한과 대조적으로, 북한은 개인이 법인을 설립하거나 소유하는 것을 허용하지 않았다. 민간기업이 존재하지 않는 상황에서, 북한은 자국 산업의 경쟁력을 높이고 경제의 효율성을 향상시키는 데 필요한 지속적인 혁신을 이루지 못했다. 또한 서방 세계, 특히 미국과의 적대적 관계는 국제 무역과 투자에 심각한 장애요인이 되었다. 공산권의 붕괴 이후 북한 경제는 국제사회에서 고립된 반면, 남한은 국제 무역과 투자를 통해 높은 수준의 경제성장과 산업 발전을 이어갔다.[199] 1980년대 이후 북한은 외국인 투자를 선별적으로 허용하고, 기업이 일정 부분 경영을 통제하며, 제한된 이익을 유지할 수 있도록 허용하는 경제 개혁을 단행했다. 그러나 이러한 개혁은 경제 침체를 반전시키는 데 실패했다. 무엇보다도, 미국과 일본을 비롯한 주요 경제국들과의 관계를 회복하지 않고서는, 북한은 자국의 산업과 고용을 상당히 향상시킬 수 있는 수준의 외국인 투자를 유치할 수 없었다.[200]

1996년, 남북한 간의 경제적 격차는 비교조차 무의미할 수준에 이르렀다. 남한의 GDP는 6천 101억 7천만 달러에 달한 반면,[201] 북한의 GDP는 남한의 수십분의 일 수준인 210억 달러로 추산되었다.[202] 한때 북한에 비해 열위에 있었던 남한의 경제가 북한의 경제와 산업을 압도적으로 능가한다는 사실이 명백해졌으며, 북한은 만연한 기아와 급격한 경제적 쇠퇴에 직면했다. 남북한 간의 경제적 격차는 군사력에도 영향을 미쳤다. 남한은 지속적으로 군대를 개선하고 현대화한 반면, 북한은 노후화된 군사 장비를 교체하거나 현대화할 경제적 자원과 기술적 능력이 부족했다. 이처럼 확대되는 경제적, 군사적 격차는 북한 지도자들로 하여금 핵무기 개발과 같이 상대적으로 적은 비용을 들여 안보를 강화할 수 있는 수단에 의존하게 만들었다. 그러나 앞서 논의했듯이, 북한의 핵무기 개발은 서방 국가들과의 긴장을 고조시키는 결과를 초래했고, 이는 다시 북한의 경제 환경을 더욱 악화시켜 남한과의 격차를 더 확대시키는 악순환을 낳았다.

2.2.3 냉전 후 김씨왕조의 성립

냉전이 끝날 무렵, 북한은 심각한 정치적, 경제적 위기에 직면해 있었다. 정치적 위기는 1994년 김일성의 갑작스러운 사망으로 인해 촉발되었다.[203] 한국전쟁을 도발한 잔혹한 독재자라는 악명에도 불구하고 김일성은 한국 현대사에서 가장 영향력 있는 인물 중 한 명이었다. 김일성은 1945년 소련의 지원을 받아 권력을 장악했으며, 1948년 북한 정부를 수립하고, 1950년 남한을 침공하여 한국전쟁을 일으켰다.[204] 김일성은 한국전쟁에서 살아남았고, 정치적 반대파를 제거하며 북한 주민을 엄격하게 통제함으로써 권력을 확고히 했다.[205] 그는 약 50년 동안 북한에서 도전받지 않는 절대적 통치자로 군림하며, 국가의 모든 영역에 걸쳐 영향력을 행사했다. 그러나 그의 갑작스러운 죽음은 북한의 불확실한 미래에 대한 많은 추측과 우려를 낳았다.[206] 남북한은 김일성 생전에 한국 역사의 중요한 전환점이 될 수 있었던 첫 정상회담 개최에 합의했으나, 그가 한국 대통령과의 정상회담을 불과 몇 주 앞두고 사망하면서 회담은 이루어지지 못했다.

김일성의 사망 직후 북한은 역사상 최악의 기근에 직면했고, 그 결과 최소 34만 명의 사망자가 발생했다.[207] 또한 수십만 명의 북한 주민들이 극심한 식량난과 생필품 부족으로 인해 생존을 위해 중국으로 떠났다. 당시 북한은 붕괴 직전에 있는 것처럼 보였다. 공산주의 진영은 해체되었고, 아직 미국 및 다른 서방 국가들과의 관계를 정상화하지 않은 상황에서, 북한을 지원할 나라는 거의 남지 않았고, 다른 곳에서 지원을 구할 기회도 없었다. 이로 인해 북한은 경제적 고립과 국제적 지원 부족이라는 난관에 봉착하게 되었다. 그러한 위기에도 불구하고 북한은 붕괴를 벗어날 수 있었다. 김일성의 장남이자 후계자인 김정일은 2011년 사망할 때까지 그의 아버지가 그랬던 것처럼 인민에 대한 잔혹한 통제와 잠재적 반대자들의 제거를 통해 독재자로서 북한의 통제를 유지했다. 김정일은 자신의 권력 기반을 지키기 위해 군부를 우대했다(선군정치).[208] 북한은 또한 1995년에서 2020년 사이에 한국으로부터 총 3조 3,700억 원에 달하는 경제적 지원을 받았다.[209] 2000년 김정일과 당시 한국 대통령 간의 첫 정상회담 이후 한국은 북한에 대한 지원을 확대했다.

김일성의 뒤를 이은 북한의 두 번째 독재자 김정일은 2011년 심장마비로 사망했다.[210] 김정일의 사후 그의 아들 김정은이 3대째 권력을 이어받아 마침내 북한을 공화국에서 세습 왕조로 전락시켰다. 김정은은 권력을 강화하며 독재자였던 아버지와 할아버지의 길을 따랐다. 김정은은 잠재적인 경쟁자들을 제거했고, 심지어 그의 고모부 장성택과 그의 이복형 김정남을 죽였다.[211] 김정은은 1984년생으로 알려진 젊은 나이에도 불구하고 선대의 북한 지도자 못지않은 잔혹한 지도자였다. 그는 국제사회의 광범위한 반대를 무시하고 핵무기 개발 프로그램을 강행하였고, 이로 인해 전례 없는 경제 제재를 겪었다. 한국의 19대 대통령 문재인(2017~2022)은 김정은을 만나 북한이 미국과의 관계를 개선할 수 있도록 돕는 등 대북 유화정책을 펼쳤으나, 북미회담은 구체적인 비핵화 합의에 이르지 못했다. 이후 김정은은 핵무기를 유지하고 발전시키는 원래의 입장으로 돌아갔다.[212] 핵무기 개발에 대한 김정은의 강력한 의지와 통제로 인해 북핵 위기는 여전히 해결되지 않은 상태로 남아 있다.

북한의 김씨 정권은 3대에 걸쳐 내구성과 생존력을 입증했다. 북한의 독재 정권은 탈냉전 시대 30년 동안 대부분의 구舊공산주의 국가들이 자유 선거에 기반한 민주주의 국가로 변모하는 동안 변화하지 않고 그대로 살아남았다. 다음 절에서 더 자세히 살펴보겠지만, 김씨 왕조의 스탈린식 통제는 여전히 유지되고 있다. 탈냉전 시대에 독재적인 북한 정권은 세계적인 자유화 흐름에 맞서 권력을 유지하고 체제를 보호할 수단이 필요했으며, 이에 따라 핵무기 개발을 추진하기로 결정했다. 북한은 핵무력을 완성했다고 선언했으며, 미국 본토를 핵으로 타격할 수 있는 능력을 보유하고 있다고 주장한다. 북한의 핵 능력은 국가의 군사적 자율성을 나타낼 뿐만 아니라, 북한의 군사적 위신과 권력 및 통제를 유지하려는 정권의 결의를 상징하는 요소가 되었다. 북한 정권은 핵무기를 김씨 왕조의 핵심 안보 수단으로 삼았기 때문에, 가까운 장래에 북한 정권이 핵무기를 포기할 가능성은 거의 없다.[213] 따라서 북핵 위기는 김정은 정권이 권력을 유지하는 한 언제든지 다시 고조될 가능성이 있다.

이 지점에서 북한이 직면한 양립할 수 없는 모순된 현실이 드러난다. 김정은은 북한 주민들을 위해 경제를 개선하겠다는 의지를 표명하며, 경제적 효율성을 높이기 위한 일련의 개혁을 추진해왔다.[214] 예를 들어, 김정은은 북한 전역에서 시장의 확산을 허용하고, 외국인 투자를 늘리기 위한 노력을 기울였다.[215] 관광업을 포함한 산업 개선에도 관심을 보이며 경제 활성화를 위한 정책을 시도했다. 그러나 국제사회의 경제 제재와 코로나19로 인한 국경 봉쇄는 북한 경제에 극심한 부담을 주었고, 김정은의 개혁 노력을 무위로 돌렸다. 여기에 더해 경제발전을 가로막는 제도적 장애도 존재한다. 김정은 정권의 독재적 성격은 투옥, 고문, 처형의 위협을 통해 주민에 대한 강력한 통제를 유지하는 방식으로 작동하며,[216] 이는 경제발전을 저해하는 근본적이고 극복하기 어려운 상애가 된다. 지속적인 경제발전을 이루기 위해서는 정보와 혁신, 경제적 자유가 필수적이지만,[217] 이들이 김정은 정권의 통제와 억압과는 본질적으로 양립할 수 없기 때문이다. 이는 경제발전이라는 목표와 억압적인 통치 현실이 상충하고 있음을 보여준다. 다음 절에서는 북한이 직면한 이러한 모순적 현실을 살펴본다.

2.3 북한의 모순된 현실

2.3.1 고립 속에서 경제발전?

북한 주민들은 1990년대 이후 상당한 빈곤을 겪어왔다. 앞서 언급한 대로 1990년대 후반의 대기근으로 수십만 명이 사망했다.[218] 생존을 위해 수십만 명이 북한을 떠나 중국 등으로 향했고, 이중 3만 4천명 이상이 남한으로 탈출했다.[219] 다음 그래프는 1990년대 이후 북한 경제가 쇠퇴하는 실태를 보여준다.

총체적 경제 붕괴의 위험에 직면한 북한 정권은 불가피하게 경제발전을 우선시하게 되었다. 2016년 연설에서 김정은은 5개년 경제계획을 제시하며, 금속, 철도와 같은 전통 산업과 수력과 지열, 태양열 등 재생 에너지원을 포함한 혁신 산업 촉진 정책을 발표했다.[220] 또한 김정은은

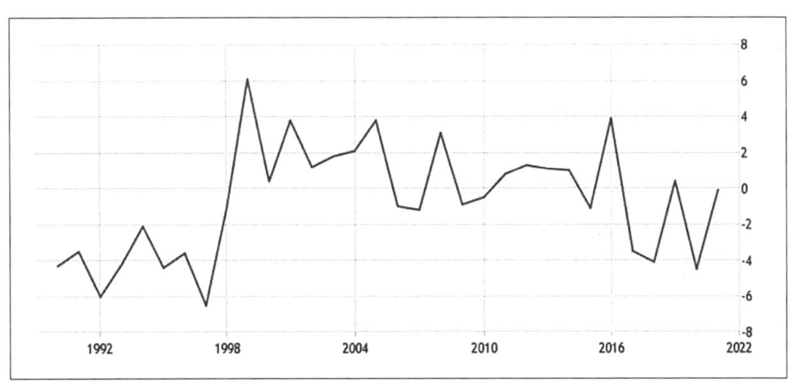

도안 2.1 북한의 연간 국내총생산(GDP) 성장률(1990~2021) (단위: %) (출처 : 한국은행)

국제 무역을 통해 세계 경제와의 연계를 강화하고자 하는 의지를 표명했다.[221] 2021년 조선노동당 제8차 당 대회에서는 경제발전에 국가 정책의 우선 순위를 두고 있음을 재차 강조했다. 당 대회에서는 "극도로 가혹한 환경 속에서도 경제를 안정시키고 경제 부문에서 자급자족할 것"을 강조하였으나[222] 이러한 강조에도 북한은 2021년에 유의미한 경제적 성과를 거두지 못했고, 5개년 경제 목표도 달성하지 못했다.[223]

북한의 경제발전의 필요성과 핵무기 추구 및 주민 통제 사이에는 해결하기 어려운 상충과 모순이 존재한다. 우선 북한의 핵실험과 탄도미사일 발사에 대한 대응으로 부과된 국제사회의 경제 제재는 북한의 경제발전을 가로막는 가장 큰 장애가 되고 있다. 2017년 미국 정부는 국제사회의 기존 제재를 강화하고 미국 자체의 최대 압박 정책을 시행할 것을 제안했다.[224] 유엔 안전보장이사회 결의 2371호와 같은 강화된 제재는 북한의 전통적 동맹국인 중국과 러시아의 지지도 받았으며, 북한의 석탄, 철, 납, 해산물 등 주요 품목의 수출을 금지하고 있다.[225] 이 제재는 북한의 해외 금융 서비스 접근도 제한하여 국제 무역에서 북한이 직면하는 큰 장애요인이 되었다. 북한의 핵무기 개발은 국제사회의 광범위한 제재를 초래하여, 김정은이 2016년 연설에서 무역으로 국제 경제와의 연계를 더 강화하겠다고 밝힌 것과 정반대의 결과인 국제사회에서의 경제적 고립을 자초한 것이다.[226]

국제사회의 경제 제재 외에도 북한의 내부 통치 체제 역시 북한 경제발전에 큰 걸림돌로 작용하고 있다. 북한은 전국에 시장을 허용하는 등 시장경제의 일부 요소를 수용하고 있다. 그러나 북한의 경제적 자유는 여전히 제한되어 있다. 예를 들어, 개인은 법인을 설립할 권리가 없다. 북한은 1960년대까지 국가 주도의 자원 동원과 산업화를 통해 상당한 경제성장을 이루었지만, 영리를 목적으로 하는 민간기업의 부재와 비효율적인 관료주의에 의한 지속적인 경제 통제는 경제발전의 필수 요소인 혁신을 저해했다.[227] 따라서 1970년대 북한경제의 정체, 1980년대의 경제적 쇠퇴, 1990년대의 치명적인 경제 위기로 이어지는 북한경제의 퇴행은 북한의 지속 가능한 경제발전을 저해하는 구조적인 문제가 원인이다.

경제발전은 김정은이 명시한 국가의 우선순위이기는 하지만, 실제로는 핵무기나 경제에 대한 국가 통제와 같이 김정은 정권을 보호하기 위해 필요하다고 생각하는 것보다 더 우선시되지는 않는다. 더 자세히 논의하겠지만, 김정은 정권은 모든 북한 주민에게 절대적인 복종과 순응을 요구하는 세습 왕조가 되었다. 그 결과, 김정은 정권을 보호하고 유지하는 것보다 더 높은 국가적 우선순위는 없으며, 북한은 정권을 보호하기 위해 필요하다고 판단하면, 파멸적인 경제 제재를 유발하고 북한의 경제발전을 저해하더라도 핵 개발을 추진할 것이다. 그러므로 김정은이 가까운 장래에 인민에 대한 정권의 통제나 개인의 자유에 대한 제한을 완화할 가능성은 희박하다. 따라서 북한의 경제개발은 북한 정권을 보호하는 기존 정책을 유지하면서 가능한 정도에 한해 추진될 전망이다.

2.3.2 핵 개발 대 비핵화

한반도 비핵화에 대한 북한의 일관되지 않은 입장도 이 모순된 현실적인 딜레마를 반영한다. 2017년 말 미국과 북한의 정상 간에 갈등이 고조되고 핵공격 위협이 오갔던 후, 김정은 위원장은 서방의 경제적 지원을 희망하며 입장을 바꾸었다. 김정은은 2018년 4월 남북한 정상회담과 2018년 6월 북미 정상회담에서 한반도 비핵화에 합의했다.[228] 김정은은 문재인 대통령과의 정상회담에 앞서, 지금까지의 성과를 고려하여 모든 핵무기와 ICBM의 실험을 중단했다고 밝혔다. 김정은은 북한이 핵탄두와 미사일을 대량 생산할 수 있는 능력을 이미 갖추었으며, 미국에 대한 강력한 억지력을 보유하고 있으므로 추가 실험이 불필요하다고 선언했다.[229] 북한은 비핵화 실천 의지를 드러내며 평계리 핵실험장을 폐쇄하고, 핵실험에 사용하던 터널을 국제 언론이 보는 앞에서 폭파하기까지 했다.[230]

그러나 2019년 하노이 정상회담은 북미 간 이견으로 합의점을 도출하지 못했다. 북한은 북한 핵 개발의 상징적 장소인 영변 핵시설을 폐쇄하는 대신 제재 완화 등 미국의 양보를 기대했다. 그러나 북한의 이런 제의는 한국과 미국이 완전한 비핵화를 기대했기 때문에 충분하지 않았다.[231] 북한이 제재 철회와 경제 원조의 대가로 완전한 비핵화를 할 의향이 있는지 확실하지 않았고, 전문가들은 대체로 이에 대해 부정적이었다. 예를 들어 미국의 국가정보국은 2019년 의회에 제출한 위협 평가에서 북한이 미국과 국제사회의 중요한 양보를 확보하기 위해 부분적인 비핵화 조치를 협상하려 하더라도 모든 핵무기와 생산 능력을 포기할 가능성은 낮다고 밝혔다.[232] 핵무기 개발을 위해 북한이 치른 엄청난 희생을 감안할 때, 김정은이 상당한 경제적 원조와 제재 완화를 확보한다 하더라도 핵무기를 완전히 포기할 가능성은 낮다.

미국 정보기관의 2022년 연례 위협 평가도 비슷한 결론에 도달했다.[233]

정치 평론가 알렉산더 워드(Alexander Ward)와 퀸트 포지(Quint Forgey)에 따르면, 김정은은 핵무기와 ICBM을 북한에 대한 전체주의적이고 독재적인 통치의 궁극적인 보장수단으로 보고 있으며, 시간이 지남에 따라 핵 보유국으로서 국제적 인정을 받게 될 것이라고 믿는다. 북한의 이전 비핵화 선언은 비록 김정은 정권이 제재 완화와 경제 원조를 받는 대가로 핵무기와 핵 시설의 일부를 포기할 용의가 있었더라도, 핵무기를 보유해야 하는 정치적 필요성과는 양립할 수 없는 것이다.[234] 미국과 국제사회가 북한의 핵무기와 핵시설을 부분적으로만 제거하기 위해 북한에 부과한 경제 제재를 철폐할 가능성은 낮다. 반면에 북한의 입장에서 보면 모든 핵무기와 핵시설을 제거한 후에도 한미 양국이 자국의 안전을 보장하고 경제적 원조를 계속할 것이라는 확신을 갖기 어려울 것이다.

실현 가능성과 상관없이 북한은 경제개발과 핵무기 개발 프로그램을 동시에 추구할 가능성이 높다. 북한은 최근 핵무기 보유 문제와 관련하여 협상하지 않겠다고 선언했음에도, 제재 완화와 경제 원조를 대가로 완전한 비핵화는 아니더라도 적어도 핵 군축 가능성을 논의할 여지는 있을 것이다.[235] 미국, 한국, 그리고 북한은 모두 자국의 국내 정치적 필요를 위해 이 지역의 안정을 유지하는 데 이해관계를 공유하고 있으며, 따라서 지속적인 대화는 미국과 한국뿐만 아니라 북한에게도 유용할 수 있다. 북한은 비핵화에 대한 대가로 경제원조를 제공하겠다는 한국 대통령의 제안을 거절했으며,[236] 북미간 대화에도 적극적으로 나서지 않으나 미래 상황은 유동적이다. 북한은 미국이 남한을 통제할 수 있는 영향력을 가지고 있다고 믿고 있으므로, 북한 입장에서는 핵 문제에 대한 어떠한 합의도 북미 간에 이루어져야 한다고 보고 있다.

그러나 미국이 하노이 정상회담을 결렬시킨 것에서 볼 수 있듯이, 북한의 핵 보유 의도를 알고 있는 상황에서 미국이 북한과의 협상에

참여할 의향이 있는지는 불분명하다.[237] 북한이 지속적으로 핵무기 개발
을 하고, 국제사회가 북한을 합법적인 핵 보유국으로 인정하지 않는
현 상황은 별다른 돌파구 없이 계속될 것으로 보인다. 미국이 보유하고
있는 다량의 핵무기와 한국과 일본을 포함한 역내 동맹국의 안전을
보호하겠다는 미국의 지속적인 공약은 북한의 핵무기 사용 가능성을
억제할 것이다. 그러나 핵무기 사용 후 김정은 정권이 생존할 수 있는
시나리오는 없다는 미국의 경고에도 불구하고, 북한 정권이 상대의
양보를 끌어내기 위해 핵 능력을 제한적으로 사용하거나 핵무기의
사용을 위협하는 방식으로, 상황을 오판하여 심각한 위기를 초래할
가능성은 여전히 존재한다.[238] 김정은은 이미 미국과 남한과의 군사적
충돌이 발생하면 핵무기를 사용할 준비가 되어 있고, 북한 정권에 대한
위협이 있을 경우 선제적으로 핵무기를 사용할 수 있다고 경고한 바
있다.[239] 이는 북핵 위험이 여전히 계속되고 있음을 의미한다.

2.3.3 시대착오적인 21세기 절대 통치체제

막대한 비용을 초래하는 북한의 핵무기 개발, 개인의 자유에 대한 엄격한
제한, 주민에 대한 억압적 통제, 그리고 북한 경제에 대한 관료적 통제
등 경제발전을 저해하는 내부 통치 구조는 김정은 정권을 보호하기
위해 설계되고 실행된다. 한 평론가에 따르면, 이러한 북한 정권의
생존 모델은 겉으로 변덕스럽고 일관성 없어 보이는 북한의 행동을
잘 설명한다고 한다.[240] 이는 사회주의 통치체제가 유지되기는 했지만
오로지 특정한 정권을 보호하기 위해서만 운영되지는 않았던 냉전
이후 중국의 상황과는 다르다. 1970년대 후반부터 2013년까지 중국의
국가 지도부는 정기적으로 바뀌었고, 중국은 제3장에서 더 자세히 논의
하겠으나 경제개발에 집중하여 상당한 성공을 거둘 수 있었다. 권위주의

정권과 독재 정권은 오늘날 세계 곳곳에도 존재하지만, 3대에 걸쳐 세습 왕조를 유지해 온 그 어떤 나라도 북한처럼 공화국을 자처하지 않았다.

북한의 독특한 세습 통제를 설명하는 요인 중 하나는 서방으로부터의 고립이다. 1945년 북한 정권이 수립되었을 때, 북한의 남쪽 국경은 한국과 미국에 의해 봉쇄되었고, 한국전쟁 이후에는 일반 주민들에게 자유로운 여행을 허용하지 않았다. 북쪽 국경은 중국과 러시아와 같은 권위주의 국가에 접해있고, 북한에서 이들 국가를 거치지 않고 서방 국가에 이를 수 있는 직접적인 육상 경로는 존재하지 않는다. 역사적으로 북한 주민들은 자유민주주의를 경험해 본 적이 없다. 600년 동안 지속된 조선왕조의 멸망 이후 한반도의 주민들은 일본의 억압적인 식민통치를 겪었다. 북한 정권이 수립될 무렵, 외국의 통치자가 김일성과 같은 국내 지도자로 교체되는 것은 비록 전부는 아닐지라도 많은 북한 주민들에게 환영받는 변화였을 것이다. 김일성의 아들과 손자가 북한의 통치자로 세습되었을 때, 많은 북한 주민들은 유교 통치하의 옛 왕조에서 지켜졌던 전통적 왕위 세습과 같은 방식으로 받아들였을 것이다.[241] 북한의 이러한 모습은 미국의 영향 아래 민주적 통치 형태가 확립된 한국의 정치 발전과 대조를 이룬다.

북한의 세습적 계승을 설명하는 다른 요인들은 문화적이고 정치적인 측면에서 찾을 수 있다. 북한은 자국을 세습 왕국이 아닌 사회주의 공화국이라고 선언하고 있다. 이 나라는 혈연적 세습을 포함한 봉건적인 유습보다는 사회주의 이상을 지지하지만, 또한 600년 이상 이어진 유교의 영향을 강하게 받는다.[242] 북한 엘리트들이 김정은 정권의 통치를 공고히 하고 체계화하기 위해 유교를 이용했다는 주장도 있다.[243] 북한 정권은 김씨 일가의 세습 통치를 정당화하기 위해 충성과 효와 같은 유교적 덕목을 사용했지만,[244] 가족 승계는 사회주의 국가의 이상이나 전통에 부합하지 않는다. 이러한 가운데 북한의 정치 이데올로기인 주체사상이 김씨 일가의 절대적 통치를 정당화하는 수단으로 이용된다. 주체사상에 따르면 당의 수장, 즉 수령은 단순히 등장하고 사라지는 일반적인 정치 지도자가 아니라, 대체할 수 없는 사회주의 혁명의 핵심이자 뇌수이다.[245] 이러한 견지에서 볼 때, 수령에 대한 인민의 단결과 충성심이 무엇보다 중요하며, 세습을 통한 수령의 연속성이 주체사상의 이상적인 사회를 실현하는 데 장애가 되지는 않는다.

그러나 북한의 현실은 인민의 단합과 충성심에 기반한 자애로운 지도자에 의한 조화로운 통치가 아니었다. 북한 지도자를 반대하는 모든 정치적 반대자는 잔인하게 진압되고 구금되고 처형되었다.[246] 정치적 도전을 막기 위해 김정은 정권은 인민의 정치적 자유를 심각하게 제한했다. 북한 주민들은 대부분의 다른 국가에서 불가침의 기본권으로 간주되는 여행, 언론, 집회, 종교의 자유를 누리지 못하고 있다.[247] 정치적 반체제 인사 또는 정권에 충성하지 않는 것으로 의심되는 사람은 영장 없이 체포되어 장기 구금, 고문, 심지어 즉결 재판 후 처형된다.[248] 처형을 면한 반체제 인사들과 그 가족들은 여러 집단 수용소에 구금되어 있으며, 각 수용소에는 최대 5만 명이 수용되어 있다. 수감자들은 적절한 음식과 의복, 주거가 박탈된 가운데 강제 노동과 고문, 처형에 시달리고 있다.[249] 북한은 또한 세계에서 가장 엄격한 주민 감시 시스템을 시행하고 있으며, 북한 주민은 불온한 발언을 비롯하여 다른 주민의 의심스러운 활동을 당국에 보고해야 한다.[250]

북한은 또한 어린아이를 포함한 모든 주민을 소년단과 청년동맹과 같이 긴밀하게 관리되는 집단으로 조직하여 정권에 대한 충성심과 미국과 그 동맹국에 대한 적대감을 지속적으로 주입하고 있다.[251] 수십 년 동안 이처럼 세뇌되고 외부 세계로부터의 정보가 부재한 탓에 (북한 주민들은 극소수의 엘리트 집단을 제외하고는 인터넷에 접속할 수 없다) 일반 대중은 김정은 정권에 충성하고, 김정은 정권에 대한 대중의 대규모 저항이 일어날 가능성은 희박하다.[252] 그러나 이러한 모든 통제에도 불구하고 북한 주민들, 특히 젊은 세대들은 외부 세계의 정보와 남한의 대중음악과 텔레비전 드라마 같은 오락 프로그램에 접근하기 시작했다. 이러한 외부 정보의 유입을 두려워한 김정은은 문화적 침략을 '근절'하라고 명령했다.[253] 외부 정보에 접근한 사람들은 억압적인 김정은 정권에 대해 적대감을 품을 수 있으며, 특히 이웃 남한의 주민들이 자유와 경제적 번영을 누리고 있다는 사실을 알게 되면 그 적대감은 더욱 커질 것이다. 이러한 이유로 북한 정권은 주민들에게 미치는 외부의 영향력을 적극적으로 차단하려 한다.

그러나 김정은 정권이 일반 대중의 정보 접근과 소통을 완전히 차단하는 것이 불가능한 21세기 디지털 시대에는 절대 통치를 유지하는 것이 갈수록 더 어려워질 것이다. 보도에 따르면 수백만 명의 북한 주민들이 비록 인터넷 연결 기능은 없으나 휴대전화를 소유하고 있는 것으로 알려졌다.[254] 북한의 핵 능력은 이 지역의 지속 가능한 평화에 대한 가시적인 위협이다. 그러나 보다 근본적인 위협은 동북아시아에 자국민에 대해 정보와 통신을 차단하고, 구금, 고문, 처형의 위협으로 기본권을 제한하며, 정권을 유지하기 위해 핵전쟁의 위험을 무릅쓰는 국가가 존재한다는 것이다. 설령 북한이 핵무기와 핵시설을 대폭 감축하는 등 전향적인 조치를 취해도, 수십만 명의 자국민이 강제 노동에 시달리는 대규모 강제수용소를 운영하는 북한과 이 지역의 다른 자유 국가들이 평화와 공영共榮을 추구하는 것은 불가능할 것이다. 이들 자유 국가의 여론은 북한에서 자행되고 있는 고문, 처형 등 잔학 행위를 용납하지 않을 것이기 때문이다. 사실 북한 정권이 극도로 억압적인 통치 관행과 구조를 유지하는 한, 그 존재 자체가 동북아시아의 지속 가능한 평화에 대한 현존하는 위협이 될 것이다.

제3장

새로운 아시아의 패러다임인가 구시대로의 복귀인가 : 중국의 부상과 역할

3.1 중국의 부상 : 역사적 관점에서

3.1.1 역사적 맥락에서 본 중국과 동북아시아

역사적으로 중국은 동북아시아에서 우월한 지위를 유지해 왔다. 거대한 국토, 방대한 인구, 풍부한 자원, 그리고 심오한 문화는 동북아시아의 정치적, 경제적, 사회적 역학 구도를 형성하는 데 중요한 역할을 했다.[255] 중국은 19세기 중반 이후 외세의 침략, 내전, 경제적 궁핍, 파괴적인 문화대혁명 등으로 이어지는 격동의 시기를 겪었다. 그러나 1970년대 후반 이후 중국은 경제 개혁을 단행하고 괄목할 만한 경제발전을 이루었으며, 이는 동북아시아의 모든 역내 국가에 상당한 경제적 기회를 제공했다. 중국의 성공적인 경제발전은 중국의 영향력을 강화시켰는데, 그 결과 중국의 정책이 동북아시아의 정치적, 경제적, 군사적 역학에 지대한 영향을 미칠 정도가 되었다. 이 장에서는 중국의 부상이 이 지역에서 새로운 정치 패러다임을 형성하게 될 가능성과, 중국의 정치 체제가 동북아시아의 지속 가능한 평화에 어떤 영향을 미칠 것인지를 살펴본다. 먼저, 이 장의 첫 번째 부분에서는 중국의 역사적 맥락에 대해 논의한다.

중국의 역사에는 다음과 같은 몇 가지 중요한 특징이 나타난다. 영토적, 정치적, 문화적 영역의 지속적인 확장, 외세의 침략과 지배를 오랫동안 견뎌내고 극복하는 비범한 능력, 외부에서 온 정복자나 통치자에게 영향력을 행사하여 그들을 중국에 동화시킬 수 있는 능력, 전쟁과 회유를 병행하며 지속적으로 통치하는 능력, 그리고 중국이 분열될 경우 국가를 재통일하는 추진력이 그것이다. 다른 강대국들도 이러한 특성 중 일부를 보여주었지만, 모든 특성을 동시에 갖춘 경우는 드물다. 예를 들어, 미국은 1861년 남부의 연방 탈퇴를 거부하고 남북전쟁을 통해 국가 통일을 유지했다.[256] 그러나 중국의 경우, 이러한 특징들이 동북아시아에서 중국의 통제력을 강화하고 유지하는 데 지속적으로 작용해 왔다.

역사는 중국의 팽창을 보여준다. 초기 중국의 주周 왕조(기원전 1046~기원전 256)는 도안 3.1에서 볼 수 있듯이 현재 중국 영토의 일부만을 차지하고 있었다.

주나라는 각 지역의 통치자들에게 실질적인 정치적 자치권을 허용하는 봉건제도를 유지했으며, 결국 여러 자치 국가로 분할되었다.[257] 그러한 자치 국가 중 하나인 진나라秦(기원전 900~기원전

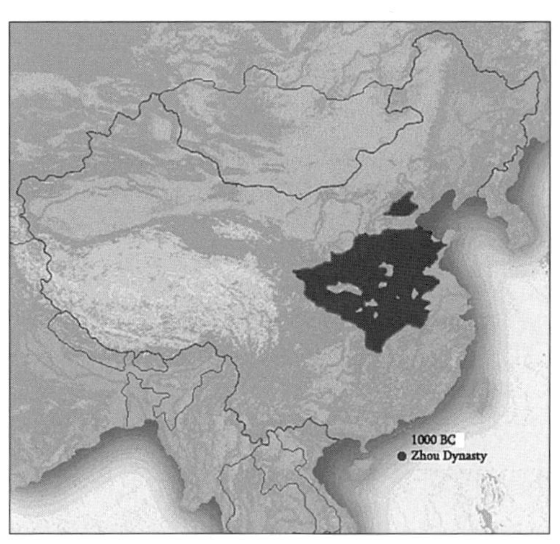

도안 3.1　주나라 영토(기원전 1000년)
(출처 : History and Commercial Atlas of China, Harvard University Press)

206)는 중국의 다른 나라들을 정복하고 기원전 221년에 중국 역사상 최초의 통일 제국을 세웠다.

진秦나라의 중국 통일은 동아시아를 대표하는 강대국으로서 중국 역사의 시작을 의미하지만, 중국이 동북아시아를 완전히 지배하기에는 몇 세기가 더 걸렸다. 로마 제국의 멸망 이후 유럽을 통일한 국가가 없었던 유럽과 달리, 한漢(기원전 202~서기 220), 수隋(581~619), 당唐(618~906), 송宋(960~1279), 명明(1368~1644)과 같은 중국의 여러 왕조는 분열과 대립의 시기를 거쳐 중국을 '통일'하는 데 성공했다. 이러한 통일 과정은 종종 정치적, 군사적, 외교적 투쟁을 수반했다. 중국 왕조와 북방 민족 간의 전쟁은 통일왕조의 존속을 위협하는 주요 요인이었다. 흉노족匈奴族과 같은 북방 민족들은 중국의 통일왕조에 상당한 압력을 가했다. 진秦나라는 북방 민족의 침략을 막기 위해 만리장성을 쌓았으며, 한나라는 북방 민족의 침략을 막기 위해 조공을 바쳤다.[258] 그러나 이러한 노력에도 중국이 항상 성공적으로 자국을 방어한 것은 아니다. 몽골족과 만주족은 중국을 정복하고, 각각 원元(1271~1368)과 청淸(1644~1912)과 같은 자신들의 왕조를 중국의 심장부에 세웠다.

놀랍게도 이 외국의 정복자들은 시간이 지남에 따라 중국에 동화되었다. 원나라와 청나라 모두 중국의 관료제와 통치 시스템을 채택하고 유교와 같은 중국의 정치사상을 수용함으로써 사실상 중국 왕조가 되었다.[259] 새로운 황제와 지배 계급은 몽골족과 만주족과 같은 정복 민족 출신이었을지 모르지만, 그들은 수 세기의 역사를 가진 중국의 정치, 문화, 경제 체제 내에서 국가를 운영했다.[260] 이는 중국이 전투 없이 정복자들을 다시 정복한 사례라 할 수 있다. 14세기에 원나라가 새롭게 부상한 명나라에 의해 무너질 무렵, 남아 있던 몽골족 지배층들은 북쪽으로 도망쳐 북원北元이라는 국가를 유지했지만, 1912년 청나라 멸망 당시에는 중국을 정복하고 청나라를 세운 만주족 상당수가 민족적 정체성을 잃고 중국에 동화되었다. 중국 문명의 영향력은 한때 중국을 침략하고 정복했던 민족들의 정체성마저 해체할 만큼 강력했다. 역사가 월터 미저브(Walter Meserve)와 루스 미저브(Ruth Meserve)는 이를 두고 다음과 같이 관찰했다. "야만인 무리가 중국을 휩쓸고 권력을 잡을 때마다, 중국은 이질적인 것은 무엇이든 완전히 중국화 될 때까지 흡수해버리는 독특한 아메바 같은 능력을 유지했다."[261]

원나라와 청나라 이전에도 중국은 자치권을 가졌던 여러 인접 국가를 정복과 동화를 통해 흡수해 왔다. 이러한 국가들은 중국의 일부가 되었지만, 중국인들은 자신들의 정체성을 잃지 않았다. 한국과 일본을 포함한 동북아시아의 현재 독립국들 역시 치열한 투쟁 끝에 중국의 강력한 정치적, 문화적 영향력 아래 놓이게 되었다. 예를 들어, 중국의 통일 제국이었던 수나라와 당나라는 한반도 북부와 만주 일대를 통치했던 고구려와 6세기 후반부터 7세기 후반까지 수십 년 동안 치열한 전쟁을 벌였다. 수나라는 여러 차례에 걸친 고구려 원정(598~614)에서 큰 패배를 겪었고, 이로 인해 국력이 쇠퇴하여 멸망했다.[262] 이러한 한중 간의 투쟁은 668년 당나라가 고구려를 멸망시키면서 마침내 일단락되었다.[263] 그러나 고구려 멸망 이후, 또 다른 한韓민족 국가인 발해(698~926)가 한반도 북부와 만주 지역에서 고구려를 계승하며 등장했다. 발해와 당나라는 이후 비교적 평화로운 관계를 유지했다. 한국과 일본은 모두 중국 문화를 받아들이면서도 민족적 정체성을 유지하는 데 성공했다. 한국에서는 중국의 유교, 특히 주자학朱子學이 정치적, 사회적 이데올로기의 중심을 형성했다.[264] 14세기 말에 이르러 중국은 동북아시아에서 정치, 군사, 경제를 주도하는 패권국이 되어 있었다.

3.1.2 역사적 혼란과 중국의 변혁

18세기 말까지 중국은 동북아시아에서 경쟁자가 없는 패권국이었다. 청나라는 당시 세계 GDP의 3분의 1 이상을 차지하며 세계에서 가장 큰 경제를 보유한 강대국 중 하나였고[265] 1685년에 동진하던 러시아를 저지할 수 있는 강력한 군대를 보유하고 있었다.[266] 청나라는 전성기에 현재 중국의 동북 지역인 만주, 몽골, 신장, 티베트, 그리고 중국 본토를 통치하며, 오늘날의 중국보다 넓은 영토를 차지했다. 그러나 19세기 전반부터 중국은 쇠퇴하기 시작했다. 건륭제乾隆帝 치하의 대규모 대외 정벌과 내부 부패로 인한 과도한 재정 지출은 국가에 상당한 타격을 입혔다.[267] 더불어, 중국은 거대한 강대국의 모습을 하고 있었으나, 산업 발전과 기술 혁신, 무역에서 정체되어 있었다. 반면, 서구 국가들은 산업혁명과 과학적 진보를 통해 자국을 변화시키고 있었다. 이처럼 상반된 발전 경로로 인해 19세기에 이르렀을 때, 중국과 서구 간의 산업 역량과 군사력에는 상당한 격차가 발생했다.

아편전쟁(1839~1842)에서 중국이 영국에 굴욕적인 패배를 당하면서 중국의 취약성이 명확히 드러났다. 영국은 중국과의 만성적인 무역 적자를 해소하기 위해 인도에서 생산된 아편을 중국으로 수출하려 했고,[268] 이에 대응해 중국 정부가 아편 수입 금지를 시행하자, 영국 정부는 보복으로 해군을 투입하여 전쟁을 일으켰다.[269] 영국군은 우월한 무기와 군사 기술을 앞세워 청나라 군대를 상대로 결정적인 승리를 거두었다. 영국은 1842년 패전한 청나라에게 불평등조약인 난징 조약 서명을 강요했다. 이 조약은 영국 시민들에게 치외법권을 부여하고, 중국의 개항장을 확대했으며, 홍콩의 지배권을 영국에 넘겨주었다.[270] 난징 조약은 동아시아에서 중국의 도전할 수 없는 우위가 종식되었음을 알리는 신호였고, 중국의 기술적·군사적 약점을 여실히 드러냈다. 이

전쟁에서의 패배와 조약을 통한 청나라의 양허는 유럽 제국주의 열강이 중국 내에서 세력을 확장할 수 있는 길을 열었다. 곧이어 프랑스와 독일을 비롯한 다른 열강도 중국에 진출하여 중국의 주권과 영토는 점차 더욱 외세의 영향력 아래 놓이게 되었다.[271]

서구 열강의 진출만이 청나라 정부가 직면한 유일한 문제는 아니었다. 제국 내에서 인종적, 민족적 갈등이 고조되었는데, 득히 지배 계급인 만주족과 다수 민족인 한족 간 갈등이 격화되었다.[272] 이러한 갈등의 결과로 태평천국의 난太平天國之亂(1850~1864)이 발생했다. 이 반란은 한족 출신의 지도자 홍슈취안이 이끌었으며, 그는 만주족을 "중화민족의 적"으로 규정하고 한족 중심의 새로운 이상 국가를 건설하려고 했다.[273] 청나라 정부는 결국 태평천국의 난을 진압하는 데 성공했지만, 이 과정에서 수백만 명의 중국인이 목숨을 잃었고, 제국의 권위와 정당성은 심각한 타격을 입었다. 게다가, 외부에서도 위기가 계속되었다. 중국은 제2차 아편전쟁(1856~1860)에서 영국과 프랑스에 또 한 번 결정적인 패배를 당했다.[274] 영국군과 프랑스군은 베이징을 침공해 황실 건축물인 이화원을 포함한 많은 문화적, 역사적 유산을 파괴했다. 내부의 혼란과 서구 열강과의 전쟁에서의 연이은 패배는 청나라 정부에 위기감을 심어주었다. 이에 따라, 쩡궈판曾國藩, 리훙장李鴻章, 주종탕左宗棠 등 개혁 성향의 관료들이 등장하여 중국에서 근대적 산업과 군대를 육성하기 위해 다양한 개혁을 단행했다.

청나라 말기, 개혁 성향의 관료들은 자강운동(1861~1894, 양무운동洋務運動)을 통해 국가의 쇠퇴를 극복하려 했으나, 메이지 유신이 일본의 근대화를 성공적으로 이끈 것처럼 중국을 근대 국가로 변모시키는 데는 실패했다. 일본의 개혁 운동과 달리, 중국의 개혁 운동은 수 세기 동안 중국 정치와 사회를 지배해 온 유교 사상에 도전하지 않았으며, 근대화에 필수적인 광범위한 제도와 교육 개혁을 이루지 못했다.[275]

자강운동의 개혁가들은 서구 기술의 유용성을 인정하고 이를 일부 채택하려고 했지만, 서구의 산업 혁신과 발전을 가능하게 했던 민주주의, 법치주의, 과학적 사고와 같은 광범위한 문화적, 사상적 혁신은 수용하지 않았다. 이러한 본질적 한계는 1894년 청일전쟁에서의 패배로 명확히 드러났다.[276] 중국군은 부패와 훈련 부족으로 인해 전쟁 준비가 미흡했으며, 일본군과의 충돌에서 결정적으로 패배했다. 이 패배는 동북아시아에서 중국의 오랜 통제력이 소멸되었음을 의미했고, 러시아와 일본 등 다른 국가들이 이 지역에서 영향력을 확대하기 시작하는 계기가 되었다.

신해혁명辛亥革命(1911~1912)은 청나라를 무너뜨리고 중화민국을 수립하여 중국을 근대 공화국으로 변모시키는 계기가 되었다.[277] 이 혁명은 또한 수십 년간 지속된 혼란의 시기가 시작되었음을 알리는 신호였다. 쑨원孫文 등 혁명을 이끈 인사들은 권력 장악에 실패했고, 위안스카이袁世凱와 같은 낡은 정치 세력은 새로운 지도자로 부상했을 때 근대 국가를 이끌 준비가 되어 있지 않았다. 효과적인 정치 지도력의 부재로 인해 중국은 수십 년 동안 내부 갈등과 군벌에 의한 지역 분할의 시대로 접어들었다.[278] 시간이 흐르면서 중국의 혼란은 더욱 심화되었다. 국민당의 새 지도자 장제스蔣介石가 지휘하는 중국 '통일'을 목표로 한 북벌, 마오쩌둥이 주도한 공산주의 세력의 부상, 그리고 1930년대 일본의 중국 침공으로 인해 중국은 거의 해체 상태에 가까운 심각한 혼란을 겪었다. 이로 인해 수천만 명이 희생되었으며, 국토의 많은 부분이 파괴되었다.[279] 그러나 이러한 국가적 난관에 직면한 중국인들은 특히 일본의 침공에 맞서며, 2022년 우크라이나가 러시아의 군사적 침공에 저항하면서 국민적 정체성을 강화한 것과 유사하게, 국가의 위기를 극복하며 국민적 정체성을 구축했다. 제2차 세계대전이 끝날 무렵, 중국은 세습 통치자가 통치하던 옛 제국에서 벗어나 공화국 체제를 기반으로 한 근대 국민국가로 변모했다.

3.1.3 중국의 경제발전과 부상

1945년 제2차 세계대전이 끝났지만, 중국의 혼란은 끝나지 않았고, 곧 국민당과 공산주의자 간에 내전이 발발했다.[280] 처음에는 국민당이 군사적 우위를 점했지만, 각 지방 주민들의 지지를 얻은 공산주의자들이 전세를 역전시켜 국민당을 패퇴시켰다.[281] 공산당은 중국 본토를 점령하고, 1949년에 중화인민공화국을 수립했다.[282] 패배한 국민당은 타이완으로 탈출하여 현재의 대만 정부를 구성했다.[283] 공산주의 통치하의 중국은 1958년부터 1962년까지 대약진운동을 포함한 경제 정책을 추진했는데, 이는 경제적 황폐화를 초래했다.[284] 당시 중국 지도부는 중국의 산업과 경제가 서구에 비해 심각하게 낙후되어 있다고 우려하며, 공업 기반이 전무한 농촌 지역에 산업 기지를 건설하는 무모한 계획을 강행했다. 이 정책은 심각한 식량 부족과 기근을 초래했으며, 최대 4천 5백만 명이 사망에 이르는 대참사를 초래했다.[285] 이후 1966년부터 1976년까지 이어진 문화대혁명은 실패한 대약진운동의 여파로 시작되었다. 문화대혁명은 사회에 남아 있는 자본주의적 요소를 제거하려는 시도로, 중국 사회에 심각한 혼란과 분열을 야기했으며, 경제에 더 큰 피해를 입혔다.[286]

1976년 마오쩌둥이 사망한 후, 중국은 덩샤오핑의 지도하에 정책을 전환했다. 덩샤오핑은 서구의 성공에서 얻은 교훈을 바탕으로 국내에서 실용적인 정책을 시행할 준비가 되어 있었으며, 그것이 전통적인 공산주의 경제 정책에서 벗어난다고 해도 주저하지 않았다.[287] 덩샤오핑의 실용주의는 중국의 경제 개혁을 이끌었고, 경제의 여러 부문을 자유화하면서 시장 활동을 허용했다.[288] 중국은 점진적인 접근 방식을 채택하여, 여러 해안 지역에 특별경제구역(SEZ)을 설립해 외국 기업들이 투자하고 거래할 수 있는 환경을 제공하는 한편, 정부는 이들의 영향력과 성장에 대한 통제를 유지했다.[289] "사회주의 시장경제"라고 불린 이 경제 운영 방식은 정부가 경제에 대한 통제력을 유지하면서도 시장 원리를 일부 도입한 것이었다.[290] 이 접근법은 강력한 국가 주도의 경제성장 정책을 유지하면서도 시장경제를 활용한 한국, 대만, 싱가포르 등 동아시아 국가들의 성공적인 경제개발 전략과 유사하다.[291] 시장이나 민간기업의 활동을 허용하지 않았던 북한과는 달리, 중국과 이들 동아시아 국가들은 정부가 강력한 통제력을 유지하면서도 시장과 민간기업을 활용했다. "경제개발의 신 일반이론(New General Theory of Economic Development)" 에서 설명하듯, 시장과 기업은 이들 국가에서 성공적인 경제성장을 뒷받침하는 핵심적인 역할을 수행했다.[292]

중국은 다른 동아시아 국가들과 마찬가지로 경제발전을 위한 수단으로 수출 진흥에 집중했다.[293] 덩샤오핑은 "개혁개방 정책"을 통해, 정부의 엄격한 통제하에 있던 국제 무역을 중앙으로부터 분산시키고 보다 유연한 체제로 전환하기 위해 여러 가지 개혁 조치를 도입했다.[294] 이러한 조치에는 국가에 독점적으로 부여되었던 "무역권"의 확대, 수출입 가격의 자유화, 국제관례에 부합하는 관세 및 비관세 무역 조치의 도입, 수출 진흥을 위한 중국 통화(인민폐)의 평가 절하, 외국인 투자에 대한 인센티브 제공, 그리고 외국 투자 기업의 무역 허용 등이 포함되었다.[295] 정부는 여전히 경제의 많은 부분을 통제하고 있었지만, 이러한 개혁은 국제 무역에서 민간 부문의 자율성을 허용함으로써 시장 요소를 도입했다.[296] 중국의 수출주도형 성장 정책은 세계 무역과 투자가 급속히 확대되고 있는 상황에서 적기를 맞았다. 중국의 낮은 인건비와 시장 잠재력은 외국 기업과 투자를 유치하는 중요한 요소가 되었다. 이로 인해 중국은 자본, 기술, 경영 전문성 및 고용 기회를 확보할 수 있었으며, 이는 중국 경제성장의 기초를 더욱 강화했다.[297]

중국은 놀랄 만한 경제성장을 거두었다. 1980년대부터 30여 년간 매년 약 10%의 경제성장률을 기록하며, 약 6억 명에 이르는 사람들이 극심한 빈곤에서 벗어날 수 있었다.[298] 한때 수천만 명이 기근으로 목숨을 잃었던 중국은, 2001년 WTO에 가입할 무렵 중진국으로 변모해 있었다. 중국은 또한 WTO 가입 조건의 일환으로 수입품에 대한 시장 접근성을 개선하기 시작했다.[299] 이를 위해 관세 및 비관세 장벽을 인하하고, 외국과 국내 기업에 대한 무역권을 확대했으며, 통신, 은행, 보험 분야에서 시장 접근을 확대했다. 또한 외국 기업에 중국 내에서의 직접 유통권을 부여하고 지적재산권 보호를 강화하는 등의 조치를 도입했다.[300] 이러한 조치는 다른 국가들에 중국으로의 수출 기회를 확대함과 동시에 중국 소비자들에게 더 많은 선택권을 제공했다. 중국은 WTO 가입과 관련된 투명성 의무도 수용했다.[301] 무역 관련 법률, 규정, 기타 조치를 발표하고 규칙 제정 과정을 투명하게 만드는 등의 "투명성 약속"은 중국 내 법치 발전에 긍정적인 영향을 미쳤다.

경제발전에서 중국의 성공은 국제무대에서 중국의 정치적 부상으로 이어졌다. 중국은 2010년 미국에 이어 세계 2위의 경제 대국으로 부상했으며, 2013년에는 세계 최대 무역국이 되었다. 앞서 언급한 시장 접근성 제고 조치 덕분에 중국은 동북아 국가들의 최대 수출 시장으로 부상했으며, 이는 다른 국가들과의 관계에서 중국이 상당한 정치적 영향력을 갖도록 하는 요인으로 작용했다. 중국의 성공적인 경제발전은 단순히 자국민의 빈곤 해결에 그치지 않고, 서구 선진국들과 경쟁하거나 심지어 능가할 수 있는 산업력을 갖추게 했다. 중국은 주요 산업 분야에서 방대한 생산 능력을 보유하여 "세계의 공장"으로 불릴 정도로 전 세계 공급망에서 핵심적인 역할을 하고 있다.[302] 이러한 산업 역량 증가는 다른 나라의 경쟁 산업이 중국 수출업체와 경쟁하는 데 어려움을 겪게 했으며, 이로 인해 미국과 같은 중국의 주요 수출 시장에서 대규모 무역 적자가 발생했고, 결국 무역 분쟁으로 이어졌다.[303] 특히 중국이 반도체와 같은 전략산업 분야에 진출하면서, 미국은 경쟁력 상실에

대한 우려와 함께 불안감을 드러내고 있다.[304] 2025년 4월에 미국의
대중국 145% 관세 부과로 격화된 미중 간의 관세전쟁은 이러한 불안감의
결과라고도 할 수 있다. 중국의 경제적 부상은 군사력에도 변화를 가져왔
다. 막대한 투자의 결과로, 중국의 군사력은 미국을 제외한 다른 어떤
나라보다 강화되었으며, 이는 중국이 세계적인 강대국으로 성장했음을
보여준다.

3.2 경제적 기회와 정치적 갈등

3.2.1 세계의 공장에서 세계의 시장으로

기록적인 경제성장의 결과로 중국은 세계에서 가장 큰 제조업 국가가
되었다. 2019년 중국은 전 세계 제조업 생산량의 28.7%를 차지했으며,
이는 미국(16.8%)과 일본(7.5%)의 제조업 생산량을 합친 것보다 많았
다.[305] 중국은 19세기의 영국과 20세기의 미국과 마찬가지로 "세계의
공장"이라고 불린다. 과거 영국과 미국의 제조업 우위는 국제사회에서
이들의 군사적 우위와 정치적 헤게모니로 이어졌던 만큼, 중국의 현재
제조업 우위가 시사하는 바가 적지 않다. 마오쩌둥은 1950년대 대약진운
동과 같은 주민 동원을 통해 중국의 제조업을 확대함으로써 서구 강대국
들의 산업화를 재현하려 했지만, 이는 참담한 실패로 끝났다.[306] 1980년대
에 시작된 중국의 새로운 접근법, 즉 시장 친화적인 경제개발 계획은
훨씬 더 성공적이었고 중국의 제조 능력은 극적으로 증가되었다. 중국의
제조업 생산액은 1987년 770억 달러(추정치)에 불과했으나,[307] 이후 2004년
에 6,220억 달러로, 2021년에는 4조 8,700억 달러로 17년마다 약 8배씩
증가하는 높은 성장을 보였다.[308]

외국인 투자자들은 중국의 제조업 성장에 중요한 역할을 했다. 1980년대에 중국이 외국인 투자를 받아들이기 시작한 이래, 수십만 개의 외국 기업이 중국에 투자하고 공장을 세워 수출 및 내수 시장을 위한 제품을 생산했다.[309] 제조업에 유리한 다양한 요인들이 외국인 투자를 촉진했다. 이에 해당하는 요소로는 풍부한 저비용 노동력, 안정적인 전기와 수도 공급, 잘 갖추어진 도로와 항만 등 효율적인 운송 시스템, 제조업에 대한 정부의 지원과 낮은 세금, 외국인 투자 지원책, 탄탄한 공급망과 원자재 생태계, 그리고 2001년 중국의 WTO 가입으로 촉진된 유리한 무역 환경 등이 있다.[310] 그 결과 중국의 외국인 직접투자(FDI) 유입액은 1984년 14억3천만 달러에서 2021년 1,735억 달러로 폭발적으로 증가했다.[311] 중국 제조업에서 외국인 투자 기업의 역할은 매우 중요하다. 이들 기업은 전체 중국 기업의 3% 미만을 차지하지만, 산업 생산의 약 4분의 1과 국제 무역의 50%를 담당하고 있는 것으로 알려졌다.[312]

중국의 놀라운 제조업 확대는 수출 증가로 이어졌다. 다음 도안 3.2 그래프는 2001년 중국이 WTO에 가입한 이후 수십 년간 중국의 수출이 급격히 증가한 모습을 보여준다.

중국의 제조업 확대와 수출 증가는 애플(Apple), 존슨 앤드 존슨(Johnson & Johnson), 이케아(IKEA) 등 세계 최대 생산업체들의 중국 진출을 유도하여 엄청난 경제적 기회를 제공했다. 그러나 이는 미국과 같은 선진국을 포함한 다른 나라의 제조업 일자리 감소를 초래했다. 제조업 생산 시설이 중국과 같은 저임금 국가로 이전되면서, "러스트 벨트"로 알려진 오대호 지역에서 중서부 북부에 이르는 광범위한 지역에서 제조업이 쇠퇴하고 많은 일자리가 사라졌다.[313] 그 결과, 이러한 지역의 경제적, 사회적 쇠퇴로 인해 미국 기업들의 해외 생산에 대한 우려가 확산되었다. 정치 지도자들은 해외 생산업체의 국내 복귀를 장려하는 "생산시설 국내 이전(reshoring)" 정책을 추진하였으나, 글로벌 공급망에 의존하는

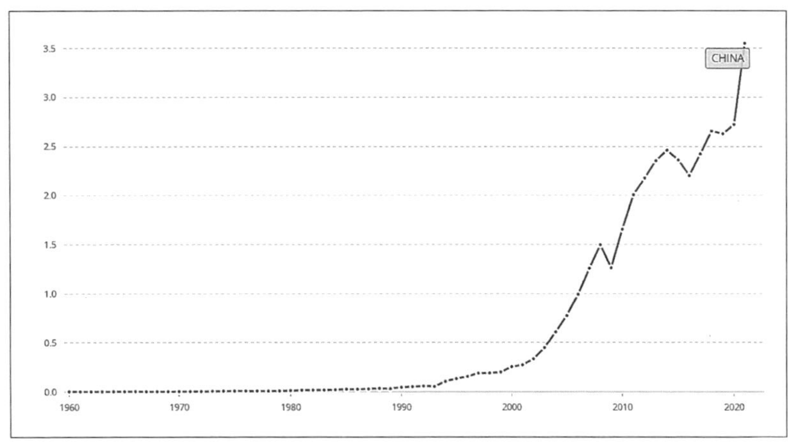

도안 3.2 중국의 수출 증가율(1960~2021) (단위: 미화 1조 달러)
(출처: World Bank, Exports of goods and services (현재 US$) - 중국)

생산 구조로 인해 이러한 노력의 효과는 제한적이다.[314]

중국은 수입 수요도 지속적으로 증가하고 있다. 수출 주도형 경제성장 정책으로 인해 중국은 대규모의 부품, 소재 등 중간재와 기계 등 생산설비의 수입이 필요했다. 초기에는 이러한 제품들을 대부분 해외에서 조달했지만, 제조 부문이 발전하면서 점차 국내에서 생산하기 시작했다. 또한 중국의 1인당 소득이 1980년 194달러에서 2021년 12,556달러로 급격히 증가함에 따라,[315] 수입 소비재에 대한 수요도 크게 증가했다. 이러한 변화의 결과로, 2020년 중국은 전 세계 상품 수입의 11.5%를 차지하며 미국에 이어 세계 2위의 수입 시장으로 성장했다.[316] 중국의 수입 시장 확대는 다른 국가들, 특히 한국과 일본 등 동북아시아의 주요 수출국들에 수출 기회를 제공했다. 실제로, 중국은 역내에서 최대의 수출 시장을 제공하며, 미국에는 캐나다와 멕시코에 이어 세 번째 수출 시장이 되었다.[317] 그 결과, 중국은 단순히 "세계의 공장"을 넘어 "세계의 시장"으로 부상하여 동북아시아를 포함한 전 세계에 경제적 기회를 제공하게 되었다.

3.2.2 글로벌 맥락에서 사회주의 시장경제

1980년대 이후 중국의 경제발전 방식은 사회주의 시장경제에 기반을
두고 있다. 이 전략은 공산주의 통치를 유지하면서 일부 자유 시장
메커니즘을 채택하는 혼합 정책으로, 이례적인 경제적 성공을 거두었
다.[318] 그러나 공산주의 이념은 부의 평등한 분배를 요구하고 생산시설을
포함한 재산의 사적 소유를 금지하기 때문에, 공산주의 국가인 중국에서
시장제도를 도입한 것은 모순적인 면이 있다. 시장경제는 사유재산을
허용하고, 시장 참여자들이 경쟁을 통해 이익을 창출하도록 장려하며,
이 과정에서 발생하는 소득과 부의 격차를 인정하기 때문이다. 사회주의
시장경제를 채택한 중국은 오늘날 주요 국가 중에서 소득과 부의 격차가
가장 큰 나라 중 하나로 꼽힌다. 중국공산당이 여전히 공식적으로는
공산주의 이념을 표방하고 있지만, 부의 평등한 분배라는 공산주의의
이상은 사실상 사라진 것으로 보인다.[319] 현재 남아 있는 것은 경제에
대한 공산당의 통제 구조이다. 민간기업은 정부 계획에 따른 지시 없이
시장에서 자유롭게 생산하고 판매할 수 있지만, 정부는 공식적인 절차
없이도 특정 거래에 관해 국내 기업에 지시를 내릴 수 있다.

정부가 경제에 대한 실질적 통제력을 행사하는 중국의 경제 지배
구조는 국제적으로 여러 문제를 야기하고 있다. 특히, 가장 논란이 되는
문제는 중국 정부가 WTO 규정을 위반하여 국제 무역을 정치적 목적 달성을
위한 수단으로 이용하려 한다는 점이다.[320] 예를 들어, 2017년 미국이
북한의 미사일 공격 가능성에 대응하기 위해 한국에 고고도 미사일
방어체계(Terminal High Altitude Area Defense, 사드)를 배치하자,[321]
중국은 이에 강하게 반발했다. 중국은 사드의 레이더가 중국 동부 지역까
지 감시할 수 있다고 주장하며, 한국 내 사드 배치를 반대했다. 중국의
반대에도 결국 사드가 한국에 배치되자, 중국은 이에 대응해 한국에

대해 일련의 무역 제한 조치를 시행했다. 중국은 관광(한국 여행 패키지 판매 금지), 엔터테인먼트(한국 방송 프로그램의 판매와 배포 중단), 소매업(중국 내 "롯데" 소매점 폐쇄), 그리고 분유와 같은 특정 한국산 상품에 대해 제재 조치를 가했다.[322] 이러한 조치들은 대부분 사전 예고 없이 비공식적인 정부 지시를 통해 이루어졌으며, 이는 WTO 규정이 금지하는 다른 회원국 상품과 서비스에 대한 차별 조치에 해당한다.[323]

이 사건에서 중국은 한국이 사드 배치를 거부하도록 압력을 가하는 수단으로 무역 제한 조치를 사용했다. 중국은 사드가 자국의 안보에 위협이 된다고 주장했으나,[324] 중국의 무역 제한 조치가 자국의 안보 이익을 보호하기 위해 필요하다고 공식적으로 선언하거나 주장하지 않았다. 만약 해당 조치들이 필수적인 국가안보 이익을 보호하기 위해 필요한 조치였으면, WTO 규정상 국가안보 예외 조항(GATT 21조)을 근거로 정당화할 수 있었을 것이다. 그런데도, 중국은 무역 제한 조치를 공식적으로 인정하거나 발표하지 않았으며, 이는 중국 정부가 해당 조치가 국제통상법에 합치한다는 확신을 갖지 못했음을 시사한다. 대신, 중국 정부는 민간기업에 대한 비공식적인 영향력을 통해 무역 제한 조치를 시행했다. 이 사례는 중국의 "사회주의 시장경제" 체제하에서, 정부가 경제적 통제를 통해 국제 무역과 투자에 부당하게 간섭할 수 있는 방식을 잘 보여준다. 특히, 이러한 조치로 인해 중국에서 마트와 백화점을 운영했던 한국 기업 롯데는 약 17억 달러의 재정적 손실을 입었으며, 이러한 사례는 중국과의 무역과 투자가 가져올 위험성을 분명히 드러냈다. 결과적으로 롯데, 삼성, LG, 포스코 등 주요 한국 기업들은 중국 내 사업을 철수하거나 규모를 축소하기 시작했으며, 대신 베트남과 같은 대체 투자처를 모색했다. 이는 중국 내 지역 경제와 고용에 부정적인 영향을 미치게 되었다.[325]

최근의 또 다른 사례도 사회주의 시장경제 체제 아래에서 정부 개입의 문제점을 시사한다. 2025년 1월, 중국의 인공지능(AI) 신생 회사인 딥시크(Deep Seek)가 혁신적인 생성형 AI 모델인 딥시크 R1을 출시했다. 이 사건은 세계적으로 큰 화제를 모았는데, 중국의 신생기업이 기존 미국 AI 기업보다 훨씬 적은 비용으로 대등한 수준의 AI 모델을 개발했기 때문이다.[326] 이 사례는 두 가지 중요한 교훈을 남긴다. 첫째, 무역제재가 오히려 경제적 혁신을 촉발시킬 수 있다는 점이다. 미국의 대중 반도체 기술 이전 제한과 첨단 반도체 수출 제한과 같은 제재를 극복하기 위해, 중국의 공학도들은 기술 혁신을 통해 비교적 저성능 반도체를 활용하면서도 적은 비용으로 최고 수준의 AI 플랫폼을 개발해냈다. 이는 외부 제재가 기술적 자립과 혁신을 촉진할 수 있음을 보여준다. 둘째, 정부의 정치적 개입과 규제가 제품과 서비스의 경쟁력을 저하시킬 수 있다는 점이다. 딥시크 R1은 천안문 사태와 같은 중국 정부가 민감하게 여기는 정치적 사안에 대해 제대로 답변하지 못했다.[327] 또한 중국 기업은 중국 정부의 정보 요청에 응해야 한다는 중국법의 규정상,[328] 사용자 정보 유출에 관한 우려도 있다. 이는 정부의 검열과 기업 통제가 AI 모델의 시장성에 영향을 미친 사례이며, 이러한 제한은 딥시크 R1의 활용 범위를 축소시켜 제품의 경쟁력을 저하시킬 위험이 있다(딥시크 R1이 오픈 소스로 공개되어 있어 다른 나라에서 이를 변용하면 언급한 문제는 발생하지 않는다).

중국 사회주의 시장경제의 또 다른 중요한 측면은 다수의 국영기업(SOE)이 존재한다는 점이다. 중국에는 중앙정부와 지방정부 소유를 포함하여 약 15만 개 이상의 국유기업이 활동하는 것으로 알려져 있다. 이들 국유기업은 2019년 중국 시가총액의 60% 이상을 차지했으며, 2020년에는 중국 GDP의 약 40%를 창출했다.[329] 어떤 의미에서 국유기업은 중국 경제에서 사회주의적 이념을 구현한 사례로 볼 수 있다. 일부 대형 국유기업은 수십만 명의 노동자를 고용하고, 이들에게 주택, 학교,

병원을 제공하여 단순한 직장 이상의 생활 공동체를 형성하고 있다.[330] 국유기업은 석유, 전기, 통신, 철도, 은행 등 전략적으로 중요한 산업 부문을 장악하고 있으며, 정부로부터 다양한 형태의 특혜를 받고 있다.[331] 국유기업의 국제 경쟁력은 중국 정부의 보조금과 기타 지원에 의해 강화되며, 이는 국제적인 논란을 초래했다. 중국의 무역 상대국들은 중국의 국유기업이 정부 지원을 통해 비용 측면에서 상당한 우위를 누리고 있으며, 정부 소유가 아닌 기업이나 정부 지원을 받지 않는 다른 국가의 경쟁 기업들은 중국 국유기업과의 경쟁에서 불리하다는 점을 지적한다. 또한 국유기업에 대한 정부의 통제는 중국 정부가 국내외 기업 활동을 통해 자국의 정치적, 경제적 목적을 실현할 수 있음을 의미한다.[332]

중국은 사회주의 시장경제에 기초한 자국의 무역 관행이 자유시장경제와 양립할 수 있음을 무역 상대국들에 충분히 확신시키지 못했다. 이로 인해, 중국의 주요 무역 상대국들은 중국에 시장경제 지위(market economy status)를 부여하는 데 소극적인 태도를 보였다. 시장경제 지위가 인정될 경우, 덤핑 조사 등 WTO 규정 적용에서 유리한 대우를 받을 수 있기 때문에, 이 문제는 국제 무역에서 논쟁이 되었다.[333] 중국의 경제 통상 관행에 대한 우려를 반영하여, 미국 하원 세입위원회의 민주당 간사 샌디 레빈(Sandy Levin)은 중국이 "국영기업, 보조금, 덤핑 등 여러 측면에서 비 시장경제처럼 행동했다"고 비판했다.[334] 또한 로버트 라이트하이저(Robert Lighthizer) 전 미국 무역대표부(USTR) 대표는 의회 증언에서 중국을 시장경제로 인정하는 어떠한 결정도 WTO에 "치명적인" 결과를 초래할 것이라고 경고했다.[335] 미국 외에도 유럽연합(EU)도 중국에 시장경제 지위를 부여하는 것에 대해 유사한 우려를 표명했다.[336] 특히, 사드 배치 논란과 관련하여 중국이 한국을 상대로 취한 무역 제한 조치는, 중국의 무역 관행이 시장 메커니즘보다는 중국 정부의 정치적 목적에 의해 결정된다는 점을 강하게 시사했다. 경제에 대한 중국 정부의 자의적인 통제는, 행정부를 견제할 수 있는 독립적인 사법부가 부재한 상황에서 앞으로도 지속될 가능성이 높다. 특히 2025년 4월부터 격화된 미중 관세전쟁의 결과로 경제에 대한 중국 정부의 통제는 더욱 강화될 가능성이 높다.

3.2.3 역내 다른 국가와의 정치적 갈등

중국은 경제적 부상으로 군사력을 확장하고 과거의 정치적 영향력을 회복할 수 있는 발판을 마련했다. 그러나 최근 중국의 실력 과시는 중국과 역내 동북아 국가 간 갈등을 초래했다. 이러한 정치적 갈등 중 일부는 지역적 문제에서 비롯되며, 일부는 글로벌 헤게모니와 20세기에 서구가 주도한 국제 질서에 대한 중국의 도전과 관련이 있다.[337] 이 갈등은 동북아시아의 정치적, 사상적 대립을 반영하는 측면이 있다. 미국은 자유민주주의를 표방하는 한국 및 일본과 긴밀한 경제적 유대와 군사 동맹을 유지하고 있는 반면, 중국은 러시아와 북한과의 경제적, 군사적 협력을 유지하며 권위주의 통치를 강화하고 있다. 동북아 국가들 간 대립의 역사적 배경은 한국전쟁으로 거슬러 올라간다. 한국전쟁 당시, 일본과 러시아는 공식적으로 전쟁에 참여하지는 않았지만, 서로 다른 진영에 속한 적대국으로 간주되었다. 전쟁은 1953년 평화조약 없이 정전 협정으로 종결되었으며, 한반도와 동북아시아에 지속적인 갈등 구조를 남겼다. 그 후 한국과 일본은 지역과 국제무대에서 미국의 군사적, 경제적 구상을 적극적으로 지지했다. 반면, 러시아와 북한은 미국과 서방 세력에 맞서 중국과 협력하기 시작했으며, 이로 인해 두 집단 사이의 갈등은 더욱 고조되었다.[338]

　중국과 미국의 경쟁은 동북아시아를 넘어 전 세계적 차원으로 확산되어, 상당한 정치적 긴장을 야기하고 있다. 급속한 경제발전을 통해 중국은 미국이 주도하는 서구의 산업과 경제 그리고 군사적, 정치적 지배력에 도전할 수 있는 위치로 성장했다. 이러한 도전에 대응하여, 미국은 중국의 경제적, 군사적 부상을 억제하기 위한 일련의 정책을 채택했다. 경제적 측면에서, 미국은 2018년 광범위한 중국산 제품에 대해 최대 25%의 관세를 부과하는 무역 제한 조치를 시행했다.[339] 또한 미국은 중국이 국가의 후원하에 지적재산권(IPR)을 불법적으로 복제하고, 민감한 정보를 불법 취득했다고 비난하며 이를 단속하기 위한 추가 조치를 취했다.[340] 미국은 중국으로의 첨단기술 유출을 막기 위해 노력했고, 일본 등 동맹국들과 협력하여 화웨이와 같은 중국의 정보기술(IT) 기업을 제재하는 정책을 시행했다.[341] 이에 대해 중국은 미국의 관세 조치에 대한 보복으로 미국산 수입품에 대한 관세를 인상했다.[342] 중국은 또한 화웨이에 대한 미국의 제재를 비판하며, 한국과 같은 미국 동맹국들이 화웨이 제재 조치에 동참하지 않도록 외교적 압박을 가했다.[343]

특히 2025년 4월부터 미국의 고율 관세 부과로 격화된 미중 간의 관세전쟁은 중국의 강력한 반발과 함께 전 세계 경제와 무역에 막대한 혼란을 초래하고 있다.[344] 또한 미국의 일방적인 관세로 피해를 입게 된 한국과 일본은 중국과의 협력을 강화할 여지도 있다.[345]

군사 분야에서 중국은 아시아·태평양 지역에서 해군의 역량과 활동을 지속적으로 확대하여 미국의 지위에 도전하고 있다. 이에 대해 미 의회조사국(CRS) 보고서는 다음과 같이 평가했다.

중국 해군은 서태평양 수역에 대한 전시 통제권을 확보하고 유지하려는 미 해군의 능력에 중대한 도전을 제기하고 있으며, 이는 냉전 이후 미 해군이 처음으로 직면한 심각한 도전이다. 중국 해군은 서태평양에서 선도적인 군사 강국인 미국의 오랜 지위에 대한 중국의 도전에서 핵심적인 역할을 하고 있다.[346]

중국은 새로운 항공모함, 초음속 대함 미사일, 스텔스 전투기와 같은 첨단 무기를 개발하며 군사 기술 격차를 빠르게 좁히고 있다. 이러한 기술적 진전으로 아시아·태평양 지역에 주둔하는 미군은 직접적인 위협에 직면하게 되었다.[347] 이에 미국은 남중국해와 동중국해에서 해군 활동을 강화하고, 한국과 일본의 군사 기지를 전략적 거점으로 유지하고 있다. 그러나 미국은 한국과 일본이 중국과의 분쟁에 개입하도록 명시적으로 요구하지 않는다. 이는 역내 군사적 긴장을 완화하고 미국의 동맹국들이 대중관계에서 경제적 손실을 피하기 위한 조치로 보인다. 그러나 미국의 직접적인 요구가 없더라도 한국과 일본은 해군력을 증강하며 강력해진 중국 군사력에 대비하고 있다. 역내 국가들은 자국 방어와 군사력 강화를 위해 더 많은 자원을 투입하고 있고, 이는 동아시아에서 군비 경쟁을 심화시키는 요인으로 작용하고 있다.

중국은 동북아시아 지역의 다른 국가들과 지속적인 정치적 갈등을 겪고 있다. 특히, 중국은 미국과의 군사적, 경제적 협력 관계 때문에 한국에 정치적, 경제적 압력을 가했다. 앞서 논의했듯이, 중국은 한국이 미국의 사드 배치를 승인했을 때 한국에 대해 무역 제한 조치를 시행했다.[348] 또한 중국은 글로벌 반도체 공급망에서 중국을 배제하려는 미국의 노력에 협조하지 말라고 한국에 '경고'하기도 했다.[349] 중국 지도부는 한국이 한때 중국에 종속되었다는 인식을 가지고 있는 것으로 보인다.[350] 그러나 대부분의 한국인은 이러한 시각을 불쾌하게 여기며, 중국이 한국의 정치적, 역사적 자율성을 훼손하려는 정책을 채택하고 있다고 생각한다. 특히, 중국의 "동북공정東北工程"은 양국 간 정치적 긴장을 고조시킨 사례 중 하나다. 동북공정은 중국사회과학원이 중국 정부의 지원을 받아 진행한 연구로, 한때 이 지역을 지배했던 고구려 왕국을 중국의 지방정부에 불과했다고 주장했다.[351] 동북공정으로 인해 한중 간에 상당한 정치적 갈등이 발생했고, 한국 정부는 외교적 항의를 제기했다.[352] 동북공정은 2007년에 공식적으로 종료되었지만, 중국의 팽창주의에 대한 한국의 우려는 여전히 남아 있다.[353] 최근 미국의 일방주의적인 관세 조치가 임박한 가운데 한중일 관계 장관이 회동하여 협력을 논의했으나 한국과 일본은 이후 미국과 협상 의사를 밝혔으며, 아직 한국과 일본이 중국과 전면적인 협력을 추진하는 단계로 나아가게 될지는 분명하지 않다.[354]

중국과 일본 간에는 최근 수십 년 동안 지속적으로 정치적 긴장이 고조되어 왔다. 중국인들의 반일 감정은 과거 일본의 중국 침략, 특히 중일전쟁(1937~1945)과 그에 수반된 잔혹 행위에서 비롯된다. 여기에 더해 센카쿠 열도(댜오위다오)에 대한 영유권 분쟁과 미국의 중국에 대한 경제, 군사 정책에 대한 일본의 지지가 중국 내 반일 정서를 강화시키는 요인이다. 일본에서도 반중 정서가 고조되고 있는데, 이는 중국의 주변국에 대한 공격적인 외교 정책과 일본의 경제, 정치에 미치는 중국의 영향력에 대한 우려 때문이다. 2016년 보고서에 따르면, 일본인의 11%만이 중국에 대해 긍정적인 견해를 가지고 있으며, 중국인의 14%만이 일본에 대해 긍정적인 견해를 가지고 있는 것으로 나타났다.[355] 센카쿠 열도를 둘러싼 영유권 분쟁은 양국 간 긴장을 악화시키는 대표적인 사례다. 이 분쟁은 중국에서 대규모 시위와 폭동을 일으켰지만, 아직 분쟁은 해결되지 않았다.[356] 이러한 상황 속에서도 양국 정부는 경제적 상호의존성이 높기 때문에 긴장 상태를 관리하려는 신중한 태도를 유지하고 있다. 중국은 현재 일본의 최대 무역 상대국이며, 일본은 미국과 한국에 이어 중국의 세 번째로 큰 무역 상대국이다.[357] 그러나 이러한 경제적 상호의존에도 불구하고, 정치적 긴장은 최근 다시 고조되고 있다. 일본이 미국의 대중 정책에 따라 화웨이와 ZTE 같은 중국 IT 기업을 정부 계약에서 배제한 것이 대표적인 사례다. 이는 중국의 강한 반발을 야기했으며, 양국 관계를 더욱 악화시키는 요인이 되고

있다.[358]

그러나 최근 일본 경제를 압박하고 있는 트럼프 행정부의 관세 정책으로 인해 미일 간의 협조가 약화되고 중일 간의 협력이 강화될 여지가 생기고 있으나 일본은 2025년 4월 현재, 한중일 간의 전면적인 공조보다는 미국과 관세 문제 해결을 위한 협상을 선택했다.[359]

중국은 오랜 공산주의 우방인 러시아, 북한, 몽골과의 관계에서 전통적으로 우호적이고 협조적인 모습을 보여왔지만, 최근에는 정치적 긴장이 고조되고 있다. 러시아와의 관계는 과거와 현재, 협력과 갈등이 혼재된 양상을 보인다. 1969년, 중국은 소련과 국경 분쟁으로 무력 충돌을 겪었다.[360] 이 분쟁은 전면전으로 발전하지는 않았지만, 양국 간 적대감을 남겼다.[361] 오늘날 두 나라는 협력 관계를 유지하며 때로는 미국에 맞서 공동 입장을 형성하기도 하지만, 서로의 영향력 확대에 대해 경계심을 가지고 있다. 예를 들어, 중국은 우크라이나 전쟁 직전 나토(북대서양 조약 기구, NATO) 확장에 대한 푸틴의 반대 입장을 지지하기도 했으나 막상 전쟁이 시작되자 대러시아 무기 공급을 거부하며 일정한 거리를 유지하는 모습을 보였다.[362] 또한 중국은 2024년 6월 북한과 러시아가 체결한 두만강 하구의 새로운 자동차 교량 건설 협정에 대해서도 민감한 반응을 보였다.[363]

북한은 김정은 정권하에서 강화된 대북 경제 제재 속에서 경제와 무역을 중국에 의존하고 있다. 그러나 중국은 북한의 핵무기 개발을 지지하지 않으며, 유엔의 대북 경제 제재를 승인하는 등 북한에 대한 협력과 지지는 제한적이고 선별적이다.[364] 분석가들은 북중 관계에 상당한 불신이 존재한다는 것을 확인했다.[365] 몽골은 중국과 러시아라는 두 대국 사이에서 독자성과 생존을 유지하기 위해 신중한 외교적 행보를 이어가고 있다. 몽골은 반서방 연대에 동참하라는 러시아와 중국의 압력에도 불구하고 독자성 유지를 위해 노력하고 있다.[366] 결과적으로,

중국과 이 세 국가 간의 관계는 외견상 우호적이나, 상충하는 이익과 전략적 우려로 인해 정치적 긴장과 갈등을 내포하고 있다. 이러한 복잡한 관계는 동북아시아와 주변 지역의 안보와 외교 질서에 중요한 영향을 미치고 있다.

3.3 새로운 아시아의 패러다임? 지속 가능한 세력 균형의 조성

3.3.1 중화주의의 부활?

1980년대 이후 중국의 부상은 동북아시아의 경제적, 정치적, 군사적 지형에 중요한 변화를 가져왔다. 중국은 역사적으로 동북아의 패권국 역할을 해왔으며, 일부 학자들은 중국의 부상이 중화주의로의 회귀를 의미하는지 의문을 제기해왔다.[367] 중화주의 또는 중화사상은 중국이 우월한 문명을 지니고 있으며, 세계의 중심으로서 다른 국가들을 지도할 위치에 있다는 사상이다. 이 사상에 따르면, 중국은 천하를 통치하라는 하늘의 위임을 받은 국가로 간주된다.[368] 앞서 논의한 바와 같이, 중화주의는 19세기 서구 열강이 중국의 지위를 약화시키기 전까지 수 세기 동안 중국 정치 지배의 핵심 이데올로기로 작용했다. 중화주의는 21세기 현 시점에서는 시대착오적인 사상으로 여겨질 수 있다. 그러나 중국이 덩샤오핑이 주창한 경제개발 중심 정책에서 시진핑의 지도 아래 강압적인 정치적, 군사적 확장으로 방향을 바꾸고 있는 상황을 고려하면, 비록 중국 정부가 중화주의의 부활을 공식적으로 선언하지는 않았더라도 이에 대한 우려를 촉발하고 있다.[369]

중국의 최근 행보는 중화주의 부활을 위한 실질적인 진전을 의미하는 것으로 해석될 수 있다. 2022년 8월 9일, 왕이王毅 중국 외교부장이 한중 수교 30주년 기념행사에서 열린 한국 외교부 장관과의 회담에서 한국에 이른바 "5대 조항"을 지키자고 요구한 것으로 알려졌다. 이 요구에는 다음과 같은 내용이 포함되어 있었다. "독립자주 노선을 견지해 외부 간섭을 배제"하라든가, "좋은 이웃과 우정을 유지하면서 서로의 주요 관심사를 수용하는 것", "개방과 상생 협력, 안정적이고 방해받지 않는 산업 및 공급망", "평등, 상호 존중, 서로의 내정에 대한 불간섭", "다자주의와 유엔 헌장의 목적과 원칙" 등이 그것이다.[370] 중국 정부는 이러한 요구사항을 "양국 인민의 의지와 불가피한 시대적 흐름을 반영한 최대 공통분모"라고 주장했다.[371] 그러나 이러한 요구는 한국 내에서 엇갈린 반응을 초래했다. 많은 한국인은 이를 한국의 주권적 권리를 침해하는 것으로 인식했으며, 특히 미국과의 전략적 동맹 추구를 경계하는 중국의 의도를 반영한 지침으로 해석했다.[372]

중국의 5대 요구가 한국과의 협력 지침으로 의도된 것이든, 한국을 중국에 종속된 존재로 묘사하기 위해 고안된 것이든, 중화주의의 부활은 현실적으로 실현 불가능하다. 중국은 19세기 중반까지 동북아시아에서 우세한 위치를 점유했는데, 이는 이 지역이 중국에서 기원한 유교 질서를 받아들였기 때문이다. 가정과 사회, 그리고 국가 간 위계질서와 "조화로운" 사회를 강조하는 유교는 중국이 동북아시아에서 정치적, 문화적 우위를 차지하는 것을 정당화하는 이데올로기로 기능했다.[373] 그러나 19세기와 20세기의 근대화 과정에서 유교는 민주주의, 국가 간의 평등, 개인의 권리와 같은 현대적 사상으로 점차 대체되었다. 심지어 유교의 발원지인 중국에서도, 특히 문화대혁명 동안에 유교는 강력한 도전과 비판의 대상이 되었다.[374] 이처럼 동북아시아에서 중국의 통치를 정당화할 수 있는 유교와 같은 이데올로기가 사라진 상황에서, 중화주의의 부활은 어떠한 사상적 정당성도 확보할 수 없게 되었다. 또한 중국의 공산주의 체제와 이른바 사회주의 시장경제는 동북아시아에서 북한을

제외한 다른 어떤 국가도 따르지 않고 있으므로, 이러한 체제는 중화주의
의 부활을 위한 이념적 바탕이 되지 못한다.

더욱이 중국의 경제력과 군사력이 방대하더라도, 그것만으로 중화주
의의 부활을 뒷받침하기에는 한계가 있다. 동북아시아의 다른 국가들,
특히 한국과 일본은 경제와 군사 규모 면에서 중국보다 작지만, 서방과의
경제 협력과 무역 교류를 통해 경제적 기반을 강화하고 있다. 예를
들어, 이들 국가는 자유무역협정(FTA)과 같은 글로벌 경제 네트워크에
참여하여 경제적 교류를 다각화하고 있다.[375] 동시에, 이들은 미국과
강력한 군사 동맹을 유지하며 중국의 군사적 영향력을 억제하고 있다.
이러한 경제적, 군사적 국제 협력 네트워크로 인해 중국이 과거 동북아시
아에서 누렸던 지배적 위치를 재확립하는 것은 용이하지 않다. 역사적으
로 19세기 후반부터 20세기까지 서구의 패권은 압도적인 군사력과
경제력을 결합하여 형성되었으며, 이를 유지하기 위해 과학기술의 우위,
대량생산 능력, 그리고 자유민주주의와 법치주의와 같은 보편적 이념적
기반을 활용했다. 비록 이러한 가치들이 서구의 많은 식민지에는 일관되
게 적용되지 않았지만, 여전히 전 세계적으로 호소력을 발휘했다. 중국의
과학, 기술, 생산 능력은 지난 수십 년 동안 괄목할 만한 발전을 이루었지
만, 동북아시아의 다른 국가들에 비해 절대적인 우위를 가지고 있다고
보기 어렵다.[376]

이러한 한계에도 불구하고, 중화주의는 중국 관리들이 약소국을 대하
는 심리적인 경향에 영향을 미칠 수 있다. 2010년 7월 하노이에서
열린 지역 안보회의에서 양제츠楊潔篪 당시 외교부장은 "중국은 큰 나라이
고 다른 나라는 작은 나라이며, 그것은 사실일 뿐"이라는 발언으로
참석자들을 충격에 빠뜨렸다.[377] 정치평론가 고든 창(Gordon Chang)은
이 발언이 중국이 세계를 바라보는 방식을 압축적으로 보여준다고
평가했다.[378] 중국은 과거에도 이웃 국가인 베트남과의 갈등 속에서

대국으로서 베트남에 "교훈을 주겠다"는 중화주의적인 발상으로 무익한 전쟁을 감행했다. 1979년 2월부터 불과 한 달 남짓한 짧은 침공 기간, 중국군은 베트남의 강력한 저항으로 수만 명의 사상자를 내는 큰 피해를 입고 철수했다.[379] 이러한 역사적인 교훈에도 불구하고, 1980년대 이후 중국의 경제적, 군사적 부상으로 중국의 행동에서 다시 중화주의적인 우월감이 반영되는 모습을 볼 수 있다.[380]

그러나 양제츠와 같은 중국 고위 관료들의 기대와는 달리, 이 지역의 '작은' 국가들이 중국과의 관계에서 종속적 지위를 받아들일 가능성은 매우 낮다. 중국은 다른 국가들, 특히 동북아시아 국가들이 독립과 자치를 유지하려는 오랜 역사적 결의를 과소평가하거나 간과하는 경향이 있다. 한족은 과거 자치권을 가졌던 많은 민족 집단을 중국 내부로 흡수하고 동화시키는 데 성공했을지 모르지만, 한국, 일본, 몽골 등 동북아시아의 독립국들은 역사적으로 중국의 압력에 저항하며 독립과 자치를 유지해 왔다. 이들 국가는 중국의 압도적인 군사적, 경제적 영향력에도 불구하고, 지속적으로 자신들의 주권과 독립을 지켜냈다. 더욱이, 현대에 들어 이들 국가는 서방과의 경제적 협력과 군사적 동맹을 통해 국제적 지원을 얻고 있으며, 이를 통해 중국의 패권적 영향력을 견제하고 있다. 이러한 맥락에서 동북아시아의 독립국들이 중국 중심의 위계적 질서를 수용하거나 중국에 종속적인 위치로 후퇴할 가능성은 거의 없다. 결론적으로, 중화주의는 역사적, 이념적 기반이 부족할 뿐만 아니라, 경제적, 군사적 요인에서도 동북아시아에서 실현 가능한 질서가 될 가능성은 매우 낮다.

최근 미국 트럼프 행정부의 자국 우선의 일방주의적인 정책으로 인해 국제적인 반감이 고조되고 있고 미국의 압박에 직면한 각국은 이에 대항하는 중국과의 협력을 대안으로 생각할 수 있다. 2025년 4월 중국의 시진핑 주석은 미국으로부터 고율의 관세가 부과된 베트남과

말레이시아, 캄보디아를 방문해서 이들 국가들과 수십 건의 협력 협정을 체결했다.[381]

중국은 동남아시아 국가들뿐 아니라 미국과 균열이 생기고 있는 캐나다와 유럽, 그리고 동북아시아의 전통적인 미국 동맹국인 한국과 일본과도 협력을 확대할 수 있는 여지가 있다. 그러나 그러한 협력이 이루어진다고 하더라도 중화주의적 질서의 부활로 이어질 가능성은 낮다. 미국이 기존의 동맹국으로부터 반감을 초래한 이유가 무리한 관세 부과 등 일방주의적인 정책을 추진했기 때문인데 그러한 미국 대신 중국의 우월한 위치를 인정하는 불평등한 중화주의를 인정할 이유는 없기 때문이다.

3.3.2 현 질서의 유지

중화주의가 동북아시아에서 실현 가능한 패러다임이 되지 않는다면, 다른 가능성은 현 질서의 유지가 될 것이다. 현재의 질서는 동북아가 두 개의 진영으로 나뉘어, 한편으로는 중국·북한·러시아, 다른 한편으로는 미국·일본·한국 간에 형성된 일종의 "대결적 균형(confrontational balance)" 상태다. 트럼프 행정부의 관세 정책 이후 미국과 일본, 미국과 한국 간에 경제적 우려가 발생하고 있으나 군사적 동맹 관계는 유지되고 있다. 이 대결적 균형은 군사적 충돌 가능성을 내포한 정치적 교착 상태를 의미하지만, 동시에 양측 간에는 활발한 무역과 투자 활동이 지속되었다. 이는 20세기 냉전과는 다른 점으로, 냉전 당시의 경제적 단절과 달리 현재는 중국과 다른 국가 간에 방대한 규모의 국제 무역과 투자 활동이 이루어지고 있다. 예를 들어, 미국에서 약 180만 개의 일자리가 대중국 수출에 의존하고 있다는 점은 이러한 경제적 상호의존 성을 잘 나타낸다.[382] 이러한 의존성은 냉전 시대와 달리 어느 쪽도 경제적 파국을 초래할 전면전을 감행할 가능성을 낮추는 주요 요인으로 작용한다. 이러한 점을 고려해보면, 트럼프 행정부의 관세 정책 특히 중국에 대한 고율의 관세와 이로 인한 무역의 감소는 경제적 상호 의존을 낮추어 역내 긴장을 높이는 요인이 된다. 대만을 둘러싼 미국과 중국 간의 군사적 충돌 가능성에 대한 우려는 계속되고 있다. 일부 평론가들은 가까운 미래에 대만 문제를 두고 미중 간에 군사적 충돌이 발생할 가능성은 낮다고 보지만, 설령 그러한 충돌이 발생한다고 하더라도 양측은 분쟁을 대만과 그 주변 해역으로 제한하려고 노력할 가능성이 높다.[383]

냉전 시대와의 차이에도 불구하고, 동북아의 현 질서는 여전히 대립적이고 불안정한 특성을 가지고 있다. 1980년대 이후 약 30년 동안, 중국은 경제개발과 다른 국가와의 경제 관계 확대, 국제 무역과 투자 유치에 중점을 두었다. 그 결과, 앞서 논의한 바와 같이 중국은 경제개발에서 전례 없는 성공을 거두었다.[384] 중국의 경제적 성공은 수억 명의 중국인을 절대 빈곤에서 벗어나게 했으며, 수억 명을 새로운 중산층으로 진입시켰다. 덩샤오핑鄧小平(1978~1989), 장쩌민江澤民(1989~2003), 후진타오胡錦濤(2003~2013) 등 당시 중국 지도자들은 중국의 경제발전에 헌신하며, 미국을 비롯한 다른 국가들과 협력 관계를 유지하려고 노력했다. 예를 들어, 2005년 중국은 미국과의 첫 번째 전략 대화를 통해 대외 관계의 중요성을 강조했다.[385] 이 시기에 중국은 홍콩의 자치권을 대체로 존중했으며, 대만의 국민당 주석을 초청해 중국 - 대만 관계 개선을 도모했다. 또한 모든 중국인에게 공공 의료보험을 제공했고, 2008년 베이징 하계 올림픽을 개최하면서 중국의 국제적 위상을 높였다.[386] 이 시기의 중국공산당 상무위원회는 9명의 상무위원으로 구성된 집단지도체제를 운영했으며, 한 사람이 통치하는 일반적인 독재 국가에 비해 협의와 협력에 기반한 통치를 구현했다.[387]

그러나 시진핑 주석이 중국의 지도자로 부상하면서 상황은 변화했다. 그는 전임자들과 달리 중국공산당 상무위원회의 권한을 약화시키고, 국가주석 임기 제한을 철폐하는 등 스스로의 권력을 강화했다. 그는 "중국몽"의 실현을 위해 강력하고 효과적인 지도력이 필요하다고 주장하며 이를 "중화민족의 위대한 부흥"으로 설명했다.[388] 2012년 시진핑이 처음으로 이 계획을 언급했을 때, 그 실현 방법은 명확하지 않았으나, 지난 10년간 그의 행동은 논란을 야기했다.[389] 경제적으로 시 주석의 계획은 서구의 경제적, 기술적 우위에 대한 직접적인 도전을 의미했다. "중국제조 2025" 정책은 정보기술, 로봇공학, 제약, 신에너지 자동차 등 여러 첨단기술 분야에서 중국이 지배적 위치를 확보하는 것을 목표로 했다.[390] 동시에, 중국은 태평양에서 미국 함대를 위협할 수준으로 군사력을 급속히 증강하고 있으며, 이는 주변국들의 우려를 야기하고 있다.[391] 정치적으로, 중국 정부는 홍콩의 민주화 운동을 폭력적으로 진압하며 50년간 홍콩의 자치권을 보장하겠다던 약속을 지키지 않았다.[392] 대만에 관해서는 필요하다면 군사력을 동원해 통일을 강행하겠다는 의지를 천명하며 역내 긴장을 고조시키고 있다.[393] 또한 신장 자치구에서는 이슬람 소수민족을 박해하며 100만 명 이상의 이슬람교도와 반체제 인사들을 자의적으로 구금하는 등 인권을 탄압하여 국제사회의 비판을 받고 있다.[394]

중국 안팎에서 시진핑 주석의 공격적인 행보는 미국과 동맹국들의 경계와 대응을 유발했다. 미국은 "중국제조 2025"와 같은 중국의 산업 장악 의도에 대응하기 위해 다양한 무역 제한 조치를 시행했으며, 광범위한 중국산 수입품에 대해 관세를 인상했다.[395] 앞서 논의한 바와 같이, 미국과 동맹국들은 안보 우려를 이유로 화웨이와 같은 중국 주요 IT 기업들을 제재했으며, 반도체 등 전략적 중요성이 있는 분야에서 중국을 공급망에서 배제하는 조치도 취했다.[396] 군사적으로, 미국과 동맹국들은 태평양에서 중국의 확장을 견제하기 위해 협력을 강화했다. 미국은 남중국해와 동중국해에서 중국의 해양 통제를 거부하며, 이 지역에서 해군 활동을 늘렸다. 또한 미국은 중국의 군사적 공격으로부터 대만을 보호하겠다는 의지를 공개적으로 표명했다.[397] 정치적 측면에서는, 미국과 그 동맹국들이 홍콩, 신장, 티베트에서의 중국 정부의 행동을 강하게 비판하며, 인권 침해 문제를 공개적으로 언급해 중국에 대한 국제적 압박을 가중시키고 있다.[398] 최근에는 후에 잠정적으로 낮아지기는 했으나 145%에 이르는 고율의 관세를 중국에 부과하여 미중 무역에 심각한 장애를 초래하고 있다.[399]

중국의 경제적, 군사적, 정치적 도전과 이에 대한 역내 국가들의 대응으로 동북아시아의 불안정과 대립은 지속되고 있다. 동북아시아 국가 간의 경제적 상호 의존성과 역내 대국들의 핵 능력으로 인해 동북아 국가 간의 전면전 가능성은 높지 않다. 그러나 정치적 교착 상태가 지속되고, 관세 전쟁이 계속되며, 이로 인한 군사적 분쟁의 위험과 함께 지역 군사력 증강과 공급망 배제가 계속된다면, 이는 동북아의 평화와 안정에 부정적인 영향을 미칠 것이다. 동북아시아의 평화와 안정은 단순히 지역 차원에 국한되지 않고, 세계 경제와 정치적 상황 변화에 밀접하게 연계되어 있다. 특히, 미국과 중국 간의 글로벌 경쟁은 동북아시아의 경제적, 정치적 역학에 영향을 미친다. 최근 미국의 정책에도 문제가 있으나, 중국에 대한 우려는 단순히 그 경제적, 산업적 팽창 때문만이 아니라, 시진핑과 같은 한 개인의 정치 지도자가 민주적인 책임을 지는 일이 없이 중국의 막대한 경제, 산업, 군사력을 통제할 경우 국제적 안정에 심각한 위협을 초래할 가능성이 있기 때문이다. 따라서 동북아시아에서 지속 가능한 정치 질서를 확립하고 역내 국가 간 세력 균형을 달성하기 위해서는 현 질서의 변화가 필요하다.

3.3.3 내부로부터의 힘의 균형

앞선 논의는 동북아시아 현 질서의 핵심적인 특징인 대립적 견제와
대치가 이 지역의 지속 가능한 평화를 촉진하지 못한다는 점을 보여주었
다. 중국이 단독으로 동북아시아의 평화와 전쟁의 문제를 통제하지는
않으나, 중국의 국가적 규모, 경제적 능력, 진보된 산업, 그리고 대규모
군사력은 이 지역에서 결정적인 영향을 미친다. 특히, 지난 10년간
중국의 부상은 시진핑이라는 단일한 지도자의 권위주의 통치와 책임성
(accountability)의 부재로 인해 동북아시아뿐만 아니라 전 세계적으로
우려를 야기했다. 권력에 책임성이 결여되면, 사회에 급격한 영향을
미치는 결정을 적절히 견제하지 못하는 문제가 발생한다. 예를 들어,
코로나바이러스 오미크론 변이의 확산에 대응해 상하이와 같은 주요
도시에 봉쇄령을 내린 결정은 중국 경제와 세계 경제에 심각한 악영향을
미쳤다. 이 결정이 전문가들의 권고보다 시진핑의 개인적인 고집에
의해 영향을 받았다는 점은 널리 알려진 사실이다.[400] 이러한 비현실적인
제로 코로나 정책은[401] 보다 토론과 심의에 기반한 의사결정 과정이
있었다면 추진되지 않았을 가능성이 높다.[402]

민주주의는 더 나은 의사결정을 항상 보장하지는 않는다. 예를 들어,
도널드 트럼프 미국 대통령이 파리기후협약과 환태평양경제동반자협정
(TPP)에서 탈퇴한 결정은 환경 보호와 자유무역 확대에 대한 기존의
국제적 합의를 무시하는 퇴행적인 행위로 평가되었다.[403] 미국의 최근의
관세 정책은 국제통상규범을 위반하는 것이다. 이러한 사례는 민주적으
로 선출된 지도자의 결정이라 하더라도 불완전하거나 논란의 여지가
있을 수 있음을 보여준다. 그런데도, 민주적 통치체제는 권력에 대한
제도적 견제를 가능하게 한다는 점에서 강점을 가진다. 예를 들어,
2018년 11월, 백악관이 트럼프 대통령과 논쟁을 벌인 기자의 백악관

출입증을 회수하자, 미국 지방법원은 이를 무효화하고 해당 기자의 백악관 출입증을 돌려주라는 명령을 내렸다. 이는 권력의 남용을 견제할 수 있는 민주적 시스템의 작동을 보여주는 사례다.[404] 또한 2025년 1월에 재집권한 트럼프 대통령이 행정명령으로 부모의 체류자격에 관계없이 미국에서 출생한 신생아에게 미국 시민권을 부여하는 출생시민권 제도를 제한하자 미국의 연방법원은 이 행정명령의 효력을 중단시켰다.[405] 또 다른 사례로, 한 미군 최고사령관은 트럼프 대통령이 핵 공격 명령을 내린다고 해도 그것이 불법적이라면 이를 거부하겠다고 명확히 밝혔다.[406] 미국 헌법에 따르면 대통령은 미군의 총사령관이지만, 사령관은 민주법치사회에서 대통령의 명령조차도 법의 위에 있지 않음을 강조했다. 2025년 4월에는 미국 연방대법원이 미국 정부가 엘살바도르로 불법 추방한, 미국에 합법적으로 거주하고 있던 엘살바도르 국적자의 귀환을 촉진하라고 판결하였다.[407]

위에서 언급한 민주적 통치의 장점이 중국이 처음부터 서구식 민주주의를 구현했어야 한다는 것을 의미하지는 않는다. 앞서 논의한 바와 같이, 중국은 1950년대와 1960년대에 극심한 경제적 빈곤 상태에 있었고, 그로 인해 수천만 명이 기근으로 사망하는 비극을 겪었다. 따라서 제2차 세계대전 이후 극심한 빈곤을 극복하는 것이 중국과 다른 여러 아시아 국가들의 최우선 과제가 되었다. 한국, 대만, 싱가포르, 그리고 중국을 포함한 동아시아의 성공적인 개발도상국들은 이러한 빈곤을 극복하고 전례 없는 경제발전을 이루었다.[408] 주목할 점은 이들 국가가 경제개발 시기에 권위주의 통치를 했다는 사실이다. 경제개발 과정에서는 긴 노동 시간을 허용하거나, 즉각적인 분배보다는 산업 투자를 위한 저축을 독려하는 등 인기 없는 결정을 내려야 할 경우가 많았다.[409] 예를 들어, 한국의 경우 1980년대까지 산업 촉진을 위해 정부는 가용 자금을 산업 투자에 동원하고자 은행의 주택담보대출 제공을 허용하지 않았다.[410]

이러한 정책은 자금이 극히 제한된 개발도상국의 상황에서 장기적인 경제발전을 위해 필요할지 모르지만, 대중의 정치적 지지를 얻기는 어려운 조치였다. 따라서, 지도자들이 선거로 선출되는 민주주의 국가에서는 이러한 인기 없는 정책들을 시행하기가 쉽지 않다. 이는 성공적인 개발도상국이 경제발전 초기 단계에서 권위주의 통치를 채택한 이유가 된다.

중국은 동아시아의 다른 성공적인 개발도상국들처럼 권위주의 통치 아래에서 경제발전을 위해 자원을 효과적으로 동원했다. 그 결과, 중국은 빈곤을 극복하며 중진국(혹은 중간소득 국가)으로 성장했다.[411] 문제는 이러한 권위주의 통치체제가 중국의 지속적인 발전에 여전히 적합한지 여부이다. 동아시아의 성공 사례인 한국과 대만은 1980년대에 중진국 지위를 획득한 후 민주주의로 전환하기 시작했다.[412] 이 전환은 경제발전이 어느 정도 성취된 이후, 정치적 책임성과 자유를 확대하며 국가의 지속 가능한 발전을 추구한 과정이었다. 경제발전의 결과는 민간의 역량을 증대시킨다. 경제발전의 결과로 능력을 갖춘 민간 분야는 자율성을 보장받고 충분한 자유가 확보되었을 때 그 창의력이 극대화되고, 이로 인해 지속적이고 장기적인 국가, 사회 발전도 기대할 수 있다. 이를 증명하듯 민주화된 한국과 대만은 이후 발전을 거듭하여 첨단 산업을 기반으로 한 고소득 국가로 성장했다.

반면, 80년대 이후 성공적인 경제발전을 이룬 중국은 시진핑 주석의 집권 이후 권위주의 통치를 더욱 강화하며 민주적 전환과는 반대 방향으로 향하고 있다. 견제를 받지 않는 1인 통치는 부정적인 결과를 초래할 가능성이 높다. 이는 지속 가능한 평화와 안정의 관점에서 바람직하지 않은 방향이다. 시진핑이 개인 권력을 공고히 하고 당 상무위원회를 약화시키면서 중국의 경제·군사 정책은 더욱 공격적이고 대립적으로 변했다. 대표적인 사례로는 중국제조 2025와 같이 핵심 산업 분야를 장악하고자 하는 노골적인 경제적 도전, 미국의 한국 내 사드 시스템 배치와 같은 정치적 사안을 이유로 한국과 일본 및 기타 국가에 대한 무역 보복,[413] 중국 전자상거래 기업인 알리바바와 같은 중국 내 민간기업에 관한 감시와 규제의 강화,[414] 대만과 기타 국가에 대한 군사적 위협, 홍콩 민주화 운동에 대한 폭력적 진압 등이 있다. 또한 중국의 권위주의 통치는 경제에도 악영향을 미치는데, 기업에 대한 과도한 간섭으로 투자를 위축시키고 이는 경제성장의 둔화로 이어지고 있다.[415] 전 절에서 논의한 대로 딥시크와 같은 중국 기업의 혁신적인 경제 성과도 정치적 개입의 결과 그 성과가 약화될 수 있다.[416]

중국의 공격적인 정책은 현재 중국 안팎의 안정과 자유를 위협하고 있다. 동북아시아에서 어떤 나라도 단독으로 중국에 맞설 만큼 강력하지 않다. 이에 따라 동북아 국가들은 중국에 대항할 수 있는 유일한 세력인 미국과의 동맹 관계를 통해 중국을 견제하고, 이 지역에서 세력 균형을 유지하기 위해 끊임없이 노력하고 있다. 케네스 왈츠(Kenneth Waltz)의 이론에 따르면, 생존을 위해 노력하는 국가는 세력 균형을 추구하며,[417] 이는 미국과 한국, 일본 간의 군사 동맹 및 칩4 동맹(반도체 동맹)과 같은 경제적 협력의 확장을 설명한다. 그러나 이러한 대립적 상태를 유지하는 동북아의 현 질서는 중국이나 이 지역의 다른 어떤 국가의 장기적 이익에도 부합하지 않는다. 또한 미국과 같은 외부 세력은 동북아의 현 상태를 근본적으로 변화시키거나 지속 가능한 평화를 구현할 수는 없다. 지속 가능한 평화를 이루기 위해서는 동북아 최대의 국가인 중국 내부로부터 변화가 일어나야 한다. 보다 상호 협의와 숙의를 중시하는 중국 지도부가 등장해야 현재보다 균형 있고 절제된 외교 정책을 추진할 가능성이 높을 것이다.[418] 시진핑 이전의 중국 지도부는 이러한 지도력의 예를 보여주었다. 당시 중국은 협력적인 대외 관계를 구축하고, 높은 경제적 성과를 달성했으며, 동북아에서 안정을 유지하며 대립을 줄이는 데 성공했다.[419] 이는 중국의 현 통치체제 개혁이 동북아 지역의 지속 가능한 평화를 위한 정치적 환경 형성에 핵심적인 역할을 할 수 있음을 시사한다.

이에 더해, 중국 각 지방의 정치적 자율성을 강화하는 것이 동북아시아의 평화와 안정을 위한 정치적 환경 조성을 촉진할 수 있다. 정부의 권력은 정부가 동원할 수 있는 자원의 양과 밀접한 관계가 있는데, 중국 중앙정부는 동북아시아의 다른 어떤 나라와도 비교할 수 없는 막대한 자원을 통제하고 있다. 여기에는 방대한 인구에서 나오는 광범위한 인력, 세계 2위의 정부 수입으로 확보된 막대한 재정 자원(2021년 기준 3조 2천억 달러),[420] 첨단기술 자산, 강력한 행정 네트워크, 그리고 대규모 군사력[421] 등이 포함된다. 그러나 중앙정부가 견제를 받지 않는 상태에서 이러한 막대한 자원을 통제할 경우, 심각한 부작용을 초래할 수 있다. 예를 들어, 중앙정부는 앞서 언급한 제로 코로나 정책이나 출구 계획 없는 갑작스러운 봉쇄 중단과 같은 급격한 정책을 채택했다. 이러한 정책들은 중국 국내뿐만 아니라 동북아 및 세계 경제에 상당한 부정적 영향을 미쳤다.[422] 특히, 제로 코로나 정책은 경제적 활동을 심각하게 위축시키고 공급망을 혼란에 빠뜨렸으며, 갑작스러운 봉쇄 중단은 코로나바이러스 감염의 급증을 초래했다. 이러한 결정들은 중국의 복잡한 사회적, 경제적 맥락이나 중국 정책의 영향을 받는 다른 국가들의 상황을 충분히 고려하지 않은 채 추진되었다. 이는 중국 중앙정부가 가진 통제받지 않는 권력과 자원 동원 능력이 얼마나 위험한 결과를 초래할 수 있는지를 보여주는 사례이다.

중국의 중앙정부와 지방정부 간에 권력과 자원을 재분배하면 부정적인 정책 결정의 위험을 줄이고, 보다 신중하고 실질적인 정책이 구현될 가능성을 높일 수 있다. 예를 들어, 중앙정부 대신 상하이 시 정부가 자체적으로 봉쇄 결정을 내릴 수 있는 권한을 가지고 있었다면, 상하이는

지역의 실정에 더 잘 부합하는 정책을 시행할 수 있었을 것이고 세계
경제에 미치는 영향도 완화시킬 수 있었을 것이다. 이러한 지역 자치의
효과는 2020년 코로나 팬데믹 기간 동안 트럼프 행정부와 미국 내
주 정부들 간의 갈등을 통해 잘 드러났다. 트럼프 대통령은 뉴욕, 뉴저지,
코네티컷 등 3개 주에 대해 연방정부 차원의 봉쇄 가능성을 논의했다.[423]
그러나 주지사들은 이를 강하게 반대했다. 뉴욕 주지사는 연방정부의
봉쇄 조치를 "주에 대한 선전포고"로 간주한다며 강력히 비판했다.[424]
주지사들의 견제와 비판으로 연방정부의 봉쇄는 시행되지 않았고 이
사례는 자율성을 가진 지방정부가 중앙정부의 부당하거나 비합리적인
정책에 대해 효과적으로 대응할 수 있음을 보여준다. 마찬가지로, 중국에
서도 지방정부가 자율성을 가진다면 중앙정부의 권력을 견제할 수
있는 중요한 억제력을 제공할 수 있다.

　마지막으로, 중국 내 권력 분산과 더불어 불법적인 정부 결정과 관행을
견제하기 위해 독립적인 사법부의 존재가 필수적이다.[425] 중국 헌법은
명목상 사법부의 독립을 보장하고 있다. 헌법 제126조는 "인민법원은
법률의 규정에 따라 독립적으로 사법권을 행사하며, 행정기관, 공공단체
또는 개인의 간섭을 받지 않는다"고 명시하고 있다.[426] 그러나 이러한
원칙은 실제로 제대로 준수되지 않고 있다. 중국에 관한 미국 의회 – 행정
부 위원회(Congressional-Executive Commission on China)의 보고서는
중국 사법부에 대한 외부적, 조직적 간섭을 폭넓게 지적하고 있다.
이러한 간섭에는 사법 결정에 대한 중국공산당의 영향력, 판사와 법원의
업무에 대한 인민대표대회와 검찰원의 감독 등이 있다.[427] 또한 감독
기관은 사건의 재심을 요구할 수 있는 권한을 가지며, 이는 사법 판결의
최종성과 독립성을 약화시키는 주요 원인이다.[428] 이 보고서는 이러한
문제를 해결하기 위해 사법부에 대한 인민대표대회와 검찰원의 감독을
폐지하는 헌법 개정을 권고하고 있다.[429]

요약하자면, 중국 내 권력 균형을 개선하기 위한 중국의 지배체제 개혁은 동북아시아의 지속 가능한 평화를 달성하기 위해 필수적인 요소이다. 개혁의 핵심은 중국이 1인 지배에서 벗어나 다수의 심의와 협의에 의해 결정이 이루어지는 공화적인 통치체제를 구축하고, 중앙의 권력과 자원을 재분배하여 지방자치를 강화하며, 헌법 개정을 통해 사법부 독립을 확보하는 것이다. 중국의 방대한 규모와 막대한 국가 역량을 고려할 때, 동북아시아의 현 상태를 변경하려는 외부 압력의 효과는 제한적일 수밖에 없다. 이러한 압력은 일시적으로 중국의 행동을 견제할 수는 있어도, 근본적인 변화를 달성하지는 못할 것이다. 따라서 지속 가능한 해결책은 중국 내부의 개혁에서 찾아야 한다. 위에서 제시한 개혁은 중국 내 권력 균형을 개선하고, 궁극적으로 동북아시아의 대립적인 현 상황을 전환하여 지속 가능한 평화 달성에 기여할 수 있다. 러시아의 사례는 1인 통치가 지역 및 세계 평화에 미칠 수 있는 부정적 영향을 명확히 보여준다. 우크라이나 전쟁은 협의와 심의 기반의 중앙정치 체제 부재, 중앙 행정부의 과도한 권력 집중, 그리고 허약한 사법부가 블라디미르 푸틴의 침략 결정을 막지 못한 결과이다. 이는 러시아의 권위주의 통치가 이 지역의 평화와 안정을 심각하게 훼손했음을 보여준다. 중국의 권위주의 통치 역시 동북아시아와 세계 평화에 동일한 위험을 초래할 가능성이 있다. 따라서 이 장에서 논의된 개혁은 중국 내부의 권력 균형을 개선하고, 동북아시아의 지속 가능한 평화와 안정을 위한 기반을 구축하기 위해 필요하다.

제4장

역내의 조정자? 갈림길에 선 한국

4.1 한국: 중심국인가 주변국인가?

4.1.1 역사적 관점에서 본 동북아시아에서 한국의 역할

한국은 역사적으로 동북아시아에서 지역 균형자 역할을 수행해 왔다. 10세기 이래로 고려(918~1392)와 조선(1392~1910)과 같은 국가들은 중국 왕조, 북방의 여진족(후에 만주족), 거란족, 몽골족, 그리고 일본 등 인접 세력과 문화적, 경제적, 정치적, 군사적 교류를 지속적으로 이어왔다. 한국인의 국가들은 다른 세력이 동북아시아를 완전히 정복하는 것을 저지하여 지역의 세력 균형을 유지하는 역할을 했다. 예를 들어, 거란족은 10세기에 중국 북부를 점령한 후 한국을 침공했다.[430] 그러나 1019년, 한국은 역사적인 전쟁에서 당시 동북아시아에서 가장 강력한 군사력을 보유했던 거란을 격퇴하며, 거란의 군사력을 크게 소모시켰다. 이는 거란이 중국을 완전히 정복하는 것을 막고 동북아시아의 세력 균형을 유지하는 데 기여했다.[431] 또 다른 사례로, 일본은 1592년 중국을 정복하려는 야망을 품고 한국을 침략했다.[432] 7년에 걸친 치열한 전쟁 끝에 한국은 중국(명나라) 원군의 도움을 받아 일본군을 격퇴하고, 일본의 중국 본토 진격을 저지했다. 이로써 한국은 다시 한번 동북아시아의 세력 균형을 유지하는 역할을 했다.[433]

한국의 지역 균형자 역할은 1637년 조선이 청나라에 패배하면서 종결되었다. 역사상 처음으로 조선의 왕은 외세의 침략자에게 공식적으로 항복하고 복종을 맹세했다.[434] 조선 왕조는 이 패배를 내부적으로 극복하며 약 2세기를 더 지속했지만, 이로 인해 한국은 동북아시아에서 군사적 영향력을 상실했다. 한국의 지역적 억지력이 사라지자, 중국과 일본 사이의 완충지대 역할도 없어졌다. 이러한 상황의 결과로 일본은 1894년과 1937년에 각각 청일전쟁과 중일전쟁을 일으켰고, 이는 동북아시아를 수년간 이어진 파괴적인 전쟁의 격랑 속으로 밀어 넣었다.[435] 제2차 세계대전 이후, 한반도는 공산주의 체제의 북한과 자본주의 체제의 남한으로 분단되었으며, 이는 1950년 한국전쟁으로 이어졌다.[436] 동서 대결의 최전선에 위치한 남한은 공산주의 북한의 위협으로부터 자국을 방어하며, 공산주의 확산을 저지하는 데 중요한 역할을 수행했다. 비록 전쟁은 1953년에 정전협정을 통해 종결되었지만, 한국의 공산주의와의 투쟁은 계속되었다. 수십 년 동안 한국은 북한의 지속적인 군사적 도발, 침투, 그리고 다양한 위협을 견뎌내며 국가 안보를 지키고 지역 안정 유지에 기여해 왔다.[437]

정치적으로 한국은 중화주의로 묘사되는 동북아시아의 정치적 위계 질서를 지지해 왔다. 예를 들어, 고려 왕조와 조선 왕조는 모두 동북아시아 정치 질서에서 중국의 우월한 지위를 인정하여 대체로 형식적이긴 하지만 중국 황제로부터 "책봉"을 받아들였다.[438] 이러한 정치적 구조 아래에서, 한국은 여진족이나 쓰시마 섬 주민과 같은 국경 인근 부족들을 한국에 종속된 신민으로 간주하고 조공을 받아들였으며, 그들의 생계를 위해 무역을 허용했다.[439] 이러한 질서를 유지하고 지역의 안정을 도모하기 위해 조선 왕조는 14세기와 15세기에 각각 쓰시마 섬과 여진족에 대한 원정을 단행했다.[440] 그러나 1637년 청나라와의 전쟁에서 패배한 이후, 한국은 동북아시아 정치 질서에서 균형자의 역할을 상실했다. 만주족(과거 여진족)은 더 이상 한국에 종속되지 않았고, 17세기에 들어 동북아시아의 지배적인 세력으로 부상했다. 한편, 과거 반半 자치권을 누렸던 쓰시마 섬 주민들은 한국과의 종속 관계를 벗어나 일본 중앙의 막부 정권에 편입되었다. 조선은 청나라의 우월성을 인정하면서도 정치적 자치권을 유지했으나, 17세기 이후 한국의 정치적 역할은 한반도 내부로 제한되었고, 동북아시아에서 주변적인 세력으로 전락했다.

한국은 동북아시아에서 독특한 문화적 역할을 수행해 왔다. 조선 왕조가 유교를 건국 이념으로 채택한 이후, 한국은 동북아시아에서 유교의 핵심적 보루가 되었다. 의리忠와 효孝와 같은 유교적 덕목은 한국인의 윤리적 가치관의 근간이 되었으며, 개인과 사회를 판단하는 기준이 되었다.[441] 한국 유교의 영향력은 일본에도 큰 영향을 미쳤다. 예를 들어, 일본의 학자인 야마자키 안사이(1618~1682)는 한국의 대표적인 유학자인 퇴계(이황)를 높이 평가하며, 그의 학문이 12세기 중국의 새로운 유교(주자학)를 창시한 주희朱子와 동등한 위치에 있다고 주장했다.[442] 유교 사상이 일본에서는 근대화 과정에서, 중국에서는 문화대혁명을 거치며 약화되었지만, 한국은 20세기에도 유교적 전통을 유지했다. 공교육을 통해 충과 효와 같은 유교적 가치를 가르쳤고, 이를 강조하는 다양한 캠페인을 전개하며 유교적 사상을 이어갔다.[443] 한 평론가는 유교가 현대 한국 문화의 거의 모든 측면에 깊이 뿌리내리고 있다고 평가하며, 유교적 전통이 한국 사회에 미치는 지속적인 영향을 강조했다.[444]

마지막으로, 한국이 동북아시아에서 경제적 역할을 수행한 이유는 주로 정치적 필요성 때문이었다. 한국은 북방 민족인 여진족과 쓰시마 섬 주민들과 교역했으며, 이들은 한국으로부터 식량과 같은 필수품을 수입해야 했다.[445] 이들은 부족한 필수품을 얻기 위해 종종 변경 지역과 해안을 침략하곤 했다. 이에 한국은 무역을 통해 이들의 경제적 수요를 충족시켜 침략을 줄이는 방안을 취했다.[446] 한국은 중국과도 교역했는데, 초창기에는 양국 정부가 공식적으로 승인한 채널을 통해 이루어졌다.[447] 그러나 이러한 공식 무역은 주로 중국에 공물을 바치고 답례품을 받는 데 초점이 맞춰져 있었으며, 양국에 광범위한 경제적, 상업적 영향을 미치지는 못했다. 시간이 지나며 공식 채널 이외의 민간 교역이 증가했지만, 그 경제적 영향은 여전히 제한적이었다. 한국은 상공업이 제한된 농업 중심의 국가였기에, 무역이 국가 경제에 미치는 영향은 그리 크지 않았다. 20세기 초반에 이르러서야 한국의 무역이 확대되었는데, 이는 주로 일본으로부터의 공산품 수입 증가에 원인이 있다. 일본은 공업화로 인해 증산된 공산품의 구매처로 한국을 활용했다.[448] 그러나 이 시기의 무역 증가는 동북아 전체 경제에 큰 영향을 미치지 못했으며, 이는 당시 한국이 경제적으로 동북아시아에서 주변부에 있었음을 보여준다.

4.1.2 지역 세력으로의 한국: 강점과 취약성

앞서 살펴본 바와 같이, 동북아시아에서 한국의 위상은 17세기 청나라에 패배한 이후 악화되었으나, 20세기 후반부터 정치적, 경제적 영향력이 증대되었다. 1960년대 이후 시작된 눈부신 경제발전의 결과로, 한국은 정치적, 경제적 취약성을 지닌 주변 국가에서 상당한 정치적 영향력, 산업과 금융 자원, 그리고 군사적 능력을 갖춘 지역 강국으로 변모했다. 2021년 기준으로 대한민국은 동북아시아에서 중국과 일본에 이어 세계 10위의 경제 대국,[449] 프랑스와 영국을 능가하는 세계 6위의 제조업 국가,[450] 8위의 무역 국가,[451] 6위의 군사 강국으로 성장했다.[452] 비록 경제 규모 면에서 중국과 일본에 비해 작지만, 최신 기술로 무장한 군사력은 이 지역의 잠재적 위협에 대한 실질적 억지력을 제공한다. 유에스 뉴스 앤드 월드 리포트(U.S. News and World Report)는 한국을 세계에서 여섯 번째, 동북아시아에서는 중국에 이어 군사적으로 가장 강력한 국가로 평가했다.[453] 이처럼, 한국은 동북아시아에서 강력한 경제적, 군사적 입지를 갖춘 지역 강국으로서, 국제사회에서 중요한 역할을 수행하고 있다.

한국은 철강, 화학, 조선, 전자, 반도체, 정보기술(IT), 전기차(EV), 배터리 등 전통적인 산업 분야와 미래 전략 산업에서 역량을 발휘하며 세계적인 경쟁력을 보유하고 있다.[454] 이러한 산업 능력으로 인해 미국, 러시아, 그리고 동북아시아의 모든 국가는 한국과의 경제 협력을 적극적으로 모색하고 있다. 한국은 무역을 통해 반도체, 기계, 화학제품, 중간재, 전기·전자장비 등 동북아시아 국가들의 경제와 산업에 필수적인 제품을 공급하는 역할을 하고 있다.[455] 또한 한국은 북한의 절실한 경제적 필요를 충족시키기 위해 상당한 경제적 지원을 제공할 수 있는 역량을 보유하고 있으며, 이러한 경제적 능력은 한반도의 평화와 안정, 특히 북한과의 화해를 촉진하는 중요한 수단으로 인식되어 왔다.[456] 실제로 남북한은 2016년까지 북한 개성공단에 있는 제조업 생산시설을 공동 운영하며 경제 협력을 지속했다.[457] 그러나 북한의 핵과 미사일 실험에 대한 국제적 우려와 이를 계기로 한 한국 정부의 결정으로 개성공단은 폐쇄되었다. 남북 간 경제 협력은 북핵 문제로 인해 여전히 재개되지 못하고 있다.

지역 강국인 한국의 또 다른 중요한 힘의 원천은 미국과의 군사동맹이다. 앞서 논의한 바와 같이, 한국은 핵무기를 보유하고 있지 않지만, 현재 세계 주요 군사 강국 중 하나로 평가받고 있다. 한미 군사동맹은 군사적 억지력을 크게 강화했으며, 이는 한반도뿐만 아니라 동북아시아 전체의 안보 환경에도 영향을 미치고 있다. 미국은 3만5천 명 이상의 군인과 민간인이 주둔하는 세계 최대 규모의 해외 군사기지인 캠프 험프리스(Camp Humphreys)를 한국에 유지하고 있다.[458] 또한 한미는 전시에 작전권을 갖는 연합사령부를 운영하며,[459] 정기적으로 대규모 합동 군사훈련을 통해 양국 간 군사 협력을 공고히 하고 있다.[460] 한국은 역사적으로 북한으로부터의 안보를 미국에 의존해 왔으나,[461] 최근 수십 년간 한국의 군사적, 경제적 능력의 급격한 증가는 이 관계의 변화를 가져왔다. 현재 한국은 안보 문제에서 대미의존을 줄이려는 노력을 기울이면서도, 상호 이익에 기반한 동맹의 중요성을 유지하고 있다. 이는 한국이 독자적 방위 역량을 증대시키면서도, 한미동맹의 전략적 가치를 유지하려는 균형을 추구하고 있음을 보여준다.[462] 한편, 주한미군 의 지속적인 주둔은 북한의 군사적 위협을 억제하는 데 중요한 역할을 하고 있으나, 동시에 동북아시아의 안보 지형에도 상당한 영향을 미치고 있다. 특히, 미군 주둔과 한미동맹의 강화는 역내 중국의 군사적 확대를 견제하는 요인으로 작용하면서, 중국의 우려와 반발을 유발하고 있다.[463]

한국의 성공적인 경제·산업 발전은 많은 성과를 가져왔지만, 그 과정 에서 한국이 가진 취약성을 완전히 제거하지는 못했다. 역설적으로 이러한 성공이 새로운 취약성을 야기하는 측면도 존재한다. 한국 경제의 핵심 동력은 수출이며, 2021년 GDP에서 상품과 서비스 수출이 차지하는 비율은 41.7%에 달했다. 이는 중국(20%)과 일본(15.6%) 등 동북아시아 내 주요 국가들보다 훨씬 높은 수준이다.[464] 한국은 세계에서 수출 의존도 가 가장 높은 선진국 중 하나로 평가받고 있다.[465] 그러나 이와 같은 높은 수출 의존도는 한국 경제의 취약 요인으로 작용한다. 첫째, 한국은 원유, 광물 등의 원자재를 수입하여 이를 가공한 중간재와 소비재를 세계 시장에 수출하는 경제 구조를 가지고 있다. 이러한 구조는 한국 경제를 외부 충격에 취약하게 한다. 예를 들어, 우크라이나 전쟁으로 인해 원자재 공급과 가격이 급격히 변동하면서, 2022년에 사상 최대의 무역 적자가 지속되었다.[466] 둘째, 정치적 요인 또한 수출에 큰 영향을 미친다.[467] 수출에 대한 의존도는 한국을 수입국의 정치적 요구와 압력에 민감하게 만들며, 이러한 민감성은 경제적 취약성을 가중시킨다. 예를 들어, 사드 배치 이후 중국이 한국에 대해 무역 보복 조치를 취한 사례는 한국 경제가 정치적 갈등의 영향을 얼마나 쉽게 받을 수 있는지를 잘 보여준다. 또한 미국의 "칩4 동맹(Chip 4 Alliance)" 가입 압박은 안보 문제와 더불어, 한국이 미국을 주요 수출 시장으로 삼고 있는 점에서 기인한 정치적 영향의 한 예다.[468]

한국이 직면한 가장 심각한 취약성은 한반도의 분단과 적대적이고 핵으로 무장한 북한의 존재라고 할 수 있다. 한국의 경제와 정치의 중심지인 서울은 휴전선에서 불과 45㎞ 떨어져 있으며, 북한의 포병 및 단거리 미사일 사정거리 내에 위치해 있다. 북한의 핵과 미사일 위협은 한국 안보에 있어 매우 심각한 문제를 제기한다. 한국은 핵확산금지조약(NPT)에 서명한 국가로서, 북한의 핵 위협에 대응하기 위한 핵 억지력을 미국에 의존하고 있다. 그러나 이러한 억지력이 한국의 통제 밖에 있다는 점이 주요 문제로 지적된다. 미국의 학자들인 제니퍼 린드(Jennifer Lind)와 대릴 프레스(Daryl Press)는 북한의 위협에 효과적으로 대응하기 위해 한국이 자체 핵무기 개발을 고려해야 한다고 주장하기도 했다.[469] 북한의 핵 위협 외에도 분단과 관련된 여러 문제는 막대한 비용을 발생시키며, 안보 취약성을 가중시키고 있다. 한국은 매년 북한의 군사적 위협에 대비한 군사 준비태세를 유지하고, 국내 안보를 강화하기 위해 상당한 재정적, 인적, 정치적 자산을 투입해야 한다. 이러한 노력의 일환으로, 한국은 수십 년 동안 아프리카, 동남아시아 등 제3세계 지역에서 북한과의 외교 경쟁을 벌여왔다.[470] 북한의 해외 공작 활동도 한국의 안보를 위협하는 주요 요인 중 하나다. 대표적인 사례로, 1983년 10월

9일 북한 공작원들이 미얀마 양곤(랑군)에서 한국 정부 대표단을 대상으로 폭탄 테러를 자행해, 각료를 포함한 21명의 대표단이 사망했다.[471] 이 사건은 분단 상황에서 한국이 직면한 취약성이 얼마나 심각한지를 극적으로 보여주는 사례이다.

4.1.3 지역적 "균형자"로서의 한국

앞서 논의한 바와 같이, 동북아시아의 지역 강국인 한국은 강점과 약점을 모두 가지고 있다. 한국은 중국이나 일본과 같은 이 지역의 주요 강대국들을 압도할 만큼 강력하지는 않지만, 경쟁하는 강대국들 사이에서 "균형자" 역할을 수행함으로써 자국의 이익을 충족시키고, 역내 평화 유지에 기여하려는 노력을 지속해 왔다. "균형자"라는 개념은 노무현 전 대통령(2003~2008)에 의해 구체화되었다.[472] 노 전 대통령은 한국의 새로운 경제 및 산업의 강점을 바탕으로, 이 지역을 "비즈니스 허브"로 구축하고 동북아시아의 경제적 통합을 공고히 하며, 외교 관계를 강화하고자 하는 비전을 제시했다.[473] 그는 또한 한국이 지역 강대국 간 갈등에서 옴부즈맨 또는 중재자 역할을 할 수 있는 잠재력을 보았다.[474] 국제관계학자 엠마누엘 파스트라이히(Emanuel Pastreich)는 국제 문제에서 한국의 보다 "적극적인" 역할을 강조한 노무현 대통령의 비전이 많은 한국인에게 호소력을 가졌다고 평가했다. 그는 특히 "중국과 일본 간의 경제적 통합이 큰 도전에 직면한 시기에, 중재자로서의 한국의 역할이 매우 타당하다는 점을 많은 한국인이 인식했다"고 언급했다.[475]

만약 한국이 노무현 대통령이 제시한 균형자 역할을 성공적으로 수행했다면 동북아시아의 지역 안정을 강화할 수 있었을 것이다. 그러나 이 비전은 상당한 저항에 직면했다. 특히, 이 비전을 미국의 안보 우산에서 거리를 두고 중국에 더 가까워지려는 시도로 인식한 미국의 강한 반대에 부딪혔다.[476] 미국 입장에서 노무현 대통령의 비전은 한미동맹에 대한 한국의 의존도를 낮추는 것으로 보였고, 이는 지역에서 중국과 러시아 등 다른 강대국의 영향력이 감소하지 않은 채 미국의 동북아시아에서의 영향력을 약화시킬 가능성이 있다고 보았다.[477] 미국은 또한 더 강한 한국을 추구하는 노무현 대통령의 비전이 북한의 핵 위협을 직접 통제하려는 미국의 능력을 약화시킬 수 있다는 점을 우려했다. 이는 당시 부시 행정부가 수용하기 어려운 것이었다.[478] 또한 한국이 북한의 경제발전 지원을 통해 한반도의 안정을 도모하고 역내 균형자 역할을 추구하려는 계획 역시 미국의 반대에 직면했다. 미국은 이러한 계획이 "동북아시아 지역 관계를 미국의 확고한 통제하에 두려는 새로운 결의에 위배된다"고 보았다.[479] 결과적으로, 이러한 미국의 반대와 압력으로 인해 한국을 역내 균형자로 자리매김하려는 노무현 대통령의 구상은 대부분 좌초되었다.

2005년 노무현 대통령이 자신의 균형자 비전을 제시한 이후, 동북아시아의 정치, 경제, 안보 환경은 크게 변화했다.[480] 먼저, 중국은 시진핑 주석의 지도 아래 "중화민족의 위대한 부흥"이라는 야심에 찬 비전을 바탕으로 경제, 산업, 군사력에서 괄목할 만한 성장을 이루었다.[481] 중국의 이러한 부상은 워싱턴과 베이징 간의 경쟁을 심화시키며, 무역 분쟁, 군사적 긴장, 정치적 갈등을 초래했다. 동북아시아뿐만 아니라 전 세계적으로 미중 간의 갈등이 국제 질서에 상당한 영향을 미치고 있다. 북한은 또한 핵무기 프로그램을 더욱 강화하고, ICBM 개발에 성공해 핵탄두를 미국 본토로 운반할 수 있는 능력을 보유하게 되었다.[482] 한편, 일본에서는 우익 진영이 정치적으로 우세를 점하면서, 한국과 같은 이웃 국가들과의 역사적, 외교적 긴장이 더욱 심화되었다. 이와 같은 경제, 정치, 안보 지형의 변화로 인해, 과거 미국이 강조했던 "지역 관계를 확고히 통제하려는 입장"은 더 이상 현실적으로 유지되기 어려운 상황이 되었다.

동북아시아의 다른 이해당사자들과 보다 긴밀하고 체계적으로 협력해야 할 필요성이 생긴 것이다.

한국은 변화된 동북아시아의 환경 속에서 독특한 역할을 할 수 있는 잠재력을 갖추고 있다. 한국은 군사적 동맹과 북한으로부터의 안보 우려로 인해 주로 미국과 일본의 편에 서 있지만, 동시에 중국과 러시아를 포함한 동북아 국가들과 역사적, 문화적, 정치적, 경제적 유대를 맺고 있다. 또한 경제적, 산업적, 군사적 역량을 지속적으로 강화하고 있어 지역 협력을 가능하게 하는 중요한 위치에 있다. 그러나 한국이 대립하는 강대국들 사이에서 중재와 화해를 성공적으로 촉진할 수 있을지는 여전히 불확실하다. 대표적인 사례로, 문재인 전 대통령이 북핵 문제를 두고 북한과 미국 간 중재자 역할을 시도했으나, 여러 요인으로 인해 결국 실패로 귀결되었다.[483] 문재인 정부는 북한의 의도를 제대로 파악하지 못했고, 북한의 핵 고도화로 인해 변화하는 안보 환경에 적절히 대응하지 못했다.[484] 이러한 실패는 미국과 북한 모두가 한국 정부를 신뢰하지 않게 만드는 결과를 낳았다. 특히, 북한의 핵 개발 의도에 관한 한국과 미국 간의 의견 차이는 양국 간 긴장을 고조시켰으며,[485] 북한 지도부는 회담 실패의 책임을 문재인 대통령에게 돌리며 남북 관계가 악화되었다.[486]

한국이 추구하는 "균형자" 역할은 역사적으로 18세기와 19세기 영국의 사례와 유사한 점이 있다. 당시 영국은 무역 국가로서 무역이 부와 외교적 영향력을 창출하는 주요 원천이었다. 영국은 프랑스, 오스트리아와 같은 전통적인 강대국들과의 경쟁에서 프로이센과 같은 상대적으로 약소국인 나라를 지원하고, 나폴레옹의 프랑스와 같이 강대한 단일 국가가 유럽을 지배하는 것을 막아 세력 균형을 유지하려 했다.[487] 그러나 마이클 쉬한(Michael Sheehan)이 지적했듯이, 18세기의 영국은 유럽의 다른 강대국들에 비해 경제적, 군사적으로 일정한 약점이 있었다.[488]

그러나 그 차이는 한국과 중국(GDP 기준 약 10배 차이) 그리고 한국과 일본(약 2.7배 차이)간의 격차에 비할 바는 아니었다. 이러한 격차는 한국이 균형자로서의 역할을 수행하는 데 있어 상당한 제약 요인으로 작용할 수 있다.[489]

또한 영국이 상대했던 프랑스와 오스트리아는 당시 유럽의 강대국이었지만, 그들의 경제적·군사적 역량은 오늘날 동북아에서 중국의 위치와 비교할 수준이 아니었다. 이는 곧 현대 한국이 19세기 영국보다 상대적으로 부족한 경제적 군사적 자원을 가지고 더 강력한 역내 강대국들에 대응해야 한다는 것을 의미한다. 19세기 영국은 산업혁명을 통해 세계 경제의 중심으로 부상하며, "세계의 공장"이라는 독보적인 지위를 확보했다. 영국은 이러한 경제적 우위와 압도적인 해군력을 기반으로 유럽 내 세력 균형을 유지하고, 중재자 역할을 수행할 수 있었다.[490] 한국은 상당한 경제력, 산업력, 군사력을 보유하고 있음에도, 지역 균형자 비전을 구현하기에 충분할 정도로 역내에서 우월한 국력을 갖추고 있지는 않다. 그렇다 하더라도, 중대한 도전을 극복하며 이루어낸 한국의 경이로운 경제발전과 성공적인 민주화는 지역의 평화와 공영에 대한 새로운 가능성을 제시하고 있다. 다음 절에서는 지난 수십 년 동안 한국이 번영을 향해 걸어온 "길고 험한 여정"에 대해 살펴본다.

4.2 길고 험한 여정 : 빈곤에서 번영으로

4.2.1 식민지 착취, 전쟁, 번영

20세기 전반은 한국의 긴 역사에서 가장 고난에 찬 시기로 꼽힌다. 일본은 청일전쟁(1894~1895)과 러일전쟁(1904~1905)에서 각각 중국과 러시아를 상대로 승리한 후, 한국과의 전쟁 없이 경제적, 정치적, 군사적으로 한국을 지배하게 되었다. 일본은 1905년 한국의 외교적 주권을 박탈하고 한국을 보호국으로 만들었으며,[491] 1910년에는 강제 병합하여 한국을 식민지로 전락시켰다.[492] 이로써 한국인들은 역사상 처음으로 외국에 나라를 빼앗기는 비극을 경험했다. 조선 왕조(1897년 대한제국으로 개칭)는 19세기 말에 근대화를 위한 일련의 개혁을 추진했으나, 내부의 부패, 개혁파와 보수파 간의 정치적 갈등, 그리고 일본의 한반도 팽창 야욕이라는 복합적인 요인으로 인해 이러한 노력이 모두 수포로 돌아갔다.[493] 일부 한국인들은 일본 식민지 당국에 대항해 무장 저항을 시작했으나, 일본은 이를 강경 진압했다. 이후 독립운동가들은 만주와 러시아로 이주하여 저항 활동을 계속 이어갔다.[494]

일본은 1910년부터 1945년까지 35년간 한국을 식민지로 지배하며, 수탈적인 식민 정책을 시행했다. 1910년부터 1918년까지 시행된 토지조사사업이 대표적인 사례이다. 일본 식민지 당국(조선총독부)은 한국의 토지 소유자들에게 토지 면적과 위치를 보고하도록 강제했으며,[495] 이 과정에서 신고하지 않은 농민들의 토지는 몰수되었다. 또한 마을이나 가족 공동소유의 농지와 숲도 몰수되어 일본인들에게 저가에 불하되었다.[496] 이러한 조치로 인해 한국인들은 심각한 고통을 겪게 되었다. 많은 농민은 몰수된 토지를 잃고, 생계를 위해 숲으로 들어가 화전민이 되어 살아가야 했다. 또 다른 이들은 일자리를 찾아 만주나 일본으로 이주해야만 했다. 일본은 이러한 식민지 정책을 통해 한국을 경제적으로 착취했다.[497] 한편, 일본은 한반도에 철도, 도로, 항만 등 근대적 인프라를 건설했으나,[498] 이는 한국의 발전을 위한 것이 아니라 일본의 상업적 이익과 자원의 효율적 착취를 목적으로 한 것이었다. 일제강점기에 산업화가 진행되면서 1939년에서 1941년 사이에 한국의 제조업 비중은 총 경제생산의 29%를 차지하게 되었다.[499] 반면, 전통적 주력 산업인 농업, 어업, 임업의

비중은 전체 경제생산의 84.6%에서 49.6%로 감소했다.[500]

한국인들은 일제강점기 동안 진행된 산업화의 혜택을 거의 누리지 못했다. 일본은 한국의 거의 모든 산업을 소유했으며, 한국인의 기업활동을 체계적으로 억압했다. 1942년, 한국인이 소유한 자본은 한국의 산업에 투자된 총 자본의 1.5%에 불과했다. 이는 차별적인 대출 관행 등 한국인에게 불리한 정책이 원인이었다. 예를 들어, 한국인 기업가들은 일본 기업가들보다 훨씬 높은 이자율(최대 25%)을 부담해야 했으며, 이는 한국인 자본의 성장을 억제했다.[501] 농업 부문에서도 일본의 지배는 한국인들에게 커다란 피해를 안겼다. 일본은 농지를 장악하여 많은 한국 농민을 소작농으로 만들거나 만주와 일본으로 이주하게 했다.[502] 1932년에서 1936년 사이, 한국인의 1인당 쌀 소비량은 1912년에서 1916년 사이의 절반 수준으로 감소했다. 이는 일본이 한국에서 생산된 쌀을 대량으로 수출했기 때문이었다.[503] 조선총독부는 이를 보완하기 위해 만주에서 곡물을 수입했으나, 1944년 1인당 곡물 소비량은 여전히 1912년에서 1916년 사이보다 35% 낮은 수준에 머물렀다.[504]

제2차 세계대전 기간에 일본의 한국에 대한 착취는 더욱 심화되었다. 수십만 명의 한국인들이 징용이라는 이름으로 징발되어 광산, 공장, 군사기지에서 강제 노동을 해야 했으며, 일본군의 전쟁을 위해 징집되었다.[505] 더욱이, 일본은 수만 명의 한국 여성들을 "위안부"로 강제 동원하여 군대 내 성적 서비스를 제공하도록 강요했다. 더구나 위안부 문제는 국제적인 인권범죄로서 유엔인권위원회, 미 하원, 캐나다 하원, 유럽의회 등 국제기구와 각국 정부 기관, 국제 인권단체들이 이를 비판하고 일본 정부의 책임 있는 대응과 사과를 요구했다. 일본의 이러한 강제 동원과 착취는 한국인들에게 깊은 상처를 남겼다.[506] 1945년 일본이 제2차 세계대전에서 패배하며 한국은 해방되었지만, 한국인들은 35년간의 일본 식민지 통치로 인한 심각한 경제적 궁핍과 사회적 고통을 겪어야 했다. 일본의 착취와 억압은 한국 경제와 사회에 지속적인 상흔을 남겼으며, 해방 이후 한국이 새로운 경제적, 사회적 기반을 마련하는 데 장애물로 작용했다.

한반도의 분단과 한국전쟁(1950~1953)은 이미 허약했던 한국 경제를 황폐화시켰다. 일본은 식민지 시기에 경제적 자급자족과 전쟁 준비를 위해 대부분의 산업시설, 특히 공장과 발전소를 자원이 풍부한 북한 지역에 건설했다.[507] 이에 따라 분단 이후 남한은 북한에 소재한 산업시설에 접근할 수 없게 되었으며, 이는 남한 경제에 상당한 제약 요인이 되었다. 특히, 남한은 전력 공급의 상당 부분을 북한에 의존하고 있었는데, 1948년 5월 북한이 남한에 대한 전력 공급을 차단하면서 남한은 심각한 에너지 부족을 겪었다.[508] 이러한 경제적 어려움 속에서 한국전쟁이 발발했다. 전쟁으로 한국의 인프라와 생산시설의 상당 부분이 파괴되었으며, 수백만 명이 사망하고, 수많은 이재민이 발생했다.[509] 전쟁이 끝난 후, 한국인들은 미국의 원조를 받아 파괴된 나라를 재건하기 시작했다.[510] 그러나 이 원조는 한국 경제의 대외 의존성을 높이고 오히려 농업 생산을 감소시키는 부작용을 가져왔다.[511] 이외에도, 1950년대 말 미국 원조가 점차 축소되면서 남한 경제는 더욱 침체되었고, 다수의 국민은 여전히 극심한 빈곤에 시달렸다.[512]

대한민국의 제1공화국(1948~1960)은 1960년 4월 시민혁명으로 막을 내렸고, 뒤이어 출범한 제2공화국(1960~1961)은 1961년 5월 군사 쿠데타로 1년도 못되어 소멸했다.[513] 이후 군사 쿠데타의 주역인 박정희가 이끄는 군사 정권이 수립되었고, 이 정권은 수출과 산업화를 중심으로 한 국가 주도 경제개발 정책을 채택했다.[514] 이러한 정책은 전례 없는 성공을 거두며 한국 경제의 도약을 이끌었다. 1962년, 박정희 대통령은 제1차 경제개발 5개년 계획을 발표했다. 당시 한국은 1인당 국민소득이 미화 120달러에 불과했고, 경제는 농업과 어업 등 1차 산업에 기반을 둔, 생산성이 낮은 세계 최빈국 중 하나였다.[515] 그러나 수출 지향적 산업화와 정부 주도 경제개발 계획을 통해 한국은 놀라운 경제성장을 거두었고, 삼성, 현대, LG, SK 등 대표적 한국 기업들은 첨단 기술을 보유하고 세계 시장을 주도하고 있다. 1996년, 제7차 5개년 경제개발 계획을 완수한 한국은 1인당 국민소득이 만 3천달러를 넘어섰으며, 같은 해 한국은 OECD(경제협력개발기구)에 가입했다.[516] 불과 한 세대 만에 한국은 극심한 빈곤에서 벗어나 경제적 번영을 누리는 국가로 변모한 것이다. 한국은 동북아시아에서 가장 임금이 높은 국가로 발전했다. 2021년 기준, 한국의 평균 임금은 42,747달러로, 일본의 평균 임금 39,711달러를 넘어섰다.[517] 이는 한국이 경제적 총량 측면에서 성장을 이루었을 뿐 아니라, 질적인 면에서도 발전을 이루어, 고소득, 고생산성 국가로 발전했음을 보여준다.

4.2.2 경제개발 과정

한국의 성공적인 경제발전은 모든 역경을 딛고 일어선 국가적 노력의 산물이었다. 1960년대 초반, 한국은 만연한 빈곤을 반영하는 낮은 1인당 소득, 1차 산업에 크게 의존하는 경제, 낮은 기술력, 부족한 기업가 정신, 불충분한 자본, 열악한 천연자원, 그리고 상대적으로 작은 영토와 인구 과잉이라는, 오늘날 많은 개발도상국이 직면한 문제들을 안고 있었다.[518] 이에 더해, 국내 정치적 불안정과 북한의 외부 안보 위협까지 중첩되면서 한국의 상황은 더욱 어려웠다. 그러나 한국은 이러한 불리한 여건을 성공적으로 극복했다. 한국은 생산성이 낮은 1차 산업에 의존하던 경제 구조에서 완전히 벗어나, 1990년대 중반 산업 역량과 첨단 기술을 기반으로 고소득을 창출하는 선진 경제로 발전했다.[519] 한국의 경제개발 과정은 가히 독보적이었다. 대부분의 주요 선진국들이 수백

년에 걸쳐 거쳐 간 경제발전의 주요 단계를 한국은 불과 30여 년 만에 달성했다. 이는 극히 짧은 기간 동안 이루어진 경제적 도약으로, 다른 선진국들과 비교했을 때 대단히 독특한 성공 사례로 꼽힌다.

한국은 경제개발 초기에 명확한 목표를 설정했다. 이는 대다수 한국인이 겪고 있던 빈곤을 극복하는 것이었다.[52] 이를 위해 한국은 경제성장과 고용, 그리고 소득 창출을 이루기 위해 산업화에 집중했다. 한국은 작은 내수 시장이라는 구조적 제약을 극복하기 위해 수출이 산업 발전의 핵심이라는 점을 인식했다. 이 전략에 따라, 수출 지향적 산업화가 추진되었고, 이는 한국 경제의 급속한 성장을 견인하는 주요 동력이 되었다. 이러한 정책의 결과로, 수출액과 국내총생산(GDP)에서 수출이 차지하는 비중이 동시에 증가했다(표 4.1).

표 4.1 한국의 수출 확대 및 GDP에서 수출이 차지하는 비율 (1962~1996)

연도	실질 GDP 성장률(%)	상품 수출액 (미화 10억 달러)	상품과 서비스 수출/GDP(%)
1962~1966	8.0	1	7.7
1967~1971	9.7	3	13.7
1972~1976	8.0	22	27.8
1977~1981	6.2	77	31.5
1982~1986	8.7	141	34.4
1987~1991	9.4	307	32.3
1992~1996	7.3	510	28.7

출처 : Yong-Shik Lee, *Reclaiming Development in the World Trading System* (Cambridge University Press, 2d ed., 2016).

한국 정부는 고도 성장기라고 불리는 1962년부터 1996년까지 다음과 같은 경제개발 5개년 계획을 수립하고 시행하면서 매 시기 구체적인 개발목표를 설정하였다.

한국은 정부가 수출과 산업을 효과적으로 지원할 수 있도록 여러 구체적인 법령을 제정했다. 저자가 제시한 법과 개발에 관한 일반이론

표 4.2 한국의 5개년 경제개발계획(1962~1996)

1차 (1962~1966년)	2차 (1967~1971년)
- 수입대체산업 진흥 - 산업화 기반 구축(석유 및 비료 공장 건설) - 수출주도정책으로 전환 (1964년)	- 수출 산업 확대 - 경공업의 국제경쟁력 강화 - 산업 기반 강화(산업 원료 생산) - 농업 생산성 향상
3차 (1972~1976년)	4차 (1977~1981년)
- 중화학공업 육성 - 과학기술 진흥 - 수출 증대 및 다변화 - 수입 의존도 감소	- 중화학공업 강화(핵심 공장 건설) - 산업구조 합리화 - 에너지 자립 기반 확충
5차 (1982~1986년)	6차 (1987~1991년)
- 기술 집약적 산업 육성(제품 품질 및 정밀도 향상) - 국제 무역 촉진(플랜트 건설 수출) - 민간기업의 생산기술 개발 지원	- 첨단 산업 육성(예, 항공 산업 진흥) - 해외 산업투자 확대 - 국제경쟁력 강화
7차 (1992~1996년)	
- 산업 경쟁력 제고 - 선진국형 경제로 전환 - 사회적 형평 제고와 균형 발전 - 개방·국제화 추진과 통일 기반 조성	

출처 : Yong-Shik Lee 외 (eds.), *Law and Development Perspective on International Trade Law* (Cambridge University Press, 2011), chapter 5.

(General Theory of Law and Development)에 따르면, 법령의 설계(regulatory design), 준수(regulatory compliance), 이행의 수준(quality of implementation)이 경제개발을 위한 법의 효율성에 중요한 영향을 미친다.[521] 한국은 수출 촉진과 산업 진흥을 위해 잘 설계된 법률을 제정하고 이를 효과적으로 시행하여, 국민의 강력한 준수를 이끌어 냈다. 예컨대 수출을 촉진하기 위해 정부는 「수출보조금 지급을 위한 임시조치에 관한 법률」(1961), 「수출진흥법」(1962)(1967년 「무역거래법」으로 대체), 「조세감면규제법」(1965) 등의 법령을 채택하여 정부가 수출 기업의 이익에 대해 세금을 감면할 수 있도록 했다. 또한 이 법령들은 수출보조금의 적시 지급을 보장하고, 수출품을 생산하기 위한 원자재

구매를 위해 외환을 우선적으로 할당하며, 수출 실적이 우수한 무역업자에 한해 수익성이 높은 수입 사업에 종사할 수 있도록 하여 수출을 촉진했다.[522]

또한 정부는 산업 진흥을 위해 섬유, 기계, 조선, 전자, 석유화학, 철강, 비철금속 등 특정 산업의 발전을 지원하는 법령을 제정했다.[523] 이 법령은 정부가 육성 대상으로 지정된 산업에 대해 세금 감면, 정책대출 (대출 조건이 일반적인 상업 조건보다 유리한 저금리 대출), 보조금 지급, 관세 환급, 수입 통제, 해외 차입 보증 등 여러 지원을 할 수 있도록 했다.[524] 한국 정부는 기업이 시장에서 성과를 보여야 지속적인 지원을 받을 수 있도록 지원 제도를 설계했다. 성과가 우수한 기업에는 추가적인 자금과 인센티브를 제공하여 보상했지만, 성과가 저조한 기업에 대해서는 지원을 중단하는 방식으로 책임성과 효율성을 확보했다. 이와 같은 정책들은 민간 부문과 정부 간의 협력을 바탕으로 이루어졌으며, 한국의 경제발전은 본질적으로 정부의 전략적 지원과 민간 부문의 시장 경쟁력을 결합한 파트너십의 결과였다. 이러한 접근 방식은 한국 경제가 단기간 내에 산업화를 이루고 국제 경쟁력을 갖추는 데 결정적인 역할을 했다.

한국이 성공할 수 있었던 또 다른 중요한 이유는 경제개발 추진에 있어서 유연성과 적응력이었다. 정부는 매 시기 가용 자원, 기술, 그리고 그때까지 축적된 산업 경험에 따라 수출과 산업 개발 목표를 설정했다. 1960년대 초, 한국의 경제발전 초기에는 자본과 기술이 부족했기 때문에 섬유, 의류 등 노동집약적 산업에 집중했다. 이는 이러한 산업이 많은 자본이나 기술적 자원 없이도 생산이 가능했기 때문이다. 이렇게 생산된 제품을 수출하여 외화를 벌어들였고, 이를 산업 발전을 위한 자금으로 재투자했다. 수출 진흥은 한국의 산업 발전과 불가분의 관계에 있었다. 경제개발 초기의 성공적인 제조업 발전, 자본 축적, 기술 발전을 통해 얻어진 경험은 1970년대 중화학공업과 1980년대 전자산업과 같은 보다 선진적이고 잠재적으로 수익성이 높은 산업으로의 전환을 가능하게 했다. 정부 지원 역시 시기별로 정해진 중점 산업 분야에 집중되었으며, 이는 한국의 단계적인 경제발전에 중요한 역할을 했다.[525]

한국은 1980년대에 경제개발 정책의 전환을 단행했다. 20년간 성공적인 경제개발을 통해 한국은 경쟁력 있는 민간 부문을 갖춘 중진국으로 변모했으며, 기술 기반 경제를 구축했다. 이러한 변화에 맞도록, 한국 정부는 경제에 대한 정부 통제를 줄이고, 특정 산업에 집중하는 지원 대신 민간 부문 전체를 지원하는 방향으로 정책을 조정했다.[526] 이러한 정책 변화를 반영하여 1986년에는 「제조업발전법」(1999년 「산업진흥법」으로 대체)이 제정되었다. 이 법은 기존에 특정 산업을 지원하던 법령들을 대체하며, 구조 조정을 통한 산업 효율성의 제고 필요성에 따라 선별적인 지원을 하는 제도적 구조를 마련했다.[527] 이러한 변화는 1990년대를 거치며 더욱 가속화되었다. 특히, 1961년부터 경제개발 정책의 입안과 집행을 주도하며 경제개발의 컨트롤타워 역할을 해온 경제기획원이 1994년에 폐지되었다. 이는 정부가 주도하던 경제발전의 시대에서 민간 부문이 경제를 주도하는 새로운 시대로의 전환을 알리는 상징적 사건이었다.

1990년대 중반, 한국은 경제성장, 산업 발전, 빈곤 퇴치라는 경제개발 목표를 성공적으로 달성했다. 세계은행(World Bank)은 한국을 "저소득 국가에서 고소득 경제로 성공적으로 전환한 몇 안 되는 국가 중 하나이며, 혁신과 기술 분야의 글로벌 리더"로 평가했다.[528] 경제 지표는 이러한 견해를 뒷받침하며, 한국의 놀라운 성공을 잘 보여준다. 한국의 1인당 국민소득은 1962년에서 1996년 사이에 111배 증가했다.[529] 한국의 실업률도 1961년 35%에서 1990년 2.4%로 떨어졌다.[530] 수출액도 510배 증가했다.[531] 1990년대에 한국은 미국을 포함한 일부 선진국보다도 더 높은 수준의 소득분배를 보이는 포용적 성장을 이루었다. 이는 한국이 경제성장을 했을 뿐만 아니라, 성장의 혜택이 국민 대다수에게 골고루 돌아갔다는 것이다.[532] 1996년 제7차이자 마지막 5개년 경제개발계획이 종료되었을 때, 한국은 세계 일류의 산업국가이자 경제 강국, 그리고 세계 굴지의 무역 대국으로 성장하여 국민 대다수에게 높은 소득을 안겨주었다. 한국은 또한 삼성, 현대, LG, SK와 같은 혁신적인 다국적 기업들이 탄생한 곳이며, 이들은 오늘날 반도체, 가전제품, IT 기기, 자동차, 선박 및 화학 분야의 글로벌 리더로 세계 시장에서 활약하고 있다.

4.2.3 역동적인 민주주의

한국은 경제발전과 민주화를 동시에 이룬 몇 안 되는 국가이다.[533] 일본은 의회 민주주의 국가이지만, 19세기 말에서 20세기 초에 진행된 산업화 이후, 제2차 세계대전 이후에 미국의 강력한 영향력 아래 민주적 통치 체제가 확립되었다. 몽골 역시 선거에 기반한 대의민주주의를 시행하고 있지만, 경제적으로는 여전히 개발도상국이다. 반면, 중국, 북한, 러시아는 자유민주주의 국가라기보다는 권위주의 정권으로 간주된다. 한국은 급속한 경제발전을 이루는 과정에서 권위주의 정권이 통치했다. 1961년 군사 쿠데타를 통해 권력을 장악한 박정희는 1963년 선거에서 대한민국 대통령으로 선출되었지만, 1972년 비상개헌을 통해 대통령 직선제를 폐지하고 국민의 투표권을 제한했다.[534] 또한 1960년 4월 혁명으로 축출된 전임 이승만 정권 역시 위법한 헌법 개정과 부정선거를 통해 민주주의를 심각하게 훼손했다.[535]

한국이 민주주의로 가는 길은 험난했다. 대한민국 최초의 공화국(1948~1960)은 미국식 대통령제를 채택했으나, 민주주의가 사회에 굳건히 확립되지 못하였다. 이는 한국의 역사적 전통과 외부적 영향에서 그 원인을 찾을 수 있다. 수세기 동안 한국은 수직적 위계질서를 기본으로 하는 유교 전통을 강조했고, 이는 권위에 대한 복종을 사회적 규범으로 만들었다. 또한 일본의 식민지 통치는 교육과 불복종에 대한 가혹한 처벌을 통해 한국인들에게 권위에 대한 복종의 의무를 주입시켰다. 일제강점기 동안 한국인들은 언론, 결사, 출판, 집회의 자유를 박탈당했으며, 이는 민주적 통치의 핵심 원칙에 반하는 것이었다.[536] 이러한 억압적 환경은 시민들의 자발적 정치 참여와 반론의 공간을 최소화했으며, 독립 후 한국 사회에서 민주주의적 사고와 관행이 정착되는 데 장애가 되었다.

대한민국 제1공화국 헌법은 기본적 시민의 권리를 인정했지만, 초대 대통령 이승만 정권은 이를 훼손했다. 이승만 정권은 법 절차를 위반하여 헌법을 개정했으며, 대표적인 사례로 1954년 헌법 개정안이 있다. 당시 헌법 개정안은 필요한 의결 정족수를 충족하지 못했음에도 강행되었다. 이승만 정권은 경찰과 폭력배를 동원해 반대파를 탄압하고, 전국적인 선거 부정을 저지르면서 권력을 유지하려 했다. 그러나 이러한 정치적 억압 속에서 정권은 경제발전과 빈곤 퇴치에도 실패하여 국민의 불만을 초래했다.[537] 1960년 3월, 부정선거가 자행되자 학생들은 이에 항의하는 시위를 벌였다. 경찰의 무자비한 진압으로 인해 다수의 사상자가 발생하며, 이는 전국적인 국민적 분노로 이어졌다. 학생 시위는 전국적으로 확대되었고, 마침내 1960년 4월 혁명으로 발전했다. 이 혁명은 이승만 정권을 축출하며 한국 민주주의의 새로운 전환점을 마련했다.[538]

한국의 4월 혁명은 제2차 세계대전 이후 신생 독립국에서 권위주의 정권을 종식시킨 최초의 혁명이었다. 이 혁명은 전 세계에서 자유를 추구하는 사람들을 고무했으며, 이후 1989년 천안문 광장에서 열린 중국 학생 시위를 포함하여 전후 학생운동의 시작을 알리는 상징적인 사건으로 평가받고 있다.[539] 1960년 4월 혁명 이후 수립된 제2공화국은 민주 정권이었으나, 정치적 불안정과 경제적 어려움 속에서 오래 지속되지 못했다. 1961년 5월, 박정희 장군은 반정부 쿠데타를 일으켜 군사정부를 수립했다.[540] 박정희는 민정 복원을 약속했으나, 이후 대통령 선거에 출마함으로써 이 약속을 어겼다. 그는 1963년 선거에서 대한민국 대통령으로 선출되었고, 이를 통해 제3공화국(1963~1972)이 시작되었다. 제3공화국은 민주헌법을 채택했으나, 박정희 대통령은 정권 연장을 위해 1969년 대통령의 3선을 가능하게 하는 헌법 개정을 추진했다.[541] 이 과정에서 국가의 정보기관인 중앙정보부가 동원되어 반대파를 탄압하고 권위주의 통치가 강화되었다.[542]

박정희는 1972년, 기존 헌법을 정지시키고, 언론의 자유와 시민의 투표권을 제한하는 이른바 "10월 유신"이라 불리는 비상개헌을 실시했다.[543] 박정희 정부는 이러한 헌법 개정을 정당화 사유로, 1973년 미국의 베트남 철수와 뒤이은 북베트남의 공산주의 승리로 나타난 불안정한 국제 환경을 언급했다. 박정희 정권의 논리에 따르면, 이러한 국제 정세의 변화는 국가를 보호하고 경제발전을 차질 없이 추진하기 위해 대통령 권한을 강화해야 할 필요성을 정당화했다. 그러나 많은 한국인은 이에 동의하지 않았고, 이후에 이어진 언론 통제와 시민 자유의 제한, 그리고 이른바 "긴급 조치"와 같은 억압적인 정책을 반대하면서 정부에 저항했다.[544] 박정희 정부는 워싱턴과의 관계에서도 갈등을 겪었다. 특히, 지미 카터 미국 대통령은 박정희 정권의 권위주의 통치에 대해 공개적으로 반대하며, 인권 문제를 지적했다. 이러한 카터 행정부의 태도는 양국 관계에 갈등을 야기했으며, 박정희 정권은 국제적 압박과 국내 반발이라는 이중의 도전에 직면하게 되었다.[545]

1979년, 박정희 대통령이 그의 측근이었던 중앙정보부 부장에 의해 암살되었을 때, 한국은 민주주의를 회복할 기회를 맞았다. 그러나 이러한 기회는 전두환 장군이 주도한 군사 반란으로 무산되었다. 전두환과 그의 동조자들은 권력을 장악하고 정부를 통해 계엄령을 선포했으며,

1980년 5월 광주에서 일어난 시민 항쟁을 폭력적으로 진압했다. 이 과정에서 수천 명의 사상자를 낸 사건은 오늘날 광주민주화운동으로 불린다.[546] 전두환 정권(1980~1987)의 집권 시기 동안 민주화를 요구하는 학생 시위와 시민 저항이 계속되었다. 특히, 1987년 6월에는 경찰의 학생 고문치사 사건에 자극을 받은 학생들과 시민들이 대규모 시위를 벌였다.[547] 이는 권위주의 정권에 대항하는 6월 민주항쟁으로 이어졌고, 국민적 압박에 직면한 전두환 정권은 결국 헌법 개정을 통해 유신헌법이 폐지한 대통령 직선제 부활에 동의했다.[548] 1987년 제정된 헌법 개정안은 한국 민주주의의 새로운 시대를 여는 전환점이 되었으며, 오늘날까지 계속되는 한국 정치제도의 헌법적 구조를 마련했다.[549]

한국의 민주주의는 1987년 제정된 헌법 체계 아래에서 지속적으로 발전해 왔다. 이 헌법에 따라 김영삼, 김대중, 노무현 등 8명의 대통령이 민주적으로 선출되어 군사 정권이 폐지한 지방자치를 복원하는 등, 민주주의를 위해 노력했으며, 민주화 과정은 노동권, 환경, 성 평등, 시민의 권리, 통일 등 광범위한 의제를 옹호하는 시민 사회의 확산을 촉진했다.[550] 한국은 독립적인 사법부의 발전과 함께, 헌법재판소를 설립하여 법치주의를 강화했다.[551] 한국 민주주의의 성취는 국제적인 인정을 받았다. 2022년, 세계인구리뷰(World Population Review, 2022)는 한국을 "완전한 민주주의"로 분류했으며, 이는 "결함 있는 민주주의"로 평가된 미국보다 높은 등급이었다.[552] 또한 세계정의보고서(World Justice Report, 2022)는 한국의 법치주의 순위를 140개국 중 19위로 평가했으며, 이는 미국(26위)과 프랑스(21위)보다도 높은 순위였다.[553]

최근 한국 정치는 2017년 18대 대통령 박근혜가 탄핵으로 파면되고, 2018년 17대 대통령 이명박이 유죄 판결을 받고 수감되었으며, 최근에는 윤석열 현직 대통령이 불법 계엄으로 인해 탄핵을 당하고 내란죄 혐의로 기소되는 등 위기 상황을 겪었다. 이러한 사건들은 한국 민주주의와 법치주의의 약점이라기보다는 강점으로 볼 수 있다. 이는 한국에서 대통령과 같은 최고 권력자도 법과 제도에 의해 심판받을 수 있음을 보여주는 사례이다. 그러나 한편으로는 대통령의 잦은 탄핵, 전·현직 대통령의 형사소추와 구속, 그리고 이로 인한 대규모 시위와 최근의 법원 폭동 사태는 한국의 정치적 안정성과 미래에 대한 우려를 낳고 있다.[554] 제도적 민주주의의 발전과 더불어 사회적 관용과 인내, 그리고 다양성에 대한 존중을 모토로 하는 시민 의식의 중요성이 부각되었다.

4.3 갈림길에 선 한국: 도전과 전망

4.3.1 경제적 도전

30년 이상 성공적으로 경제를 발전시킨 한국은 1997년 경제 위기에 직면했다. 한국은 경제발전 과정에서 1973년과 1979년의 석유 파동과 같은 여러 도전을 겪어왔지만,[555] 1997년의 위기는 전례 없는 심각한 위협이었다. 이 위기의 주요 원인은 한국 주요 기업들의 과도한 차입이었다. 급속한 경제발전 과정에서 한국 기업들은 성장을 목표로 공격적인 투자를 단행했으며, 필요한 재원을 확보하기 위해 은행으로부터 과도한 차입에 의존했다.[556] 그러나 1990년대, 금융 비용을 견디지 못한 일부 기업들이 마침내 파산하기 시작했다. 당시 정부는 경제에 대한 개입을 줄이는 정책을 추진하며 이들 기업을 공적 자금을 투입하여 구제하지 않았다. 이로 인해 한국 기업들의 생존 가능성에 대한 신뢰를 잃은 외국 은행들은 대출 연장을 거부했다.[557] 그 결과 한국은 심각한 외환 부족에 직면했고, 이는 1997년 금융위기로 이어졌다.[558] 또한 한국 정부는 정치적 이유로 한국 화폐의 가치를 높게 유지하는 잘못된 정책을 채택했다. 이러한 정책은 한국의 수출 경쟁력을 약화시켰으며, 1996년에는 230억 달러에 달하는 대규모 무역 적자를 초래했다. 이로 인해 한국 경제는 더욱 약화되었고, 위기는 한층 심화되었다.[559]

정부는 이 위기를 해결하지 못하고 1997년 11월 국제통화기금(IMF)에 구제금융을 요청했다. IMF는 구제금융을 공여하는 대가로 한국 경제정책에 신자유주의적 변화를 요구했으며, 이는 경제에서 국가의 역할을 당초 계획보다 더 축소시키는 결과를 가져왔다. IMF는 또한 부채를 줄이기 위해 급격한 금리 인상을 포함한 엄격한 긴축 조치를 요구했다.[560] 한국은 국가 부도를 피하기 위해, 예상되는 부작용에도 불구하고 IMF의 요구를 수용하지 않을 수 없었다. IMF의 요구는 한국이 수십 년 동안 지속해 온 경제 관리 방식과 관행에 맞지 않았다. 많은 한국 기업들은 단기 대출을 통해 필요한 재원을 충당하며 운영되어 왔으나, IMF가 제시한 긴축 조치는 이러한 운영 방식을 크게 제한했다. IMF의 요구를 수용한 결과, 경제적 대혼란이 일어났다. 3천 개 이상의 기업이 도산했고, 수백만 명이 일자리를 잃었다. 그러나 원/달러 환율이 상승하여 수출이 급격히 확대되면서 한국은 위기 발발 후 불과 1년 만에 상당 부분 경제를 회복할 수 있었다.[561] 한국 경제는 비교적 빠르게 회복했지만, 위기를 극복하는 과정에서 심각한 타격을 입었고 그 여파는 여전히 남아 있다. 금리 인상, 투자 축소, 이로 인한 경제성장 둔화 등의 문제가 발생하면서 한국의 성장률은 금융위기 이전 수준으로 회복되지 못했다.[562]

한국 경제의 또 다른 구조적 도전은 1997년 금융위기를 견뎌낸 소수의 대기업, 즉 재벌에 대한 과도한 의존이다.[563] 2021년 기준으로, 삼성, SK, 현대, LG, 롯데, 한화, GS 등 상위 10개 대기업의 매출은 한국 GDP의 58.3%에 해당한다.[564] 특히 삼성전자는 단일 기업으로 2021년 한국 GDP의 18.4%에 해당하는 매출을 기록했다.[565] 정부는 1960년대 이후 경제발전과 산업화를 촉진하기 위해 감세, 정책대출, 대출 보증,

수출 지원을 위한 환율 우대 정책, 수입 통제 등 다양한 수단으로 재벌의 성장을 지원해왔다. 그러나 이러한 재벌 중심의 경제 구조는 경제주체들 간 소득 격차를 확대시켰다. 이는 지니계수가 1990년대 0.28~0.29에서 2010년대 0.33~0.38로 악화한 데서 확인할 수 있다 (지니계수가 낮을수록 소득분배가 균등하다).[566] 또한 재벌 대기업의 매출이 한국 경제에서 차지하는 비중은 매우 크지만, 고용에 대한 기여도는 상대적으로 미미하다. 2021년 기준, 이들 재벌 대기업의 고용은 한국 전체 고용의 3.8%에 불과했다. 한국 경제는 소수 대기업의 성과가 국가 경제에 중대한 영향을 미치는 구조적 취약성을 안고 있다.

한국 경제는 소수의 대기업과 다수의 중소기업 간 생산성 격차가 커지면서 또 다른 구조적 문제에 직면하고 있다. 중소기업의 노동생산성은 1988년 대기업의 53.8%였으나, 이후 30% 이하로 격차가 벌어졌다.[567] 중소기업은 전체 기업의 99.9%를 차지하고 전체 고용의 81.3%를 담당하지만,[568] 낮은 생산성으로 인해 여러 사회적, 경제적 문제가 발생하고 있다. 중소기업의 낮은 생산성은 청년층 고용 기회의 감소, 소득 격차의 확대, 경제성장 둔화로 이어지고 있다.[569] 중소기업의 낮은 생산성으로 인해 상대적으로 처우가 부족해지고, 이 때문에 청년들은 중소기업 취직을 선호하지 않게 되어 중소기업들의 구인난을 가중시켰다. 이에 대응하기 위해 정부는 공적자금과 신용보증을 통해 중소기업을 지원해왔다. 이러한 지원 규모는 2016년 기준으로 GDP의 3.8%에 달했고, 이는 OECD 국가 중 두 번째로 큰 수준이었다.[570] 막대한 지원 규모는 계속 유지되고 있으며, 2024년 중소벤처기업부의 지원 예산 14조 5천억과 2022년 기준 신용보증기금 보증 잔액 77조 원, 기술보증기금 보증 잔액 47조 원이 중소기업 지원을 위해 쓰였다.

그러나 중소기업 지원을 위한 정부 정책은 일관성이 부족하고 비효율적이라는 비판을 받고 있다.[571] 현 정책은 시장에서 우수한 성과를 내거나 높은 잠재력을 지닌 중소기업의 성장을 촉진하기보다는, 전체적으로 다수의 중소기업을 보호하는 데 초점이 맞춰져 있다.[572] 이는 중소기업이 사회적 약자라는 정서와 밀접하게 연결되어 있으며, 이러한 인식은 중소기업 지원 정책이 정치적 보호를 받는 중요한 배경이 되고 있다. 반면, 대기업은 엄격한 정부 규제의 적용을 받고 있으므로,[573] 일부 기업들은 중소기업 지원을 지속적으로 받고 대기업 규제를 피할 수 있도록, 기업 규모를 의도적으로 제한하여 대기업으로 성장하지 않는 경향도 보인다. 이러한 현상은 중소기업의 성장 인센티브를 약화시키고, 한국 경제의 구조적 문제를 더욱 고착화하고 있다.[574]

또한 약화되고 있는 WTO 다자무역체제는 경제를 수출에 의존하는 한국에 심각한 문제이다. 중국과 미국 간 글로벌 경쟁과 무역 분쟁이 심화됨에 따라 한국은 어려운 상황에 처해 있다. 한국은 최대 수출 시장인 중국을 포기할 수 없지만, 칩4 동맹 등 대중국 공급망에 동참하라는 미국의 압박도 무시할 수 없다.[575] 바이든 행정부는 반도체, 전기차, 배터리 등 전략적으로 중요한 제품의 미국 내 생산을 촉진하는 방침을 발표했다.[576] 이들 제품은 한국의 주요 수출 품목이다. 한국 제조업체들은 국내 투자를 희생하면서 미국 시장을 확보하기 위해 미국에 제조 공장을 건설해야 하는 압박을 받고 있다. 문재인 전 대통령의 고문이었던 문정인 교수는 한국의 자본과 기술이 미국으로 지나치게 이전되면, 한국의 첨단 기술 산업을 "공동화"시킬 수 있다는 우려를 밝혔다.[577]

미국은 반도체 등 전략 품목의 국내 생산을 촉진하기 위해 막대한 액수의 보조금을 지급하고 있는데, 특정 상품의 생산에 대한 세금 감면과 보조금 공여는 국제통상법을 위반할 소지가 있다.[578] WTO 보조금 협정은 국제 무역에 부정적인 영향을 줄 수 있는 보조금에 대해 제재를 가할 수 있도록 규정하고 있으며, 미국의 보조금 지급은 해당 상품을 수출하는 다른 WTO 회원국의 경쟁 산업에 부정적인 영향을 줄 수 있기 때문이다.[579] 국제통상법 위반 문제는 WTO 분쟁 해결 절차에 회부된다. 그러나 미국이 2017년 이후 상소기구의 재판관 역할을 하는 WTO 상소기구 위원의 임명과 재임명에 동의하지 않아 WTO 상소 절차가 기능을 상실했기 때문에, 이러한 국제통상법 위반 사례에 대해 WTO가 효과적인 구제 조치를 하기 어려운 상황이다.[580]

특히 2025년 4월 미국이 거의 모든 수입품에 부과한 10% '보편관세' 및 철강과 알루미늄, 자동차에 부과한 25% 관세는 한국에도 적용되어 한국의 대미 수출에 심각한 영향을 미치게 되었다.[581] 미국은 이에 그치지 않고 한국과의 협상을 전제로 25% '상호관세'를 부과할 수 있다고 선언하여 한국의 경제적 어려움은 더욱 가중될 전망이다.[582] 미국이 한국의 수출품에 부과한 이들 관세들은 한미 FTA 무관세 조항 및 WTO 규정을 위반하는 조치이지만 한미 FTA나 상소기구가 무력화 된 WTO 분쟁해결 절차를 통해 관세 문제가 해결될 전망은 극히 희박하다. 미국과의 협상 또한 막대한 방위분담금 요구 등 한국으로서는 쉽게 수용하기 어려운 요구들이 제기될 가능성이 높아 그 전망은 불투명하다.

4.3.2 정치적 도전

한국은 또한 정치적 도전에 직면해 있다. 그중 하나는 친자본주의 성향의 반공적인 보수집단(소위 보수우파)과 경제적 평등, 노동권, 남북한의 화해와 통일과 같은 사회적 대의에 더 공감하는 진보집단(진보좌파) 간의 수십 년에 걸친 대립이다.[583] 어느 나라에서나 보수파와 진보파에 의한 정치적 분열과 대립은 드문 일은 아니다.[584] 그러나 한국에서는 각각 수백만의 극렬지지자들을 가지고 있는 두 진영 간의 대립과 불신이 정치에 깊은 영향을 주고 있어 공동의 국가목표를 이루기 위한 초당적 협력의 가능성이 낮아지고 있다.[585] 이러한 대립적 양극화가 한국에 국한된 것은 아니지만,[586] 한국 정치의 분열적 대립은 더욱 심각하고, 양 진영의 강경파는 상대 진영을 향해 과거 한국을 억압했던 외세의 편을 든다고 비판해왔다(진보진영은 보수진영을 친일파라고 비판하고, 보수진영은 진보진영을 친중파라고 공격한다).[587]

한국 사회의 또 다른 정치적 도전은 1980년대 후반에 시작된 정치적 민주화에도 불구하고 나이와 사회적 지위에 따른 위계질서를 강조하는 유교적 질서가 여전히 지속되고 있다는 점이다. 최근 한국 정치의 전개는 이러한 문제를 잘 보여준다. 2021년 6월, 한국 최대 야당이었던 보수정당 국민의힘은 당시 36세였던 이준석을 한국 역사상 최연소 주요 정당 대표로 선출했다.[588] 새로 당 대표에 취임한 이준석은 당 개혁 작업에 착수했으며, 공개경쟁을 통해 당 대변인을 선출하고, 지방 공직 후보자에 대한 자격시험을 도입하는 등 일련의 개혁 정책을 추진했다.[589] 개인의 능력을 우선시하는 이준석 대표의 개혁 정책은 보수정당을 지지한 적이 없던 20~30대 젊은 세대의 지지를 얻었다. 그 결과, 2022년 3월 대통령 선거와 2022년 6월 지방선거에서 국민의힘은 승리를 거두었다.[590] 이는 2017년 박근혜 전 대통령 탄핵 이후 한 번도 전국 단위 선거에서 승리하지 못했던 국민의힘이 젊은 당 대표의 활약으로 반전을 이룬 사례로 기록되었다.

그러나 젊은 이준석이 당 대표에 취임한 직후, 당의 오랜 기득권층은 그의 어법이나 스타일 같은 모호한 이유로 공격과 비판을 시작했다. 한국 언론은 이준석의 국민의힘 대표직 당선이 한국 정치를 새로운 시대로 이끌 계기라고 묘사했지만,[591] 그를 비판하는 기득권 상당수는 그가 대통령 선거를 포함한 두 차례 주요 선거에서 승리한 업적에도 불구하고, 자신들보다 연소하고 직설적인 당 대표를 심리적으로 수용하지 못하는 모습을 보였다. 또한 이들은 이준석 대표의 당내 개혁에 대한 우려를 가지고 있었으며, 권력의 중심에 선 새 대통령이 이준석에게 반감을 가지고 있다는 사실을 인지하고 있었다. 2022년 6월 지방선거 직후, 당내에서 이준석 대표에 대한 정치적 공격이 본격화되었고, 2022년 7월에는 당 윤리위원회가 이준석 대표의 당원 자격을 6개월간 정지하기로 결정했다.[592] 윤리위원회는 위원장을 당 대표가 임명하는 구조였기에, 선출직 당 대표를 징계할 권한이 있는지는 명확하지 않았다. 그런데도, 윤리위원회의 전례 없는 결정은 이준석 대표가 성 접대 의혹에 대한 증거를 '은폐'하려 했다는 입증되지 않은 주장을 근거로 이루어졌다.[593] 이후, 당의 주류들은 비상대책위원회를 구성하여 직무가 정지된 당 대표를 축출하기 위한 작업을 진행했다.[594]

이준석 대표가 집권당 지도부에서 축출된 과정은 민주적 정당성과 절차적 정의에 대한 의문을 갖게 한다. 이는 한국이 공식적으로 민주주의 체제와 법치주의를 채택하고 있음에도 불구하고, 이러한 원칙들이 실제로 한국 사회의 운영 원리로 작동하는지에 대한 근본적인 의문을 제기한다.[595] 또한 이준석 대표와 당 기득권층 간의 갈등은 한국의 세대 간 문화 차이에서 비롯된 측면도 있다. 젊은 세대는 지도자에 대한 무조건적인 충성, 예의와 같은 외형적인 요소를 본질보다 중시하는 태도, 그리고 나이와 사회적 지위에 따른 차별적 대우와 같은 오래된 유교적 질서를 선호하지 않는다.[596] 이준석 대표가 당대표직에서 축출된 이후 실망한 많은 젊은 지지자들은 윤석열 대통령에 대한 지지를 철회하거나 중단했다. 그 결과, 2022년 윤석열 대통령은 취임 첫해를 맞는 대통령으로서 역사상 가장 낮은 수준인 20%대 지지율을 기록했다.[597]

이준석 대표가 없는 국민의힘은 대통령의 잘못된 정책과 결정을 효과적으로 견제하지 못했고, 그 결과 윤석열 대통령은 정치적 파국을 맞았다. 젊은 세대의 지지를 잃은 윤 대통령은 영향력 있는 역할을 수행하기 위해 필요한 다수 지지를 확보하지 못했다. 이로 인해 그는 노동 개혁과 같은 주요 국내 개혁을 달성하지 못했다. 오히려 윤 대통령은 의대 정원을 두 배로 늘리겠다는 급진적인 정책을 발표하여 의료계의 강한 반발을 초래했다. 이로 인해 전공의들이 대거 병원을 떠나는 의료 대란이 발생하며 혼란이 가중되었다.[598] 2024년에 치러진 총선에서 국민의힘은 대패하며 전체 의석의 3분의 2에 가까운 의석을 야당에 내주어야 했다.[599] 이후 국정은 원활히 수행되지 못했고 여야 간 대치 상태가 지속되었다. 여당이 반대하는 가운데 야당의 입법 독주가 계속되었고 윤석열 대통령은 2022년부터 2024년 9월까지 21회에 달하는 법안 거부권을 행사하였다.

집권 세력에게 불리한 정치 환경 속에서, 2024년 12월, 윤 대통령은 정국을 장악하고 반전을 시도하기 위해 비상계엄을 선포했으나, 국회의 신속한 반대 결의로 인해 선포 후 2시간 만에 철회되었다.[600] 그 이후, 윤석열 대통령은 국회에 의해 탄핵 소추되었으며, 고위공직자범죄수사처(공수처)에 의해 내란 혐의로 체포되고 구속되었다.[601] 이후 4월 헌법재판소의 판결에 의해 탄핵이 확정되었다.[602]

윤 대통령은 계엄 선포의 이유로 정부 고위 인사들에 대한 야당의 잦은 탄핵소추(총 29건) 발의와 여야 협의 없는 일방적인 예산 삭감으로 인해 국정에 심각한 혼란이 초래되었음을 강조하였다. 이러한 이유의 정당성 여부를 떠나, 한국 정치 구조상 국회에서 여야 협치가 원활하지 않고, 야당이 다수당이 되는 경우 정부의 국정 운영에 심각한 장애가 발생하는 것은 한국 정치의 구조적인 문제로 지적된다. 내치가 난항을 겪는 상황에서, 한국이 역내에서 효과적인 외교 정책을 수행하기는 어려울 것이다.

마지막으로, 포퓰리즘과 팬덤 정치의 만연은 한국에 또 다른 정치적 도전으로 대두되고 있다. 포퓰리즘 정책은 한국뿐만 아니라 세계 여러 나라에서 문제로 대두되고 있다. 예를 들어, 트럼프 행정부와 바이든 행정부는 코로나19 팬데믹 기간에 대규모 현금 지출을 단행했고, 그

결과 수십 년 만에 가장 높은 인플레이션을 초래했다.[603] 한국에서는
영향력 있는 정치인을 중심으로 보수와 진보 진영 모두에서 거대한
팬덤이 형성되었다. 이로 인해 정치 지도자들은 국가적 이익보다는
자신의 팬덤을 만족시키기 위한 비생산적이고 국가 재정에 부담을
주는 현금 지출과 같은 정책을 채택하는 경향을 보이고 있다.[604] 그러나
팬덤 정치는 민주주의가 본래의 기능을 제대로 수행하시 못하도록
한다. 팬덤이 정치적 반대자를 향해 벌이는 맹렬한 공격은 정치 환경을
악화시키며, 정파를 초월한 신중한 숙의와 협력보다는 공격과 반격을
즐기고 조장하는 정치 문화를 형성한다.[605] 포퓰리즘과 팬덤 정치에
의해 지배되는 정치 과정은 당파적 대립을 심화시키고, 국가 재정을
낭비하며, 사회가 직면한 복잡한 문제에 대한 효과적인 해결책을 제공하
지 못할 가능성이 높다.[606]

4.3.3 통일 문제

한반도의 분단과 남북한 사이의 지속적인 갈등은 동북아시아의 지속
가능한 평화에 가장 심각한 위협으로 남아 있다. 이러한 위험은 한반도의
많은 지역을 파괴하고 수백만 명의 인명 피해가 발생한 한국전쟁의
발발로 증명되었다. 전쟁 이후에도 주로 북한이 자행한 수백 차례의
군사 작전, 교전, 침투로 인해 수백 명의 사망자가 발생했으며,[607] 북한은
남한과의 대결 과정에서 수천 명을 납치했다.[608] 앞서 언급했듯이, 미국은
북한의 침략으로부터 한국을 방어하기 위해 한국에 최대 규모의 군사기
지를 유지하고 있다.[609] 2022년 10월 9일, 북한은 한미 합동 군사 훈련에
대응하여 150대의 군용기를 출격시켰다고 발표하며, 어떠한 위협에도
군사적으로 대응하겠다는 결의를 표명했다.[610] 2022년 한 해 동안 북한은
90기 이상의 순항 및 탄도미사일을 발사했으며, 일부 미사일은 핵탄두를

운반할 수 있는 능력을 갖추고 무력 과시를 이어갔다.[611] 2018년 남북한 정상회담과 2019년 북미 정상회담에도 불구하고, 한반도의 긴장을 완화하고 전쟁 위험을 감소시키지 못하였다.

그러나 남북 관계가 단순히 대결에만 국한된 것은 아니었다. 1971년 제1차 남북대화 이래, 양국 정부는 대화를 지속해 왔으며, 그 결과 수차례의 정치적 합의가 있었고, 분단으로 헤어진 이산가족 상봉과 스포츠 및 문화 교류가 이루어졌으며, 남한은 경제적 원조를 제공했다. 남북한이 1991년 동시에 유엔 정회원국이 된 것도 평화로운 한반도를 향한 중요한 진전으로 평가할 수 있다.[612] 그러나 이러한 노력에도 불구하고 남북한은 평화체제를 구축하는 데 실패했다. 이 실패의 가장 중요한 원인은 남한을 적화통일하려는 북한의 지속적인 야망이었다. 한국전쟁의 실패에도 불구하고, 북한 지도자 김일성은 남침 계획을 포기하지 않았다. 김일성은 1965년에 남한 침공을 준비했으며,[613] 1968년에는 남한 대통령을 암살하기 위해 특공대를 파견했다.[614] 1980년대 이후 남북한 간 경제적, 군사적 격차가 증가하고, 강력하게 유지되는 한미 군사동맹으로 인해 북한의 남한 점령은 실현이 어려운 목표가 되었다. 그런데도 북한 지도자는 2014년에 한반도 통일을 위해 "통일 대전"을 벌이겠다고 위협했다.[615]

핵을 보유한 북한의 위협은 여전히 지속되고 있다. 한반도의 평화통일 이야말로 이러한 모든 위협을 근본적으로 제거할 수 있는 최선의 방법이다. 만약 통일이 이루어지지 않는다면, 북한의 핵 위협은 언젠가 한반도를 넘어서는 전면전으로 발전할 가능성을 배제할 수 없다. 실제로 한국전쟁 당시 맥아더 장군은 중국에 대한 핵 공격을 제안하여 실제 핵전쟁 발발의 위험이 있었다.[616] 2023년 말 북한의 태도가 변화하기 전까지, 한반도의 통일은 남북한이 공유하는 공통의 국가적 목표였다. 남북한 헌법은 모두 이러한 목표를 명시하고 있었으며,[617] 양국 정부도 평화적 수단에 의한 통일을 추구하기로 합의했다. 1972년 7월 4일, 남북한은 공동성명을 발표하여 통일의 목표와 원칙을 제시했다.[618] 통일은 "외세에 의존하지 않고 외세의 간섭도 없이 자주적으로", "평화적인 수단으로 서로에 대한 무력 사용에 의존하지 않고" 실현되어야 한다고 명시했다. 또한 "사상, 이데올로기, 제도의 차이를 초월한 위대한 민족 통합"을 추구해야 한다고 강조했다.[619] 1991년에 체결된 남북기본합의서 역시 이러한 원칙을 천명하며, 남북 관계를 "통일 과정에서 비롯된 특별한 잠정관계"로 규정하고 있다.[620]

양국 정부는 통일을 위한 보다 구체적인 방안도 제시했다. 1994년, 한국은 자유민주주의와 시장경제에 기초한 단일 국가 모델을 제안하며, 이를 다음의 세 단계를 통해 실현해야 한다고 밝혔다: (1) 화해와 협력의 첫 번째 단계 (2) 한반도 두 국가가 연합을 이루는 두 번째 단계 (3) 하나의 국가로서 완전한 통일을 이루는 세 번째 단계.[621] 이에 반해 북한은 보다 느슨한 형태의 통일 방안을 선호하며, 통일 후에도 각각의 국가를 유지하면서 두 개의 국가로 구성된 연방 체제를 창설할 것을 제안했다.[622] 남한이 제안한 단일 국가 모델은 2024년 기준 남한의 인구 (5,171만 명)가 북한의 인구(약 2,578만 명)보다 훨씬 많다는 점에서 남한에 유리한 것으로 간주될 수 있다. 반면, 북한이 제안한 모델은 통일 이후에도 북한 정권의 지속적인 유지에 도움이 될 가능성이 높았다.

통일을 향한 여러 선언과 합의, 제안에도 불구하고 한반도 통일의 실현 가능성은 여전히 불투명하다. 1972년의 공동성명 이후 50년이 지났지만, 남북한은 화해와 협력을 향한 첫 단계를 시작하지 못했다. 북한을 방문한 사람은 소수에 불과하며,[623] 남북한 사이에 정기적인 교류가 없기 때문에 남한을 방문한 북한 주민은 더욱 드물다. 두 나라 간에는 세계에서 가장 경비가 삼엄한 휴전선을 유지하고 있으며, 남북 간 정기적인 왕래는 전혀 이루어지지 않는다. 남북 관계는 대립과 화해 사이에서 산발적인 변화를 보이는 것이 특징이다. 일부 합의나 회담으로 잠시 이어지는 화해의 시기는 갑작스러운 불만과 적대감의 폭발로 막을 내리는 경우가 많다. 예를 들어, 2020년에는 남한 민간인들이 전단과 소량의 현금을 담은 풍선을 북한으로 날리는 행위에 대해 북한이 남한 정부의 대응에 불만을 표하며 남북연락사무소를 폭파하는 사건이 발생했다.[624] 북한 정권이 이처럼 변덕스럽게 행동하며 일시적이나마 지속된 평화를 반드시 흔드는 이유가 있다. 북한 지도부의 관점에서, 한반도의 평화적 통일은 한반도 전체에 대한 남한의 경제적 지배를 초래할 가능성이 높고, 이는 북한 주민들에 대한 자신들의 절대적 통제력을 약화시킬 것이 거의 확실하기 때문이다.

그러한 가능성은 통일에 대한 북한의 수사적 지지에도 불구하고, 전혀 달갑지 않은 위험으로 인식되었을 것이다. 이러한 우려를 반영하듯 김정은은 2023년 말 기존의 통일 정책을 폐기하며 남북 관계를 "적대적 국가 간 관계"로 공식 규정했다.[625] 이러한 급격한 정책 변경에는 몇 가지 이유를 찾아볼 수 있다. 북한이 남한을 적화통일하는 것이 더 이상 현실적으로 불가능한 상황에서, 남한과의 평화적 통일은 물론 남한과의 접촉과 교류조차도 북한 내부에 풍요롭고 자유로운 남한 사회에 대한 정보를 유입시키는 결과를 초래할 수 있다. 이는 공포와 억압을 기반으로 유지되는 김정은 정권에 결코 도움이 되지 않는다. 따라서 남한과의 적대적 단절이 정권 유지에 가장 유리한 선택이라고 판단했을 가능성이 높다. 김정은이 이러한 맥락에서 통일을 접고 북한을 남한과 분리된 별개의 국가로 규정한 것은, 한국에 의한 흡수통일이나 한국으로부터의 정보 유입을 차단하려는 정권 보장 차원의 정책 변경으로 볼 수 있다. 이는 통일과 관련된 위험 요소를 원천적으로 제거하려는 시도로 해석된다. 그러나 이 급격한 정책 변화를 얼마나 많은 북한 주민들이 수용할 수 있을지 불확실하다. 북한 주민들은 통일을 국가적 목표로 교육받아 왔으며, 김정은의 아버지와 할아버지인 북한의 선대 지도자들 역시 한반도 통일을 강력히 지지해 왔기 때문이다.[626]

비록 이유는 다르지만, 김정은뿐만 아니라 한국인들 역시 통일에 대한 우려를 가지고 있다. 예를 들어, 남북한 사이의 엄청난 경제적 격차로 인해 일부 한국인들은 "통일 비용"에 대한 우려를 공유한다.[627] 통일에 소요되는 예상 비용은 수백억 달러에서 1조 달러 이상으로 다양하게 추산되며,[628] 대부분의 부담은 경제적으로 여유가 있는 남한이 감당해야 할 가능성이 높다. 또한 약 80년간 분리된 남북한 주민들은 비록 같은 민족이라 할지라도 오랫동안 서로 상이한 이념과 문화적 환경에서 살아왔기 때문에 통합 과정에서 상당한 사회적 비용이 예상된다. 이를 반영하듯, 3만 명이 넘는 탈북민 중 상당수가 남한 사회에서 문화적, 경제적 어려움에 직면해 있는 것으로 알려져 있다.[629]

이러한 문제들이 있더라도, 한국의 통일은 한국인의 장기적 생존과 안보를 보장하기 위해 필수적이다. 미국의 공약에도 불구하고, 현재의 한미동맹이 영구히 지속될 것이라는 보장은 없다. 역사적으로, 지미 카터 전 미국 대통령과 도널드 트럼프 미국 대통령 모두 주한미군 철수를 고려한 바 있다.[630] 더욱이, 중국의 막강한 경제력과 군사력, 그리고 아직도 한국보다 약 2.7배 정도의 경제적 규모를 가지고 있는 일본과의 긴장을 감안할 때, 분단된 한국은 본질적으로 취약하며 이러한 상황은 한국인의 장기적인 안보에 도움이 되지 않는다. 분단으로 인한 안보 문제 때문에 한국의 경제·외교 정책에 지속적으로 가해지는 제약도 있다. 통일은 이러한 취약성을 해소하고, 한민족의 지속적인 안전을 보장할 수 있는 유일하고 영구적인 해결책이다.

최근 북한의 입장 변화에도 불구하고, 한반도 통일은 동북아의 지속 가능한 평화를 향한 가장 중요한 진전이 될 것이다. 역사적으로 동북아시아는 한국이 통일되고 강성한 시기에 안정을 유지했다. 앞서 살펴본 바와 같이 단합되고 군사적으로 무장한 고려는 10세기 거란의 침략을 격퇴하고, 거란이 중국을 정복하는 것을 저지함으로써 동북아의 세력 균형을 유지했다.[631] 조선은 16세기 불리한 군사적 상황에서도 일본의 침략으로부터 자국과 동북아시아를 지켰다.[632] 이에 반해 19세기 후반 약화된 한국은 일제의 한반도 점령을 막지 못했고, 일본은 점령된 한반도를 거점으로 삼아 동북아시아와 중국대륙을 침략하여 동북아 대륙 전체가 전쟁의 참화를 겪었다. 평화적으로 통일된 한국은 다시 한번 역내 평화를 유지하는 균형자로서 기능할 것이다. 통일은 한반도의 평화를 위협할 뿐만 아니라 동북아의 정치적, 경제적 안정을 저해하는 현 북한 정권의 핵 위협에 대한 영구적인 해결책이기도 하다.

그러나 유의해야 할 점이 있다. 설사 북한이 통일 과정에 동의한다고 해도 남북이 정치적 자율성을 유지하는 가운데 북한이 공개 처형, 정치범과 그 가족에 대한 강제수용소 수용, 고문과 불법 구금과 같은 심각한 인권 침해 행위를 지속한다면,[633] 남북한이 정치적 통합을 추구할 수 있을지는 의문이다. 인권 의식이 강화된 한국 국민은 이러한 극심한 인권 유린을 지속적으로 자행하는 북한과의 정치적 통합을 용납하지 않을 가능성이 높기 때문이다. 이러한 문제를 감안하여, 1991년에 체결된 남북기본합의서의 개정을 고려해 보아야 한다. 1990년대에는 "내정간섭 금지"(남북기본합의서 제2조) 원칙이 실현 가능했을지 모르나, 21세기에 들어서면서 강화된 국제사회의 인권 의식과 국제적 인권 규범을 고려할 때, 북한의 심각한 인권 침해 문제를 단순히 '내정간섭 금지' 원칙만으로 북한의 심각한 인권 침해 문제에 대한 불개입이나 방관을 정당화하기는 어려울 것이다. 남북한의 통일을 추구하기 위해서는 인권의 중요성을 강조하고, 인권 준수를 의무화하는 새로운 남북 간 협약 체결을 고려할 필요가 있다. 그러나 북한 정권이 자국 내 인권 문제를 인정하고 그러한 협약 체결에 동의할지는 여전히 불확실하다.

제5장

고조되는 우려 : 일본과 주변국 간의 갈등

5.1 일본의 부흥

5.1.1 경제회복 : 제2차 세계대전 패배에서 세계 경제의 주역으로

제2차 세계대전이 끝날 무렵, 일본의 많은 지역이 파괴되었다. 전쟁 중 연합군은 일본 본토를 직접 침공하지 않았지만, 미군의 집중 폭격으로 도시, 마을, 그리고 많은 기반 시설이 파괴되었다. 일본 정부의 전쟁 피해 보고서에 따르면, 일본은 건물과 구조물의 25%, 도시 주택의 33%, 산업 기계의 34%, 상선의 81%, 전신, 전화, 수도 공급의 16%, 전기와 가스 공급의 11%, 철도와 기타 육상 운송 수단의 10%를 잃었다.[634] 또한 200만 명이 넘는 일본인이 전쟁 중에 사망했으며, 생존자들은 식량 부족과 인플레이션으로 고통을 겪었다.[635] 이 전쟁의 파괴로 인해 생산이 급격히 감소했다. 도안 5.1은 1946년 일본의 식량, 섬유, 철강, 기계류 생산량이 전쟁 전에 비해 현저히 감소했음을 보여준다.

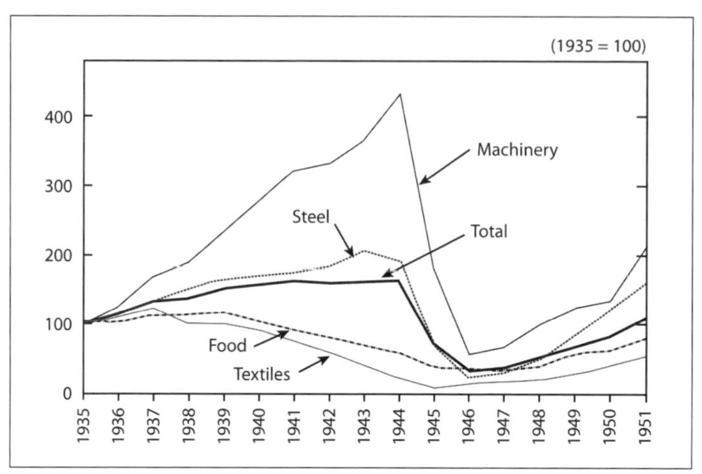

도안 5.1 산업생산지수(일본, 1935~1951년)
(출처 : Management and Coordination Agency, Historical Statistics of Japan, Vol. 2, 1988)

일본 경제는 1946년 이후 점진적으로 회복하기 시작했다. 경제회복을 촉진하기 위해 연합군 최고사령부(SCAP)는 농지개혁을 시행했다. 전쟁 이전, 일본 농민의 약 3분의 2는 농지를 소유하지 않았으며, 지주에게 소작료를 지불하며 농사를 지었다. 연합군 최고사령부의 정책은 농지 소유권을 농민들에게 이전하고 소작제를 개선하는 데 중점을 두었다.[636] 농지개혁으로 소유주가 직접 경작하는 경작지 비율은 1950년에 54%에서 90%로 크게 증가했으나,[637] 소규모 자영농 체제의 한계로 인해 농업 생산에 미친 영향은 제한적이었다.[638]

경제회복의 결정적인 전환점은 1950년 한국전쟁의 발발이었다. 이 전쟁은 한국인들에게는 비극적인 사건이었지만, 일본에는 경제회복의 중요한 기회가 되었다. 제2차 세계대전 이전에 공업화를 이루어 생산 경험을 갖추고 있던 일본은 한반도와의 지리적 근접성으로 인해 유엔군의 주요 보급 기지로 활용되었으며, 보급품 생산을 위해 미국의 막대한 자금이 일본 경제로 유입되었다. 이로 인해 일본의 생산은 전쟁 기간에 약 70%

증가했으며, 1951년에는 5억 9천만 달러, 1952년과 1953년에는 당시 수출의 60~70%에 달하는 8억 달러 이상이 일본에 유입되었다.[639] 이는 일본 경제 부흥의 초석이 되었다. 이러한 전시 호황으로 일본 경제는 1952년, 제2차 세계대전 이전 수준으로 완전히 회복되었다.[640]

일본 경제는 표 5.1에서 볼 수 있듯이 10년마다 2.8배에서 4.8배씩 지속적인 성장을 했다.

표 5.1 일본의 국내총생산 (1960~1995)

연도	GDP(단위 : 십억 달러)
1960	44.3
1970	212.6
1980	1,110
1990	3,130
1995	5,500

출처 : World Bank, GDP (current US$) - Japan.

자본 축적과 노동생산성의 장기적인 증가는 일본 경제성장을 주도한 핵심 요인이었다. 이러한 급속한 성장 덕분에 일본은 1968년에 미국에 이어 세계 2위의 경제 대국이 되었다. 일본의 성공적인 경제성장은 수출의 급격한 증가와 밀접하게 연관되어 있었다. 일본 정부는 세금 감면, 보조금, 금융 특혜, 무역 보호 등의 정책을 통해 국내 생산자를 지원하고 수출을 장려했다. 이를 통해 생산량을 대폭 확대하고, 국제 시장에서 경쟁력을 높였다.[641] 성공적인 수출은 수익을 창출하여 일본 기업과 경제 전반의 성장을 촉진했으며, 이는 다시 수출 증가로 이어지는 선순환을 이루었다. 일본의 수출은 표 5.2에서 확인할 수 있듯이 급속히 증가하여 세계 경제에서 중요한 위치를 차지했다.

도요타, 소니, 미쓰비시, 히타치, 도시바 등 일본의 주요 기업들은 전자, 자동차, 선박, 기계, 화학, 가공 소재, 기계 부품 등 다양한 주요 제품 분야에서 두각을 나타내며 수출을 주도했다. 이들 기업은 혁신적인

연도	1970	1980	1990	2000
단위(미화 10억 달러)	22	145.1	320.2	519.9

출처 : World Bank, Exports of goods and services (current US$) - Japan.

기술 개발과 높은 품질의 제품으로 세계 시장을 선도하며 일본 경제성장의 중심축 역할을 했다. 1985년 플라자 합의 이후, 일본 엔화/달러 환율이 급격히 하락하면서 일본 경제는 중요한 전환점을 맞았다. 엔화의 가치 상승으로 인해 일본 제품의 국제경쟁력이 약화되었고, 이에 따라 일본 경제의 초점은 점차 수출 중심에서 국내 시장으로 옮겨갔다.[642] 1990년대 일본의 경제는 최정점에 도달하였는데, 1995년 일본의 1인당 GDP는 세계 최고 수준으로 당시 미국보다도 50% 이상 높았다.[643] 또한 당시 세계 10대 기업 중 6개가 일본 기업일 정도로 일본은 경제적으로 전례 없는 성공을 거두었다.[644]

일본 정부는 일본 경제발전에 핵심적인 역할을 수행했다. 연합군 최고사령부(SCAP)는 전쟁을 지원하던 일본의 재벌("자이바츠")을 해체함으로써 비무장화되고 민주화된 일본에 부합하는 경제 개혁을 계획했다. 그러나 일본은 이후 수십 년 동안 정부 주도의 경제개발 정책을 통해 경제성장을 이끌었다. 1945년부터 1960년까지의 전후 재건 기간에 일본 정부는 가격 및 배급 통제와 철강, 석탄 등 특정 핵심 자재에 대한 우선 생산 정책을 통해 민간 부문의 경제 활동을 직접적으로 규제했다.[645] 1960년부터 1973년까지는 일본 경제가 고도성장기를 맞이하며, 정부는 세제 혜택, 보조금, 특혜 금융, 무역 보호와 같은 산업 촉진 정책을 통해 철강, 자동차, 전자산업 같은 기간산업을 집중적으로 지원했다.[646] 1973년부터 1990년대 사이, 일본 정부는 산업 정책의 방향을 직접적인 규제에서 간접적이고 유연한 접근으로 전환했다. 이로 인해 민간 부문의 자율성이 강화되었지만, 통상산업성(MITI)과 재무성 등 주요 정부 부처는 여전히 일본 경제에 영향력을 행사했다. 정부는 "행정 지도"를 통해 기업에 정책 방향을 제시하고, 산업 간 협력을 촉진했다.[647]

정부의 산업 정책이 경제적 성공의 유일한 이유는 아니었다.[648] 일본은 교육받은 노동력, 높은 저축률과 투자율, 그리고 외국 기술을 효과적으로 도입하고 채택할 수 있는 능력 등 경제발전에 필요한 조건을 갖추고 있었다.[649] 반면, 제약 조건들도 있었는데, 천연자원의 부족과 제한된 농지 면적으로 인한 만성적인 식량 부족, 그리고 제2차 세계대전 패배로 인한 전쟁의 트라우마를 들 수 있다. 그러나 일본은 끊임없는 혁신과 지속적인 노력으로 세계 최고 수준의 제조 역량을 갖추었으며, 이러한 제약을 성공적으로 극복했다. 그 결과, 전자제품, 자동차, 선박 등 주요 산업에서 세계 시장을 주도하게 되었다. 결과적으로, 일본의 전후 경제적 성공은 세계 시장에서 거둔 성공과 깊은 연관이 있다. 일본의 수출 주도형 경제개발은 한국, 대만, 홍콩, 싱가포르, 중국 등 다른 성공적인 동아시아 경제에서도 유사하게 찾아볼 수 있다.

1990년대 중반 이후 일본 경제는 장기 침체에 접어들었다. 1990년대 초반 부동산 버블 붕괴로 인한 경제적 충격과, 민간 소비를 위축시킨 1997년 소비세 인상 등의 정책 실패로 인해 일본은 수년간 마이너스 성장을 경험하며, 전후 성장과 번영의 시기가 막을 내렸다.[650] 이 시기 일본은 금융위기를 겪으며 은행들은 대규모 부실채권 문제에 직면했다.[651] 그러나 일본 정부는 정치적 이유로 필요한 금융 개혁을 제대로 단행하지 못했다. 일본 사회의 보수성과 정치권의 지도력 부재는 1990년대 일본이 금융 개혁에 실패한 주요 원인이다.[652] 금융위기에 충격을 받은 일본 기업들은 경제적 불확실성 속에서 보수적으로 운영 방침을 변경하고, 새로운 시설이나 혁신적인 기술에 대한 투자에 신중한 태도를 취하게 되었다.[653] 반면, 이웃한 한국 역시 1990년대 후반 금융위기를 겪으며 기업 도산과 대규모 실업 사태를 맞이했지만, 과감한 개혁 조치를 통해 금융 개혁에

성공하고 경제를 회복시켰다.[654]

기업의 투자 감소와 더불어, 가계 소비 또한 경제적 불확실성과 미래에 대한 우려로 인해 위축되었고,[655] 이러한 소비 침체는 일본 경제의 불황을 더욱 심화시켰다. 기업의 낮은 투자와 가계의 소비 위축이 맞물려, 일본 경제는 오랜 기간 불황에서 벗어나지 못했다. 그 결과, 일본 경제는 활력을 회복하지 못했고, 장기적인 성장 둔화가 지속되었다. 이로 인한 일본 엔화의 약세도 지속되어 1995년 달러당 80엔이었던 환율은 2025년 1월 155엔에 이르러 일본 경제의 약화를 반영하고 있다. 또한 2021년 일본의 1인당 국민소득은 42,620달러로, 1996년의 1인당 소득 43,940달러보다 낮은 수준으로 집계되었다. 이는 일본 경제의 장기적인 침체를 상징적으로 보여주며, 한때 세계 경제를 선도했던 일본이 성장 정체를 겪고 있음을 분명히 나타낸다.[656] 그 결과 2024년에 일본 경제는 독일에 추월당해 4위로 밀려났으며 IMF(국제통화기금)는 2025년에 인도가 경제 규모 면에서 일본을 추월할 것으로 예상한다.[657]

더구나, 2025년 4월 트럼프 행정부가 전 세계를 상대로 부과한 국가별, 품목별 관세는 자동차 등 일본의 주력 수출품에도 적용되어, 대미 수출 의존도가 높은 일본 경제에 타격을 줄 것으로 전망된다.[658]

5.1.2 정치 개혁과 재무장

전쟁 전 일본은 메이지 헌법(1889~1947)에 따라 권위주의 정권하에 있었다.[659] 메이지 헌법은 천황을 "신성神聖"한 존재로 칭하며 신성불가침의 절대적 통치 권력을 가진 군주로 규정하였고,[660] 이를 기반으로 군주제가 확립되었다. 학자들은 이러한 천황 중심의 통치 개념이 국가주의를 부추겨 타국에 대한 군사적 침략을 초래했다고 주장한다.[661] 1945년, 미국이 일본을 점령하면서 일본을 비무장화하고 민주주의 국가로 개편하려는 목표가 수립되었다. 이를 위해 연합군 최고사령부는 메이지 헌법을 교체하거나 개정하고자 했으며, 이는 일본 사회의 근본적인 변화를 위해 중요한 단계로 여겨졌다.[662] 연합군 최고사령부는 일본 정부를 유지한 상태에서 지침을 통해 일본을 간접 통치하는 방법을 사용했다. 그러나 일본 정부는 연합군 최고사령부가 기대하는 민주적이고 현대적인 새 헌법안을 마련하지 못했다. 이에 따라 연합군 최고사령부는 직접 새 헌법안을 작성해 일본 정부에 제시했고, 검토와 약간의 수정 과정을 거쳐 최종적으로 채택되었다.[663] 1947년 5월에 발효된 새 헌법은 포츠담 선언에서 확인된 세 가지 주요 원칙, 즉 국민주권, 평화주의, 기본적 인권을 기반으로 제정되었다.[664]

새로운 일본 헌법(1947년 헌법)의 가장 두드러진 특징은 전쟁을 포기하고 국제 분쟁을 해결하는 수단으로 무력의 위협 또는 사용을 금지한 것이다. 이는 헌법 제9조에 명시되어 있으며, 일본의 평화주의 원칙을 상징하는 조항이다.[665] 또한 새 헌법은 전쟁 전 일본 정치 체제의 권위주의적 요소를 제거했다. 새로운 체제하에서 천황은 더 이상 정치적 권력을 보유하지 않고, 상징적이고 의례적인 역할만을 수행하게 되었다. 천황은 여전히 국가의 상징이라는 지위를 유지했지만, 주권은 더 이상 천황에게 없으며, 일본 국민에게 있다는 점이 헌법에 명확히 규정되었다.[666] 헌법은 또한 다양한 시민의 권리와 자유를 인정하여, 언론, 종교, 집회의 자유와 같은 권리들이 헌법에 규정되었다. 더불어, 민간인이 통제하는 정부를 수립하여 군부가 아닌 민간이 정치의 중심이 되도록 했으며, 사법 심사와 같은 미국 법의 전통을 일본 헌법에 도입했다.[667] 미국의 입헌주의가 일본 헌법의 헌법상 권리 규정에 영향을 미친 반면, 유럽의 의회 구조는 정부 구조에 영향을 미쳤다. 일본의 중앙정부는 국민이 직접 선출하는 양원제 입법부로 구성되며,[668] 의회의 다수당이 지명하는 총리가 정부를 구성하여 행정부의 수반이 된다.[669]

1947년 헌법이 제정된 이후, 일본 국민은 이 헌법을 전반적으로 지지해왔다. 그러나 일본 정치의 보수파(우익 집단)는 헌법에 대해 불만을 품으며 지속적으로 개정을 주장해 왔다. 우익 집단은 특히 헌법의 비무장을 의무화한 조항(제9조)과 천황의 정치적 역할에 대한 제한을 비판했다.[670] 헌법 개정을 위해서는 의회 양원에서 3분의 2 이상의 찬성을 얻은 후, 전국 국민투표에서 과반수 찬성으로 비준되어야 한다. 그러나 우익은 이러한 다수를 확보하지 못해 헌법 개정을 성공시키지 못했다.[671] 전후 일본 정치의 다른 주요 특징은 보수적인 자유민주당(자민당)이 거의 70년 동안 장기 집권을 해 왔다는 점이다.[672] 자민당의 정강·정책은 경제성장과 일본의 국제사회 복귀에 초점을 맞췄다. 보수정당인 자민당뿐 아니라 국가 재무장을 반대하고 중국 정부에 대한 지지를 표명한 일본사회당과 1970년대에 두각을 나타낸 일본공산당 등 진보적인 정치 세력도 정치 무대에 등장했다.[673] 그런데도 자민당이 전후 대부분 기간을 집권한 것은 일본 사회의 보수적 성격을 반영한다. 이는 한국과 같은 이웃 민주주의 국가에서 보수정당과 진보정당 간에 빈번한 정권교체가 있었던 것과는 뚜렷한 대조를 이룬다.

일본의 재무장은 1950년대부터 시작되어 동북아시아의 군사 지형에 중요한 영향을 미쳤다. 제2차 대전 직후 연합군 최고사령부는 일본 제국 육군과 해군을 해체하고 비무장화를 추진했지만, 1950년 발발한 한국전쟁의 여파로 정책에 변화가 일어났다. 일본 정부는 7만 5천 명의 병력으로 구성된 경찰예비대를 창설했으며, 이 조직은 1952년에 보안대保安隊로, 1954년에는 자위대自衛隊로 확대되었다.[674] 자위대는 지속적으로 성장해 왔고, 이는 일본의 비무장화 정책과 모순되는 것으로 보일 수 있다. 그러나 자위대 강화는 미일 간 안보 관계라는 맥락에서 이해할 수 있다.[675] 제2차 세계대전 이후, 미국은 일본의 국방에 대한 전적인 책임을 지며 일본의 안보를 보장했다.[676] 그러나 냉전 종식 이후 아시아 지역에서 미국의 병력이 감축된 반면, 중국과 북한의 군사력이 지속적으로 증강되었고, 이로 인해 일본 국민은 안보를 우려하게 되었다.[677] 자위대의 성장은 이러한 안보 우려를 반영한 결과이다. 오늘날 자위대는 26만 명 이상 병력을 갖춘 세계적인 규모의 군사력을 보유하고 있다.[678] 2020년 기준, 일본은 541억 달러를 군사비로 지출하며 세계 9위의 군사비 지출국이 되었고, 이는 GDP의 1.1%에 해당한다.[679] 2022년 일본 정부는 군사 예산을 두 배로 증액하겠다는 계획을 발표한 바 있다.[680]

수년에 걸쳐 자위대는 규모가 증강되었을 뿐만 아니라 작전 범위와 미국과의 협력도 확대되었다. 냉전 기간에 일본 해상자위대는 소련 해군을 견제하기 위해 기뢰 제거, 대잠수함전, 잠수함을 이용한 공격 작전 등의 임무를 수행하며 태평양에서 미 해군을 지원했다.[681] 냉전 이후, 일본 해상자위대는 태평양에서 중국 해군의 증강에 대응하기 위해 미 해군과 협력하기도 했다. 그러나 비판론자들은 1997년 개정된 "미일 방위 협력 지침"에 의한 이러한 군사 협력이, 국제 분쟁 해결 수단으로 무력 사용을 금지한 일본 헌법 제9조를 위반한다는 우려를 제기했다.[682] 예를 들어, 사사키 토모유키那崎成有 교수 등 학자들은 자위대가 자위권을 넘어 유엔 해외 평화유지군(PKO) 임무 참여와 같은 확대된 역할을 수행하는 것이 헌법 제9조에 위배된다고 주장하고 있다.[683] 이와 동시에, 일본의 군사적 역할 증가는 과거 일본군의 침략과 점령을 겪었던 한국과 주변국들의 불안을 초래했다.[684] 그러나 일부 전문가들은 일본의 군사력 증대가 미국의 강력한 영향력 속에서 이루어지고 있기 때문에, 1930년대와 같은 동북아시아의 위협으로 이어질 가능성은 낮다고 평가한다.[685]

5.1.3 태평양의 경제 강국

일본은 세계 경제에 영향력을 행사하는 태평양의 확고한 경제 강국이다.

제2차 세계대전에서의 패배와 전쟁으로 인한 파괴에도, 일본은 20세기 가장 번영한 국가 중 하나로 성장했다. 일본은 비서구 국가 중에서 산업화에 성공하고, 서구의 식민 지배를 받지 않고 독립을 유지한 몇 안 되는 국가 중 하나이다. 일본은 전 세계 육지 면적의 1%를 약간 넘고, 세계 인구의 2% 미만이라는 상대적으로 작은 영토와 인구 규모에도 불구하고, 1968년부터 2009년까지 약 40여 년 동안 세계 2위의 경제 대국으로 세계 경제에 지대한 영향을 미쳤다. 이 기간에 일본은 기술 혁신을 주도하며 전자제품, 자동차 등 주요 산업에서 세계 시장을 선도했다. 높은 직업윤리, 질서를 중시하는 문화, 그리고 잘 정비된 공교육은 일본의 성공을 설명하는 중요한 요소들이다.[686] 1980년대 이후 중국의 부상과 1990년대 이후 일본의 장기 경제 침체에도 불구하고, 일본은 여전히 아시아·태평양 지역에서 중요한 위치를 유지하고 있다. 2025년 1월 현재, 일본은 미국, 중국, 독일에 이어 세계 4위의 경제 대국으로 남아 있다. 또한 일본은 대규모 해상전력을 포함한 강력한 군사력을 보유하고 있으며,[687] 일본과 미국의 지속적인 동맹 관계는 일본의 지역적 입지를 강화하고 있다.

그러나 일본은 세계적으로 탁월한 경제적 위치에도 불구하고, 제2차 세계대전 이후 그에 비례하는 정치적 영향력을 갖추지 못했다. 일본의 경제적 위치와 정치적 영향력 사이의 독특한 불균형은 부분적으로는 전후 일본에 대한 미국의 강력한 정치적 영향력에 기인한다. 전후 일본은 미국의 유일한 점령지였으며, 점령이 종료된 후에도 미국의 지배적인 영향력 아래에서 일본의 외교 정책은 미국의 이익에 부합하는 방향으로 추진되었다.[688] 이러한 의존 관계는 일본이 1952년 주권을 회복했음에도,[689] 일본 외교의 자율성을 제약하는 결과를 낳았다.[690] 또한 전후 일본 지도부는 국제적 역할을 경제 활동으로 제한하고, 정치적, 군사적 개입으로 보일 수 있는 행위를 피하려는 노력을 기울였다.[691] 이는 제2차 세계대전 당시 일본의 침략 행위로 인한 적대감과 분노가 여전히 국제사회에 남아 있었기 때문이며, 일본은 경제 문제에 집중하는 것이 보다 안전하고 실용적이라고 판단했다.[692] 이러한 맥락에서 일본은 경제 원조를 확대하여 아시아 지역의 경제발전에 기여했다. 1974년에서 1984년 사이, 일본의 원조는 380% 증가했으며, 그중 약 3분의 2가 아시아·태평양 국가들에 제공되었다.[693] 일본의 경제 원조는 지역의 산업 발전과 경제성장에 긍정적인 영향을 미쳤으며, 일본의 경제적 영향력을 강화하는 데 중요한 역할을 했다.[694]

그러나 미국은 경제 문제에 집중하는 일본의 정책에 점차 불만을 가지게 되었다. 1980년대, 막대한 재정 적자와 무역 적자로 고심하던 미국은 일본에 군사적 책임 증대와 군사비 지출 확대를 요구하며 압력을 가했다.[695] 태평양 지역의 주요 경제 강국으로서 일본은 경제 중심의 정책 선호와 동북아시아에서 군사적 역할 확대를 요구하는 미국의 기대 사이에서 균형을 유지해야 했다. 일본은 미국의 요구를 수용하면서도, 일본의 군사적 영향력 확대를 경계하는 한국과 중국 등 이웃 국가들과의 관계를 훼손하지 않아야 하는 딜레마에 직면했다. 냉전 이후 1990년대, 일본은 경제적 영향력이 절정에 달했으며, 동북아시아에서 정치적 역할을 확대할 수 있는 공간을 확보하고 있었다. 일본은 경제적인 영역을 넘어 이 지역 국가와의 관계를 증진시키고 신뢰를 회복하며 화해를 이루기 위한 조건을 제시할 수 있었다. 만약 일본이 이웃 국가들과 유대와 협력을 강화했다면, 미국에 대한 의존도를 줄이고 동북아시아 국가들로부터 정치적 신뢰를 회복하는 기회가 되었을 것이다. 그러나 일본 정부는 그러한 지도력을 보여주지 못했다. 경제 대국 일본의 이러한 정치적 지도력 부재를 로저 브라운(Roger Brown) 교수는 "경제적 거인, 정치적 난쟁이"라는 표현으로 묘사했다.[696]

1994년부터 1996년까지 잠시 집권했던 일본의 진보정당인 일본사회당은 보수정당에 비해 일본의 침략을 경험했던 동북아시아 국가들과의 화해에 더 깊은 관심을 가지고 있었다. 그러나 1990년대 후반에 접어들며 일본사회당은 정치적 영향력을 상실했고,[697] 일본 정치는 우경화되기 시작했다. 21세기로 접어들면서 일본 정부의 외교적 접근 방식도 변화를 보였다. 과거사에 대해 반성하는 태도를 유지하던 입장에서 벗어나, 점차 잘못을 인정하지 않는 태도로 변화했다. 이러한 태도 변화는 일본 외교 정책의 전체적인 방향에도 영향을 미쳤다. 특히, 일본은 한국, 중국, 러시아를 포함한 인접 국가와의 도서 영유권 분쟁에서 과거에 비해 공격적인 주장을 제기하기 시작했다. 이전에는 영유권 분쟁을 악화시키지 않으려는 노력을 기울였다면, 정치가 우경화된 이후 일본은 영유권 문제를 오히려 부각시키고, 자국의 입장을 강경하게 표명하며, 주변국과의 긴장을 고조시켰다.[698] 이러한 변화는 강경파 지지자들을 결속시키고, 권력 기반을 강화하려는 국내 정치적 목적에서 비롯되었을 것이다. 그러나 이러한 태도 변화는 역내 다른 국가들과의 갈등을 고조시키게 되었다.[699] 일본 정부가 과거 전쟁범죄와 그로 인한 문제들을 해결하려는 대신, 이를 부인하거나 축소하려는 태도를 보임으로써 피해 국가들을 자극했고, 이는 일본의 정치적 영향력과 신뢰성을 약화시키는 결과를 초래했다. 결국, 이러한 태도와 외교 정책 변화는 세계적인 경제 대국이라는 일본의 위상과 정치적 영향력 간의 간극을 좁히는 대신, 오히려 확대시켰다.[700]

제2차 세계대전 이후 독일은 과거사에 대한 인정과 반성, 그리고 배상을 통해 전쟁의 상처를 성공적으로 치유했으며, 과거에 침략했던 유럽 국가들의 신뢰를 확보하여 유럽의 지도국으로 부상했다.[701] 그러나 일본의 정치 지도자들은 과거 일본의 침략으로 피해를 입은 동북아시아 국가들과의 역사적 문제를 해결하는 데 실패했다. 이러한 정치적 무능력 은 일본이 경제 강국으로 성장했음에도 국제 정치에서 지도력과 비전이 부족하다는 한계를 보여주었다. 태평양 지역의 강국인 일본의 위상은 다른 분야에서 입증되었는데, 1990년대 일본 음악, 패션, 그리고 엔터테 인먼트가 세계적으로 유행하며 문화적인 존재감을 드러냈다.[702] 대중문화 외에도, 2021년까지 25명의 노벨상 수상자를 배출한 일본은 과학과 문학에서도 중요한 기여를 했다. 일본의 군사력 또한 태평양 강국으로서의 능력을 과시하는 또 다른 분야이다. 특히, 일본은 해군력에서 선도적인 위치를 차지하고 있으며, 10.5Mt(메가톤)의 무기급 플루토늄을 포함하여 군사력을 추가적으로 증강할 수 있는 충분한 자원을 보유하고 있다.[703] 점증하는 중국과 북한의 군사적 위협은 일본의 군사력 증강을 정당화할 수 있는 근거가 될 수 있으나, 일본의 재무장은 동북아 다른 국가들의 우려를 초래하여 역내 군비 경쟁을 가속화할 위험성을 안고 있다.[704]

태평양 강국인 일본과 한국, 중국, 러시아와의 정치적 관계는 동북아시아의 지속 가능한 평화에 영향을 미치는 중요한 요인이다. 일본과 이웃 국가들 간의 영토 분쟁, 제2차 세계대전 당시 일본이 저지른 전쟁범죄에 대한 의견 차이, 국제사회의 지도자가 되고자 하는 일본의 정치적 야망에 비해 부족한 정치력 지도력 등의 문제는 오늘날 역내에서 일본과 다른 국가들 간에 정치적 긴장의 원인이 되고 있다. 비록 현재까지 이러한 정치적 긴장이 무력 충돌로 이어지지는 않았지만, 이러한 갈등 중 일부는 상당히 고조될 가능성도 있다. 일본과 주변국 간의 갈등은 동북아시아 지역의 평화와 안정을 유지하는 데 부정적인 영향을 미치고 있다. 다음 절에서는 이러한 정치적 갈등이 존재하는 원인에 대해 논의하고, 갈등 완화를 위해 가능한 방안을 살펴본다.

5.2 이웃 국가와의 정치적 갈등

5.2.1 친구인가, 적인가. 한국과의 불화

한일 관계는 일본의 압제에 대한 역사적 기억, 특히 1910년부터 1945년까지 식민지 점령 기간에 일본 당국이 저지른 잔혹 행위로 인해 갈등과 부담을 안고 있다. 이 사건에 대한 일본의 반성 없는 태도 역시 상처를 더욱 악화시켰다.[705] 일본 정부는 한국에서의 행동에 대해 '사과'를 했지만, 일본의 고위 관료와 정치인들이 한국인에 대해 비하하는 발언을 함으로써 이러한 사과는 번번이 무색해졌다. 제2차 세계대전 시기 징용(강제 노동)을 포함한 식민지 점령 시기의 사건에 대한 일본의 입장은 1965년 한국과의 합의에 따라 이미 모든 보상이 이루어졌다는 것이다.[706] 1965년 체결된 이 협정의 조건에 따라 일본은 한국 정부에 1,080억 엔, 즉 미화 3억 달러에 해당하는 금액을 최종적인 합의에 의해 지급했다고 주장한다. 그러나 한국 정부는 이 조약이 피해자 개인이 민간기업을 포함한 일본 기관에 배상을 요구하는 것을 금지하지 않는다고 보고 있다.[707]

2019년 7월, 일본 정부가 일본이 '전략적'으로 간주하는 소재와 기타 품목의 수출 승인 국가 목록에서 한국을 제외한다고 발표하면서, 양국 간의 갈등이 최고조에 달했다. 이 목록에는 포토레지스트, 불화수소, 폴리이미드 등 세 가지 핵심 품목이 포함되어 있었으며, 모두 한국의 주요 수출 산업인 반도체 제조에 필수적인 품목이었다.[708] 일본의 이 조치는 해당 품목의 한국 수출이 보다 엄격한 사례별 승인을 받아야 한다는 것을 의미했으며, 이는 수출 절차의 지연을 초래하거나, 심지어 이들 품목의 수출이 중단될 가능성도 있음을 시사했다.[709] 한국의 반도체 생산업체들은 이러한 품목 수급을 일본에 의존하고 있었기 때문에,[710] 이 조치는 한국에 심각한 경제적 영향을 미칠 가능성이 높았다.[711] 일본 정부는 안보 우려를 근거로 이러한 수출 제한 조치를 정당화했지만, 전문가들과 한국 정부는 이 조치가 사실상 제2차 세계대전 중 강제 노동 피해자들에 대한 보상을 일본 기업이 이행하도록 명령한 한국 대법원의 판결에 대한 보복 조치라고 판단했다.[712] 한국 전역에서는 반일 감정이 급속히 확산되었으며, 이에 따라 일본 제품 불매 운동이 활발히 전개되었다.[713] 한국인들은 일본의 이 조치를 정치적 요구를 관철시키기 위해 한국을 압박하려는 시도로 인식했다.

경제적 경쟁은 한일 간 갈등의 또 다른 주요 원인이다. 수년간 한국은 일본과의 경제적 격차를 빠르게 좁혀왔으며, 이는 양국 간의 경쟁을 심화시켰다. 세계은행 보고서에 따르면, 1962년 일본의 1인당 국민소득(GNI)은 한국의 500% 이상이었으나,[714] 이 격차는 1996년에는 300%로 줄었고, 2021년에는 18%로 좁혀졌다.[715] 뿐만 아니라, 한국의 평균 임금은 이미 일본을 넘어섰다.[716] 이러한 성공적인 산업, 경제발전은 한국을 가전, 자동차, 반도체 등 일본이 한때 시장을 주도했던 주요 산업에서 중요한 경쟁자로 부상하게 했다. 따라서, 2019년 일본이 한국을 수출 승인 국가 목록에서 제외한 조치는 한국을 경제적으로 견제하려는 목적도 있었을 것으로 보인다.[717] 특히, 삼성전자와 같은 한국 제조업체들은 일본산 소재를 필요로 하는 차세대 시스템 반도체와 같은 신기술 분야에서 생산을 확대하려는 계획을 세우고 있었다.[718] 한국의 반도체 제조업체들은 이러한 품목의 공급을 일본에 의존해왔기 때문에, 대체 공급업체를 찾는 일이 불가능하지 않더라도 상당한 어려움에 직면할 수 있었다.[719]

한국과 일본 사이의 또 다른 갈등 요인은 도서 영유권 분쟁이다. 두 나라는 동해에 위치한 독도를 자국 영토로 주장하고 있다.[720]

이 논쟁은 수십 년 전으로 거슬러 올라간다. 1900년 대한제국(1897~1910)은 칙령을 통해 독도가 한국 영토임을 공식적으로 규정했지만,[721] 5년 후 일본은 독도의 전략적 중요성을 인식하고 독도를 일본의 영토로 편입한다고 선언했다.[722] 1953년 이래로 독도는 한국의 실효적 점유하에 있었지만, 일본은 영유권 주장을 포기하지 않고 있다. 이 분쟁은 두 나라 사이에 지속적인 갈등의 원인이 되어 왔다. 한국인들에게 일본의 독도 영유권 주장은 20세기 초 한반도를 식민지로 만든 일본 제국주의의

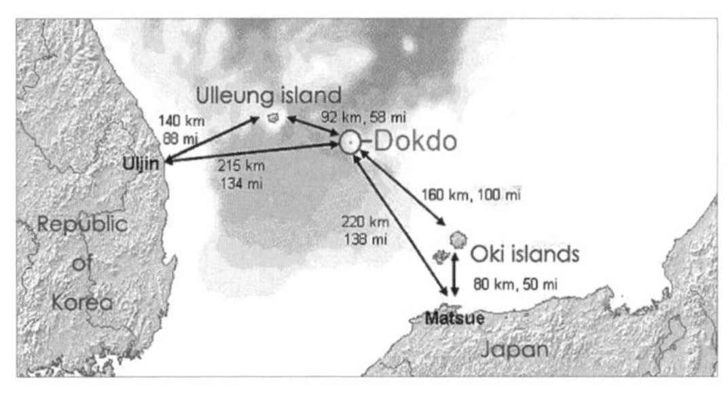

도안 5.2 독도의 위치 (출처 : 한국의 독도)

확장을 상기시키는 요인이 된다.[723] 일본으로서는 독도를 획득함으로써 통제할 수 있는 인접 해역이 경제적으로 중요해졌다.[724] 독도를 둘러싼 이 분쟁은 충돌의 가능성을 가지고 계속될 것으로 보인다.[725] 한국과 일본 해안경비대 순찰함이 독도 근처에서 대치한 사건이 벌어졌고, 일본의 새로운 방어 계획은 독도에 관한 미래 분쟁에 자위대가 개입할 가능성을 암시하고 있다.[726]

한일 관계는 복잡성을 내포하고 있다. 이 관계는 2천 년 동안 지속되어 왔으며, 양국은 오랜 세월 동안 문화적, 정치적, 경제적 교류를 이어왔다. 한일 양국 간에는 역사적, 정치적 사안에 대한 견해 차이가 존재하지만, 동시에 많은 공통점도 공유하고 있다. 예를 들어, 양국은 사회 질서와 공동체 가치에 대한 존중이라는 문화적 특성, 성공적인 산업화와 국제 무역을 통한 경제적 성과, 그리고 역사적으로 미국의 영향을 받은 정치적 민주화라는 경험을 공유하고 있다. 한국인과 일본인은 동북아시아에서 경제적으로 가장 선진적이고 기술적으로 혁신적인 두 민주주의 국가를 만들어냈다. 또한 한일 양국에서 매년 수백만 명이 상대국을 여행하는 등 활발한 상호 교류를 이어가고 있다.[727] 한국과 일본은 중요한 경제적 파트너로, 한국은 일본에 세 번째로 큰 시장이며, 일본은 한국에 다섯 번째로 큰 시장이다. 양국은 또한 북한과 중국에 대한 안보상 이해관계를 공유하고 있다. 비록 역사적 이유로 인해 양국은 군사 동맹국은 아니지만, 미국이 주도하는 동북아 안보·동맹 네트워크에 함께 편입되어 있다. 그러나 위안부 문제와 같이 식민지 시대의 잔혹 행위에 대한 양국 간 견해 차이는 지속적으로 한일 관계를 긴장시키는 원인으로 작용해 왔다. 이러한 현실은 새로운 접근 방식과 패러다임의 변화를 요구한다. 이에 대해서는 다음 절에서 자세히 논의한다.

5.2.2 중국과의 정치적 갈등

중일 관계는 지난 100년 동안 극적인 변화를 겪었다.[728] 섬나라인 일본은 자원과 새로운 영토를 확보하기 위해 1910년 한국을 병합하고, 1932년 만주를 점령한 후, 이어 1937년 중국을 침략하는 등 아시아 대륙을 점령하려는 시도를 지속적으로 이어갔다. 그러나 이러한 시도는 제2차 세계대전에서의 패배로 종국적으로 실패로 돌아갔으며, 종전과 함께 미국의 일본 점령으로 이어졌다. 전후 일본은 1972년 중국과 국교를 정상화하며 새로운 외교 관계를 수립했다.[729] 그러나 일본이 중일전쟁 (1937~1945) 당시 일본의 침략으로 인해 발생한 수천만 명에 이르는 민간인 희생과 일본군이 자행한 학살과 잔혹 행위에 대해 적절히 반성하지 않았다는 인식은 중국 내에서 반일 감정의 근거가 되며, 오늘날까지도 중일 관계를 긴장시키는 주요 원인 중 하나이다.[730] 더불어, 전후 동북아시아의 정치, 안보 상황도 중일 관계에 제약을 가했다. 특히, 미일 간 군사동맹, 미중 간의 경쟁 심화, 그리고 동아시아에서 미국의 전략적 입지를 지지하는 일본의 입장은 중국과의 정치적 관계 강화에 어려움을 초래했다. 이러한 상황은 일본이 이 지역에서 미국이 설정한 전략적 범위를 넘어서기 어렵게 하며, 일본의 대중국 외교 공간을 제한하는 요인으로 작용하고 있다.[731]

중국의 경제적, 군사적 부상은 일본의 또 다른 주요 우려 사항이며, 이는 두 나라 간의 정치적 긴장을 더욱 심화시키고 있다. 중국의 급속한 경제발전은 최근 수십 년 동안 일본의 경제적 지위를 위협해 왔으며,

2010년 중국이 세계 2위의 경제 대국으로 부상하면서 일본을 추월했다. 2021년 기준, 중국의 GDP는 일본의 3.5배 이상에 달하며, 이 격차는 앞으로 확대될 것으로 예상된다.[732] 중국은 기계를 포함하여 일본이 전통적으로 강세를 보였던 분야에서 빠르게 경쟁력을 강화하고 있다. 이는 일본의 경제적 위상을 약화시키는 요인으로 작용하며, 양국 간 경제적 긴장의 배경이 되고 있다.[733] 군사적 부상은 일본에 더욱 심각한 우려를 초래한다. 일본은 생존에 필수적인 자원을 확보하기 위해 남중국해의 해로를 유지하는 데 사활적인 이해관계를 가지고 있다. 일본 에너지 수입의 약 80%와 무역의 상당 부분이 남중국해를 통해 이루어지고 있어, 이 해로의 안전은 일본의 경제와 안보에 매우 중요한 문제가 되고 있다.[734] 한편, 중국은 일본보다 대규모인 해군을 보유하고 있으며, 최근 남중국해에서 군사 활동을 강화하고 있다.[735] 이에 대응하여 일본은 오키나와와 대만 인근 도서를 중심으로 군사 태세를 강화하고 있으며, 이는 중국과의 충돌 가능성을 높이고 있다.[736]

양국은 센카쿠 열도(댜오위다오)에 관한 영유권 분쟁도 벌이고 있다. 센카쿠 열도는 8개의 작은 섬으로 구성되어 있으며, 총 육지 면적은 약 7㎢에 불과하다. 센카쿠 열도는 대만에서 동쪽으로 약 170㎞ 떨어져 있는 전략적 위치에 자리 잡고 있다. 중국은 14세기부터 센카쿠 열도를 영유해 왔다고 주장하며, 역사적 자료를 근거로 중국의 고유 영토라는 입장을 고수하고 있다. 반면, 일본은 1895년에 이 섬을 합병하여 제2차 세계대전이 끝날 때까지 지배했다고 주장한다.[737] 전쟁이 끝난 후, 미국은 센카쿠 열도를 류큐 열도의 다른 섬들과 함께 1972년 일본에 반환할 때까지 관리했다.[738] 흥미롭게도, 미국은 처음에는 센카쿠 열도에 대한 중일 간 상충되는 영유권 주장에 대해 모호한 태도를 견지했다. 미국 행정부는 "미국은 센카쿠 열도의 상충되는 주장에 관해 판단을 내리지 않으며, 이는 관련 당사자들이 직접 해결해야 한다"는 입장을 밝혔다.[739] 그러나 최근에 미국은 종래의 중립 입장에서 벗어나 센카쿠 열도에 대한 일본의 주권을 지지하기 시작했다. 이는 아마도 최근 미중 간의 마찰과 관련이 있으며, 중국에 대한 견제를 목적으로 한 전략일 가능성이 크다.[740]

이 지역의 경제적 중요성은 센카쿠 열도에 관한 분쟁을 더욱 격화시켰

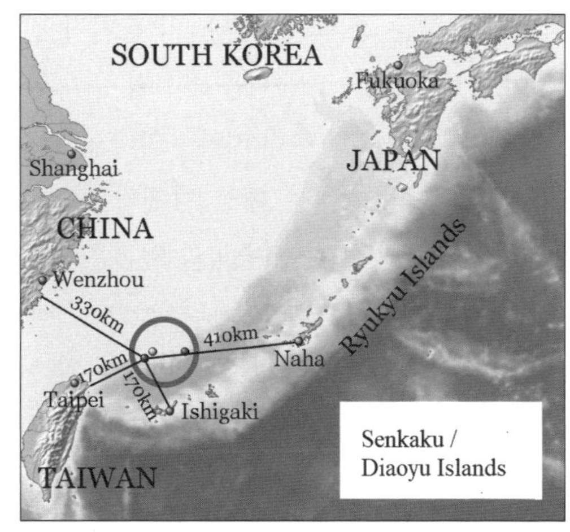

도안 5.3　센카쿠 열도의 위치
(출처 : Senkaku Islands dispute, https://en.wikipedia.org/wiki/Senkaku_Islands_dispute#/media/File: Senkaku_Diaoyu_Tiaoyu_Islands.png에서 수정)

다. 1968년 국제연합 아시아 및 극동 경제위원회(United Nations Economic Commission for Asia and the Far East, ECAFE)의 지시에 따라 실시된 조사에서 센카쿠 열도 주변 지역에 석유, 천연가스 등 상당한 에너지 자원이 매장되어 있을 가능성이 보고되었다.[741] 1969년까지 오키나와현 지방정부에는 시추권 신청이 약 4천 건 접수되었으며, 1970년 9월에는 2만5천 건으로 급증했다.[742] 이러한 에너지 자원 발견 이후, 일본은 미국의 관리하에 있던 섬들에 대한 통제권을 되찾기 위해 미국과 협상을 시작했다.[743] 한편, 센카쿠 열도에 큰 관심을 보이지 않던 중국과 대만도 영유권 주장을 제기하기 시작했다.[744] 일본 정부는 이후 영유권을 주장하는 인접국들과의 잠재적인 충돌을 피하기 위해 섬 주변의 석유 매장지 개발을 중단하기로 결정했다. 그러나 약 천억 배럴로 추산되는 막대한 석유 매장량은 수십 년 동안 일본의 에너지 수요를 충족할 수 있을 만큼 중요한 자원으로 평가되었으며, 이는 일본과 중국 모두 영유권 포기를 어렵게 만드는 요인으로 작용하고 있다.

동중국해는 중국과 일본 간의 정치적 긴장이 고조되는 주요 무대가 되어 왔다. 중국은 해군력을 앞세워 동중국해에 대한 영향력을 확대하고 있으며, 센카쿠 열도 주변 지역은 양국 간 분쟁 지역으로 자리 잡고 있다.[745] 양국은 동중국해에서 해양 경계와 탄화수소 자원을 둘러싼 분쟁도 벌이고 있다.[746] 2008년, 중국과 일본은 동중국해의 탄화수소 자원 공동 탐사를 촉진하기로 합의했으나, 2010년 센카쿠 열도 분쟁이 격화되면서 이 협정은 결국 무산되었다.[747] 미국과 일본은 남중국해와 동중국해에서 중국을 견제하여 중요한 해로를 보호하고 중국의 팽창을 억제한다는 이해관계를 공유하고 있다.[748] 과거에는 압도적인 전력을 가진 미군의 주둔이 지역 내 안정을 유지하는 역할을 했으나,[749] 중국이 남중국해와 동중국해에서 해군력을 증강하며 아시아·태평양 지역에서 미국의 패권에 도전하면서, 이 지역의 역학 관계가 새롭게 변화하고 있다. 아시아·태평양 지역에서 미국 안보 체제의 일부로서, 일본은 미국이 주도하는 중국에 대한 군사적 압박에서 이탈할 수 없는 입장에 놓이게 되었다. 그 결과 일본은 중국의 정치적 저항에도 직면해 있다. 최근에는 중국으로부터 대만 분쟁과 관련하여 미국과 협력하지 말라는 경고를 받기도 했다.[750]

5.2.3 러시아와의 영토 분쟁

20세기 동안 러일 관계는 많은 변화를 겪으며 동북아시아의 세력 구도에 상당한 영향을 미쳤고, 이 지역의 정치 지형을 변화시켰다. 한때 동북아시아 남동쪽 경계의 주변국으로 여겨졌던 일본은 1905년 러일전쟁에서 군사적 승리를 거두며 지역 패권국의 위치에 올랐다.[751] 이 전쟁의 결과로 동북아시아의 세력 균형이 크게 변하였으며, 같은 해 체결된 포츠머스 조약(1905년)을 통해 러시아는 한국에 대한 일본의 영향력을 공식적으로 인정했다. 러시아는 "일본 제국 정부가 한국에서 취해야 할 지도, 보호 및 통제 조치를 방해하지 않겠다"는 내용에 합의하며, 일본의 한반도 지배를 용인하였써.[752] 이러한 합의로 인해 일본은 1910년 다른 강대국의 반대 없이 한국을 병합할 수 있었다. 또한 러시아는 만주에서 군대를 철수하고, 사할린섬 남쪽 절반을 일본에 양도하기로 합의했다.[753] 이로 인해 사할린섬의 일부가 일본 영토로 귀속되었고, 이는 이후 러시아와 일본 간의 영토 분쟁의 원인이 되었다.

사할린섬은 서쪽으로는 동해, 동쪽으로는 오호츠크해 사이에 위치한 섬으로, 연해주의 북동쪽 해안과 인접해 있다. 이 섬의 남쪽 경계는 일본 최북단 섬인 홋카이도에서 북쪽으로 불과 40㎞ 떨어져 있다. 사할린섬의 면적은 약 72,400㎢로, 매우 큰 섬에 속한다.[754] 사할린섬은 풍부한 자원으로 유명하다. 석유와 가스 매장지, 석탄 광산, 광대한 숲이 있으며, 주변 해역에서는 어류 및 기타 해산물과 같은 풍부한 해양 자원이 존재한다. 중국은 원나라 시기부터 사할린섬에 대한 제한적인 통제권을 유지했으나, 19세기 중반 이후 통제권을 상실했다. 이후 1855년, 일본과 러시아는 시모다 조약을 통해 사할린섬에 대한 관리권을 공유하기로 합의했다.[755]

그러나 양국 간의 끊임없는 마찰로 인해 갈등이 지속되었고, 일본은 쿠릴 열도 전체를 얻는 대가로 사할린섬에 대한 주권을 러시아에 양도해야 했다. 이로써 사할린섬은 러시아의 완전한 지배하에 놓였다.[756] 1904~1905년 러일전쟁 당시, 일본은 사할린섬 전체를 점령했으나, 전쟁을 종결한 포츠머스 조약에 따라, 사할린섬의 남쪽 절반만 일본에 양도되었다.[757] 일본은 러시아 혁명 이후 섬 전체를 다시 점령했으나, 1925년 북부 지역에서 철수하여 남부만 관할했다.[758] 제2차 세계대전 말, 소련군은 사할린섬의 남쪽 절반을 침략하여 점령했다. 이후 섬 전체가 소련의 영토로 통합되었다.[759] 일본은 1951년 샌프란시스코 평화 조약에서 사할린섬에 대한 영유권 주장을 공식적으로 포기하여 사할린섬에 관한 러일 간의 분쟁은 마침내 종료되었다.[760]

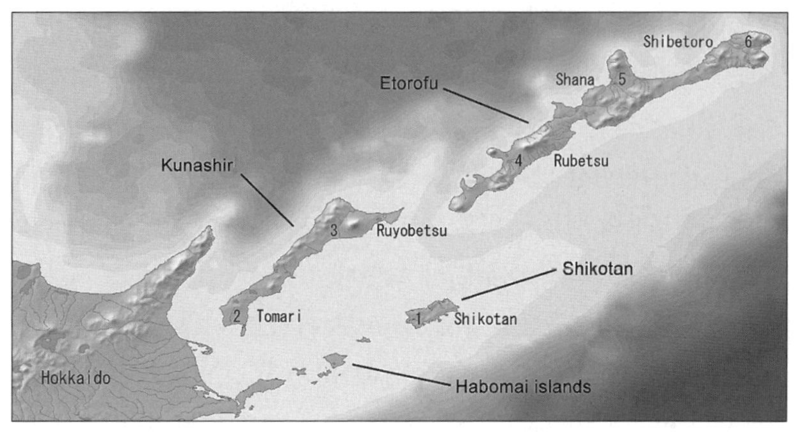

도안 5.4 분쟁 중인 쿠릴 열도의 위치

(출처 : 쿠릴 열도 분쟁, https://en.wikipedia.org/wiki/Kuril_Islands_dispute#/media/ File: Kuril-Islands-Northern-Territories-of-Japan-Map.png에서 수정)

사할린섬을 둘러싼 러일 영토 분쟁은 1951년 샌프란시스코 평화 조약으로 종결되었지만, 홋카이도 북쪽 해안에 위치한 쿠릴 열도의 최남단 네 개 섬의 영유권에 관한 또 다른 분쟁은 여전히 계속되고 있다.[761] 이 섬들은 이투루프(에토로후), 구나시르, 시코탄, 하보마이로 구성되어 있다. 샌프란시스코 평화 조약에 따라 일본은 쿠릴 열도에 대한 영유권을 포기했지만,[762] 조약 자체는 "쿠릴 열도"라는 용어의 정의를 명확히 하지 않아, 양국 간의 해석 차이가 영유권 분쟁의 원인이 되었다. 일본 정부는 이 네 개 섬이 쿠릴 열도의 일부가 아니며, 일본이 포기하지 않은 영토라고 주장하고 있다. 반면 러시아는 이 네 개 섬이 쿠릴 열도에 포함되며, 일본이 포기한 영토라는 입장을 고수하고 있다.[763] 소련은 샌프란시스코 평화 조약에 서명하지 않았기 때문에, 조약의 규정에 직접적인 구속을 받지 않는다. 이후, 소련과 일본은 1956년 공동 선언문에 서명했지만, 이 선언문 또한 분쟁 중인 섬들에 대한 영유권을 명확히 하지 못했다.[764] 제2차 세계대전이 끝난 이래, 이 네 개의 섬은 러시아의 통제하에 있다.

러시아는 일본이 분쟁 중인 섬 중 이투루프(에토로후)와 쿠나시르를 포기하면 시코탄과 하보마이를 반환하겠다고 제안하며 분쟁을 해결하려 했지만, 일본은 네 개 섬 전체에 대한 영유권 주장을 고수하며 이 제안을 받아들이지 않았다.[765] 그러나 러시아는 문제 해결을 위한 노력을 지속했는데, 일본 국민이 비자 없이 쿠릴 열도를 방문할 수 있도록 허용하고, 일본 어부들이 쿠릴 열도 주변의 배타적 경제수역에서 어업을 할 수 있도록 허용했다. 그러나 최근 우크라이나 전쟁 발발 이후 일본이 대러 국제 제재에 동참하면서, 러시아는 이러한 조치를 중단하여, 일본 국민의 비자 면제 방문을 금지하고, 일본 어부들에게 허용했던 어업권도 철회했다.[766]

쿠릴 열도 분쟁은 양국 간의 갈등을 넘어, 역내 다른 국가들의 개입 조짐도 감지되고 있다. 미국은 일본의 입장을 지지한다. 람 임마뉴엘(Rahm Emanuel) 주일 미국 대사는 "미국은 북방영토 문제에 대해 일본을 지지하며, 1950년대 이래 이 네 개 섬에 대한 일본의 주권을 인정해왔다"고 밝혔다.[767] 반면, 중국은 러시아의 입장을 지지하며, 이는 중국과 러시아가 분쟁 중인 섬 인근에서 합동 해군 훈련을 진행하며 일본의 항의를 무시한 사례에서도 드러난다.[768] 일본과 독도 영유권 다툼이 있는 한국은 이 문제에 관해 중립적인 입장을 견지하고 있다. 결과적으로, 이 분쟁에서 일본을 지지하는 미국과 러시아를 지지하는 중국 간의 경쟁과 대립이 나타나고 있다. 이러한 국제적 대립은 문제를 해결하기보다 오히려 악화시키고 있으며, 동북아시아의 정치적 긴장을 고조시키고 있다.

영유권 분쟁 중인 섬들이 일본 본토와 인접해 있다는 점은 일본의 안보 우려를 심화시키고 있다. 한 보고서에 따르면, 러시아는 분쟁 중인 섬들에 군사력을 대폭 증강했다. 군 막사, 활주로, 지대공 미사일 포대, 대함 미사일 대대 등이 배치되었으며,[769] 이들 시설 중 일부는 일본 홋카이도에서 불과 16㎞ 떨어진 곳에 위치하고 있다. 특히, 분쟁 중인 섬에 배치된 미사일 시스템의 사거리는 수백㎞에 달해, 홋카이도 주변을 통과하는 대부분의 선박을 타격할 수 있는 능력을 보유하고 있다.[770] 이외에도 러시아는 2018년에 약 3천 5백 명의 병력을 이 섬들에 주둔시킨 것으로 알려졌다.[771] 쿠릴 열도 분쟁과 러시아의 도서 군사화는 일본 입장에서 한국 및 중국과의 영토 분쟁보다 더 심각한 안보 위험을 유발하고 있다.

섬에 배치된 지대공 미사일 등 러시아 전력의 일부는 우크라이나 전선으로 이동한 것으로 보이나 아직도 상당한 전력이 분쟁 도서에 배치되어 있다. 한국과 중국과의 분쟁 대상인 독도와 센카쿠 열도는 일본 본토에서 상대적으로 멀리 떨어져 있어 일본에 직접적인 안보 위협을 초래하지 않는다. 반면, 분쟁 중인 쿠릴 열도는 일본 본토와 지리적으로 매우 가깝고, 러시아의 전략적 군사 자산이 배치되어 있어 일본의 안보에 직접적인 위협이 되고 있다. 제2차 세계대전 이후 약 80년 동안 러시아와 평화 조약을 체결하지 못한 상황은 이 분쟁에 관한 외교적 교착 상태를 지속시키고 있다. 이러한 안보 위험과 분쟁의 지속으로 인해 일본은 분쟁 도서들에 대해 새로운 접근 방식을 모색해야 할 필요성이 대두되고 있다. 이에 관해서는 다음 절에서 더 자세히 논의한다.

5.3 지속 가능한 평화를 위하여 : 종결과 새로운 접근 방식의 필요성

5.3.1 종결의 필요성 : 역사적 분쟁의 종식

일본과 한국, 중국 간의 지속적인 역사 분쟁은 전후 동북아시아의 불안정을 초래하는 요인이며, 지속 가능한 평화를 위한 역내 협력에 장애가 되고 있다. 한국과의 역사적 분쟁과 관련하여, 일본은 1965년 체결된

한일 조약을 통해 식민통치 기간에 발생한 모든 문제를 최종적으로
해결했다고 주장한다.[772] 그러나 이러한 주장은 다음과 같은 이유로 논란이
계속되고 있다. 이 조약으로 인해 한국 정부가 일본에 추가 배상을 요구할
권리는 소멸되었을지 모르나, 개별 피해자가 일본 정부를 상대로 배상을
청구하는 것은 금지되지 않는다. 또한 일본 당국이 저지른 잔학 행위에
대한 한국인의 아픈 기억을 지우지도 못한다.[773] 제2차 세계대전 종전
후 80년이 지난 지금도, 일본 정부는 역사 분쟁과 관련해 이웃 국가들과
완전한 화해를 이루지 못했다. 오히려 일본의 고위 관료들은 식민지
통치 시절의 비인도적 행위를 정당화하는 도발적인 발언을 반복했다.[774]
이는 국내 우익 세력의 지지를 얻기 위한 정치적 목적이 있을 수 있으나,
결과적으로 한일 관계를 더욱 악화시키는 원인이 되었다.[775]

따라서 이 지역에서 지속 가능한 평화를 이루기 위해서는 역사적
분쟁을 종결하고 화해의 길을 여는 노력이 필요하다. 이를 위해 한일
정부 간에 과거사에 대한 공통의 인식을 갖는 것이 중요하다. 첫째,
1910년 일본의 한국 강제 병합 과정과 일본 식민지 통치의 본질을
양국 정부가 명확히 규명하고 이해해야 한다. 전후 유럽에서 화해가
가능했던 이유는 독일이 나치 정권을 명백히 규탄하고, 피해자들에게
끼친 피해를 보상하며, 재발 방지를 약속했기 때문이다.[776] 이와 마찬가지
로, 동북아에서 화해를 이루기 위해서는 일본도 이와 유사한 약속을
할 필요가 있다. 1910년 일본의 한국 병합은 일본 군대의 강압 아래
강제로 이루어진 것이며, 오늘날 국제법상 무효로 간주된다.[777] 이 병합은
국가의 주권을 상실한 경험이 없던 한국인들에게 깊은 충격을 주었으며,
지금까지도 고통스러운 역사적 기억으로 남아 있다. 일본 정부는 1910년
한국 병합의 강압적이고 불법적인 성격을 인정함으로써 역사적 분쟁을
해결하는 첫 번째 단초를 마련할 수 있을 것이다.

두 번째, 역사적 분쟁을 해결하기 위해서는 양국 정부가 일본의 한국

식민지 지배의 강압적 성격을 인정해야 한다. 19세기와 20세기의 모든 식민지 점령은 어느 정도의 강압과 착취를 수반하지만,[778] 일본의 한국 식민지 지배는 다음과 같은 이유에서 구별된다. 첫째, 대부분의 제국주의 열강들이 아프리카, 남아시아, 남미 등 다른 대륙에 위치한, 그들의 문화권 밖의 민족들을 지배한 반면, 일본은 2천 년 동안 문화적, 정치적, 경제적으로 교류해 온 이웃 국가 한국을 섬령하고 식민지화했다. 한국인들은 오랫동안 일본인을 문화적, 정치적, 경제적 교류의 대상이자 이웃으로 여겨 왔기 때문에 일본인이 갑자기 식민지 지배자로 등장하여 두 민족 사이에 전례 없는 위계질서가 형성되는 것은 인정하고 수용하기 어려운 일이었다.[779] 둘째, 일본은 식민지 통치를 통해 한국인과 한반도의 자원을 착취했을 뿐만 아니라 다른 강대국의 식민지 점령에서는 사례를 찾아보기 어려울 정도로 한국인들의 문화적, 국가적 정체성을 말살하려고 했다. 이 점은 국제관계학자 데이비드 훈트(David Hundt)와 롤랜드 블레이커(Roland Bleiker)의 다음 서술에서 잘 드러난다.

일본 식민 당국은 한국의 정체성을 말살하기 위해 가능한 모든 수단을 동원하여 학교에서 한국의 역사, 문화, 언어를 가르칠 수 없도록 했다. 한국인들은 일본 이름을 채택하고 신사 참배를 하도록 강요받았으며, 그렇게 함으로써 일본 천황에 대한 충성을 다짐해야 했다.[780]

일본의 식민지 통치가 한국을 현대 자본주의 국가로 발전시키는 데 기여했다는 주장이 있다.[781] 일제는 한반도에 제조업 생산시설, 철도, 학교, 법원, 근대적인 행정기관을 도입했다.[782] 그러나 이는 조선인의 복지를 위한 것이 아니라, 일본의 이익을 도모하고 한민족을 착취하기 위한 수단에 불과했다.[783] 일본의 한국인에 대한 착취는 제2차 세계대전 중 최고조에 달했다. 일본 당국은 전쟁 수행을 위해 한국인 노동자를 강제로 징발하고, 한국 청년들을 일본군에 강제 징집했으며, 한국인 여성을 위안부로 동원하여 전선에서 일본군의 성적 착취 대상으로 삼았다.[784] 특히, 위안부 강제 동원은 유엔 인권위원회, 미국 국무부, 그리고 수많은 비정부 단체와 국제기구에 의해 전례 없는 반인도적 범죄로 공식 확인되었다.[785] 그런데도 1990년대 이후 우경화된 일본 정부는 이러한 잔혹 행위를 인정하려 하지 않고 있다.[786] 따라서 일본 정부의 태도와 인식에 변화가 없다면, 역사 문제를 종결하고 한일 간의 화해로 나아가는 것은 어려울 전망이다.

일본과 중국의 역사 분쟁은 수십 년간 지속되었으며, 양국 간 고질적인 불만과 불신의 원인이 되고 있다.[787] 중일 관계에서 가장 논쟁적인 역사 문제는 중일전쟁 당시 발생한 난징대학살 사건이다. 1937년, 일본군은 당시 중국의 수도였던 난징을 점령하여 26만 명에서 35만 명으로 추정되는 민간인을 학살했고, 2만 명에서 8만 명에 이르는 중국 여성을 강간했다.[788] 난징대학살은 현대에 전례 없는 전시 대학살로 평가되지만, 일부 보수적인 일본 정치인과 학자들은 이를 부인하거나 그 피해를 축소해왔다.[789] 2010년 중일 간 공동 연구에서는 일본 측이 난징에서 발생한 비전투원 민간인 학살이 부인할 수 없는 사실임을 인정했다.[790] 그러나 2015년, 일본 정부는 난징대학살의 사실 관계를 부인하는 것으로 알려진 인사들의 견해를 인용하여 유엔교육과학문화기구(유네스코)에 의견서를 제출했다.[791] 일본 내에서도 이러한 인용은 일본 정부가 난징대학살 부정론자들의 입장을 지지한다는 인상을 줄 수 있다는 우려가 제기되었으나 일본 정부는 이러한 우려를 수용하지 않았다.[792]

일본 정부는 위안부 문제를 비롯한 다른 전쟁범죄에 대해서도 유사한 패턴으로 부인하는 태도를 보여 왔다.[793] 일본 정부는 전쟁범죄와 식민지 통치 기간에 자행된 잔학 행위에 대한 질문에 방어적으로 대응하며, 위안부 강제 동원에 대한 증거를 부인하거나, 난징대학살의 사망자

수 30만은 과장되었다는 식의 이의 제기를 통해 문제의 본질을 회피해왔다. 이러한 대응은 전쟁범죄를 부인하는 일본 보수 세력의 압력 때문이었을 수도 있고, 국제적 평판의 저하와 잠재적인 법적 책임을 회피하려는 이유 때문일 수도 있다. 그러나 일본의 이러한 대응 방식으로 인해 중국, 한국과의 역사 분쟁은 해결되지 않은 채 수십 년 동안 갈등이 지속되고 있다. 이와 같은 역사적 분쟁의 지속은 일본이 주변국과 화해하고 협력함으로써 확보할 수 있는 안보 이익에 반할 뿐만 아니라, 동북아 지역의 장기적 안정이라는 공동의 이익에도 기여하지 않는다. 이 교착 상태를 타개하려면 일본 정부가 문제에 대해 패러다임을 전환하고 새로운 접근 방식을 모색할 필요가 있다. 이에 대해서는 이 절의 마지막 부분에서 더 자세히 논의한다.

5.3.2 헌법 개정에 관한 논란

동북아시아에서 일본의 정치적, 군사적 역할을 새로 정의할 수 있는 또 다른 중요한 쟁점은 일본 헌법 개정이다. 앞서 논의한 바와 같이, 일본 헌법은 전쟁 포기와 국제 분쟁 해결을 위한 무력 사용 또는 위협을 금지하고 있다. 헌법 제9조는 다음과 같이 규정하고 있다.

> 일본 국민은 정의와 질서에 기초한 국제평화를 희구하며, 주권적 권리로서의 전쟁과 국제 분쟁 해결의 수단으로서의 무력의 위협이나 사용을 영구히 포기한다. 전항의 목적을 달성하기 위해서 육해공군 및 기타 전력을 유지하지 않는다. 또한 국가의 교전권을 인정하지 않는다.[794]

일본의 우익 진영은 헌법 제9조가 제정된 이래 지속적으로 불만을 표하며 개정을 시도했으나, 성공하지 못했다.[795] 최근 북한의 핵 위협이 고조되고 중국과의 군사적 긴장이 심화되는 등 동북아의 안보 환경 변화로 인해 일본이 이 지역에서 보다 적극적인 군사적 역할을 수행해야 한다는 주장이 힘을 얻고 있다.[796] 고故 아베 신조 전 일본 총리는 2017년 일본 의회 연설에서 이러한 견해를 강조하며, "현재 일본을 둘러싼 안보 환경은 전후 역사상 가장 심각하다"고 주장했다.[797] 그는 또한 "개헌 논의가 진전될 것이라는 확고한 신념"을 표명하며 헌법 개정의 필요성을 역설했다.[798] 헌법 제9조 개정 시도 외에도, 일본은 동맹국이 공격받았을 경우 동맹국을 보호하기 위해 반격할 수 있는 집단적 자위권 을 행사할 수 있도록 현행 헌법을 재해석하려는 노력을 기울였다. 2014 년, 일본 정부는 집단적 자위권 행사를 용인하는 헌법 해석을 공식적으로 채택했다.[799] 2022년 12월, 일본 정부는 일본이나 동맹국에 대한 공격이 임박했거나 발생한 경우 적 기지를 선제적으로 공격하는 방안을 공식적 으로 승인했다.[800] 이 새로운 방침은 일본의 자위권 범위를 기존 헌법이 규정한 한계를 넘어 확장한 것이므로, 무력 사용을 금지하는 헌법 제9조 를 위반했다는 비판을 받고 있다.

중국과 한국은 이러한 상황 전개에 우려를 표명했다.[801] 20세기 일본 제국주의의 침략과 점령을 경험한 두 나라는 과거 침략에 대한 일본의 불충분한 반성과 태도로 인해 일본의 군사력 확장을 우려스러운 변화로 인식하고 있다.[802] 그러나 이러한 우려에도, 양국의 현재 군사 대비 태세를 감안하면 일본이 국지적 분쟁을 넘어 전면적인 침공을 감행할 가능성은 낮다. 2022년 기준 중국은 세계 3위, 한국은 세계 6위의 군사력 을 보유하고 있다.[803] 한편, 일본 국민 사이에서도 군사력 확대와 관련된 논쟁이 계속되고 있다. 2022년 설문 조사에 따르면, 일본 국민의 50%가 헌법 개정을 지지한 반면 48%는 반대 의사를 밝혀, 제9조 개정에 대한 찬반 여론이 거의 대등한 것으로 나타났다.[804] 제2차 세계대전이 끝난

지 오랜 세월이 흘렀지만, 많은 일본인은 여전히 전쟁의 참상과 막대한 인명 손실의 기억을 간직하고 있다.[805] 그러나 일본의 우익 진영은 일본이 전쟁에 참여할 수 있는 완전한 권리를 가진 "정상국가"로 변모하기를 희망하며 헌법 제9조 개정을 지속적으로 추진해 왔다.[806] 일본 국민이 가까운 장래에 이러한 변화를 받아들일지는 불확실하지만, 자위대의 법적 지위를 명확히 하는 등의 제한적인 헌법 개정 가능성은 존재한다.[807]

반면, 미국은 동북아시아에서 일본의 군사적 역할 증대를 적극적으로 지지해왔다. 미국은 일본이 헌법 제9조의 해석을 통해 집단적 자위권을 채택하는 것을 지지하며, 헌법 제9조를 개정할 권리도 인정하고 있다.[808] 미국 입장에서 동북아시아의 동맹국을 방어하고, 중국과 북한의 증가하는 군사적 위협에 대응하며, 이 지역에서 국익을 보호하려면 상당한 재정 지출과 군사 자산 배치가 필요하다.[809] 이러한 이유로, 미국은 동맹국들에 재정적, 군사적 기여를 강화하도록 요구해왔다.[810] 이러한 미국의 관점에서, 일본의 집단적 자위권 채택과 헌법 제9조 개정은 동맹국인 한국이나 경쟁국인 중국의 우려에도 불구하고, 전략적으로 환영할 만한 변화일 것이다.[811] 이를 통해 일본 정부는 잠재적 위협에 대응하고, 지역 방어를 위한 군사적 기여를 확대할 수 있게 된다. 미국은 일본의 군사력 증강을 위협이 아닌, 이 지역에서 미국의 이익을 증진시키는 미일동맹의 자산으로 인식하고 있다. 이러한 이유로, 미국은 일본의 군사적 역할 확대에 대해 일관된 지지 입장을 유지할 가능성이 높다.

일본의 헌법 개정은 신중한 접근이 필요하다. 한 평론가는 일본 헌법 개정에는 묵시적인 한계가 존재하며, 이를 근거로 헌법 제9조의 개정이 불가능하다고 주장했다.[812] 헌법 논쟁과는 별론으로, 전후 일본은 제9조를 포함하는 현행 평화 헌법 체제에서 지속적인 번영을 누렸다. 특히, 미국과의 동맹을 통해 일본은 경제개발에 집중할 수 있었으며, 역내에서 잠재적으로 위험한 군사 개입을 피할 수 있었다. 그러나 동북아에서 미국이 동맹국과 자국의 이익을 방어하기 위해 감당해야 하는 경제적, 군사적 부담이 증가하고, 중국의 부상과 북한의 핵 위협 등 안보 환경 변화가 더해지면서, 이 지역 방위를 위한 일본의 역할이 강화될 필요가 있을지 모른다. 그러나 그러한 필요성에도, 일본의 군사력 확장은 중국과 한국을 포함하여 과거 일본의 침략과 점령을 경험한 국가들에 상당한 우려를 초래하고 있다. 이러한 우려는 과거 전쟁범죄에 대한 일본의 반성 없는 태도로 인해 더욱 증폭되고 있다. 일본이 과거사에 대한 접근 방식을 근본적으로 변화시키지 않는 한, 헌법 개정은 미국을 제외한 주변국들로부터 환영받기 어려울 것이다.[813]

5.3.3 새로운 접근 방식의 필요성

일본과 주변국 간의 갈등의 원인이 되는 역사 문제 해결은 현재 교착 상태에 있으며, 이를 해결하기 위해 새로운 접근법이 요구되고 있다. 제2차 세계대전 이후 주변국과의 화해에 성공한 독일의 사례는 중요한 교훈이 된다. 전후 독일은 일본과 비슷한 상황에 처해 있었다. 독일은 전쟁으로 인해 많은 인프라가 파괴되고 국토가 폐허가 되었으며, 700만 명 이상의 독일인이 사망했다.[814] 도쿄가 미군의 폭격으로 수십만 명의 민간인을 잃었을 때, 독일 쾰른 역시 폭격으로 인해 인구가 크게 감소하는 등 두 나라는 전쟁으로 막대한 피해를 입었다.[815] 그러한 피해에도 불구하고, 양국은 전쟁의 잿더미에서 벗어나 경제를 성공적으로 재건했으며, 전례 없는 경제적 번영을 이루었다. 독일과 일본의 경제 회복은 전후 경제사에서 가장 괄목할 만한 성취라고 볼 수 있다.

경제적 성공 외에도 독일은 전쟁 중 침략했던 유럽 국가들의 신뢰를 회복하여 유럽의 지도국 중 하나가 되고 유럽연합(EU)의 핵심축이 되었다.[816] 한 보도에 따르면, 독일은 국제적 여론 조사에서도 1위를 차지하는 등 국제사회에서 높은 신뢰를 얻었다. 여론 조사에 따르면, 전 세계의 60%가 독일을 긍정적으로 평가했다.[817] 한편, 일본은 1968년 독일의 경제 규모를 추월하여 40여 년간 세계 제2의 경제 대국으로서 경제적으로는 독일의 위상을 능가했다. 그러나 독일과 달리, 일본은 이웃 국가들로부터 독일에 상응하는 수준의 신뢰와 확신을 얻는 데 실패했고, 유럽 통합의 중심에 섰던 독일과 달리 일본은 경제력에 비해 지역 문제 해결을 위한 정치적 지도력을 보이지 못했다. 오히려 역사 문제 등으로 한국, 중국과 반목과 분쟁을 반복했다.

이러한 상이한 결과는 두 나라의 태도와 접근 방식의 차이에서 비롯된다. 앙겔라 메르켈 전 독일 총리는 독일이 전쟁 이후 나치 희생자들과 화해하고 자국이 저지른 잔학 행위를 인정함으로써 국제사회의 신뢰를 회복했다고 설명했다.[818] 이와는 대조적으로, 일본은 제2차 세계대전 중 자행된 잔혹 행위를 인정하려 하지 않는 모습을 보여 왔다. 이는 난징대학살과 같은 사건에서 일본이 문제의 심각성을 축소하거나, 위안부 강제동원의 경우처럼 "문헌상의 증거가 부족하다"는 주장을 통해 책임을 회피하려는 태도에서 드러난다.[819] 일본 정부는 과거 전쟁범죄와 잔혹 행위를 인정하지 않으려는 경향을 보이며, 우익 진영의 지지를 받는 역사 수정주의자들은 이 비극적인 역사를 왜곡하거나 가해자의 책임을 부인하며, 때로는 그 행위를 정당화하기도 한다.[820] 이러한 태도는 전쟁범죄의 희생자와 그 가족들에게 고통을 안겨주고 있다.

이와 관련하여 주목할 만한 사례는 하버드 로스쿨 교수 존 램지어(John Ramseyer)의 논란이 된 주장이다. 그는 위안부가 계약에 의한 매춘부였으며, 일본 당국에 의해 강제로 동원되거나 성적 노예로 이용된 적이 없다는 도발적인 주장을 발표했다.[821] 이러한 역사 왜곡에 대해 노벨상 수상자를 포함한 수천 명의 학자들이 항의했다. 알렉시스 더든(Alexis Dudden) 교수는 램지어가 일본, 중국, 한국, 영어권 학자들의 방대한 연구 문헌과 일본군의 전시 군사 성노예 제도를 상세히 기록한 증거를 무시했다고 비판했다.[822] 램지어의 주장은 유엔 인권위원회를 포함한 수많은 국내외 기구의 철저한 조사에 의해 입증된 사실에 반하며, 명백한 거짓이다.[823] 국제적으로 논란이 된 그의 주장을 일본 정부가 바로잡지 않고 침묵으로 일관한 점은, 일본이 자국의 역사에 대해 솔직하고 진실되게 말할 기회를 놓쳤음을 보여준다. 만약 나치의 전쟁범죄를 부인하는 공공연한 주장이나 발언이 국제적인 논란으로 등장했다면, 독일 정부는 그러한 역사 왜곡을 규탄하고 바로잡았을 것이다.[824]

일본의 반성하지 않는 태도는 피해자들에 대한 배상 문제에도 영향을 미쳤다. 반면, 독일은 배상 문제에 있어 보다 적극적인 접근 방식을 취했다. 독일 정부는 이스라엘과 협상을 거쳐 1952년 9월 10일 배상 협정을 체결했으며, 이는 일본이 한국과 체결한 협정보다 13년 앞선 것이었다.[825] 이후 독일은 1953년 이스라엘에 처음으로 배상금을 지급했으며, 1965년에 완납한 이후에도 개인 피해자들에게 배상을 지속했다.[826] 2008년 말까지 독일이 모든 형태의 배상금으로 지급한 금액은 약 660억 유로에 달한다.[827] 반면, 일본이 피해자들에게 지급한 금액은 독일에 비해 매우 미미한 수준이다. 일본은 1965년 한국 정부에 미화 3억 달러 상당의 일본 엔화를 지급했지만, 한국인과 중국인 개별 피해자들의 청구는 철저히 외면하면서 독일과 대조적인 태도를 보이고 있다.

일본 정부는 1965년 체결된 한일 기본조약과 1972년 일본과 중화인민 공화국 정부 간의 공동성명을 근거로, 전쟁 배상 문제가 종결되었다고 주장하고 있다.[828] 공동성명에서 중국이 일본에 대한 전쟁 배상금을 포기함에 따라, 일본은 중국에 전쟁 배상금을 지불하지 않았다. 비록 일본의 법적 의무에 대해 논란이 존재하더라도, 전쟁 중 일본의 행위로 인해 피해를 입은 아시아 각국의 피해자들을 도외시하는 것이 도덕적, 정치적으로 정당한 태도인지 의문의 여지가 있다. 완결되지 않은 배상 문제 못지않게 우려되는 점은, 일본이 제2차 세계대전 중 자국이 저지른 잔혹 행위에 대해 학교에서 제대로 교육하지 않는다는 사실이다. 반면, 독일은 전쟁범죄의 교훈을 잊지 않기 위해 미래 세대에게 이러한 사실을 철저히 교육하고 있다.[829] 이와 같은 차이는 전후 주변국들이 일본에 대한 신뢰와 확신에 부정적인 영향을 미쳤다.

현 상황에 대한 해결책과 일본이 이웃 국가들로부터 신뢰를 얻는 데 도움이 될 수 있는 새로운 접근법은 아래 인용한 1993년 일본 내각 관방장관 고노 요헤이의 성명, 이른바 고노 담화에서 찾을 수 있다.

> 우리는 위에서 살펴본 역사적 사실을 회피하지 말고 정면으로 직시하고, 역사의 교훈으로 마음에 새겨야 한다. 우리는 역사의 연구와 교육을 통해 이러한 문제를 우리의 기억 속에 영원히 새겨넣음으로써 같은 실수를 반복하지 않겠다는 우리의 굳은 결의를 다시 한번 강조한다.[830]

역설적이게도, 일본이 아닌 독일이 고노 담화에 명시된 약속을 이행하여 주변국의 신뢰와 확신을 얻는 데 성공했다. 그 결과, 전쟁에서 패배하고 잔혹한 전쟁범죄를 저질렀다는 비난을 받던 독일의 위상은 유럽에서 가장 영향력 있는 지도국으로 격상되었다.

독일 못지않은 경제적 자원을 가진 일본은 동북아시아와 전 세계에서 독일과 같은 지도적 위치를 확보하기를 바라고 있다. 일본은 약 20년 전부터, 유엔 안전보장이사회의 새로운 상임이사국이 되어 유엔에서 지도적인 역할을 수행하기를 희망해 왔다. 일본 정부는 자국이 "개혁된 이사회의 상임이사국으로서 더 많은 책임을 질 결단력, 의지, 능력을 보여주었다"고 주장하여 일본이 상임이사국 지위를 인정받아야 하는 정당성을 강조했다.[831] 그러나 일본은 과거 전쟁범죄에 대한 태도를 문제 삼은 중국과 한국의 반대에 직면했고, 유엔 상임이사국 지위를 차지할 수 없었다.[832] 일본은 독일처럼 주변국의 신뢰와 확신을 얻어야 비로소 이러한 반대를 극복할 수 있을 것이다. 지금까지의 실패는 일본이 과거사 문제에 대한 현재의 접근 방식을 재고하고, 독일이 성공적으로 실천한 것과 같은 새로운 접근법을 채택하는 것이 일본의 국익에 부합한다는 점을 시사한다.

일본은 이웃 국가들과의 영토 분쟁에 대해 보다 유연한 접근법을 고려해야 한다. 독도 문제와 관련하여, 한국은 독도에 대한 완전한 영토 통제권을 행사하고 있으며, 일본은 이를 부정할 만한 설득력 있는 법적 논거를 제시하지 못하고 있다.[833] 법적 논쟁과는 별개로, 가까운 장래에 한국의 독도 영유권에 어떠한 변화도 생길 가능성은 없다. 그런데도, 주기적으로 반복되는 일본 정부의 독도 영유권 주장은 아무런 실익도 없이 한국인의 반일 감정을 자극하고 양국 관계에 불필요한 갈등을 초래한다. 1905년 일본의 독도 점령을 시작으로 한국 침탈 과정이 전개되었기 때문에, 일본의 정기적인 독도 영유권 주장은 한국인들에게 일본의 한국 침략과 점령을 상기시키는 요소가 된다.[834] 결국, 일본이 한국과의 관계를 손상시키면서까지 독도 영유권을 주장하는 것이 과연 일본의 장기적인 국익에 부합하는 전략적이고 지혜로운 정책인지 재고할 필요가 있다.

센카쿠 열도 문제에 대해서는 일본이 이미 영토 통제권을 행사해 왔다. 일본이 이 섬들에 대한 주권을 포기하지 않더라도, 천연가스와 석유 같은 인접 해역의 에너지 자원과 해양 자원을 주변국과 공유하는 등 갈등을 완화하기 위한 화해 조치를 모색해 볼 수 있다. 이러한 조치는 해당 도서의 영유권을 양보하지 않더라도 일본과 이웃 국가 간의 신뢰를 회복하는 데 긍정적인 영향을 미칠 수 있다. 쿠릴 열도 문제와 관련하여, 러시아는 현재 자국이 점령하고 있는 네 개의 섬 중 절반을 일본에 양도하겠다고 제안한 바 있다.[835] 상당수의 일본 국민은 이러한 제안을 지지하는 것으로 보이며, 보도에 따르면 일본 국민의 46%가 두 섬을 먼저 반환하는 방안에 찬성한다고 응답했다.[836] 일본이 이 제안을 수락하면 쿠릴 열도 문제 해결의 단초를 마련할 수 있다.

위에서 제안된 조치들은 일본의 이익에 반하여 일본에 일방적인 양보를 강요하는 것은 아니다. 반대로, 주변국들과의 영토 분쟁을 지속하는 것은 일본의 안보 이익에 부합하지 않을 뿐 아니라, 일본의 장기적인 정치적 이익을 저해할 가능성이 높다. 특히, 일본이 국제사회에서 주도적인 역할을 하고자 하는 경우에 더욱 그러할 것이다.[837] 독일이 제2차 세계대전 이후 일본처럼 폴란드, 프랑스, 오스트리아와 같은 이웃 국가들과 영토 분쟁을 지속했다면, 오늘날과 같은 유럽의 지도국이 되지는 못했을 것이다. 이러한 독일의 신중한 태도는 시사하는 점이 많다. 일본이 독도에 대한 영유권 주장을 계속하는 한, 일본의 한반도 침략과 점령의 기억을 간직하고 있는 한국인들이 일본에 대해 완전한 신뢰를 갖기는 어려울 것이다.

일본과 중국 간 센카쿠 열도 영유권 분쟁은 동중국해의 불안을 가중시키는 요인으로 작용하고 있다. 또한 쿠릴 열도에 대한 일본과 러시아 간의 분쟁은 일본의 안보 환경을 더욱 악화시킬 수 있다. 현재 러시아는 우크라이나 전쟁으로 인해 즉각적인 군사적 조치는 어렵더라도, 장기적으로 쿠릴 열도에 주둔하는 군사력을 증강시킬 가능성이 있으며, 이는 일본 본토에 직접적인 안보 위협이 될 수 있다.[838] 따라서 일본은 주변국들과의 영토 분쟁에 대해 위에서 제시된 방안과 같은 보다 영구적이고 실질적인 해결책을 모색할 필요가 있다. 이를 위해서는 영토 문제나 역사 문제에 관해 강경한 입장을 고수하는 국내 우익 정치 세력의 요구를 극복하고, 보다 장기적인 국익을 추구하는 전략적 접근이 요구된다. 영토 문제와 관련하여 주변국들의 입장을 존중하고 이를 고려하는 외교적 접근 방식은 일본의 안보를 강화하고, 국제적 위상을 높이는 데 긍정적으로 작용할 것이다.

일본과 주변국의 화해는 동북아의 평화를 유지하는 데 필수적이다. 지금까지 논의된 역사 문제와 영토 분쟁은 지역 내 안보 협력을 저해하고 있으며, 도서 영유권 분쟁이 전면전으로 확대될 가능성은 낮지만, 국지적 충돌로 발전할 위험은 여전히 존재한다. 일본은 미일동맹에 대한 의존도가 높아 안보 문제에 관한 정책 결정에서 완전한 자율권을 행사하기 어려울 수 있다. 그러나 이러한 의존도가 일본이 지역 내 다른 국가들과의 관계를 악화시키고 결과적으로 안보적인 취약성을 심화시키는 것을 정당화하지는 않는다. 일본의 안보 이익은 이웃 국가들의 신뢰와 확신을 확보함으로써 더욱 강화될 것이다. 계속되는 역사 및 도서 분쟁은 일본의 신뢰도를 훼손하고, 국제무대에서의 정치적 자본을 감소시켜, 궁극적으로 일본의 안보와 외교적 위치를 약화시킬 위험이 있다. 이는 일본이 미국과의 동맹에 더욱 의존하게 만들 뿐만 아니라, 유럽의 지지를 받으며 위상을 회복한 독일과 같은 "정상 국가"로 나아가는 대신, 오히려 그 길에서 점차 멀어지는 잘못된 행보가 될 것이다.

제6장

외부에서 온 내부자 : 미국과 러시아

6.1 역사적 맥락 : 외부에서 온 내부자

6.1.1 동북아시아에서 미국의 등장

미국과 러시아는 영토의 대부분 혹은 전부가 동북아시아에 속하지 않기 때문에, 동북아시아에서 "외부자"로 간주된다. 미국은 서태평양에 괌과 사이판 제도를 보유하고 있으나, 동북아시아에 영토는 없다. 러시아는 19세기 후반부터 동북아시아의 동쪽 해안(연해주)과 아무르강 상류(아무르주)를 따라 영토를 확보했지만, 러시아 영토와 인구의 대부분은 여전히 동북아시아 외부에 위치해 있다. 19세기에 동북아에 등장한 이 두 나라는, 제2차 세계대전 이후 동북아시아 지역에 지대한 영향력을 행사하며, 이 지역의 정치적, 경제적 지형을 형성하는 데 중요한 역할을 해왔다. 이러한 점에서, 두 나라는 역내 어느 국가 못지않게 "내부자"로도 간주될 수 있다. 미국과 제정 러시아의 후계자인 소련은 각각 자본주의 자유 세계와 공산권을 선도하는 중심 국가로 부상했으며, 동북아시아에서 독자적인 동맹 체제를 구축했다. 이 장에서는 동북아시아에서 미국과 러시아(소련)의 적극적인 개입과 이들이 이 지역의 전쟁 및 분쟁에 미친 지대한 영향을 논의한다. 먼저 미국의 역할을 살펴보고, 이어서 러시아의 영향을 분석한다.

19세기에 여전히 국가 성장 과정에 있던 미국은 아시아에 진출했으나, 상대적으로 후발 주자였으며 처음에는 중국 등지에서 선교 활동에 집중했다.[839] 그러나 미국도 상업적 이익을 확보하고자 다른 유럽 강대국들과 마찬가지로 중국에서 경제적 이권을 추구하게 되었다.[840] 미국은 1844년 중국과 왕기아조약(望厦條約)을 체결하고 2년 전 영국이 중국과 맺은 조약(난징조약)에서 얻어낸 양허를 그대로 확보했다. 이 조약에는 치외법권, 즉 중국에서 활동하는 외국인은 본국의 법률만 적용된다는 규정이 포함되어 있었다.[841] 또한 이 조약은 무역과 관련하여 고정적인 관세를 규정하고, 미국 무역상에게 항구를 개방하고, 개항장 내에 교회와 병원을 지을 수 있는 권리를 부여했다.[842] 중국이 미국에 이러한 혜택을 제공한 배경에는 미국과의 협력을 통해 영국의 독점적인 영향력을 약화시키고자 했을 가능성이 있다. 이는 당시 청나라가 서구 열강을 상대로 균형을 맞추려는 외교 전략의 일환으로 해석될 수 있다.

중국의 균형 전략은 당시 미국이 받은 최혜국(most-favored-nation, MFN) 대우에서도 드러나는데, 최혜국 대우란 중국이 유럽 강대국들에 제공한 혜택과 동일한 조건을 미국에도 적용한다는 의미로,[843] 이는 미국이 별도의 추가 협상 없이도 유럽 국가들이 중국과의 교섭을 통해 얻은 이익을 자동으로 확보할 수 있도록 보장하는 조치였다. 이러한 보장은 미국의 중국 접근 방식에 영향을 미쳤다. 미국은 최혜국 대우를 통해 이미 유럽 국가들과 동일한 혜택을 보장받고 있었기 때문에, 다른 서구 열강들처럼 중국에 대해 군사적, 경제적으로 공격적인 태도를 취할 필요가 없었다. 실제로, 미국은 다른 유럽 강대국들에 비해 중국에 대해 과도하게 개입한다거나 공격적인 태도를 취하지 않았기 때문에, 중국 관리들은 미국을 덜 위협적인 존재로 인식했다.[844]

미국은 중국과 관련해서는 다른 유럽 강대국들의 주도를 수용했을지 모르지만, 일본에 대해서는 독자적으로 행동했다. 1854년, 매튜 페리(Matthew C. Perry) 제독의 지휘 아래 미국은 일본과 성공적으로 수교했으며, 일본과 최초로 근대적인 외교 조약을 체결한 서양 국가가 되었다.[845] 이 과정에서 미국은 영국과 유사한 포함 외교(gunboat diplomacy)를 활용했다. 페리는 일본을 직접 침공하지는 않았지만, 함포 사격으로 해군력을 과시하여 일본 지도자들이 미국의 통상 요구를 수용하도록 압박했다.[846] 이후 일본은 19세기 중국과 유럽 열강들 사이에 체결된 불평등 조약의 전례를 따라, 미국 무역상들을 위해 항구를 개방하고 일본 내 미국인 기소에 관한 미국의 관할권을 인정했다.[847] 미국에 의한 일본 개항은 일본이 서구에 문호를 개방하면서 보다 적극적으로 서구의 문물을 받아들이고 내정 개혁과 산업 근대화의 길로 나서게 하는 첫 단초를 제공했다.

한편, 미국은 일본과 마찬가지로 서구 열강으로부터 자국의 고립을 유지했던 한국을 개항시키려 했다. 그러나 대원군이 권력을 장악하고 있던 당시 조선 정부는 개항할 뜻이 없었고 통상을 요구하는 서구 세력에 맞서 군사적 대결을 하기로 결정했다. 1871년 미국은 함대를 보내 한국 원정(신미양요)을 감행했다. 미군은 압도적인 군사력의 우위를 보이며 강화도의 조선 포대를 점령했지만, 조선을 굴복시키지 못했고 한국을 개항시킬 수 없었다. 그러나 이로부터 10년 후 한국이 서양에 개항하기로 결정했을 때, 미국은 한국과 평화(수호)·통상 조약을 체결한 최초의 서양 국가가 되었다.[848] 한국과의 조약은 일본과의 조약과 유사하게, 미국 무역상들에게 최혜국 대우를 부여하고 고정 관세와 치외법권을

인정하는 조항을 포함하여 한국에서 미국의 이익을 보호했다.[849]

　미국은 19세기 후반부터 20세기 초에 걸쳐 동북아시아에서의 존재감과 영향력을 점차 확대하며 지역 내 주요 세력으로 자리 잡았다. 특히 1904~1905년 러일전쟁 당시, 미국은 전후 협상에서 중요한 역할을 수행하며 국제적 위상을 과시했다. 러일전쟁 종결을 위한 포츠머스 조약(Treaty of Portsmouth)은 미국 뉴햄프셔주 포츠머스에서 체결되었으며, 이를 중재한 시어도어 루스벨트 대통령은 적극적인 외교적 개입을 통해 미국이 동북아시아에서 조정자로 부상했음을 보여주었다. 당시 시어도어 루스벨트 미국 대통령은 독일과 프랑스의 전쟁 개입을 막으려 노력하며, 미국이 더 이상 동북아시아에서 대수롭지 않은 세력이 아니라는 신호를 보냈다.[850] 루스벨트는 독일과 프랑스가 간섭할 경우, 즉각 일본을 지원하겠다고 통보하며 일본에 대해 우호적인 입장을 견지했다.[851] 이는 동북아시아에서 미국의 전략적 이익을 보호하고, 유럽 열강이 지역 내 세력 균형에 과도하게 개입하지 못하도록 견제하려는 전략이었다.

　미국은 러일전쟁 이후 일본의 한국 점령 시도를 지원하는 모습을 보였다. 이는 당시 미국의 외교적 이해관계와 맞물려 동북아시아에서 일본의 제국주의적 확장을 촉진하는 데 기여했다. 미국은 1882년 한국과 체결한 조미수호통상조약에 따라 외세의 압박이 있을 경우 한국을 돕기로 한 조약상의 의무를 이행하지 않았다.[852] 더욱이, 1905년 체결된 가쓰라-태프트 협정에서 미국은 일본의 한국 점령을 사실상 승인했다.[853] 당시 미국은 일본의 한국 점령과 동북아시아에서의 식민지 확장을 지원하는 것이 장기적으로 이 지역에서 미국의 이익과 충돌할 가능성이 있다는 점을 인식하지 못했다. 미국의 일본 지원은 결과적으로 동아시아에서 세력 불균형을 초래했고, 일본의 제국주의적 팽창을 방조하는 결과를 낳았다.

　1932년 일본의 만주 점령과 지역에서의 우월한 지위는 미국의 무역과

190

상업적 이익에 잠재적으로 부정적인 영향을 미칠 수 있다는 우려를 야기했다.[854] 그러나 당시 미국은 이러한 우려에도 불구하고, 일본의 침략을 억제하거나 미국 농산물과 공산품의 주요 수입국이었던 일본과의 관계를 위태롭게 할 만한 조치를 취하지 않았다.[855] 미국은 일본의 만주 점령에 대해 공식적으로는 스팀슨 독트린(Stimson Doctrine, 1932)을 통해 국제법을 위반하여 무력으로 획득된 영토와 이를 통해 수립된 정부를 인정하지 않겠다고 선언했으나, 실질적인 조치는 없었다. 일본의 만주 점령을 방관한 것은 미국의 전략적 이익에 부합하지 않는 결정이었다. 미국의 이익은 동북아시아에서의 자유로운 무역 환경과 경제적 접근성을 유지하는 것이었으나, 일본은 만주를 점령함으로써 독점적 경제권을 구축하고, 이를 통해 자국의 군사적·경제적 영향력을 강화하려 했기 때문이다.

우려와 방관이라는 미국의 양면적 태도는 1930년대와 1940년대에 중일전쟁이 격화되면서 점차 변화했다. 1940년, 미국은 중국에 대한 원조를 확대했으며, 일본의 전쟁 수행에 필수적인 석유, 철강, 철, 기타 원자재의 대일 수출을 제한하기 시작했다.[856] 이에 대해 일본은 같은 해 독일, 이탈리아와 삼국동맹을 체결하여 적대적으로 대응했다. 미국과 일본은 외교적 해법에 도달하지 못했고, 협상 실패는 양국 간 전쟁이 임박했음을 의미했다.[857] 미일 간 전쟁은 1941년 12월 일본 해군이 하와이 진주만에 주둔한 미 해군 함대를 기습 공격하면서 시작되었다.[858] 전쟁 초기에 일본은 태평양 전역에서 일련의 성공을 거두었으나, 전략적 오류, 부족한 생산 능력, 그리고 미국에 비해 상대적으로 빈약한 자원으로 인해 초기의 성공을 지속할 수 없었다. 제2차 세계대전에서 태평양 전역에서 일본에 대해 완승을 거두며, 미국은 동북아시아의 패권국으로 부상했다.

6.1.2 러시아의 동북아시아 진출

16세기 후반 러시아 국가의 발전은 시베리아와 동북아시아를 향한 확장으로 이어졌다.[859] 러시아는 초기에 시베리아의 토착민을 정복하여 세력을 확장했고, 이후 수익성이 좋은 모피 무역을 바탕으로 동방 영토의 식민지화가 촉진되었다.[860] 1600년대 초, 러시아는 베이징에서 시베리아 모피 시장을 확보하기 위해 명나라와의 접촉을 모색했다.[861] 1640년대에는 훗날 청나라 왕조를 세운 만주족과 조우했으며, 아무르강을 따라 식민지를 확장했다.[862] 러시아 식민지 개척자들과 만주 지역의 주민들 사이에 소규모 충돌이 발생했으나, 러시아는 베이징과 모피 무역을 위한 채널을 구축하는 데 성공했다.[863] 그러나 이러한 무역 관계는 1670년대에 아무르 지역의 현지 부족들이 러시아와 떠오르는 청 제국 중 어느 편에 설지를 결정하기 시작하면서 위기를 맞았다. 이로 인해 국경 지역에서 습격 사건이 빈번하게 발생했다.[864] 협상을 통해 청나라는 러시아와의 북동 국경에 대한 합의에 도달했고, 이는 1689년 네르친스크 조약으로 성문화되었다. 이 조약을 통해 청나라는 무역권을 대가로 러시아를 아무르 지역에서 축출하는 데 성공하며, 동북아시아에서의 우위를 확립했다.[865]

1720년대에 이르러 러시아는 표트르 대제의 통치 아래 제국으로 성장하며 영토를 태평양까지 확장했다. 1727년, 러시아 제국과 청나라는 캬흐타 조약을 체결하여 청나라와 러시아 간의 북서쪽 국경과 무역 조건을 명확히 했다.[866] 당시 러시아는 시베리아에서 수익성이 높은 모피 외에도 대규모 매장량을 가진 철과 기타 귀금속을 발견하여 새로운 경제적 자원을 확보했다.[867] 러시아는 시베리아에서 철 채굴을 대폭 늘렸고, 철의 순 수입국에서 유럽 최대의 철 수출국으로 변모했다.[868] 시베리아 정복과 동방으로의 진출은 러시아의 정체성을 형성하는 데 중요한 역할을 했으며, 국가적 핵심 과업이 되었다. 이는 광대하고 자원이 풍부한 영토를 가진 강력한 제국으로서의 러시아의 역할을 확고히 하는 것으로 여겨졌다.[869] 시베리아와 극동 지역에서 영구적인 영토를 차지하며 그곳에 상당한 경제적·정치적 이해관계를 구축한 러시아는 더 이상 유럽의 한 강대국에 머물지 않고, 유럽과 태평양을 잇는 대륙 강국으로 부상했다. 이러한 맥락에서 역사학자 미하일 노소프(Mikhail Nosov) 박사는 러시아를 본질적으로 두 대륙(유럽과 아시아)에 걸친 국가로 묘사하며, 러시아 인구의 최소 20%가 아시아인으로 구성되어 있다고 설명했다(참고로, 미국에서 아시아인 인구 비율은 6%를 약간 넘는 수준이다).[870]

네르친스크 조약 체결 이후 약 160년이 지난 1858년, 러시아 제국은 다시 아무르강 지역에 정착촌 건설을 시도했다.[871] 당시 청나라는 영국과의 아편전쟁(1839~1842)에서 패배한 후 국력이 약화되어 북동쪽 국경을 효과적으로 방어할 수 없는 상태였다. 이를 기회로 러시아는 1858년 아이훈 조약(Treaty of Aigun)과 1860년 베이징 조약을 통해 만주의 광대한 지역에 대한 통제권을 확보했다. 이 조약을 통해 아무르강이 러시아와 중국 간 공식 국경으로 설정되었으며, 만주 동부 해안과 아무르강 북쪽의 상당한 영토가 러시아에 넘어갔다.[872] 그 결과, 러시아는 새로 획득한 영토에 태평양으로 연결되는 항구 도시 블라디보스토크를 건설할 수 있었다. 러시아의 영토 확장은 멈추지 않았다. 1890년대, 러시아는 시베리아 횡단 철도의 연장선인 중국 동방 철도(CER)를 개발하며 만주의 더 남쪽으로 영향력을 확장했다. 철도를 따라 위치한 역들은 비록 중국 영토 내에 있었지만, 러시아 정착촌의 중심지로 발전했다. 비록 공식적으로 추가적인 영토를 합병하지는 않았으나, 러시아 정책 입안자들은 이 철도를 자국의 산업 발전을 촉진하고, 경제적으로 낙후된 시베리아 지역에 국제 자본을 유치하기 위한 전략의 핵심으로 보았다.[873]

러시아의 만주 진출은 만주로 세력을 확장하던 일본과의 경쟁으로 이어졌다. 일본은 1894년 청일전쟁에서 승리한 후 중국으로부터 랴오둥반도(요동반도)를 할양받았다. 그러나 일본의 팽창을 우려한 유럽 강대국들은 일본에 랴오둥반도를 중국에 반환하라는 압력을 가했다.[874] 이 협상에 깊이 관여한 러시아의 개입은 결국 일본의 랴오둥반도 포기로 이어졌다. 1897년, 러시아는 랴오둥반도에 포트 아서(아서 요새)를 건설하고, 태평양 함대를 이 항구에 주둔시켰다.[875] 또한 하얼빈과 같은 새로운 도시를 건설하며 만주에서의 영향력을 확대했다.[876] 이로써 만주는 러시아의 지배하에 놓이게 되었으나, 여전히 공식적으로는 중국 영토로 남아 있었다. 한편, 러시아는 한국에서도 상당한 영향력을 행사하기 시작했다. 이는 부분적으로 고종이 1895년에 명성황후가 일본 세력에 의해 시해된 이후, 일본군으로부터 안전을 확보하기 위해 1896년 2월부터 약 1년간 러시아 공사관으로 피신한 아관파천과 관련이 있었다.[877] 러시아와 일본 간의 긴장은 점차 고조되었고, 결국 러일전쟁(1904~1905)으로 이어졌다. 이 전쟁에서 미국과 영국은 일본을 지원했다. 예상과는 달리 일본은 전쟁에서 러시아를 패배시키는 데 성공했으며, 전쟁 이후 일본은 랴오둥반도를 포함한 남만주 지역에 대한 지배권을 확보했다.[878]

제1차 세계대전과 뒤이은 러시아 혁명(1917~1923)은 러시아를 혼란의 시기로 몰아넣었다.[879] 제정 러시아의 뒤를 이은 소련은 극동 영토에 대한 통제권을 회복했지만, 일본은 1932년까지 만주 전역을 점령하며 세력을 확장했다.[880] 1939년, 소련과 일본은 몽골과 만주 국경에서 벌어진 할힌골 전투에서 충돌했다. 게오르기 주코프(Georgy Zhukov)가 지휘한 소련군은 일본군을 결정적으로 패배시키며 일본군을 몽골에서 몰아냈다.[881] 소련과 일본은 일본이 진주만에서 미 해군 함대를 공격하기 불과 몇 달 전인 1941년 불가침조약을 체결했으나,[882] 이 조약은 오래 가지 못했다. 1945년 8월, 소련군은 만주에 주둔하던 약화된 일본군을 공격했

도안 6.1 만주 지도(1945)
(출처: Manchukuo Rail Network, https://commons.wikimedia.org/wiki/File:Man chukuo_Railmap_en.png#/media/File:Manchukuo_Railmap_en.png에서 수정)

다.[883] 이미 자원이 고갈된 일본군은 경험이 풍부하고 장비가 잘 갖춰진 소련군에 맞설 수 없었다. 8월 말까지 소련군은 만주 전역을 점령했고, 일본군은 항복했다.[884] 소련군은 이어 한반도에 진입하여 9월 초까지 한반도 북부를 점령했다.

6.1.3 미국과 러시아: 외부자에서 내부자로

제2차 세계대전이 끝날 무렵, 미국과 소련은 동북아시아에서 가장 강력한 세력으로 부상했다. 미국은 전쟁에서 패배한 일본과 한반도 남부(38선 이남)를 점령했고, 이는 1948년 대한민국의 수립으로 이어졌다.[885] 소련은 1945년 8월 말까지 만주에 주둔하던 약화된 일본군을 몇 주만에 제거하고 만주 전체와 후에 조선민주주의인민공화국(북한)이 된 한반도 북부를 점령했다.[886] 그 시점에서 100년 전만 해도 미국과 러시아는 동북아시아에서 강대한 세력이 아니었다. 미국은 유럽 강대국들의 전례를 수용했고, 러시아는 당시 여전히 강력했던 중국과 협상을 시도해야 했다. 두 나라는 19세기 중반까지 동북아시아에서 "외부자"로 간주되었으며, 19세기 후반에 이르러서야 영향력을 키우기 시작했지만, 그 역할은 여전히 제한적이었다. 그러나 2차 대전 종전 무렵, 두 나라는 단순히 동북아시아를 점령하는 데 그치지 않고, 이 지역의 정치, 군사, 경제적 구조를 결정하는 "내부자"로 변모했다.

미국은 제2차 세계대전 이후 한국과 일본의 설계자로서 중요한 역할을 했다. 미군은 1945년 일본의 식민지 지배에서 해방된 남한에 군정을 세우고 1948년까지 직접 통치했으며,[887] 일본은 연합군 최고사령부(SCAP)를 통해 간접적으로 통치하며 1952년까지 영향력 아래 두었다.[888] 전후 한국과 일본에서는 미국의 정치적 영향력이 지대했으며, 두 나라 모두 자유 선거, 시민의 자유, 독립적인 사법부와 법치주의에 기초한 자유민주주의 제도를 도입했다. 이는 미국 민주주의의 핵심 원칙을 반영한 것이었다. 전후 정치적 발전 과정에서 일본은 천황의 정치 권력을 박탈하고 전쟁을 포기하는 헌법 개정을 이루었으며, 한국에서는 미국에서 교육을 받고 미군정의 지원을 받은 이승만이 초대 대통령으로 선출되었다. 이러한 변화는 동북아시아에 두 개의 친미 민주주의 국가의 탄생을 의미하며, 미국의 강력한 정치적 영향력을 보여주는 사례였다.

경제적 측면에서, 한국과 일본은 자본주의 시장경제를 채택했으며, 정부는 경제적으로 제한적인 역할만 수행했다. 미국은 제2차 세계대전과 한국전쟁 이후 일본과 한국의 경제 회복과 지속적인 발전을 적극적으로 지원했다. 한국과 일본은 세계 최대의 수출 시장인 미국 시장에 접근할 수 있었으며, 이는 두 나라가 수출 주도형 경제개발 정책을 채택하고 경제를 발전시키는 데 필수적인 역할을 했다.[889] 미국은 시장 접근 외에도 한국과 일본에 기술 이전과 자본 투자를 제공했다.[890] 미국은 이 지역에서 강력한 경제적 영향력을 유지하고 있다. 예를 들어, 1997년 아시아 금융위기로 상당한 타격을 받은 한국 등 동북아 국가들은 미국과의 긴밀한 협의를 통해 위기 극복 방안을 마련했다. 미국은 위기에 대처하는 국제통화기금(IMF)과 같은 국제기구에서 결정적인 영향력을 가지고 있으므로 필요한 지원을 할 수 있었다.[891]

또한 미국은 동북아시아의 안보 체제를 설계하고 운영해 왔다.[892] 미국의 한국전쟁 참전은 중국의 지원을 받는 북한이 한반도를 적화통일하려는 시도를 좌절시켰으며, 한반도의 정치·안보 지형을 영구적으로 변화시켰다. 미국은 한국과의 군사동맹에 따라 수십 년 동안 한국에 전투 준비 태세를 갖춘 병력을 주둔시켜 한국의 안보를 보장했다.[893] 동시에 일본에도 군사력을 주둔시켜 북한과 그 동맹국들(중국, 러시아)에 대항하는 강력한 군사동맹 체제를 형성했다. 그러나 1970년대에 접어들면서, 베트남 전쟁의 경험을 계기로 미국은 이 지역에 대한 접근 방식을 변경하기 시작했다. 미국은 중국에 대한 외교적 영향력을 강화하고 고비용의 전쟁 가능성을 낮추는 방향으로 나아갔다. 1972년 2월, 리처드 닉슨 대통령의 역사적인 중국 방문은 양국 관계에 전환점을 마련했으며, 이를 계기로 1979년 미중 관계가 정상화되었다.[894] 미국은 또한 1978년 경제 개혁을 통해 시작된 중국의 경제개발을 지원했다.[895] 과거 한국과 일본에 대해 제공했던 것처럼, 미국은 중국에 시장을 개방하고, 자본 투자를 제공하며, 기술 이전을 허용했다.[896]

러시아는 또 다른 지역 "내부자"로 자리 잡았다. 19세기에 극동 영토를 확보한 이후, 러시아는 동북아시아의 정치적, 군사적 지형에 영구적으로 편입되었다. 특히 러시아는 공산주의 확산을 통해 동북아시아의 여러 국가에 깊은 영향을 미쳤다.[897] 러시아는 중국의 공산주의 정권 수립에 중요한 역할을 했으며,[898] 1920년대에는 몽골 정부 수립을 지원하고 중국이 몽골의 독립을 승인하도록 했다.[899] 제2차 세계대전 후에는 소련군이 한반도 북쪽 절반을 점령하고 북한의 공산주의 정부 수립을 지원했다.[900] 또한 소련은 북한의 한반도 적화통일 계획을 지원했으나, 공식적으로 한국전쟁에 참여하지는 않았다.[901] 전후 소련의 사상(공산주의), 관료주의, 기술 및 산업 기법은 중국, 북한, 몽골을 포함한 이 지역의 다른 공산주의 국가들의 정치, 경제, 산업 발전에 지속적으로 영향을 미쳤다.[902]

제2차 세계대전 종전 무렵, 러시아는 동북아시아에서 중요한 역할을 하는 영향력 있는 내부자가 되어 있었다. 그러나 1960년대에 들어서면서 러시아의 지역 주도권은 쇠퇴하기 시작했다. 중국에서 민족주의가 고조되면서 러시아의 지도력을 무조건적으로 수용하지 않게 된 것이다. 1950년대, 러시아는 수천 명의 엔지니어와 노동자, 그리고 대량의 기계와 도구를 중국에 보내 중국 전역에 현대식 공장 네트워크를 구축했지만, 이러한 지원도 러시아와 중국 간의 갈등을 완화하는 데 별다른 영향을 미치지 못했다.[903] 1958년, 마오쩌둥은 러시아의 경험에서 배울 필요는 있지만, 이를 중국에 적용하는 데 있어 선택적 접근법을 취하겠다고 언명하며 중국의 민족주의적인 정서를 반영했다.[904] 이어 1959년 가을, 그는 "외국 공산당이 중국공산당의 내정에 간섭하는 것을 용납할 수 없다"고 발언하며, 러시아 지도부를 비난했다.[905]

마오쩌둥의 불만은 단순히 소련의 내정 간섭에 국한되지 않았다. 보다 근본적인 원인은 이념적 차이에 있었으며, 그는 소련 수상 니키타 흐루시초프가 대중국 원조를 축소하고,[906] 미국과의 화해(데탕트)를 추진한 정책에 불만을 표했다.[907] 또한 흐루시초프가 마르크스-레닌주의의 전통을 고수하지 않고 수정주의적 접근법을 채택한 점도 불신을 심화시키는 원인이 되었다.[908] 러시아와 중국 간의 갈등은 1969년 국경에서 발생한 무력 충돌로 최고조에 달했으며, 이는 공산주의 동맹 내에 심각한 균열을 초래했다.[909] 그러나 마오쩌둥 사후, 두 나라 간의 사상적 경쟁은 점차 약화되었고, 양국은 관계 개선을 모색하기 시작했다.[910] 2003년, 러시아는 북한 핵 위기 해결을 위한 6자회담(남북한, 미국, 중국, 일본 포함)에 초청받았다. 이는 러시아가 동북아시아에서 여전히 영향력 있는 지역 내부자임을 보여주는 사례였다.[911]

6.2 지속된 개입 : 정치적, 경제적, 군사적 영향

6.2.1 역내 주도 세력으로서의 미국

제2차 세계대전이 종료된 지 80년이 지났지만, 미국은 여전히 동북아시아의 주도 세력으로 남아 있으며, 이 지역에서 정치적, 경제적 영향력을 행사하고 있다.[912] 1950년대에 미국은 한국 및 일본과 상호방위조약을 체결하여 양국의 안보를 보장했다.[913] 이러한 군사동맹을 통해 한국과 일본은 미국의 국방 정책과 연계하여 자국의 안보 전략을 발전시켰다.[914] 동북아시아에 주둔한 미군은 단순히 한국과 일본의 국방정책에 영향을 미치는 데 그치지 않고, 북한, 중국, 러시아의 안보 태세에도 영향을 미쳐 이들의 군사력 증강을 촉진했다. 이 과정에서 미군, 그리고 이후에는 한국군의 군사적 우위는 북한의 핵무기 개발 및 증강에도 영향을 미쳤다.[915] 중국 역시 최근 수십 년 동안 미군과의 잠재적 충돌에 대비하기 위해 군사력을 지속적으로 강화해 왔다.[916] 러시아 또한 최근 몇 년 동안, 특히 우크라이나 전쟁 발발 이전까지 동북아시아에서 군사력을 증강하려는 시도를 지속해 왔다.[917]

미국은 동북아시아에 막대한 군사비를 지출하며, 이 지역에 강력한 군사력을 유지하고 있다. 현재 일본에는 5만 3천 명, 한국에는 2만

6천 명의 병력이 주둔하고 있다.[918] 서태평양에서 작전을 수행하는 미 7함대는 미국 태평양 함대의 지휘하에 있는 전진 배치 함대 중 가장 큰 규모를 자랑한다.[919] 7함대는 50~70척의 함정과 잠수함, 2척의 항공모함, 150대의 항공기, 2만 7천 명 이상의 해군과 해병대가 배속되어 있으며,[920] 이 지역에서 오랫동안 전력의 우위를 유지해 왔다.[921] 이 지역의 미 해군은 위기 상황에서는 일본 해상자위대 및 한국 해군과 협력해 작전을 수행한다. 미국 태평양 함대는 5척의 항공모함 전단, 1,100대의 항공기, 8만 6천 명의 병력, 2개의 해병 원정군(약 200척의 함정과 640대의 항공기를 포함)으로 구성되어 동북아시아에 주둔하는 미군을 지원한다.[922] 이와 더불어, 4만 6천 명의 병력과 420대 이상의 항공기로 구성된 미 태평양 공군도 작전 지원을 제공하며 지역 내 안보를 강화하고 있다.[923] 미국은 1990년대 이후 동북아시아에 핵무기를 배치하지 않았지만, 미국 정부는 동맹국들이 핵무기로 위협을 받을 경우 핵무기를 사용할 준비가 되어 있음을 분명히 하고 있다.[924]

미국은 동북아시아에서 정치적 영향력을 행사하고 있다. 제2차 세계 대전 이후, 미국은 한국과 일본 정부에 지대한 영향을 미쳤으며, 두 나라는 모두 자유 선거와 법치주의에 기초한 미국식 자유민주주의 체제를 채택했다. 이러한 미국의 정치적 영향력은 수십 년 동안 지속되어 왔다.[925] 미국은 두 나라의 내정에 간섭하지 않으려고 노력했지만, 1970년 대와 1980년대에 한국의 권위주의 정권이 민주주의로 복귀하도록 압력을 가한 바 있다.[926] 또한 미국은 일본에 한국을 포함한 다른 동아시아 국가들에 대한 원조를 증액하도록 요구하면서, 전후 일본이 미국으로부터 받은 원조의 일부를 이런 방식으로 상환하도록 했다.[927] 이 과정에서 일본은 한국에 원조를 제공했으며, 이는 제2차 세계대전 이후 약 20년간 공식적인 외교 관계가 단절되었던 두 나라 사이의 관계를 정상화하는 데 기여했다.[928]

그러나 1980년대 이후, 동북아에서 중국의 영향력이 확대되고 한국과 일본에서 민족주의가 강화되면서 미국은 이 지역에서 완전한 정치적 통제력을 유지하는 데 한계에 봉착했다. 역설적이게도 동북아에서 미국의 통제력이 약화된 것은 역내 각국의 경제적 발전을 지원하고 민주주의를 통한 정치적 성장을 독려한 미국 정책의 성공적인 결과라고 볼 여지도 있다. 동북아에서 미국의 지원을 받은 한국과 일본, 중국의 역량이 그만큼 성장했기 때문이다. 특히, 중국의 부상은 미국이 주도해 온 기존 질서에 도전하며 동북아시아에서 미국 중심의 세력 균형에 변화를 가져오고 있다. 이에 대응하여 최근 미국은 한국 및 일본과 협력해 중국에 대항하는 반도체 공급망 협력체인 칩4 동맹을 추진하며 지속적인 정치적 영향력을 입증하고 있다.[929] 칩4 동맹은 반도체의 생산, 공급, 연구 개발에서 중국 의존도를 낮추고, 미국 중심의 기술 동맹을 구축하기 위한 전략의 일환이다.

미국은 자국의 정치적 이상을 전파함으로써 동북아시아에서 정치적 영향력을 확대해 왔다. 1970년대 미국이 중국과 외교 관계를 공식화한 이후, 미국 민주주의의 이상은 중국의 학생과 지식인들에게 깊은 영향을 미쳤다. 매년 수만 명의 중국 학생, 연구자, 학자들이 미국을 방문하여 미국의 가치를 경험한 후 중국으로 돌아가고 있다. 이러한 영향은 1989년 톈안먼(천안문) 광장 시위 당시 학생들의 개혁 요구로 정점에 달했다. 시위대는 미국식 민주주의의 구현을 명시적으로 요구하지 않았으나, 미국 민주주의의 핵심 가치라고 볼 수 있는 정부의 민주적 책임성 (accountability), 헌법상의 적법 절차, 민주적 개혁, 언론의 자유, 출판의 자유 등을 구현하기 위한 개혁을 요구했다.[930] 그러나 중국 정부와 군대가 시위를 강경 진압하면서 수백 명의 사상자가 발생했다. 학생들의 시위는 중국의 정치 개혁을 이루지는 못했으나, 미국의 정치적 가치는 여전히 중국에 영향을 미치고 있다. 2022년 중국의 제로 코로나 정책에 반대하는

시위에서도 일부 시위대는 미국 민주주의에 고무되어 자유 선거를
요구하기도 했다.[931]

　미국은 동북아시아에서 상당한 경제적 영향을 미친다. 미국은 한국,
일본, 중국의 경제개발 과정에서 시장, 기술, 투자 등을 제공하여 이들
국가의 성장에 중요한 역할을 해왔다.[932] 이들 국가는 반도체와 같은
핵심 제품을 생산하는 데 있어 미국의 기술, 소재, 장비에 의존해 왔으며,
자체 기술과 장비를 개발하기도 했다.[933] 미국은 또한 동북아시아의
최대 투자국 중 하나로, 매년 이 지역에 수천억 달러의 자본을 제공하고
있다. 예를 들어, 2020년부터 2021년까지 미국의 동북아시아 투자액은
2,710억 달러에 달했다.[934] 자본 투자 외에도 미국의 경제적 영향력은
무역 및 투자와 관련된 조건을 결정할 수 있는 능력에서 비롯된다.
예를 들어, 1985년 미국이 주도한 플라자 합의는 일본 엔화의 절상을
유도했으며, 이는 일본의 대미 수출 감소로 이어졌다. 이를 통해 미국은
대일 무역 적자로 인한 경제적 손실을 일부 완화할 수 있었다.[935] 또한
한미 FTA는 미국의 수출 산업을 위한 "최적의 비즈니스 환경"을 조성하기
위해 한국의 규제 체계와 관행에 변화를 주기 위해 협상된 것으로,
결과적으로 미국의 대한 수출을 증가시켰다.[936] 아래에서 논의하겠지만,
미국은 동북아시아에서 상당한 경제 및 무역의 이해관계를 가지고
있으며, 이 지역에 상당한 경제적 영향력을 미치고 있다. 그러나 2025년
4월, 트럼프 행정부는 동북아 각국을 포함한 거의 모든 나라를 대상으로
WTO 규정 및 한국 등과 개별적으로 맺은 자유무역협정을 위반하여
일방적으로 관세 조치를 시행함에 따라, 그 영향력의 기반이 되는 국제적
신뢰가 상당 부분 훼손되었다.[937]

6.2.2 역내 미국의 경제·통상 이익

미국이 동북아시아에서 가지고 있는 중요한 경제·통상 이익은 경제 지표에 드러나 있다. 미국의 상위 6개 교역국 중 절반이 동북아시아(중국, 일본, 한국)에 속하며, 이 지역은 미국 상품 무역의 21%를 차지하고 있다.[938] 이 그룹에는 북미의 두 국가(캐나다, 멕시코)와 유럽의 한 국가(독일)만 포함된다.[939] 2022년 9월 기준, 미국은 중국과의 무역 분쟁에도 불구하고 여전히 중국으로부터 가장 많은 상품(4,180억 달러 상당)을 수입했다.[940] 또한 중국, 일본, 한국은 모두 미국의 7대 수출 시장에 포함된다. 과거 미국 원조의 주요 대상국이었던 동북아시아는 이제 미국의 경제·통상 이익에서 가장 중요한 지역 중 하나가 되었다. 2011년 오바마 행정부가 "아시아 회귀" 전략을 채택하고,[941] TPP(환태평양경제동반자협정)에 서명한 것은, 이 지역이 미국의 이익에 있어 얼마나 중요한지를 잘 보여준다.[942]

중국과의 무역 거래는 동북아시아에서 미국의 경제·통상 이익에 있어서 핵심적인 중요성을 갖는다. 미국은 2001년 중국의 WTO 가입에 동의했고, 이후 중국은 무역을 급격히 확대하며 경제성장을 이루었다. 데이비드 스틸웰(David R. Stilwell) 미 국무부 동아시아태평양 담당 차관보의 회고에 따르면, 미국은 소련을 견제하기 위해 더 강한 경제력을 가진 중국을 원했고, 1980년대부터 중국의 경제성장을 지지했다.[943] 중국과의 산업 경쟁이 격화되면서 마찰이 빚어지고 때때로 무역 분쟁이 발생하기도 했지만, 미국은 오랜 기간 중국과 협력적인 관계를 유지했다.[944] 그러나 2017년 트럼프 행정부 출범 이후 이러한 입장은 상당히 변화했다. 트럼프는 중국을 포함한 무역 상대국들과의 협력이 더 이상 미국의 이익을 충분히 보장하지 않는다고 판단했다. 그는 미국의 이익을 우선시하며 상대국의 양보를 끌어내는 것이 최선이라고 보았다.[945] 이에 따라 트럼프 대통령은 대립과 분쟁의 가능성을 감수하면서 광범위한 중국산 수입품에 고율 관세를 부과하는 등 일방적인 무역 조치를 단행했다.[946]

상호 협력을 기반으로 한 무역 관계를 불신했던 트럼프 행정부는 이전 미국 행정부가 수년간 체결을 위해 노력했던 TPP에서 탈퇴했다.[947] 또한 트럼프 행정부는 중국에서 수입되는 수백 종의 상품에 대해 2018년 최고 25%의 관세를 부과했고 2기 행정부가 들어선 2025년 4월부터는 145%라는 전례 없는 고율 관세를 부과하여 중국을 직접 겨냥했다.[948] 미국 정부는 이러한 관세 부과의 한 이유로 중국의 지적재산권 관련 불공정 관행을 지적했다.[949] 미국 측 주장에 따르면, 중국은 지적재산권 문제에 대한 우려가 여러 차례 제기되었음에도 이를 시정하지 않았으며, 의미 있는 해결책을 제시하지 않았다.[950] 중국의 산업 정책인 "중국제조 2025"는 미국이 전략적으로 중요하게 여기는 산업 부문에서 중국이 우위를 점하려는 계획을 담고 있었다. 미국은 이를 산업과 무역에서 자국이 차지하고 있는 국제적 지위에 대한 도전으로 간주했다.[951] 특히, 시진핑 주석은 전임 지도자들과는 달리 "중국 민족의 위대한 부흥"으로 묘사된 "중국의 꿈"을 달성하기 위해 공격적인 팽창 정책을 추진했다.[952] 이러한 정책 변화는 중국이 한때 경제성장을 위해 추구했던 "평화적 부상"의 시대가 사실상 종료되었음을 의미했다.[953] 중국의 변화된 정책에 대응해 미국은 보안상의 이유를 들어 화웨이를 포함한 주요 중국 IT 기업의 미국 내 영업을 금지했다.[954] 이러한 금지 조치는 미국의 경제·통상 이익을 위협할 수 있는 중국의 경제적 야심에 대한 강한 반대를 의미하며, 미중 간 경제적 데탕트의 종식을 알리는 신호라고 할 수 있다. 그리고 2025년 4월에 미국이 부과한 145%의 고율관세는 비록 트럼프 행정부가 협상을 의도한 조치였다고 하더라도 두 나라 사이의 신뢰를 파괴하고, 양국 무역관계를 돌이킬 수 없는 상황으로 몰아갈 수 있는 극단적인 선택이었다고 할 수 있다.

미국은 정보기술(IT)과 반도체와 같은 전략적 영역에서 중국을 배제함으로써 자국이 확보하고자 하는 경제·통상 이익의 범위를 재설정하고 있다. 바이든 행정부는 트럼프 행정부가 채택한 일방적 정책 기조를 변경시키겠다고 선언했지만, 실질적으로는 이러한 기조를 유지하거나 확대했다. 특히, WTO 분쟁해결패널이 미국의 대중 관세가 WTO 규정에 위배된다고 판결했음에도 불구하고,[955] 바이든 행정부는 해당 관세를 폐지하지 않았다. 미국은 이 판결이 WTO 상소기구의 최종 결정이 아니라고 주장하며 준수하지 않았다. WTO 상소기구는 미국이 상소기구 위원들의 신규 임명과 재임명을 거부하여 정족수 부족으로 기능이 정지된 상태였다.[956] 바이든 대통령은 또한 국가 안보를 이유로 중국 IT 기업에 대한 제재를 강화했다. 그는 화웨이와 차이나텔레콤의 미국 내 영업을 금지한 데 이어, 2021년 11월 보안장비법(Security Equipment Act)에 서명함으로써 화웨이, ZTE 등 미국의 국가 안보를 위협한다고 간주한 중국 기업들의 네트워크 장비에 대한 신규 인증 발급을 금지했다.[957]

미국의 중국 배제 정책은 반도체 공급망에도 광범위하게 적용되고 있다. 바이든 행정부는 칩4 동맹을 통해 한국, 일본, 대만과 같은 주요 반도체 공급국과 협력하여 중국을 공급망에서 배제하고, 미국 산업에 필수적인 반도체의 안정적 확보를 도모하고 있다.[958] 이는 단순히 반도체를 확보하는 것 외에도, 전략적으로 중국의 첨단 반도체 개발을 억제하려는 목표를 가지고 있다. 이 정책 목표를 달성하기 위해 미국은 중국에 대한 첨단 반도체 기술의 수출을 제한하고 있다.[959] 미국은 또한 세계 시장에서 중국의 반도체 생산 장비 확보를 제한하려고 노력하고 있으며, 미국은 일본과 네덜란드와 협력하여 첨단 반도체 생산에 필요한 장비를 중국으로 수출하는 것을 제한하고 있다.[960] 미국은 정책적으로 중국 내 반도체 생산 투자를 억제하고자 하며, 미국 정부로부터 보조금을

받는 반도체 생산업체는 중국 내 반도체 생산 투자를 확대하지 않는 의무 조건을 수용해야 한다.[961]

관측통들은 미국이 중국의 산업 확장을 억제함으로써 자국의 경제·통상 이익을 성공적으로 보호할 수 있을지에 대해 의구심을 표명해왔다. 예를 들어, 반도체 공급망에서 중국을 배제하기 위해 구성된 칩4 동맹은 가치 사슬(value chain)의 모든 주요 영역을 포괄할 수 있지만, 중국은 한국을 포함한 동맹 참여국들에 여전히 가장 큰 시장이기 때문에, 참여국들이 칩4 동맹에 완전히 협력하기 어려울 가능성이 있다.[962] 또한 중국을 배제하려는 시도는 미국 기업들에도 부정적인 영향을 미칠 수 있다. 중국은 연간 3천 5백억 달러 규모의 반도체를 수입하며, 주요 공급국 중 하나가 미국 반도체 생산업체다. 이는 중국이 자국을 배제하려는 미국의 시도에 보복 조치를 취할 가능성이 있음을 시사한다.[963]

중국 IT 기업들을 배제하는 데 따른 경제적 우려도 제기되고 있다. 이로 인해 소비자들은 상대적으로 고비용, 저품질의 장비와 서비스를 이용하게 될 가능성이 있으며, 이는 소비자에게 경제적 손실을 초래할 것이다.[964] 이러한 우려에도 불구하고, 미국은 전략 산업 분야에서 중국이 주도권을 장악하는 것을 미국의 경제적, 군사적 우위에 대한 장기적인 위협으로 간주하고 있다. 따라서 앞서 언급된 손실 위험에도 불구하고 미국이 중국에 대한 경제적 봉쇄 정책을 철회할 가능성은 거의 없다. 2025년 4월, 미국이 중국에 대한 AI 구현을 위한 반도체 수출을 제한하는 조치를 시행함으로써, 이러한 전망이 현실화되고 있다.[965]

단 미국의 이러한 시도가 성공적일지는 알 수 없다. 중국은 미국의 수출 통제를 기술 자립을 위한 계기로 활용할 수 있으며 최근 딥시크나 중국 기업 화웨이의 AI 반도체 양산 등 중국의 기술적 성과는 중국이 미국과의 기술 교류 없이도 첨단 산업을 발전시킬 수 있는 가능성을 보여주고 있다.

6.2.3 역내 러시아의 입지

1990년대 소련과 공산권의 해체는 동북아시아에서 러시아의 입지를 크게 약화시켰다. 러시아 경제는 소비에트 연방 해체로 인한 경제적 혼란과 체제 전환 과정에서 심각한 침체를 겪었으며,[966] 한때 세계 최대 규모를 자랑했던 군대도 감축되었다.[967] 비록 러시아의 영향력은 쇠퇴했으나, 동북아시아 국가들은 러시아의 안정을 유지하고자 러시아와 협력 관계를 구축하려고 노력했다. 특히 중국은 러시아를 전략적으로 이용해 미국에 대항하려는 의도를 가지고 있었다. 이로 인해 러시아는 이 지역에서 여전히 중요한 역할을 수행하게 되었다.[968] 소련의 붕괴 이후 미국이 세계 유일의 초강대국으로 부상하자, 러시아와 중국은 협력이 상호 이익을 위해 필수적이라는 점을 인식했다. 1990년대 양국의 협력은 지속적으로 발전했고, 1996년에는 장쩌민과 보리스 옐친이 미국의 패권적 영향력에 맞서기 위해 전략적 동반자 관계를 설정했다.[969] 러시아는 또한 중국의 군사력 증강을 지원했으며, 그 결과 1990년대 중국에 대한 러시아의 무기 판매가 급증했다.[970]

그러나 소련 붕괴 이후 러시아의 약화와 중국의 경제적, 군사적 부상은 1990년대에 양국 간 힘의 균형이 급격히 변했음을 보여준다. 소련은 한때 중국에 대한 경제적 우위를 유지했지만, 이 격차는 시간이 지나면서 역전되었다. 1988년 기준으로 중국의 GDP(3,123억 달러)는 러시아(5,547억 달러)의 약 56%에 불과했다. 그러나 1999년에는 중국의 GDP(1조 9천억 달러)가 러시아(1,959억 달러)의 5배를 넘어섰다.[971] 2021년에는 그 격차가 더 확대되어, 중국의 GDP(17조 7,300억 달러)가 러시아(1조 7,800억 달러)의 10배에 달했다.[972] 이에 러시아는 지역 파트너로서 중국에 대한 의존을 경계하며, 지역 내 다른 국가들과의 관계를 증진하기 위해 노력해 왔다. 예를 들어, 러시아는 중국과 협력하는 동시에, 1994

회계 연도에 약 16억 3천만 달러에 달하는 미국의 지원도 수락했다.[973] 또한 러시아는 일본과의 외교 관계를 발전시키고자 했으나, 100여 년 전 러일 제국주의 경쟁의 잔재로 남아 있는 쿠릴 열도를 둘러싼 오랜 영토 분쟁으로 인해 대부분 좌절되었다.[974]

러시아는 한반도 문제에 다시 개입했다. 러시아는 북한과의 외교 관계를 재조정하고 소련 시절의 상호방위 의무를 폐지했으나,[975] 우크라이나 전쟁에서 북한의 협력을 얻기 위해 북한과 방위조약을 다시 체결했다.[976] 또한 러시아는 세계적인 경제·산업 대국으로 부상한 한국과의 관계를 강화하기 위해 노력해왔다. 한국은 러시아의 경제난을 지원하기 위해 러시아에 차관을 제공했으며, 러시아는 한국에 첨단 군사 장비와 기술을 제공함으로써 차관의 일부를 상환했다.[977] 러시아의 동북아에서의 지속적인 존재감은 북핵 문제 해결을 위한 6자회담에 참여함으로써 부각되었다. 러시아는 처음에는 북한의 핵무기 개발 프로그램과 관련한 다자간 협상에서 배제되었으나, 이후 협상에 참여하게 되었다.[978] 북핵 문제와 관련해 러시아(그리고 중국)는 미국, 한국, 일본과는 다른 입장을 취하고 있다. 후자의 국가들은 북한의 완전한 비핵화를 요구하는 반면, 러시아는 북한의 비핵화뿐만 아니라 북한 정권의 유지를 보장하는 지역 안보 강화를 위한 결의안을 추구해 왔다.[979]

동북아시아에서 러시아의 존재감은 블라디미르 푸틴 대통령의 지도하에 러시아가 점진적으로 경제적 회복을 이루면서 새로운 국면으로 접어들었다.[980] 경제 회복은 러시아가 지정학적 신뢰를 회복하는 데 기여했으며, 푸틴 대통령은 동북아시아에서 러시아의 전략적 입지를 유지하는 것의 중요성을 지속적으로 강조했다.[981] 특히, 그는 지역 안보에 영향을 미칠 수 있는 러시아의 역량을 부각시키는 데 주력했다. 서방은 2014년 러시아의 크림반도 합병에서 잘 나타난 푸틴의 영토 팽창 야망을 경계하고 이를 받아들이지 않았다. 서방은 러시아의 침략 행위에 대응하여 경제 제재를 부과했으나, 그 효과는 확실하지 않았다.[982] 서방의 압박이 거세지는 가운데, 러시아는 이에 맞서 중국과의 군사 협력을 확대하며 새로운 전략적 대안을 모색했다.[983]

러시아는 역내 경제적 이해관계에 다시 관심을 기울였다. 러시아 극동 지역은 석유, 가스, 기타 광물이 풍부하게 매장되어 있으며, 이는 자원이 부족한 한국과 일본과 같은 동북아시아 국가들이 활용할 수 있는 자원이다. 푸틴 대통령은 "러시아의 동부 국경을 되살릴 새로운 세대의 개척자들"을 요구하며, 러시아 극동 지역 개발의 중요성을 강조했다.[984] 그러나 이 전략의 성공 가능성은 불투명하다. '극동 지역의 경제적 개척'에 나설 만한 인력과 자원의 이동이 감지되지 않으며, 정치적으로도 이 지역에서 푸틴의 장기집권에 반대하는 시위가 발생했다.[985] 푸틴에 대한 정치적 반대는 우크라이나 전쟁의 여파와 함께 다시 격화될 가능성 이 있으며, 정치적 불안은 경제개발에 긍정적인 영향을 미치지 않는다. 이러한 상황에서 한국 및 일본과의 경제 협력도 제한적이다. 두 나라는 2022년 2월 러시아의 우크라이나 침공 이후 서방 주도의 대러시아 경제 제재에 동참하면서 러시아와의 경제적 관계가 위축되었다.[986]

소련 붕괴 이후에도 러시아가 동북아시아에서 지속적으로 존재감을 보이는 것은 몇 가지 지정학적 함의를 내포하고 있다. 첫째, 구소련 시대와 비교해 경제력과 군사력이 감소한 러시아는 이 지역에서 소련이 한때 차지했던 정치적, 군사적, 경제적 영향력을 회복할 가능성이 거의 없다. 따라서 러시아의 지역적 영향력은 미국과 부상하는 중국에 비해 상대적으로 미약하다. 그런데도 러시아는 이 지역에서 상당한 군사력을 유지해 왔으며, 이를 통해 역내 안보에서 중요한 역할을 해왔다. 다만, 우크라이나 전쟁 이후에도 러시아가 동북아에서 같은 수준의 군사력을 유지할 수 있을지는 불확실하다. 둘째, 러시아의 지속적인 외교적 개입은 동북아시아의 정치 무대에서 러시아가 여전히 활동적인 국가임을 보여준다. 예를 들어, 러시아는 6자회담에 참여하여 북한의 핵 개발 프로그램이 자국 안보를 보호하기 위한 것이라는 북한의 입장을 지지했다.[987] 이러한 입장은 미국, 한국, 일본이 주장하는 북한의 완전한 비핵화와, 점진적인 주고받기(quid-pro-quo) 접근법을 주장하는 중국, 북한, 러시아 사이의 대립을 더욱 분명히 했다.[988] 셋째, 러시아는 극동 지역의 경제개발을 위해 한국과 일본 같은 인접 국가들의 지원과 협력을 필요로 하고 있다. 그러나 서방의 대러 경제 제재로 인해 이러한 경제 협력이 가까운 장래에 실현될 가능성은 낮다. 그러나 적어도 장기적으로는 공유 가능한 경제적 이익이 동북아 두 국가 그룹 간 교착 상태를 해결하는 데 긍정적인 역할을 할 가능성이 있다.

6.3 미래의 역할

6.3.1 미국 : 역내 신뢰 회복의 필요성

미국은 전통적으로 한국과 일본 등 지역 동맹국들과 협력하며 동북아시아에서 경제·안보 이익을 증진해 왔다.[989] 또한 무역 분쟁과 정치적 긴장에도 불구하고 중국 및 러시아와도 협력 관계를 유지했다.[990] 그러나 트럼프 행정부는 이전 행정부의 전통적인 다자주의적 접근법을 불신하고, 상대국들과 사전 협의를 하거나 협조를 구하지 않으며, 동맹국들의 입장과 이익을 경시한 채 일방적으로 미국의 이익을 선언하고 추진했다.[991] 트럼프 행정부는 러시아에 대해 특별히 대립적인 입장을 취하지는 않았지만, 중국에 대해서는 역사상 가장 광범위한 관세를 부과하는 등 엄격한 무역 조치를 통해 중국을 겨냥했다.[992] 또한 트럼프 행정부는 이전 미국 행정부가 아시아·태평양 지역 11개국(호주, 브루나이, 캐나다,

칠레, 일본, 말레이시아, 멕시코, 뉴질랜드, 페루, 싱가포르, 베트남)과 수십 년의 협상을 통해 타결한 TPP에서 탈퇴하며 일방주의적 정책 기조를 유지했다.[993] 2020년 대선에서 트럼프가 패배하며, 그의 행정부는 종료되었으나, 2024년 대선에서 승리한 트럼프가 다시 백악관에 입성하면서 트럼프 행정부는 일방주의적 정책의 재개를 선언하였다.

2025년 4월 WTO 규정을 위반하여 전 세계를 상대로 부과한 관세조치는 규칙에 기반한 국제통상체제의 안정성을 훼손하였으며, 미국과 세계 경제 전반에 불확실성과 불안을 초래하고 있다.[994] 이러한 조치는 미국의 글로벌 및 지역 리더십에도 타격을 입히고 있다.[995]

동북아시아의 안정을 위해서는 미국이 트럼프 행정부의 일방주의적 정책을 조정할 필요가 있다. 미국의 TPP 탈퇴로 그 신뢰성과 지도력에 대한 의문이 제기되었다. 강화된 지적재산권 조항과 같은 TPP 조항은 미국이 선호했던 규정으로 미국에 유리했으며,[996] 만약 미국이 참여했다면 TPP는 세계 경제의 약 40%를 차지하는 세계 최대의 무역 협정이 되었을 것이다.[997] 트럼프의 일방주의 정책을 전환하겠다고 공언했던 바이든 행정부가 TPP에 재가입하지 못한 것은 트럼프 시대에 강화된 보호무역주의를 극복하지 못했음을 보여준다. 한편, 중국, 한국, 일본, 호주, 뉴질랜드, 브루나이, 캄보디아, 라오스, 싱가포르, 태국, 베트남, 인도네시아, 말레이시아, 필리핀, 미얀마가 포함된 아시아·태평양 국가들은 2020년에 역내포괄적경제동반자협정(RCEP)을 체결했다.[998] RCEP의 주요 참가국인 중국은 미국의 탈퇴 이후 TPP를 계승한 포괄적·점진적 환태평양경제동반자협정(CPTPP)에도 가입을 요청했다.[999] 그러나 미국은 지역의 주요 무역 협정인 RCEP와 CPTPP 모두 참여하지 않고 있으며, 이는 이 지역에서 미국의 경제·통상 입지를 약화시키고 있다.

국제 무역에서 미국의 입장은 동북아시아에 대단히 중요한 영향을 미친다. 이는 이 지역의 미국 동맹국인 한국과 일본이 주요 교역국으로서 무역이 이들 국가의 경제에 상당한 비중을 차지하기 때문이다. 또한 국제 무역은 무역 대국인 중국, 경제를 광물 수출에 의존하는 몽골, 석유와 가스 수출에 의존하는 러시아에도 매우 중요하다. 따라서 이 지역의 국제 무역 안정성은 동북아시아 전반의 경제 안정성에 중요한 영향을 미친다. 그러나 최근 국제 무역에서 미국의 입장은 역내에서 신뢰를 얻지 못하고 있다. 예를 들어, 미국은 2017년부터 WTO 상소기구 위원의 임명 및 재임명에 반대하여 정족수 부족으로 WTO 상소기구가 사실상 작동하지 못하게 하고 있다.[1000] 미국이 이러한 태도를 취한 주된 이유는 상소기구가 판단한 여러 무역 분쟁 사건에서 연이어 패소했기 때문일 가능성이 있다.[1001] 그러나 국제 분쟁 해결 기구에 대한 이러한 개입은 미국이 강조해 온 법치주의와 독립적인 사법부라는 가치를 훼손하는 것으로 보인다. 더구나 2025년 4월, WTO 규정에 배치되고 미국이 한국 등 각국과 체결한 자유무역협정을 위반하여 시행한 일방주의적인 관세 조치는 미국에 대한 국제사회의 신뢰를 크게 훼손하고 있다.

미국의 이러한 행동은 동북아 지역의 경제 안정에 부정적인 영향을 미친다. 바이든 행정부는 트럼프 행정부가 중국에 부과한 논란의 여지가 있는 관세를 철폐하지 않았으며, WTO 분쟁해결패널은 이러한 관세가 WTO 규정을 위반한다고 판결했다.[1002] 바이든 행정부는 중국산 제품에 대한 관세뿐만 아니라 광범위한 철강 및 알루미늄 제품에 부과된 관세도 유지했다. WTO 패널은 이 조치 역시 WTO 규정을 위반한다고 판단했다.[1003] 트럼프 행정부와 바이든 행정부는 일부 철강 및 알루미늄 수출국과 합의 후 관세를 수출 쿼터로 대체했지만, 이는 국제통상법에서 금지하는 "회색지대 조치"에 해당될 수 있다. WTO 규정은 특정 국가의 수출량을 제한하는 합의를 금지하고 있기 때문이다.[1004] 캐서린 타이 전 미국 무역대표부(USTR) 대표는 중국산 제품에 대한 관세를 미중 무역 관계에서 "중요한 지렛대"로 사용할 수 있다고 언급했다.[1005] 그러나 2025년

1월 재집권한 트럼프 행정부가 WTO 규정을 위반하는 관세 조치를 계속 유지하고 전 세계를 대상으로 확대한 것은, 미국에 대한 국제적, 지역적 신뢰를 훼손하고 지도력에 심각한 타격을 주고 있다.

또한 미국은 동북아시아를 포함한 동맹국들에 대한 안보 보장 의지가 약화된 것으로 인식될 수 있는 행동을 취했다. 트럼프 대통령은 미국이 한국과 일본 등 동맹국들과 맺은 안보 협정을 미국에 이익이 되지 않고 비용이 과도한 부담으로 간주했다. 이러한 인식으로 인해 트럼프 대통령은 동맹국들에 부적절한 재정적 요구를 한 바 있다. 예를 들어, 트럼프 대통령은 한국의 주한미군 주둔 분담금을 5배 인상할 것을 요구한 것으로 알려졌다.[1006] 이러한 요구는 트럼프 행정부가 수십 년간 지속된 미국의 집단 방위 전략에 대한 이해가 부족했음을 보여준다.[1007] 그 결과, 미국의 안보 공약에 대한 동맹국들의 신뢰가 약화되었고, 이는 역내 불안정을 초래할 가능성을 높였다. 한국과 일본은 상당한 핵 능력을 보유하고 있으며, 이는 양국의 대규모 원자력 발전소와 양국이 이미 보유하고 있거나 추출할 수 있는 다량의 플루토늄을 통해 입증되고 있다.[1008] 만약 미국이 동맹국에 대한 핵무기 안보 공약을 철회하거나 상당한 정도로 약화시킬 경우, 한국과 일본은 자체 핵무기를 개발할 가능성이 있다. 이는 핵무기 비확산 체제를 훼손하고, 미국의 비확산 목표와 동북아시아 내 미국의 이익에 반하는 결과를 초래할 것이다.[1009]

미국은 동북아시아를 포함한 지역에서 그간 일방주의적 행동으로 약화된 신뢰를 회복할 필요가 있다. 예를 들어, 바이든 행정부는 비용 문제로 인해 중단되었던 동맹국들과의 광범위한 군사 훈련을 재개함으로써, 미국의 안보 공약에 대한 동맹국들의 신뢰를 회복하려는 조치를 취했다.[1010] 또한 바이든 행정부가 발표한 국가안보 전략은 이 지역 내 군사동맹, 특히 한국과 일본에 대한 미국의 공약을 재확인했다.[1011] 그러나 트럼프 대통령이 2025년 1월 다시 대통령직에 복귀하면서 이러한 노력이 지속될지는 불확실하게 되었다. 트럼프 대통령은 과거 일방주의적 성향을 그대로 유지할 가능성을 보이고 있다. 그는 덴마크 정부의 반대에도 불구하고 덴마크 영토인 그린란드를 합병할 의사를 표명했으며, 파나마 운하의 반환을 요구하는 등 상대국의 입장을 고려하지 않는 안보·경제 정책을 시행하려는 의지를 드러냈다.[1012] 이와 같은 행보는 동북아시아와 전 세계에서 미국에 대한 신뢰를 훼손할 뿐만 아니라, 미국의 장기적인 경제 및 안보 이익을 손상시킬 가능성이 크다.

6.3.2 조정자로서의 미국

제2차 세계대전 이후, 미국은 전쟁 동맹국뿐만 아니라 과거의 적국(독일, 일본, 이탈리아)까지 지원하여 전쟁으로 인해 파괴된 국토와 경제를 재건하도록 도왔다. 이러한 접근법은 유럽과 동북아시아의 안정을 이룩했으며, 미국을 역사적으로 다른 패권국과 차별화하는 계기가 되었다. 역사적으로 전쟁의 승전국들은 당연한 권리로 영토와 배상금을 요구했다. 따라서 제1차 세계대전 후 영국과 프랑스도 패전국인 독일에 1,320억 마르크에 달하는 막대한 전쟁 배상금을 요구했고 이는 전후 독일 경제에 상당한 부담으로 작용했다. 정치적으로도 이러한 요구는 패전국 국민 사이에 반감을 일으켜 독일의 경우 이러한 국민의 불만을 이용한 나치당이 정국을 장악하여 제2차 세계대전으로 가는 길을 열게 되었다.[1013]

이에 반해 미국은 전쟁에서 패배한 국가들에 배상금을 강요하지 않고, 오히려 파괴된 유럽과 아시아 국가들에 대규모 원조를 제공했다. 대표적으로, 마셜 플랜에 따라 미국 의회는 유럽 회복을 위해 133억 달러를 지원했다.[1014] 미국은 제1차 세계대전 후의 영국이나 프랑스와는 달리, 그러한 지원을 제공할 수 있는 경제적 능력을 갖추고 있었다. 또한 마셜 플랜은 적어도 부분적으로 미국 제품의 시장을 확보하려는 동기도 있었다.[1015] 그러나 이러한 지원은 단순히 자국의 경제적 이익을 넘어선 것이었다. 전후 미국의 화해와 협력 정책은 유럽과 아시아의 재건과 전후 안정에 크게 기여했다. 이러한 정책 기조는 이후에도 지속되었으며, 미국은 사회주의 국가인 중국의 경제발전을 지원하기 위해 중국에 자국 시장을 개방했다.[1016] 또한 소련 붕괴 이후 러시아에도 원조를 제공했다. 결국, 미국은 공산주의 진영과의 경쟁에서 승리하며 유일한 초강대국으로 부상했지만, 승리에 자만하지 않고 동맹국들뿐만 아니라 과거의 적대국까지 지원하여 국제적 화해를 주도하는 조정자의 역할을 했다.

미국은 조정자로서 동북아의 안정과 평화에 계속 기여할 수 있다. 그러나 중국의 부상과 이로 인한 경제·군사 지형의 변화는 미국 정책에 상당한 변화를 가져왔다. 국제 경제와 정치에서 미국의 전통적인 역할에 회의적이었던 트럼프 대통령은 이러한 변화를 가속화했다. 그는 다른 나라의 이익보다 미국의 이익을 우선시하며, 조정자로서의 미국의 역할을 본질적으로 무시했다.[1017] 트럼프의 일방주의적 접근방식과 별개로, 중국의 부상은 미국이 동북아시아와 그 밖의 지역에서 조정자의 역할을 유지하는 데 상당한 도전이 되고 있다. 중국은 신장新疆 자치구와 홍콩에서 억압적인 행동을 보여주었으며, 이는 중국이 시민의 자유라는 미국의 핵심 가치를 존중하지 않는다는 점을 드러냈다. 이러한 억압적 행위는 미국 행정부가 중국과 협력 관계를 유지하는 데 정치적으로 상당한 장애 요인으로 작용하고 있다. 보고서에 따르면, 미국인의 82%가 중국에 대해 부정적인 견해를 가지고 있는 것으로 나타났다.[1018] 중국의 "중국제조 2025"와 같은 국가 주도 산업 정책과 군사적 팽창은 미국의 경제·안보 이익에 대한 위협으로 인식되고 있다. 이러한 중국의 야망에 대응하려는 미국의 조치들은 미국의 정당한 이익에 부합하는 것처럼 보일 수 있으나, 이 지역의 정치적, 경제적 안정에 부정적인 영향을 미칠 가능성이 있다.

미국은 제5장에서 논의한 한일 관계와 관련된 복잡한 문제에서도 중요한 역할을 할 수 있다. 한일 양국은 제2차 세계대전 당시 일본의 전쟁범죄 문제, 특히 위안부와 징용 문제에 대한 이견을 여전히 해소하지 못하고 있다.[1019] 2019년 7월, 일본은 한국 대법원이 일본 기업에 징용 피해자들에게 배상금을 지불하라고 판결한 것에 대한 보복으로, 한국의 반도체 생산에 필수적인 주요 품목에 대한 수출 규제를 시행했다. 이 조치는 한일 관계를 더욱 악화시키며 양국 간 심각한 갈등을 초래했다.[1020] 미국은 한일 간 중재를 시도하며 일본 정부에 협상이 진행되는 동안 규제 조치를 중단하도록 요청한 것으로 알려졌으나, 일본은 이러한 중재를 거부했다.[1021] 이 수출 규제는 약 3년 8개월간 지속되다가 2023년 3월에 해제되었지만, 양국 관계에 상당한 갈등과 긴장을 초래했다. 위안부 문제와 관련하여 미국은 2015년 한국과 일본이 일본의 사과와 지원금을 받는 대가로 문제를 "최종적이고 불가역적"으로 해결하기로 한 합의를 지지했다. 그러나 한국 시민사회는 이 합의가 피해자들과의 협의 없이 이루어졌다는 점을 지적하며 비판했다.[1022]

한일 간 갈등은 2022년에 집권한 보수 성향의 윤석열 대통령이 일본에 대해 유화적인 정책을 펼치고, 일본에서도 비교적 온건한 성향의 이시바 시게루石破茂 총리가 등장하면서 완화 국면으로 접어들었다. 그러나 2025년 4월 윤석열 대통령의 탄핵이 확정되어 조기 대선이 치러질 예정이다. 조기 대선에서는 보다 반일 성향을 가진 야당 인사가 대통령으로 당선될 가능성이 있다. 일본에서도 보다 우익 성향의 인사가 총리로 취임할 경우, 한일 관계는 다시 갈등상태로 돌아갈 수 있다. 즉, 한국과 일본의 정치적 기류에 따라 역사 문제를 포함한 양국 간 잠재적 분쟁이 언제든 재점화될 가능성이 있다. 한국과 일본은 미국의 가장 중요한 동맹국들로, 미국이 주도하는 동북아 안보 체제에 참여하고 있어 이 지역 안정에 큰 영향을 미친다.[1023] 미국은 일본의 한국에 대한 수출

규제를 철회시키는 데는 실패했지만, 중재 노력을 통해 사태의 악화를 막았을 가능성이 있다. 또한 2015년 한일 간 위안부 문제 합의를 도출하는 데 중요한 역할을 했다. 이러한 사례들은 조정자로서 미국의 개입이 양국 간 분쟁을 억제하고 갈등을 완화하는데 역할을 할 수 있다는 점을 입증한다.

이 지역의 평화와 안정을 유지하기 위해서는 미국이 배타적인 자국 이익을 실현하려는 의지를 다소 완화하고, 보다 포용적인 접근방식을 채택하는 것이 중요하다. 코로나19 팬데믹 중에 해외 공급망의 취약성이 드러나자, 미국 정부는 반도체와 전기차 배터리 등 전략적 경제 품목의 국내 생산을 강화하기 위한 산업 정책을 추진했다. 이를 위해 반도체법 (Chips and Science Act)과 인플레이션 감축법(Inflation Reduction Act) 과 같은 법안이 마련되었다.[1024] 반도체법은 국내 반도체 생산 확대를 위해 2천 8백억 달러 규모의 보조금을 승인했지만, 중국에 반도체 설비투 자를 확장하는 업체에는 보조금을 제공하지 않는다.[1025] 이는 미국 내 반도체 생산을 촉진하는 동시에, 중국으로의 투자를 축소하려는 정책적 의도를 담고 있다. 또한 전기차 세액공제 정책은 미국, 캐나다, 멕시코 이외 지역에서 생산된 부품을 사용하는 전기차 제조업체에 불리하게 작용하며, 한국과 같은 미국 동맹국의 기업들도 그 영향을 받는다.[1026] 이러한 배제 조치는 글로벌 가치 사슬을 훼손하고, 한국과 일본을 포함한 미국 동맹국들의 경제·통상 이익을 위태롭게 한다.[1027] 비록 이러한 정책이 중국에 대한 반도체 공급 의존도를 줄이려는 안보 목적을 가질 수 있지만,[1028] 보다 온건하고 포용적인 산업 정책을 채택했다면 동맹국들 의 피해를 최소화할 수 있었을 것이다. 이러한 포용적 접근은 동북아시아 의 경제적 이익을 보호하고, 무역을 안정화하며, 역내에서 미국의 지도력 을 유지하고 동맹국들의 신뢰를 강화하는 데 효과적이었을 것이다.

마지막으로 트럼프 2기 행정부가 들어선 2025년 1월 이후 수개월간 미국에서 벌어진 일들은 조정자로서의 미국의 입지를 약화시켰다. 전술한 일방주의적인 관세 정책은 국제통상규범에 부합하지 않는 조치이자 동맹국을 비롯한 세계 각국의 경제에 타격을 준 조치로서 미국에 대한 국제사회의 신뢰를 약화시켰다.[1029] 또한 국내적으로 이민자, 외국인, 유학생들에 대한 부당한 추방, 연방대법원 등 사법부 결정에 대한 불복, 언론 탄압, 그리고 하버드 등 대학에 대한 부적절한 자금 지원 중단 등 부당한 압박은 자유와 법치를 근간으로 하는 민주사회의 보편적인 가치를 훼손한 것으로서 미국의 국제적인 위상과 신뢰성에 상당한 타격을 주었다.[1030] 2025년 4월부터 시작된 전국적인 시위는 이러한 트럼프 행정부에 대한 미국인들의 반대와 저항을 잘 보여주고 있다.[1031]

그러나 트럼프 행정부가 미국 사회의 우려를 고려하여 정책 변경을 할지 분명하지 않고 장기적으로는 트럼프 행정부가 교체된 이후에도 미국이 심각하게 손상된 국제적인 신뢰를 회복하여 다시 조정자의 역할을 할 수 있을지 분명하지 않다.

현재 트럼프 행정부의 정책으로 초래된 국제적인 문제들과 미국 내의 불안정한 상황은 미국의 장기적인 쇠락의 신호로도 보일 수 있다. 수년간 계속된 미국의 기술 통제에도 중국은 기술적 혁신과 진보를 이루었고, 미국의 기술적, 경제적 우위는 점차 약화되고 있다.[1032] 트럼프의 무리한 관세 정책은 수입품의 가격 인상을 초래하여 수입품에 의존하는 많은 미국 기업들, 특히 중소기업들의 어려움을 가중시키고 있는데 정책 입안과 집행 단계에서 이러한 문제들에 대한 적절한 대책이 수립되지 않아 미국 정부의 정책 능력을 의심케 한다.[1033] 특히 보호주의적인 무역 정책의 설계자로 알려진 피터 나바로 대통령 고문은 미국의 무역 상대국들은 미국 시장이 반드시 필요하기 때문에 관세를 부과하더라도 수출가를 낮춰 미국 소비자의 부담을 가중시키지 않을 것이라고 밝혔는데,[1034] 이는 미국 시장의 상대적인 중요성을 과대평가한 착오라고 할

218

수 있으며, 월마트 등 미국의 유통 업체들은 관세로 인한 물가 상승의 우려를 트럼프 대통령에게 전달한 것으로 알려졌다.[1035]

트럼프 행정부의 조치들로 인한 미국 내 민주주의와 법치주의의 약화는 특히 우려할 만한 상황인데 VOA등 언론 기관에 대한 탄압과 사법부 결정에 대한 불복종, 대학에 대한 노골적인 압박 등은 민주주의와 법치를 강조하는 미국에서 전례가 없는 일이다. 문제는 이미 1기 트럼프 행정부 시기(2017~2021)에 이러한 조짐을 보였던 트럼프 대통령을 2024년 대선에서 미국의 양대 정당인 공화당이 대통령 후보로 다시 선출하고 과반수의 미국인들이 선택했다는 점이다. 80년대 이후 수십년 동안 진행된 미국 사회의 양극화, 지역적 경제 불평등, 고용난, 대부분의 선진국이 채택하고 있는 보편적인 의료보험과 같은 사회 안전망의 부재, 높은 대학 교육 비용 등 정치권이 제대로 해결하지 못했던 미국 사회의 문제들이 기존 정치 세력에 대한 국민들의 불신을 조장하고 트럼프와 같은 급진적인 정치 세력을 부상하게 만든 원인이라고 볼 수 있다.[1036] 문제는 이러한 미국 사회의 문제를 중국 등 외부의 책임으로 돌리는 트럼프 행정부의 정책이 지속되는 한 미국 사회에 산적한 문제들이 해결되고 동북아 역내 국가들과의 우호 협력이 강화될 가능성이 없다는 점이다. 특히 후자는 동북아 역내 균형에 영향을 미칠 수 있다.

6.3.3 러시아의 불분명한 역할

2022년 2월 러시아의 우크라이나 침공은 동북아시아에서 러시아의 정치적 신뢰성과 경제적 전망을 약화시킨 중대한 사건이다. 러시아는 1994년 우크라이나, 미국, 영국과 함께 부다페스트 각서에 서명하여 우크라이나의 독립과 주권, 기존 국경을 존중하고 무력 사용을 자제할 것을 약속했다.[1037] 이에 대한 대가로 우크라이나는 당시 세계에서 세 번째로 많았던 약 천 9백기의 핵탄두를 포기했다.[1038] 러시아의 우크라이나 침공은 이러한 안보 공약을 명백히 위반한 행위였다. 러시아는 우크라이나 침공을 정당화하기 위해 우크라이나의 비무장화와 탈나치화를 주장했으나, 이는 대부분의 국가에서 인정받지 못했다.[1039] 유엔 총회는 결의안을 통해 러시아의 침공을 규탄했으며,[1040] 북한을 제외한 역내 어느 국가도 러시아의 행동을 지지하지 않았다. 특히, 러시아의 오랜 동맹국인 중국조차도 러시아의 침공에 대한 우려를 표명하며 전쟁 물자 지원 요청을 거부한 것으로 알려졌다.[1041] 한국, 일본, 미국은 러시아의 침공에 반대하며 경제 제재를 단행했다.[1042] 이로 인해 러시아는 동북아시아에서 정치적으로 고립되었으며, 경제적, 외교적 입지가 크게 약화되었다.

전쟁 피해가 증가함에 따라 인명 손실에 대한 심각한 우려가 제기되고 있다. 전쟁 초기 9개월 동안 군인 사상자는 약 20만 명, 민간인 사망자는 약 4만 명으로 추산되었다.[1043] 문제는 민간인에 대한 공격과 민간 시설에 대한 파괴가 의도적, 조직적으로 자행된 정황이 있다는 점이다. 러시아는 국제법 규정을 위반하여 민간인 목표물을 공격했고, 이로 인해 수만의 민간인 사상자가 발생했으며, 주거, 학교, 병원, 에너지 기반 시설 등 민간인의 생존에 필수적인 시설이 광범위하게 파괴되었다.[1044] 특히 우려스러운 점은 2022년 9월까지 보고된 약 3만 건의 전쟁범죄 대부분이 러시아군에 의해 자행되었다는 것이다.[1045] 이러한 잔혹 행위는 유엔 안전보장이사회 상임이사국으로서의 러시아의 역할과 기본적인 인권 규범 준수 여부에 대한 심각한 의문을 제기했다. 이에 따라 국제사회에서는 러시아를 유엔 안전보장이사회에서 퇴출해야 한다는 논의가 진행되었다.[1046]

이러한 인권 침해 논란에도 불구하고 러시아는 여전히 유엔 안전보장이사회 상임이사국의 지위를 유지하고 있다. 그러나 유엔 총회는 러시아를 인권이사회에서 제명하였다.[1047] 이 결정은 러시아의 국제적 신뢰도를 크게 훼손하고 정치적 고립을 심화시키는 계기가 되었다. 그런데도, 구공산권 일부 국가 및 아프리카 국가를 포함한 24개국이 러시아의 인권이사회 이사국 퇴출에 반대하였으며, 이들 중에는 중국과 북한도 포함되어 있었다. 이는 반서구 성향을 가진 일부 국가들이 러시아를 여전히 지지하고 있음을 보여주었다. 국제관계 전문가인 하용출 교수와 신범식 교수는 이러한 정치적 역학 관계가 러시아를 중국 및 북한과 더욱 긴밀한 관계로 이끌 가능성이 높다고 분석했다.[1048] 중국이 우크라이나 전쟁에 대한 군사적 지원을 거부한 반면, 북한은 러시아와 방위조약을 체결하고 우크라이나 전장에 파병하여 이러한 분석의 신빙성을 일부 입증했다.

동북아시아에서 러시아의 군사적 역할은 우크라이나 전쟁으로 인해 크게 축소될 것으로 예상된다. 전쟁으로 인해 러시아의 군사 인력과 장비가 심각하게 고갈되었으며, 2022년 11월 18일까지 보고된 손실은 탱크 2,879대, 장갑차 5,808대, 대포 1,865문, 항공기 278대, 헬리콥터 261대, 순항 미사일 480대, 군함과 보트 16척에 이른다.[1049] 이는 제2차 세계대전 이후 러시아군이 겪은 가장 심각한 손실이다. 현대식 전투 탱크와 첨단 미사일을 포함한 대규모 장비 손실로 인해 러시아는 치장된 구형 무기와 장비를 동원해야 했다.[1050] 또한 러시아는 전쟁 초기 점령했 던 하르키우 등 우크라이나 영토를 잃고 후퇴하기 시작했다.[1051] 이후 우크라이나도 "대반격"에 성과를 거두지 못하면서 전쟁은 교착 상태에 들어갔으나 러시아 역시 초전에 우크라이나에서 승리하고 우크라이나 에 친러정부 수립 등 정치적인 요구를 관철시키겠다는 목적을 이루지 못했다.

2020년 9월 러시아는 극동 지역 군사력 증강을 발표했지만,[1052] 우크라 이나 전쟁이 시작되면서 이 지역에서 상당한 군사력을 철수해야 했다.[1053] 러시아의 부진한 전투 성과로 인해 다른 국가들이 러시아군의 전력을 재평가할 가능성이 크다. 특히, 러시아군은 필요한 물자를 전선으로 적시에 이동시키지 못하는 무능력을 드러냈다. 첨단 무기 생산에 필수적인 반도체와 같은 외국 소재 및 부품에 대한 의존은 러시아가 직면한 또 다른 문제다. 서방의 경제 제재로 인해 이러한 부품의 수입이 차단되면서, 러시아는 손실된 무기를 보충하고 현대적 군사 장비를 생산하는 데 어려움을 겪었다.[1054] 러시아가 우크라이나 전쟁에서의 손실을 극복하고 다시 극동 지방에 상당한 군사력을 배치해서 역내 군사적인 영향을 끼칠 수 있을지는 불분명하다.

경제적 측면에서도 러시아의 입지는 동북아시아에서 약화될 가능성이 크다. 러시아의 주요 수입원이자 최대 수출품은 석유와 가스이며, 2021년 기준으로 러시아 연방 예산 수입의 약 45%를 차지했다.[1055] 그러나 우크라이나 전쟁과 그로 인한 경제 제재는 러시아의 석유와 가스 수출을 크게 축소시켰다. 미국은 러시아산 석유, 액화천연가스(LNG), 석탄의 수입을 금지했으며,[1056] 한국과 일본도 러시아산 석유 수입을 대폭 줄였다.[1057] 이들 국가가 가까운 시일 내에 러시아로부터의 석유 구매량을 전쟁 이전 수준으로 회복할 가능성은 낮아 보인다. 러시아는 유럽의 우크라이나 지원에 대한 보복으로 가스 공급 축소를 위협했다.[1058] 2025년 1월 1일에는 우크라이나를 경유하는 러시아산 천연가스의 유럽 공급이 실제 중단되었다.[1059] 이는 러시아 에너지 공급이 정치적 분쟁으로 인해 중단될 수 있음을 보여주며, 러시아 에너지에 대한 의존이 잠재적으로 위험하다는 인식을 확산시키고 있다.

우크라이나 전쟁은 극동 지역에서 러시아의 주요 경제 상대국이 한국과 일본에서 중국으로 이동할 가능성을 시사한다. 앞서 언급한 바와 같이, 한국과 일본은 우크라이나 전쟁 이후 러시아산 석유 수입을 줄이고, 러시아 극동 지역에서의 인프라 개발 및 에너지 프로젝트 협력을 축소했다. 반면, 우크라이나 전쟁이 시작된 2022년 이후 중국은 러시아

에너지 수출의 최대 소비국으로 떠올랐으며, 약 440억 달러 규모의 석탄, 석유, 천연가스를 러시아로부터 수입했다.[1060] 또한 중국은 러시아 극동 지역의 에너지 사업 개발에 있어 중요한 역할을 할 가능성이 높으며, 특히 인프라 건설을 위한 주요 자금 조달자로 나설 수 있다. 중국은 이미 여러 송유관 건설 프로젝트에 자금을 지원했으며, 북극해 항로를 따라 건설되는 주요 인프라 프로젝트에도 재정적 지원을 제공할 것이라고 러시아 측에 확인했다.[1061] 이러한 중국의 투자는 자국 산업과 소비자의 막대한 에너지 수요를 충족시키려는 실질적인 이해관계에서 비롯된 것이다.

러시아와 관련된 동북아 정세의 또 다른 중요한 변화는 북한과의 협력 강화이다. 핵 개발로 인해 국제사회의 제재를 받고 고립된 북한은, 제2장에서 논의한 바와 같이, 경제 지원이 절실한 상황이다. 2023년 9월, 북한의 김정은 국무위원장과 블라디미르 푸틴 러시아 대통령은 러시아 보스토치니 우주기지에서 정상회담을 갖고 양국 간 경제 협력 방안을 논의했다.[1062] 같은 해 11월에는 평양에서 북러 경제공동위원회가 개최되어 무역, 경제, 과학기술 등 다양한 분야에서 협력을 활성화하기 위한 의정서가 체결되었다.[1063] 러시아는 경제 제재로 인해 석유 수입에 어려움을 겪고 있는 북한에 대량의 석유와 곡물을 제공했으며, 그 대가로 북한은 우크라이나 전쟁으로 탄약 재고가 부족한 러시아에 탄약과 무기를 지원한 것으로 알려졌다.[1064] 2024년 하반기에는 만 명이 넘는 북한 전투병들이 우크라이나 전장으로 향했다는 보도가 나오기도 했다.[1065] 이러한 북러 협력은 북한에 대한 국제사회의 경제 제재를 약화시키는 동시에, 국제사회가 인정하지 않는 러시아의 우크라이나 침공을 지원하는 행위로 간주된다. 이는 러시아와 북한에 대한 정치적 비난을 가중시키고, 양국의 외교적 고립을 더욱 심화시킬 것으로 보인다.

동북아시아에서 러시아가 앞으로 어떤 역할을 하게 될지는 불확실하며, 이는 상당 부분 우크라이나 전쟁의 향방에 영향을 받을 것이다.[1066] 전쟁의 결과와 상관없이, 러시아는 이미 이 지역에서 정치적 신뢰를 상당 부분 상실했으며, 이는 한국과 일본과의 경제 협력 전망을 어둡게 하고 있다. 러시아는 중국과 석유 및 가스 무역을 지속하고 있으나, 중국이 러시아의 전쟁 수행을 적어도 직접적으로는 지원하지 않는다는 점에서 양국 간 협력도 제한적이다. 한편, 핵 개발과 인권탄압으로 국제사회의 비판을 받고 있는 북한이 러시아의 우크라이나 전쟁을 공개적으로 지지하는 유일한 동맹국이며, 러시아가 국제사회로부터 지속적으로 비판받고 있는 북한과의 관계를 심화시키는 것이 러시아의 정치적 신뢰도에 긍정적인 영향을 미칠 가능성은 낮다. 오히려 이러한 행보는 러시아의 국제적 고립을 심화시키는 결과를 초래할 가능성이 크다.[1067]

이 지역에서 러시아의 역할에 영향을 미치는 또 다른 요인은 러시아 극동 지방에서 정치적 불안정의 가능성이다. 하바롭스크 변경주를 포함한 극동 지역에서 2020년부터 수천 명의 시민이 푸틴 대통령의 장기집권에 반대하여 거리 시위를 벌였으며,[1068] 러시아의 우크라이나 침공 이후 이러한 불만은 더욱 고조되고 있다.[1069] 러시아 극동 지방에서 주민들의 불만이 확산될 경우, 동북아시아에서 러시아의 정치적 입지는 더욱 약화될 가능성이 높다. 또한 우크라이나 전쟁에서 러시아가 겪고 있는 군사적, 경제적 난관은 푸틴의 통치 기반을 약화시키고 있다. 푸틴의 집권 여부와 무관하게 러시아에서 정치적 안정이 무너지면, 소련 붕괴 이후 정치·경제적 혼란을 겪던 시기와 마찬가지로 이 지역 내 러시아의 역할과 위상에도 부정적인 영향을 미치게 될 것이다.

제7장

숨겨진 플레이어 : 동북아시아에서 몽골의 역할

7.1 역사적 맥락: 세계 지배에서 독립을 위한 투쟁에 이르기까지

7.1.1 팍스 몽골리카

13세기와 14세기에 세계를 지배했던 몽골은, 현재 인구(329만 명)와 경제 규모(GDP 151억 달러, 2021년 기준) 면에서 동북아시아에서 가장 규모가 작은 국가이다.[1070] 그러나 몽골은 13세기에 정복과 확장을 통해 아시아와 유럽 대륙에 정치적, 경제적, 문화적으로 깊은 영향을 미쳤으며, 그 지역에 있는 모든 국가의 역사를 바꾸어 놓았다.[1071] 전성기 몽골 제국은 동쪽의 태평양에서 서쪽의 다뉴브강에 이르기까지 역사상 가장 큰 육상 제국을 형성하였다(도안 7.1).

몽골은 역사상 전례 없는 군사적 성공을 거두었다. 당시 몽골군은 다른 군대와 달리 하루 최대 160㎞까지 신속하게 이동할 수 있었으며, 무거운 보급품 없이도 작전 수행이 가능한 기동성이 뛰어난 기병대를

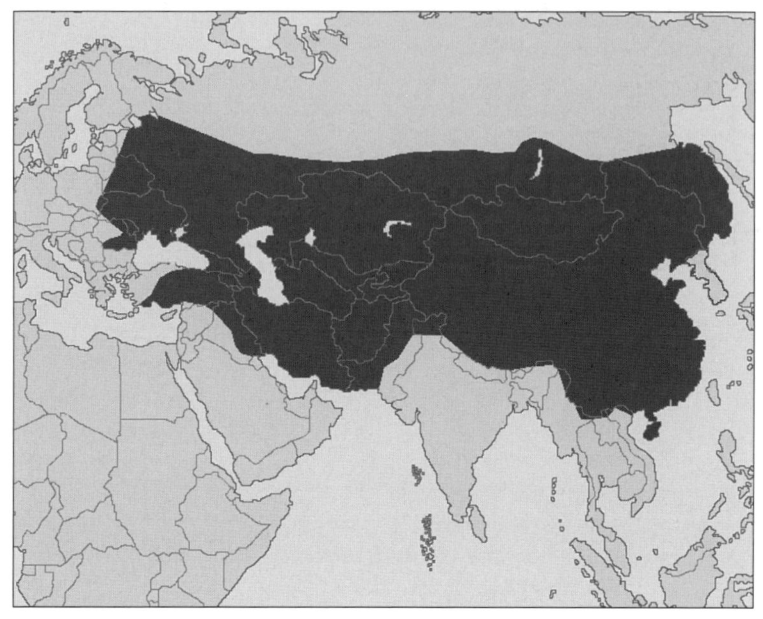

도안 7.1 몽골 제국의 영토(13세기)
(출처 : Mongol Empire Map, https://commons.wikimedia.org/wiki/ File: Mongol Empire_ map.gif에서 수정)

보유하고 있었다.[1072] 칭기즈칸과 수부타이와 같이 군사적 천재성을 지닌 몽골 지도자들은 강력한 기병 전력을 바탕으로 몇십 년 만에 유례없는 대규모 정복을 이루어냈다.[1073] 몽골의 정복 전쟁은 잔혹하고 파괴적이었다. 헤라트, 키예프, 바그다드 등 당대 세계 최대 규모의 도시들이 몽골군에 의해 파괴되었으며, 수많은 민간인이 학살되었다. 그러나 13세기 중반에 이르러 대부분의 정복을 완료하면서, 몽골 제국은 동북아시아를 비롯한 세계 각지에서 "팍스 몽골리카(Pax Mongolica)"로 불리는 정치적 통합과 안정의 시대를 가져왔다.[1074] 몽골인들은 제국 전역에 걸쳐 광범위한 역참제도를 구축하였으며, 이는 공무를 수행하는 여행자들에게 말, 숙박, 보급품 등을 제공하는 고정적인 거점 역할을 했다.[1075] 이 역참제도는 전근대 시대에서 가장 광범위한 통신 및 운송 네트워크로 성장하여 동서양 간의 인력, 상품, 정보, 그리고 문화의 교류를 촉진하는 중요한 역할을 했다.[1076]

몽골의 지배는 100년 이상 지속되었으나, 1368년 몽골 제국의 해체와 함께 종결되었다.[1077] 제국은 네 개의 한국汗國(몽골 지도자가 통치하는 영토)으로 나뉘었으며, 각각 현재의 러시아에 해당하는 북서부의 킵차크 한국, 중국을 통치했던 원나라, 남서부 페르시아 지역의 일한국, 그리고 중앙아시아의 차가타이한국으로 구성되었다. 이들 한국은 칭기즈칸의 법과 전통을 유지하며 강한 공통의 정체성을 공유했지만, 각기 독립적인 자치 국가로 운영되었다.[1078] 몽골은 1368년 원나라의 멸망과 함께 중국에 대한 지배권을 상실하였고, 한족이 세운 명나라에 의해 북쪽으로 밀려났다. 이로 인해 팍스 몽골리카는 종말을 맞았지만, 그 유산은 이후에도 지속되었다. 몽골 통치 시기에 국제 무역과 상업이 급속도로 성장했으며, 안전한 교역로와 여행 경로가 보장되었다. 몽골 제국은 문화, 기술, 정보, 무역의 활발한 교류를 통해 동서양을 연결하며 최초의 글로벌 시대를 열었다.[1079]

7.1.2 독립을 향한 여정

원나라가 멸망한 후 북쪽에는 그 후계 정권인 북원北元이 들어섰다. 그러나 17세기에 접어들면서 동쪽 지역의 일부 몽골 부족들은 세력을 확장하는 만주족과 동맹을 맺으려 했다. 그러나 이는 결국 만주족에게 복속되는 결과로 이어졌으며, 내몽골 부족은 17세기 말에 독립을 상실하였다.[1080] 18세기 중반에는 청나라가 외몽골까지 정복하였다.[1081] 청나라 통치 기간 중 몽골족의 반란과 저항이 계속되자, 청나라 통치자들은 몽골의 힘을 약화시키기 위한 정책을 추진했다. 청나라는 몽골의 전통적인 부족제를 만주족의 팔기八旗 제도로 대체했으며, 몽골 팔기蒙古八旗의 지도자들을 직접 지명하여 몽골 부족 간의 관계를 약화시키는 한편, 청나라 황실과의 유대를 강화했다.[1082] 청나라는 개별 몽골 부족이 각자 속한 기旗의 정해진 영역을 벗어나 이동하지 못하도록 제한하여, 부족 간의 교류를 단절시키고자 했다.[1083] 더 나아가, 청나라는 한족의 몽골 정착을 촉진하는 정책을 시행했다. 1780년대까지 한족은 내몽골에서 수백km²에 달하는 땅에서 농사를 지었으며, 20세기 초에는 몽골에 한족 정착촌 건설이 장려되었다.[1084] 청나라의 압박과 탄압에도, 몽골인들은 민족적 정체성과 독립에 대한 열망을 유지했다. 이는 중국을 지배한 다른 민족, 특히 만주족이 민족적 정체성을 잃고 중국에 동화되어 흡수된 것과는 대조적이다.

청나라는 1911년 신해혁명으로 몰락했고, 몽골인들은 독립의 기회를 찾았다. 같은 해, 몽골에서도 혁명이 일어났으며, 1911년 12월 라마교의 지도자인 젭순담바 쿠툭투(Jebtsundamba Khutuktu)가 새로 수립된 몽골 국가의 "거룩한 왕"(보그드 칸)으로 즉위했다.[1085] 1913년, 보그드 칸은 내몽골에 군대를 파견하여 중국군을 격퇴했으나, 러시아와 중국은 몽골의 완전한 독립을 승인하지 않고 대신 자치권만을 인정했다.[1086] 몽골은 처음에는 이에 반발했지만, 1915년 캬흐타 조약을 통해 중국 내에서의 자치권을 수용했다.[1087] 독립된 몽골 국가를 건설하려는 노력은 이후에도 계속되었다. 1919년 2월과 3월에는 시베리아의 치타에서 범몽골 회의가 열렸다.[1088] 회의에 참석한 대표자들은 외몽골, 내몽골, 부랴티아(현재의 러시아 내 부랴트 공화국)를 포함하는 통합된 몽골 국가를 건설하고, 임시정부를 수립하기로 합의했다.[1089]

그러나 중국은 몽골이 자치권을 유지하거나 독립하는 것을 용납하지 않았다. 1919년, 중국 군벌 군대는 몽골의 수도인 니슬렐 휘리(Niislel Khüree, 현재의 울란바토르)를 점령하고 보그드 칸을 폐위시키면서 몽골의 자치 시대는 막을 내렸다.[1090] 그러나 러시아 볼셰비키 혁명 이후인 1921년 2월, 로만 니콜라우스 폰 웅게른-슈테른베르크(Roman Nicolaus von Ungern-Sternberg) 남작이 이끄는 러시아 백군이 중국 군대를 수도에서 몰아냈다. 하지만 그의 공포 정치와 잔혹한 통치는 몽골 대중의 저항을 초래했고,[1091] 이에 따라 몽골 민족주의 단체와 혁명가들은 저항 운동을 조직하기 시작했다. 1921년 7월, 몽골 혁명군은 러시아 백군을 격퇴하여 수도를 점령하고 "인민 정부"를 수립했으며, 보그드 칸을 제한된 권한을 가진 입헌 군주로 복위시켰다.[1092] 이 과정에서 후에 소련이 된 소비에트 러시아는 몽골 혁명군을 지원하며 몽골 내에 군대를 주둔시켰다.

1924년, 보그드 칸 사망 이후 몽골은 군주제를 폐지하고 몽골 인민공화국을 선포하며 공산주의 체제를 도입했다. 이는 아시아 최초의 공산주의 국가로, 소련을 모델로 삼아 국가 운영 체제를 정비했다. 1945년, 중국은 몽골에서 시행된 독립 지지 국민투표 결과를 인정하며, 소련과의 협정을 통해 몽골의 독립을 승인했으나, 내몽골은 여전히 중국의 일부로 남았다. 공산주의 몽골은 소련의 강한 영향 아래 몽골 인민혁명당이 통치하며 계획 경제를 도입했다. 농업과 목축업의 집단화를 추진했으며, 경제는 소련의 지원에 의존했다.[1093] 그러나 1930년대와 1940년대, 스탈린 대숙청의 영향을 받아 약 3만 명이 처형되는 대규모 숙청이 발생했다. 정치적 반대자, 불교 지도자, 지식인 등이 주요 숙청 대상이 되었으며, 이 숙청은 몽골 사회에 큰 충격을 주었다.[1094] 이후 1980년대 공산권이 몰락하자, 1990년 평화적인 혁명을 통해 몽골 공산정부는 막을 내렸고, 1992년에 새로운 헌법이 제정되었다. 이 헌법의 채택으로 몽골은 아시아 공산주의 국가 중 최초로 대의제 자유민주주의 체제로 이행하였으며, 이는 현대 몽골 역사에서 중요한 전환점이 되었다.[1095]

7.2 전략적 취약성과 경제적 잠재력

7.2.1 몽골의 전략적 취약성

몽골은 상당한 전략적 취약성을 가지고 있으며, 이는 장기적으로 국가 안보와 독립 유지 가능성에 대한 의문을 제기한다. 이러한 전략적 취약성은 몽골이 바다에 접하지 않은 내륙국이며, 러시아와 중국이라는 두 강대국 사이에 위치해 있다는 지리적 조건에서 비롯된다. 그러나 내륙국이라는 지리적 특성이 반드시 안보 위협을 초래하는 것은 아니다. 예를 들어, 스위스는 내륙국임에도 불구하고 이탈리아, 프랑스, 독일 등 모든 인접국과 우호적인 관계를 유지하고 있어, 내륙국이라는 조건이 스위스의 안보와 독립을 위협하지 않는다. 또한 내륙국이라 하더라도 인접 국가들보다 우월한 정치적, 군사적 역량을 보유함으로써 안보 문제를 해결할 수도 있다. 역사적으로, 몽골족을 포함한 북아시아의 유목 부족들은 내륙국이라는 지리적 조건 때문에 안보와 자치가 위협받지 않았다. 오히려, 몽골족은 강력한 기병 전력을 바탕으로 침략과 정복을 통해 중국과 같은 인접 국가의 안보와 독립을 위협하기도 했다.[1096] 결국, 내륙국이라는 지리적 위치 자체보다는 인접 국가들과의 상대적인 군사력, 정치력, 경제력이 안보 위협의 존재와 정도를 결정하는 요인이라고 할 수 있다.

이러한 관점에서 볼 때, 현재 몽골의 내륙국이라는 지리적 위치는 장기적인 안보 우려를 초래할 수 있다. 몽골의 인구, 군사력, 경제적 역량은 이웃한 두 거대 국가인 중국과 러시아에 비해 미미한 수준이다. 또한 몽골은 세계에서 인구 밀도가 가장 낮은 국가 중 하나이며, 인구의 절반가량(약 160만 명)이 수도 울란바토르에 집중되어 있다. 이러한 인구 집중은 안보 측면에서 심각한 취약성을 내포하며, 울란바토르가 점령되거나 파괴될 경우 몽골은 대규모 군사적 저항을 지속하는데 필요한 핵심적인 자원을 상실할 가능성이 높다. 비록 지방에서 산발적인 게릴라전이 가능할 수는 있으나, 그 효과는 제한적일 것이다. 작은 규모의 몽골의 군대 역시 중국이나 러시아의 전면적인 군사 침공을 방어하기에는 역부족일 것으로 보인다. 그러나 가까운 장래에 이러한 침공이 발생할 가능성은 낮다. 몽골에 오랜 반중 정서가 존재하고,[1097] 간혹 정치적 긴장이 고조되기도 하지만,[1098] 몽골은 중국과 러시아 어느 쪽과도 군사적 대응이 우려될 만큼 심각한 정치적 분쟁을 겪지는 않았다.

그러나 몽골은 이러한 안보 취약성을 극복하기 위해 미국과 같은 인접하지 않은 강대국 및 나토(북대서양조약기구)와 같은 국제기구와 군사 협력을 강화하고 있다. 미국은 몽골군의 훈련을 지원하기 위해 군 인력을 파견했으며, 2021년 미 육군 제5 안보지원여단(The 5th Security Force Assistance Brigade, U.S. Army)은 몽골에서 첫 훈련 프로그램을 시작했다. 양국 간 협력은 앞으로 더욱 확대될 예정이다.[1099] 미군은 또한 몽골이 주최하는 다국적 평화유지 훈련인 칸 퀘스트(Khaan Quest)에 참가하여 몽골의 평화유지 역량을 강화하고, 몽골군의 개혁과 교육, 그리고 전문성 향상을 지원했다.[1100] 몽골은 세계 평화유지 활동에도 적극적으로 참여해왔다. 2003년부터 2008년 10월까지 몽골은 이라크에 군대를 파병하여 미국이 주도하는 이라크 점령을 지원했으며, 이는 낙후된 몽골군을 현대화하기 위해 미국의 군사적 지원을 확보하려는 목적도 있었다. 또한 몽골은 아프가니스탄에서 18년간 나토 임무를 지원했으며, 남수단에서도 평화유지 임무를 수행했다. 몽골의 이러한 양자 및 다자간 군사 협력은 중국과 러시아의 군사적 압박을 억제하는 역할을 하며, 유사시 국제사회의 지원을 요청할 수 있는 기반을 마련하기 위한 것이다.

위에서 언급한 안보 우려 외에도, 몽골은 중국에 대한 경제적 의존도가 높아 경제 분야에서도 전략적 취약성을 가지고 있다. 1990년대 이전, 러시아가 몽골의 주요 지원국이었다. 러시아는 1960년대에 몽골의 철도 인프라를 건설했으며, 이 철도는 오늘날에도 상업 운송에 여전히 사용되고 있다. 또한 공산주의 시절 러시아는 몽골 GDP의 37%에 해당하는 보조금을 제공했다.[1101] 그러나 1990년 몽골 혁명 이후, 중국이 러시아를 대신해 몽골 개발의 주요 지원국이 되었다. 중국은 몽골의 외국인 직접투자(FDI)의 21%를 차지하고, 몽골 기업 내 외국 지분의 50% 이상을 구성하는 몽골의 최대 투자국으로 부상했다.[1102] 중국은 자국의 석탄과 구리와 같은 원자재 수요를 충족하기 위해 몽골의 풍부한 광물 자원을 필요로 하며, 몽골 경제는 중국으로의 원자재 수출에 의존하고 있다. 몽골의 원자재 수출은 GDP의 절반 이상을 차지하며, 이 중 80% 이상이 중국으로 향한다.[1103] 이는 몽골 경제가 중국의 수요에 상당한 영향을 받는다는 것을 의미한다. 특히, 중국의 경기 변동과 코로나19로 인한 국경 폐쇄 같은 조치는 몽골 경제에 직접적인 영향을 미친다.[1104] 중국이 과거에 무역을 무기화하여 다른 국가들로부터 정치적 양보를 얻어낸 전례를 감안하면, 중국은 몽골의 전략적 입지를 약화시킬 수 있는 영향력을 갖고 있다.[1105]

몽골은 "제3의 이웃(Third Neighbor)" 정책을 통해 무역 및 투자 관계를 다각화하여, 중국에 대한 경제적 의존도를 낮추려 노력하고 있다.[1106] 2021년 기준, 몽골 수출의 82.6%가 중국으로 향했으나, 몽골은 스위스, 싱가포르, 한국, 러시아 등 다른 국가로도 수출을 확대하고 있다. 그러나 이러한 국가들이 차지하는 비중은 아직 미미하며, 몽골 수출의 5% 이상을 차지하는 중국 외의 유일한 국가는 스위스뿐이다. 이는 2021년 몽골의 금과 은 수출이 대부분 스위스로 향했기 때문이다.[1107] 몽골은 제조업 기반이 취약하여 2021년 기준 제조업이 GDP의 7.1%에 불과하다.[1108] 몽골 GDP의 절반 이상을 차지하는 원자재 수출은 여전히 몽골 경제의 핵심 기반을 이루고 있다. 미국은 몽골의 경제 관계를 다각화하고 지속 가능하면서도 포용적인 민간 주도형 경제성장을 이룰 수 있도록 지속적으로 지원해 왔다.[1109] 한편, 많은 몽골인은 취업을 위해 해외로 진출하고 있으며, 특히 한국은 몽골인들에게 인기 있는 취업지가 되었다. 2021년 기준, 3만 7천 명 이상의 몽골인이 한국에 거주하며 경제활동을 하고 있었으며, 전체 몽골 인구의 약 10%에 해당하는 30만 명 이상이 한국에서 거주한 경험이 있는 것으로 알려졌다.[1110] 그러나 중국이 몽골 경제에 미치는 막대한 영향력을 고려할 때, 몽골이 중국에 대한 경제적 의존도를 낮추어 전략적 취약성을 완화할 수 있을지는 여전히 불확실하다.

7.2.2 경제적 잠재력

몽골의 자본주의 경제 개혁은 급속한 경제성장을 가져왔다. 몽골은 세계에서 가장 빠르게 성장하는 경제 중 하나로, 2011년 몽골 경제는 17.3%의 성장률을 기록하며 정점에 달했으며, 이는 그해 세계에서 가장 높은 성장률이었다.[1111] 몽골의 경제적 잠재력은 1조~3조 달러 규모로 추정되는 풍부한 광물 자원에서 비롯된다.[1112] 몽골에는 약 3천 개의 광물 매장지와 함께 석탄, 구리, 형석, 몰리브덴, 금, 철, 석유, 텅스텐, 우라늄, 아연 등 50종의 광물자원이 존재한다.[1113] 몽골은 수출의 급증에 힘입어 경제가 빠르게 성장했다. 1993년 3억 8,100만 달러였던 수출은 2021년 90억 3,000만 달러로 증가했으며,[1114] 이에 따라 몽골의 GDP도 같은 기간 7억 6,800만 달러에서 151억 달러로 빠르게 증가했다. 몽골의 1인당 소득 또한 1993년 510달러에서 2021년 3,760달러로 상승했다.[1115] 도안 7.2는 1993년 이후 몽골 경제의 성장을 보여준다.

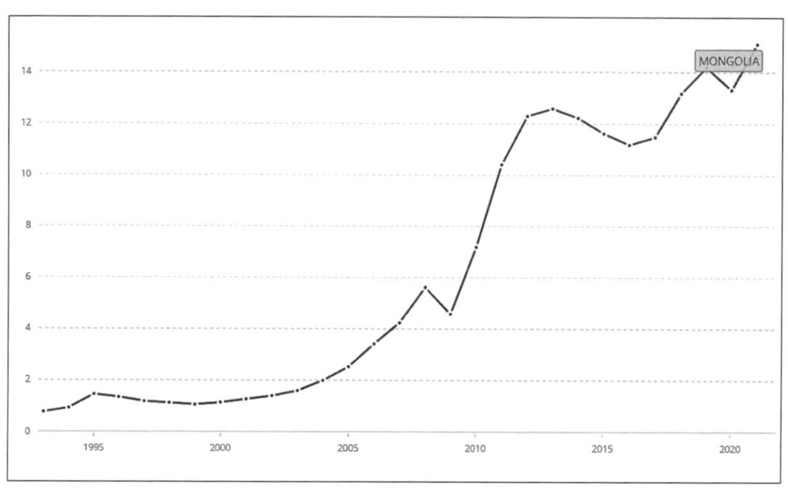

도안 **7.2** 몽골 국내총생산(1993~2021) (단위: 미화 10억 달러)
(출처 : World Bank, GDP(current US$) - Mongolia)

지난 30년간 몽골에 16억 달러 이상의 개발 금융을 제공한 세계은행
(World Bank)은 몽골의 경제적 잠재력을 다음과 같이 평가했다.

> 광대한 농업, 축산업, 광물 자원과 교육받은 인구를 보유한 몽골은,
> 구조 개혁이 지속된다는 가정하에 장기적으로 발전 가능성이 유망하
> 다. 민간 투자와 공공 투자 증가, 그리고 가계 소비는 몽골의 내수를
> 뒷받침할 것으로 예상된다.[1116]

정치적으로 민주적이고 경제적으로 풍요로운 몽골은 동북아시아에
긍정적인 영향을 미친다. 특히, 북한과 같이 경제발전에 관심이 많은
국가에는 유용한 발전 모델이 될 수 있다. 몽골의 민간기업 중 하나인
몽골광업회사(Mongolian Mining Corporation)는 몽골 자본주의 경제개
혁의 대표적인 사례로 평가받는다. 또한 몽골의 젊은 인구는 경제적
역동성을 뒷받침하는 중요한 요소이다. 몽골 국민의 약 59%가 30세

234

미만(평균 연령 27.5세)이며, 이는 향후 지속적인 경제발전에 긍정적인 요인으로 작용할 것이다.[1117]

이러한 긍정적인 평가에도 불구하고, 몽골이 경제적 잠재력을 실현하는 데는 몇 가지 장애요인이 있다. 첫째, 경제적 불평등이 심각한 문제이며, 2020년 기준 빈곤율은 27.8%에 달하는 높은 수준을 기록하고 있다.[1118] 세계은행은 빈곤율이 하락 추세를 보였으며, 코로나19 팬데믹이 없었다면 빈곤율이 더 감소했을 것이라고 밝혔다.[1119] 정부는 과잉 지출 없이 빈곤을 줄이기 위해 포용적 성장을 지원해야 하는데, 재정적 균형을 유지하는 것은 쉽지 않은 과제가 될 수 있다. 예를 들어, 코로나19로 인한 경제적 어려움에 대응하기 위해 아동에 대한 현금 보조금 지급과 가정에 대한 무료 식수 및 전기 공급이 제안되었지만, 이는 정부 재정의 부족으로 지속하기 어려울 수 있다.[1120] 포용적 성장을 달성하려면 경제 다각화와 지속적인 성장을 통해 고용 기회를 확대하고 임금을 높이는 것이 필수적이다. 또한 몽골 경제는 원자재 수출에 과도하게 의존하여 경제적 불안정성을 겪고 있다. 특히, 몽골 경제는 중국의 원자재 수요에 크게 영향을 받아왔다. 예를 들어, 2014년 중국의 수요 감소와 함께 원자재 가격이 하락하자 몽골 경제가 둔화하였고, 이는 몽골의 1인당 소득 감소로 나타났다.[1121] 몽골이 이러한 문제를 해결하기 위해서는 경제 다각화가 필수적이다. 이를 실현하려면 제조업을 강화하고, 농업 기반을 개선하며, 금융 및 은행 산업을 발전시켜야 한다.

인프라 부족은 몽골 경제의 또 다른 주요 문제이다. 도로와 철도와 같은 몽골의 인프라는 광산업을 포함한 산업을 지원하고 수출을 촉진하기에 여전히 부족하다.[1122] 이 문제는 몽골의 경제적 잠재력을 약화시키고, 운송 및 보관 비용을 포함한 물류비용을 증가시켜 몽골의 장단기 경제 성과를 저해하고 있다. 이로 인해 잠재적 수입국과 투자자들이 몽골 대신 다른 곳을 선택하게 되는 상황이 발생하고 있다.[1123] 몽골의 광업과 같은 핵심 산업에는 2022년 2분기 기준 미화 271억 달러 규모의 외국인 직접투자가 유입되었지만, 여전히 산업 수요를 충족하기에는 부족한 수준이다.[1124] 더욱이, 기존 투자 프로젝트 중 일부는 지연되기도 했다. 예를 들어, 주요 다국적 광산 기업인 리오 틴토(Rio Tinto)는 몽골 남부의 오유 톨고이(Oyu Tolgoi) 현장에서 세계 최대 규모의 구리 광산 중 하나를 개발하고 있다.[1125] 그러나 50억 달러 규모로 계획된 개발 사업은 소유권 지분, 로열티, 환경 문제, 부패 문제에 대한 정부와의 의견 차이로 인해 중단을 겪었다.[1126] 리오 틴토는 당초 오유 톨고이에서 구리 생산을 2021년에 시작할 것으로 예상했지만, 2023년 3월이 되어서 야 첫 생산이 시작되었다.[1127]

몽골의 경제 관리 체제도 심각한 문제를 안고 있다. 위에서 언급한 광산 투자에 대한 정부의 부적절한 처리 외에도, 전반적인 재정 관리에 문제가 있다. 몽골 정부는 원자재 호황기에 광물 자산을 담보로 대규모 차관을 조달했지만, 이후 원자재 수출이 감소하면서 채무를 상환하지 못하게 되었다. 그 결과, 정부는 금융위기에 직면했으며, 2017년 IMF에 구제금융을 요청할 수밖에 없었다.[1128] 몽골이 경제적 잠재력을 실현하기 위해서는 보다 효율적이고 투명한 재정 관리와 경제 운영이 필요하다. 예를 들어, 투자 관련 법률과 정책의 잦은 변경은 잠재적 투자자의 신뢰를 저하시키고 투자를 위축시켰다.[1129] 또한 정부 행정 절차의 투명성 부족과 공무원 부패(예: 뇌물 수수)는 투자를 저해하는 주요 요인이 되었다.[1130] 세계은행은 경제성장을 보장하고 빈곤을 줄이기 위해 다음과 같이 권고했다. "몽골은 관리 체제를 강화해야 한다. 공공 수입을 효율적으로 관리할 수 있는 제도적 역량을 구축해야 하며, 지출, 투자 및 저축에 자원을 효과적으로 할당해야 한다. 또한 도시와 농촌 지역의 모든 시민에게 동등한 기회를 보장해야 한다".[1131]

몽골에 만연한 환경 문제는 몽골의 경제적 성과에 악영향을 미치는 또 다른 요인이다. 몽골은 광대하고 인구 밀도가 낮은 영토(1,564,116㎢로 세계에서 18번째로 큰 국가)를 보유하고 있지만, 심각한 수질 및 대기 오염 문제를 안고 있다. 물 문제와 관련해, 광산 운영은 인접 지역의 수질 오염과 물 부족을 초래했으며, 깨끗한 물에 대한 접근성 부족은 목축업과 농업 활동으로 생계를 이어가는 많은 몽골인의 삶을 위협하고 있다.[1132] 또한 기후 변화로 인해 몽골에서는 물 부족과 사막화가 가속화되고 있다.[1133] 도시 지역, 특히 수도인 울란바토르에서는 대기 오염이 심각한 문제로 대두되고 있다. 이는 비공식 정착촌("게르" 지구)에서 난방을 위해 석탄을 광범위하게 사용하는 것이 주요 원인이다.[1134] 이 문제를 해결하려면 몽골의 난방 시스템을 개선하거나 친환경적인 대체 연료를 도입하는 것이 중요하다. 몽골 정부는 대기 오염을 줄이기 위해 정제된 석탄 연료에 보조금을 지급하고 있으며, 한국을 비롯한 외국과 협력하여 저렴한 대체 연료를 찾는 방안도 모색하고 있다.[1135] 그러나 이러한 노력이 실질적인 성과를 거둘지는 아직 불확실하다. 2022년 12월 기준, 울란바토르는 여전히 세계에서 가장 오염된 도시 중 하나로 남아 있다.[1136] 깨끗하고 건강한 환경은 경제를 위한 생산적인 노동력을 유지하는 데 필수적이며, 이는 몽골의 경제 잠재력을 뒷받침하는 중요한 요인이다.

몽골의 풍부한 광물 자원, 젊고 교육받은 인구, "몽골비전 2050"과 같은 경제적 비전을 제시하는 새로운 세대의 지도자들은 몽골의 상당한 경제적 잠재력을 보여준다. 그러나 몽골 경제가 현재처럼 과도하게 원자재 수출에 의존하는 한, "자원의 저주"로 인해 지속적인 경제적 침체를 겪을 가능성이 있다.[1137] 오늘날 몽골에서 발생하는 부패, 일관성 없는 경제 정책, 환경 파괴 등이 복합적으로 작용하여 이러한 우려를 증폭시키고 있다. 2022년에는 1억 2천만 달러 상당의 석탄이 적법한 승인 없이 중국으로 무단 반출되었으며, 이와 관련된 정부의 부패 의혹에 항의하는 대규모 시민 시위는 이러한 우려를 단적으로 보여준다.[1138] 부패하고 불투명하며 비효율적인 경제 관리 관행은 몽골에만 있는 문제가 아니지만, 성공한 국가들은 이러한 문제를 잘 극복해 왔다. 몽골의 경제적 잠재력을 극대화하기 위해서는 산업과 수출을 뒷받침할 인프라를 구축하고, 외국인 투자를 유치하며, 경제를 다각화하고, 부패를 억제하며, 기업가 정신을 장려하고, 은행 및 금융 부문을 강화하는 노력이 필요하다.

7.3 동북아시아에서 몽골의 역할

7.3.1 몽골이 지역에서 추구하는 역할

몽골은 역사적으로 정복 활동뿐만 아니라 외교에도 능했다. 세계 정복 과정에서 몽골 제국은 군사 작전만큼이나 외교를 광범위하게 활용했다. 프란체스카 피아스케티(Francesca Fiaschetti) 박사는 이러한 몽골의 이중 전략을 다음과 같이 설명했다.

> 칭기즈칸(재위 1206~1227)은 제국을 건설하는 과정에서 군사적 노력과 외교적 방식을 번갈아 활용하며 그의 정복 과업을 위해 자기의 백성들과 이웃들을 통합했다. 그는 내륙 아시아 문화 복합체의 전통을 계승했을 뿐만 아니라 이를 더욱 발전시켜 다소 공식화된 의존 관계 네트워크를 구축하였다. 이러한 네트워크는 누구와 교역하고, 누구와 혼인하며, 누구와 싸울지를 결정하는 데 목적이 있었으며, 이는 (교역할 수 없다고 결정된 상대라고 하더라도) 반드시 교역을 막는 것이 아니라 강제 교역과 같은 형태로 이를 보완하기도 했다.[1139]

몽골의 외교적 전통은 오늘날에도 계속되고 있다. 인구가 적고(329만 명), 경제 규모가 비교적 작으며(국내총생산 151억 달러), 군사력이 제한적인(2022년 글로벌 파이어 파워 리뷰에서 142개국 중 102위)[1140] 현대 몽골은 경제력이 우월하고 군사력이 더 강한 다른 동북아시아 국가들에 대해 자신의 입장을 강요할 수 없는 상황에 놓여 있다. 대신, 몽골은 자국의 이익을 보호하기 위해 이 지역에서 중재자 또는 화해자 역할을 적극적으로 모색해왔다. 예를 들어, 2018년 북미 정상회담 발표 직후, 몽골은 정상회담을 위한 포럼 제공을 제안했다.[1141] 또한 전 몽골 대통령 차히아긴 엘벡도르지(Tsakhiagiin Elbegdorj)는 2013년 김정은이 북한의 지도자가 된 이후 북한을 방문한 첫 외국 지도자였다.[1142] 엘벡도 르지 대통령은 북핵 위기 상황에서 몽골이 중재자 역할을 맡겠다고 제안했다.[1143] 특히, 그는 김일성대학교에서 행한 인상적인 연설을 통해 세계에서 가장 권위주의적인 국가 중 하나인 북한에서 민주주의와 자유를 옹호했다. 그의 연설은 지역 평화와 안정에 기여하고자 하는 열망을 가진 민주주의 국가인 몽골의 위상을 잘 반영했다. 몽골은 북한과 긴밀한 관계를 유지하고 있으며, 이는 2019년 고노 다로河野太郎 일본 외무상이 납북 일본인 문제 해결을 위해 몽골을 방문한 사례에서 확인할 수 있다.[1144]

몽골은 이 지역에서 균형 있는 정책적 접근을 통해 주변국들의 신뢰와 호의를 얻고 있으며, 이러한 신뢰는 몽골이 역내에서 대화와 협의의 장을 마련하는 데 기여하고 있다. 예를 들어, 몽골은 "울란바토르 동북아 안보에 관한 대화(UB 대화)"를 주최했다. 국가 간 불신을 줄이고 협력과 평화를 증진하는 것을 목표로 하는 UB 대화는 2014년 6월 남북한, 미국, 중국, 러시아, 일본 및 일부 유럽 국가의 대표들이 참석해 첫 회의를 열었다. 이 대화는 그 이후로 매년 개최되어 2024년에 아홉 번째 회의를 맞이했다.[1145] 이 대화는 정부 대표들과 학계, 싱크탱크,

NGO 등 비정부 참가자를 두 개의 별도 트랙으로 나누어, 각 트랙은 경제 협력, 군사 투명성, 환경 보호, 새로운 유형의 안보 위협, 지역 안정, 문화 및 교육 교류를 포함한 광범위한 지역 문제를 논의한다.[1146] UB 대화는 국제 정책 입안자, 시민 사회 및 역내 기업들이 교류하고 협력할 수 있는 중요한 플랫폼으로 자리매김했다.[1147]

몽골의 역내 접근 방식을 정의하는 핵심 개념은 "중립성"이다. 몽골은 역내 중립성 유지를 위해 지속적으로 노력하고 있다. 2015년, 당시 엘벡도르지 대통령은 몽골이 공식적으로 중립국임을 선언하지는 않았지만, 사실상 중립국이라고 발표했다.[1148] 몽골이 공식적인 중립국 선언을 하지 않은 이유는 미국 등 외국과의 군사적 협력에 필요한 정치적 공간을 확보하기 위한 것이다.[1149] 몽골은 중립을 표방하면서도 칸 퀘스트(Khaan Quest)와 같은 다자간 평화유지 훈련에 미군을 초청했으며, 이란과 아프가니스탄에서의 미국 주도 평화유지 활동에도 적극적으로 참여하고 있다.[1150] 몽골은 중국군 및 러시아군과도 협력하고 있다. 2020년, 중국 국방부는 몽골 군인들에게 코로나19 백신 10만 회분을 제공했는데, 이는 양국 군대 간 높은 수준의 협력을 시사한다.[1151] 같은 해, 러시아와 몽골은 "불법 무장 단체"에 대응하는 새로운 방법을 시험하기 위한 "셀렝가 2020" 군사 훈련을 공동 실시했다.[1152]

몽골의 양자 및 다자간 군사 협력은 역설적으로 "동북아시아의 제네바"가 되기 어려운 몽골의 본질적인 한계를 드러낸다.[1153] 몽골의 외교 정책이 아무리 성숙하고 창의적으로 발전했더라도, 앞서 논의한 지역적 이니셔티브에서 볼 수 있듯이, 몽골은 중국과 러시아라는 두 거대 국가 사이에 위치한 지리적 취약성으로 인해 독립을 유지하기 위해 다른 강대국들과의 관계 설정에 신중할 수밖에 없었다. 몽골은 앞서 언급한 바와 같이 중국군 및 러시아군과 협력하고 있으나, 미군을 칸 퀘스트에 초대할 필요성도 동시에 인식하고 있다. 반면, 스위스와 같은 다른 중립국들은 이웃 국가들의 영향력에 대응하기 위해 강대국과의 관계를 적극적으로 조정하지 않아도 된다. 고소득국가인 스위스와 달리 몽골은 1인당 소득이 중하위권(2021년 기준 미화 3,760달러)에 머물고 있으며, 금융 및 산업 역량이 아직 부족해 창의적인 외교적 노력의 효과는 제한적일 수밖에 없다. 예를 들어, 몽골은 북한의 핵 문제를 '중재'할 의사를 밝혔으나, 실질적으로 이를 성사시키지 못했다. UB 대화는 의미 있는 시도이지만, 동북아의 핵심 안보 문제를 해결할 실질적인 돌파구는 여전히 마련되지 않은 상태이다.

몽골의 제한된 정치적, 군사적, 경제적 역량으로 인해, 몽골이 기대하는 지역 중재자 역할은 아직 실현되지 못하는 측면이 있다. 몽골보다 국력이 월등한 한국도 제4장에서 논의한 바와 같이 이 지역에서 유사한 역할을 모색했지만, 정치적, 군사적, 경제적 영향력이 그 역할을 충분히 수행하기에는 한계가 있었다.[1154] 그렇다고 해서 몽골이 동북아시아에서 의미 있는 역할을 할 수 없다는 뜻은 아니다. 몽골은 북한의 핵 문제와 같은 지역 내 주요 갈등에서 강대국 간의 상충하는 이해관계를 직접 조율하기는 어려울 것이다. 그러나 UB 대화와 같은 협의를 위한 이니셔티브는 이해 당사국들이 이러한 문제를 논의하고, 미래를 위한 해결책을 모색할 수 있는 지역적 플랫폼을 제공한다. 예를 들어, 북한의 UB 대화 참여는 북한과 양자 간 현안을 논의하기를 희망하는 일본에 중요한 의미를 가졌다.[1155] 몽골은 다자 및 양자 대화, 안보 회의, 그리고 칸 퀘스트와 같은 다자간 평화유지 훈련을 지원함으로써 이 지역에서 대화와 타협의 촉매재 역할을 할 수 있다. 몽골이 정치적 신뢰성을 유지하고 실용적이며 중립적인 당사국으로 인식되는 한, 이러한 역할을 지속적으로 수행할 수 있을 것이다.[1156]

7.3.2 몽골의 국내 정치 지형

역내 몽골의 역할은 국내 정치의 영향도 받으며, 국내 정치 상황은 몽골의 대외 신뢰성에 영향을 미칠 수 있다. 1990년대의 정치 발전과 민주화로 몽골은 정치적 신뢰를 얻었다. 몽골은 대의제 민주주의를 시행하여 1990년대 이래 8번의 대통령 선거와 8번의 의회 선거를 성공적으로 치렀고, 6명의 선출직 대통령과 14명의 총리를 배출했다.[1157] 1992년에 제정된 헌법에 따라 몽골은 정부 수반인 총리에게 행정권이 부여되는 준 대통령제로 분류된다.[1158] 대통령은 국가 원수이며 입법에 대한 거부권과 외교 문제에 대한 전권을 가지고 있지만, 행정부에 대한 권한은 제한적이다.[1159] 선출된 국회의원(State Great Khural)은 입법권을 행사하며, 사법부는 행정부와 입법부로부터 독립되어 있다.[1160] 헌법은 대의민주주의를 확립하고, 종교의 자유, 재산권, 여행의 자유, 표현의 자유, 양도할 수 없는 권리, 공정한 선거를 보장한다.[1161] 몽골은 자유 선거를 통해 민주당과 몽골인민당 간의 정권 교체가 이루어졌으며, 아시아에서 공산주의 국가였던 나라 중 유일하게 민주주의를 확립한 국가가 되었다.[1162]

2025년 1월 기준으로 몽골인민당은 대통령직과 내각을 모두 장악하고 있으며, 2021년에 선출된 우흐나긴 쿠렐수흐(Ukhnaagiin Khürelsükh) 대통령과 룹산남스라인 오윤-에르데네(Luvsannamsrain Oyun-Erdene) 총리가 몽골 정부를 이끌고 있다. 이들은 몽골의 젊은 지도자들로 평가받으며, 쿠렐수흐 대통령은 1968년생, 오윤-에르데네 총리는 1980년생이지만 모두 다년간의 정치 경험을 가지고 있다.[1163] 쿠렐수흐 대통령은 2000년에 국회의원으로 정치 경력을 시작했으며, 2017년에는 총리로 취임하여 몽골인민당을 지도하여 2020년 의회 선거에서 압도적인 승리를 거두었다. 그러나 그는 2021년 1월, 코로나19 대응과 관련한 정부의 조치에 대한 항의가 발생하면서 사임했다.[1164] 이 사임은 몽골의 코로나19

대응이 세계보건기구(WHO)로부터 높은 평가를 받은 시점에서 이루어져 많은 이들에게 충격을 주었다.[1165] 오윤-에르데네 총리는 2008년부터 정치 활동을 시작했으며, 하버드 대학에서 교육을 받은 엘리트 지도자다. 그는 몽골의 발전을 위한 장기 계획인 "몽골비전 2050"을 설계했으며, 이를 통해 교육, 디지털 기술, 과학, 친환경 개발 등 다양한 분야에서의 성장을 목표로 하고 있다.[1166]

몽골에서 젊고 유망한 지도부가 등장함에도 불구하고, 몽골인민당의 권력 강화에 대한 우려가 제기되고 있다.[1167] 한 보도에 따르면, 2021년 크렐수흐 총리가 코로나19 관련 사건을 이유로 갑작스럽게 사임한 것은 코로나19의 영향으로부터 자신을 보호하고 대통령직을 확보하기 위한 전략으로 해석되었다.[1168] 이러한 주장은 할트마긴 바툴가(Khaltmaagiin Battulga) 등 다른 유력한 대통령 후보들이 선거 과정에서 배제된 일련의 의심스러운 사건들로 인해 신빙성을 얻고 있다.[1169] 야당의 강력한 대선 후보들이 배제된 상황에서, 몽골의 경제 및 정치 엘리트들의 지지를 받은 크렐수흐는 상대적으로 약한 후보들과 경쟁하게 되었고, 결국 68%라는 압도적인 득표율로 승리했다.[1170] 그러나 이러한 대통령 선거 과정은 다양한 비판을 받았다. 경제협력개발기구(OECD)의 민주주의 제도 및 인권 사무소(Office for Democratic Institutions and Human Rights)는 이 선거에 대해 다음과 같이 지적했다. "지나치게 많은 선거 규제, 후보 간 명백한 자원의 불평등, 입후보에 대한 지나친 제한, 과도한 미디어 규제, 후보자에 대한 독립적 정보의 부족, 그리고 토론 부재는 유권자들의 정보에 기반한 선택을 저해하는 요인이 되었다".[1171]

또한 몽골의 선거 과정에 외국이 영향력을 미쳤을 가능성도 제기되고 있다. 중국은 몽골 헌법재판소가 중국에 비판적인 인사로 알려진 할트마긴 바툴가 당시 현직 대통령의 대통령 재출마 허용 여부에 관한 결정을 내릴 때까지 몽골에 대한 코로나19 백신 공급을 중단했다. 이후 의회가 그의 출마 불가를 결정한 법원의 판결을 수용하면서 백신 공급이 재개됐다.[1172] 시진핑 중국 국가주석은 중국공산당과 몽골인민당이 "중국 - 몽골 포괄적 전략 동반자 관계를 더 큰 발전으로 이끌기 위해 각계 각층에서 긴밀히 협력할 것"을 촉구했다.[1173] 몽골인민당은 중국이 주최하는 "세계 정당과의 대화" 회의에 자주 참석했으며, 중국공산당은 이 회의를 통해 국가 발전에 반드시 민주주의가 필요하지 않다는 주장에 대한 국제적 지지를 확보하고자 한다.[1174] 몽골인민당을 지지하는 몽골의 경제 및 정치 엘리트 집단은 잦은 정권 교체가 경제발전에 미치는 부정적인 영향에 대해 우려하고 있는 것으로 알려졌다.[1175] 몽골의 중국에 대한 경제적 의존도를 감안할 때, 민주주의보다 정치적 안정이 중요하다는 중국공산당의 주장은 몽골 정치에 영향을 미치고 있다.[1176] 정치 분석가 뭉흐나란 바얄카그바(Munkhnaran Bayarlkhagva)는 몽골인민당이 선거 승리를 확정하기 위해 경쟁력 있는 야당 후보의 출마를 부당하게 막고 반대 의견을 억압하여 몽골을 권위주의의 길로 유도했다고 결론지었다.[1177]

중국공산당의 주장에도 불구하고, 권위주의만으로는 경제발전을 이룩할 수 없다. 제2차 세계대전 이후 성공적으로 경제를 발전시킨 한국, 대만, 싱가포르, 중국 같은 동아시아 국가들이 권위주의 정권의 시대를 겪었거나 여전히 권위주의 정권의 시대를 겪고 있는 것은 사실이다(예: 싱가포르와 중국). 이들 국가에서 권위주의적 지도자들은 대중의 지지를 받으며, 제조업과 수출 진흥을 중심으로 효과적인 경제개발 정책을 시행했다.[1178] 중국공산당이 주장하듯이 민주주의가 경제발전의 절대적 조건은 아니었을지 모르지만, 민주주의를 하지 않는다고 해서 경제적 성공이 보장되는 것은 아니다. 위에서 언급한 다른 성공한 국가들과 달리, 몽골은 효율적인 권위주의적 조직이나 지도력이 도움이 될 수 있는 제조업 중심의 수출 주도 개발 정책을 시행하지 않았다. 오히려,

244

몽골은 원자재 수출에 의존해 왔으며, 경제를 원자재 수출에 의존하는 다른 많은 권위주의 국가들은 세계에서 가장 가난한 국가들이다.[1179]

또한 몽골의 민주주의 약화는 정부에 대한 지지 대신 대중의 반대를 촉발할 가능성이 높다. 몽골인들은 1990년대 이래 민주주의를 누려왔으며, 민주주의가 약화된다면 경제개발 정책을 효과적으로 이행하기 위해 필요한 국민 지지가 약화될 것이다. 더욱이 권위주의 통치하에서 성공적으로 발전한 국가들도 민주화 과정에서 큰 대가를 치렀다는 점에 유의해야 한다. 예를 들어, 한국의 반체제 인사들은 국민의 자유와 민주주의를 쟁취하기 위해 수십 년간 권위주의 정부에 맞서 싸웠다. 이는 정부의 폭력적인 대응을 초래해 사회적, 정치적 분열을 야기하고 막대한 인적 희생이 초래되었다. 이러한 역사는 중국공산당의 주장을 지지하는 몽골 엘리트들에게 중요한 교훈이 될 수 있다. 몽골의 전 대통령 차키아긴 엘벡도르지가 2013년 북한 연설에서 적절히 지적했듯이, "자유롭게 살고자 하는 국민의 열망"은 "영원한 힘"이다.[1180] 몽골 지도부는 대안으로, 민주적 통치의 범위 내에서 효과적인 경제개발 정책을 시행할 방법을 모색할 수 있다. 이를 위해 몽골은 한국과 같은 이 지역의 민주주의 국가들과 협력하여 정치·경제발전을 도모할 수 있을 것이다.

7.3.3 한몽연합의 가능성

한국과 몽골의 긴밀한 협력은 동북아시아에 새로운 정치적, 경제적 동력을 창출할 수 있으며, 이는 지역 안정과 경제적 번영에 기여하고 몽골의 "제3의 이웃" 정책에도 강력한 동력을 제공할 수 있다. 2007년 서울에서 열린 공개 세미나에서 당시 주한 몽골 대사를 비롯한 고위 외교관들과 원로 학자들이 참석한 가운데, 한국과 몽골 간 국가연합("한몽연합") 결성의 필요성과 실현 가능성에 관한 논의가 이루어졌다.[1181]

이 논의는 당시 한국의 대선 후보들 간에도 거론되었으며, 양국 학계와 정치권에서 상당한 관심을 받았다.[1182] 그러나 이후 논의는 가라앉았고, 한국이나 몽골 정부 모두 두 나라 간 국가적 연합을 공식적으로 제안하지는 않았다. 이 장의 마지막 부분에서는 한몽연합이 가져올 잠재적인 정치적, 경제적 파급효과를 논의한다. 예비 조사 결과에 따르면, 몽골인과 한국인이 이 제안을 수용할 여지가 있는 것으로 보인다. 저자가 젊은 몽골 시민들과 진행한 인터뷰 결과, 두 나라 국민이 차별 없이 동등한 권리를 누린다는 전제하에 이러한 국가연합이 상호 이익을 가져올 가능성이 있음을 확인할 수 있었다.[1183]

국가연합에 관한 이러한 낙관은 한국과 몽골이 경제적, 정치적으로 서로를 보완할 수 있으며, 더 긴밀한 연합을 통해 각자의 수요를 충족시킬 수 있다는 믿음에서 비롯된다. 앞서 논의한 바와 같이, 중국에 대한 몽골의 경제적 의존은 몽골에 상당한 전략적 취약성을 초래하고 있다. 몽골은 자국의 자치권과 독립을 유지하기 위해 중국과 러시아를 넘어 정치적, 경제적 관계를 다각화하고자 한다. 한국은 몽골의 유망한 파트너로 부상하고 있다. 2021년 기준으로 연간 5억 3,100만 달러에 이르는 한국과의 교역액은 100억 달러에 달하는 중국과의 교역액에 비해 상대적으로 적지만, 한국은 월 300억 달러 이상의 원자재 수요를 가진 몽골의 주요 잠재 시장이다.[1184] 한국의 광범위한 제조업은 많은 양의 원자재를 필요로 하며, 이는 몽골이 자원의 공급자로서 중요한 역할을 할 가능성을 시사한다.[1185] 몽골의 입장에서 볼 때, 한국의 자본과 기술은 몽골의 경제발전에 필수적인 기여를 할 수 있다. 이러한 협력은 몽골의 인프라 개선, 산업 다각화, 일자리 창출 등을 통해 몽골 국민들의 생활 수준을 향상시키는 데 기여할 것이다.

한국과 몽골은 경제적 필요 외에도 역사적 연원, 문화적 유사성, 대중적 친밀감을 공유하고 있다. 1990년대 이후 몽골인들은 다른 어느 나라보다도 한국을 방문하고, 일하며, 거주하는 비율이 높았다. 몽골 인구의 10%에 해당하는 약 30만 명의 몽골인이 한국에 거주한 경험이 있으며, 이 사실은 양국 간의 대중적 교류와 함께 한국에 대한 몽골인의 인식이 대체로 긍정적임을 보여준다.[1186] 이에 비해 중국에 대한 몽골인의 인식은 상반된 모습을 보인다. 많은 몽골인은 중국의 몽골 점령과 같은 역사적 문제,[1187] 그리고 내몽골에서의 문화적 억압 때문에 중국을 공격적 이고 수탈적인 강대국으로 여기는 경향이 있다.[1188] 한국과 몽골 사이에도 복잡한 역사적 사연이 존재한다. 13세기 몽골 제국의 세계 정복 과정에서 몽골은 한국(고려)을 아홉 차례 침략했다. 이로 인해 한국의 많은 지역이 황폐화되고 파괴되었으며, 이는 일부 한국인들에게 불편한 역사적 기억 으로 남아 있다. 그러나 몽골이 고려 왕조를 보존하고 우대했다는 역사적 기록도 있다. 몽골 제국은 수십 년간 자신들과 싸운 고려를 복속한 후에도 멸망시키지 않고 유지했으며, 이는 몽골이 정복한 다른 나라들에 는 주어지지 않았던 특혜로 알려져 있다.[1189] 이러한 불편한 역사적 기억에 도 불구하고, 일부 한국인들은 상대적으로 작은 영토와 천연자원 부족으로 인한 한반도 국가의 한계를 인식하면서 몽골과의 문화적, 민족적 유사성을 강조하며 한몽연합에 대해 열린 자세를 보이는 듯하다.[1190]

한몽연합에 관해 논의가 있었음에도, 연합 지지자들은 한몽연합의 구체적인 형태에 관해 합의하지 못했다. 국가연합의 가능한 형태로는 몽골과 한국이 각각 자국의 자치권과 주권을 유지하면서, 상품과 사람의 자유로운 이동과 같이 일부 정책을 공유하고 이를 구현하기 위한 제도를 구성하는 유럽연합과 같은 다소 느슨한 연합을 형성하는 방안이 논의되 었다.[1191] 단기적으로 이보다 실현 가능성이 더 낮은 방안으로는 몽골과 한국의 국가 주권이 새로 형성된 연방 정부에 종속되는 미국식 연방 국가와 몽골과 한국이 더 제한된 지역 자치권을 갖고 중앙정부에 더 강력한 통제권을 양도하는 단일 국가가 있다.[1192] 앞서 언급했듯이, 한국과 몽골 정부는 공식적인 제안을 하지 않았으며, 국가연합을 결성하는 것은 한국이 미국의 주요 동맹국이라는 점에서, 이 지역에서 중립을 추구하겠다고 선언한 몽골의 입장과 충돌할 가능성이 있다. 또한 한몽연합은 몽골 경제에 대한 자국의 지렛대를 이용해 몽골에 대한 영향력을 강화하려는 몽골의 가장 중요한 경제 파트너인 중국의 경계심을 유발할 수 있다.[1193] 반대로, 러시아는 한몽연합이 시베리아와 연해주에서 중국의 영향력 확대에 대응하는 데 도움이 된다고 판단한다면, 러시아와 협력 관계를 유지하고 이 지역에서 러시아의 경제적 이익을 존중한다는 전제하에 연합에 반대하지 않을 가능성도 있다.[1194]

제안된 연합이 실현되면 몽골은 상당한 이점을 누릴 수 있을 것으로 예상된다. 이 연합을 통해 마련될 제도적 구조(institutional framework)를 바탕으로, 몽골은 세계 최빈국 중 하나에서 불과 30여 년 만에 선진 고소득 경제로 도약하고 권위주의 정권에서 법치에 기반한 민주주의 국가로 전환한 한국의 성공적 발전 경험을 참고하여 자국에 적용할 수 있을 것이다.[1195] 또한 국가연합은 도로, 철도, 광산, 발전소(원자력 발전소 포함), 광물 가공 공장, 제조 공장, 금융 및 은행, 통신, 정보기술(IT) 등 몽골이 필요한 다양한 분야에 대한 한국의 투자를 가속화할 수 있는 기반이 될 것이다(단, 현지 경제 거버넌스가 한국의 투자 이익을 저해하지 않는다는 전제하에서). 정치적으로는 한국과 같은 민주주의 국가와의 연합이 몽골의 민주주의를 더욱 고취하고 강화할 수 있는 반면, 권위주의 통치를 정당화하고 옹호하는 중국과의 긴밀한 유대는 민주주의를 약화시킬 위험이 따른다.[1196] 한편 한국으로서는 이 연합을 통해 자국 경제에 필수적인 자원을 안정적으로 확보함과 동시에, 남한 면적의 약 16배에 달하는 광활한 몽골 영토를 한국인이 정착하고 개척할 수 있는 공간으로 활용할 수 있게 된다. 또한 젊고 증가 추세에 있는 몽골의 인구는 고령화와 인구 감소 문제로 고민하는 한국에 긍정적인

보완 효과를 가져다줄 것으로 기대된다.[1197]

한몽연합은 동북아의 지속 가능한 평화와 안정에 기여할 수 있는 정치적 역동성을 가져올 가능성이 있다. 제4장에서 논의한 바와 같이, 1,300년 넘게 단일 국가였던 남북한이 통일된다면, 북한의 핵 문제를 비롯한 현재 역내 위험을 장기적으로 해소할 수 있는 방안이 될 것이다.[1198] 그러나 통일의 중요성에도 불구하고, 남북한 간에는 정치, 경제, 사상, 문화 등 여러 측면에서 극명한 차이가 존재하며, 이는 통일에 실질적인 장애물이 될 가능성이 높다.[1199] 이러한 상황에서 한국과 몽골의 국가연합에 북한까지 참여하게 된다면, 이 연합은 문제 해결을 위한 가교 역할을 할 수 있을 것이다. 몽골은 공산주의와 자본주의를 모두 경험한 국가로서 남북한 간의 중재자 역할을 맡을 만한 잠재력을 갖추고 있기 때문이다. 실제로 북한이 연합에 참여하게 되면, 몽골은 연합 내부에서 제3자이자 중재자로서 남북한 간 갈등을 완화하고 상호 이해를 증진하는 데 기여할 수 있을 것이다. 그러나 이러한 국가연합을 실현하기 위해서는 주변국, 특히 중국의 승인과 협력이 필수적이다. 한국과 몽골의 영토가 직접 맞닿아 있지 않고, 중국 동북 지역이 두 나라 사이에 가로놓여 있기 때문이다. 따라서 중국과의 협력은 단순히 연합의 존립을 위한 기본 조건일 뿐 아니라, 역내 협력을 활성화하고 지역 안정을 강화하는 데도 중요한 역할을 할 수 있다.

한몽연합은 중국의 반대로 인해 실현이 어렵다는 주장이 제기되어 왔다.[1200] 이 주장은 연합이 몽골의 중국 경제 의존을 완화하고, 이 지역에서 중국의 영향력에 견제 역할을 할 수 있다는 점에서, 중국이 반대할 가능성이 높다는 논리에 기반한다.[1201] 이러한 주장에는 타당한 면이 있으나, 한몽연합이 반드시 중국의 장기적 이익에 배치된다고 단정할 수는 없다. 몽골은 중립을 표방하면서 정치적, 경제적 관계를 다각화하기 위해 노력해 왔고[1202] 이를 지지하는 미국은 미군이 몽골 영토에서 이루어지는 평화유지 훈련에 참여하도록 지원해 왔다. 이는 몽골 내에 미군 주둔 가능성을 열어두는 동시에, 몽골이 중국의 영향력에서 벗어나려는 움직임으로 해석될 수 있다. 그러나 한몽연합은 중국의 협조 없이는 존속하기 어려운 만큼, 중국이 연합에 어느 정도 통제력을 행사할 수 있다는 점에서 오히려 중국에 더 유리한 선택이 될 수도 있다. 특히 이 연합에 북한까지 참여하게 된다면, 북핵 문제를 영구적으로 해결할 가능성이 열릴 수 있으며, 이는 중국의 장기적 안보 이익과도 부합한다. 또한 한몽연합이 결성되면 몽골의 경제개발은 한국의 지원 아래 더욱 가속화될 수 있어, 중국에도 새로운 경제적 기회를 제공할 수 있을 것이다.

마지막으로, 남북한과 몽골이 함께하는 3국 연합은 역내에서 세 국가 외에도 다른 참여국을 받아들일 가능성을 열어둘 수 있다. 이는 동북아시아에서 유럽연합(EU)과 유사한 역내 공동체의 토대를 마련할 수 있다는 뜻이다. EU처럼 상품과 인력이 자유롭게 이동하고, 각국의 이익에 부합하는 공동 경제 정책을 추진하며, 국제 통상 문제에도 공동으로 대응하는 동북아시아의 정치적 공동체가 형성된다면, 장기적으로는 집단 안보 체제까지 고려할 수 있을 것이다. 이러한 공동체는 동북아시아의 지속 가능한 평화 구축에 핵심적인 역할을 할 수 있다. 그러나 이와 같은 연합의 확장은 EU의 사례에서 볼 수 있듯이, 높은 수준의 정치적, 경제적, 문화적 공감대와 역내 국가 간 신뢰를 필요로 한다. 이는 현재 동북아시아에 다소 부족한 요소이지만, 미래에는 조성될 가능성을 완전히 배제할 수 없다. 결론적으로, 제안된 국가연합이 중국과 같은 역내 강대국의 반대만으로 실현 불가능하다고 단정 지을 수는 없다. 오히려 이 연합을 장기적인 상호 이익과 지역 안정을 촉진하는 방향으로 설계한다면, 이해 당사국들의 협조를 확보할 가능성도 충분히 존재한다.

제8장

동북아시아의 평화와 안정으로 가는 길

8.1 동북아시아의 역사적, 문화적, 정치적, 경제적 코드의 해석

8.1.1 맥락적 탐구(contextual inquiry)

동북아시아는 복잡한 정치적, 군사적, 경제적 역동성을 보이며, 이는 종종 이 지역의 역사적, 문화적, 정치적, 경제적 맥락을 모르는 사람들에게는 쉽게 이해할 수 없는 방식으로 갈등을 야기한다. 예를 들어, 한국과 일본은 민주주의, 법치주의, 시민의 자유, 기본적 인권과 같은 공통의 가치를 공유하는 미국의 동맹국이다.[1203] 양국은 또한 북한(그리고 잠재적으로 중국과 러시아)에 맞서 미국과 협력 안보 플랫폼을 형성하고 있지만, 한국과 일본은 공식적으로 "동맹국"이 아니다. 그리고 한국과 일본 사이에는 위안부 문제, 무역 갈등(제2차 세계대전 중 강제 노동에 대한 보상을 요구하는 한국 법원 명령에 대한 대응으로 일본의 수출 제한 조치), 독도 영유권 분쟁 등 여러 문제로 인해 정치적, 경제적 갈등이 존재한다.[1204] 동북아시아의 두 선진 민주주의 국가이자 미국의 가까운 동맹국인 한국과 일본이 수십 년 동안 이 문제를 해결하지 못해 양국 간의 분쟁을 넘어 지역적 긴장을 조성한 이유를, 역사적 맥락을 잘 모르는 사람들은 이해하기 어려울 것이다.

또 다른 예로, 왕이王毅 중국 외교부장이 2022년에 한국 외교부장관과의 회담에서 미국을 "규칙 파괴자"라고 부르며 각국이 미국에 맞서야 한다고 주장한 사례가 있다. 2025년 4월 미국이 국제통상규범을 위반하여 전 세계를 상대로 전례 없는 관세 부과를 함에 따라 이러한 중국의 주장이 신빙성을 얻고 있으나 당시만 해도 동북아시아에서 미국의 가장 가까운 동맹인 한국이 중국이 요구한 행동에 동참할 가능성은 거의 없었다.[1205] 이러한 사실을 모를 리 없는 왕이 부장의 해당 발언은, 외부인들의 시선에서 보았을 때 그가 한국과 중국 사이에 존재한다고 가정한 어떤 관계가 한국과 미국의 강력한 동맹보다 우선할 수 있는지 맥락적 의문을 갖게 한다. 이처럼 이해하기 어려운 요구나 역내 국가 간 오랜 갈등을 이해하려면, 동북아시아에서 지역의 평화와 안정에 영향을 주면서 간혹 예기치 못한 행동의 원인이 되는 역사적, 정치적, 문화적, 경제적 "코드"를 규명하고 해석할 필요가 있다.

8.1.2 민족주의와 경제발전

가장 먼저 해석해야 할 코드는 "민족주의"이다. 민족주의는 민족(국가)의 이익(그것이 어떻게 정의되든)과 정치적 독립을 지향하는 사상을 의미한다.[1206] 역사적으로 한국, 몽골, 중국, 일본은 모두 민족의 보전과 독립을 위해 노력했으며, 종종 서로 대립했다. 예를 들어, 한국은 몽골의 침략을 받은 다른 어떤 민족보다도 오랫동안 몽골의 침략을 견뎌내며 독립을 유지했다.[1207] 세계를 지배했던 몽골 역시 전성기를 지난 후에는 국세가 약화되어 18세기 무렵 만주족에게 정복당했지만, 독립을 위해 투쟁했고, 20세기에 결국 외몽골의 독립을 쟁취했다.[1208] 중국인(또는 한족)도 13세기에 몽골인, 17세기에 만주족에 의해 정복되었지만, 외세의 점령을 견디고 몽골인을 북쪽으로 몰아내고 결국 그들의 왕조(명나라)를 회복했다. 그들은 또한 혁명을 통해 청나라를 전복시켰고, 1912년 중국 최초의 공화국이 시작되었다.[1209] 중국도 19세기와 20세기에 각각 서양과 일본의 침략에 직면했지만 막대한 희생을 치르며 독립을 지켰다. 일본은 19세기에 험난한 국가 개혁을 단행하고, 내부 갈등과 내전을 겪은 뒤, 한반도와 그 너머까지 식민지 확장을 시작했는데, 이는 모두 일본이 자국의 국익이라 여긴 바를 실현하기 위한 것이었다.[1210]

현대적 맥락에서 민족주의는 동북아시아 국가들의 행동이 만들어내는 정치·경제적 역학을 이해하는 핵심 요인이다. 한국에 있어서 일본의 위안부 문제와 같은 과거 전쟁범죄 문제의 정의로운 해결은 단순히 자국민이 입은 피해에 대한 보상이나 배상의 문제가 아니라 일본의 침략과 식민지 지배로 인해 훼손된 국가와 민족의 명예를 회복하는 문제이다. 일본으로서는 이러한 문제에 대해 전쟁범죄에 대한 책임을 인정하라는 한국의 요구를 수용하는 것은 국가의 자부심과 위신을 훼손하는 것으로 인식할 수 있다.[1211] 따라서 위안부 문제는 협력을 촉구하는 양국의 공통된 안보 우려와 별개로 고려되고 있으며, 이는 양국 간의 긴장과 갈등의 원인이 되고 있다. 또 다른 예로, 몽골은 인접 강대국인 중국과 러시아로부터 자국의 독립과 자치권을 보존하기 위해 노력하고 있다. 이 때문에 몽골은 한국과의 관계 강화에 깊은 관심을 가지고 있다.[1212] 제7장에서 소개한 한국과의 국가연합은 몽골이 경제를 실질적으로 의존하고 있는 중국에 경각심을 줄 수 있지만,[1213] 몽골이 중국에 대한 의존도를 줄이고 독립성을 높이는 데 기여할 것이다. 민족주의는 중국의 최근 행보를 설명하기도 한다. 시진핑 주석의 "중국몽中國夢"은 "중화민족의 위대한 부흥"으로 이해되며,[1214] 중국이 경제적 손실과 서방, 특히 미국과의 정치적 대립의 위험을 감내하더라도 국가적 명성과 우월성을 추구하고 있음을 보여준다.[1215]

동북아시아의 정치적, 경제적 역동성을 설명하는 두 번째 코드는 경제개발이다. 한국, 중국, 일본 등 동북아 국가들은 제2차 세계대전 종전 후 빈곤으로 고통을 받았다. 제2차 대전은 중국과 일본의 많은 지역을 파괴했고, 국민은 심각한 경제적 궁핍으로 고통을 받았다. 또한 한국전쟁은 남북한 모두를 황폐화했고, 수백만 명의 난민과 기반 시설의 파괴를 초래했다. 이 국가들은 모두 경제개발에 초점을 맞추었고, 이를 위해 수십 년 동안 가용 자원을 동원했다.[1216] 한국과 일본은 경제를 성공적으로 개선하여 고소득국가의 지위를 달성했다. 이들 나라는 천연 자원의 부족과 국내 시장의 제약으로 인해 수출 주도 산업화에 중점을 두었다.[1217] 중국은 1970년대 후반 경제개혁을 통해 시장 중심의 경제개발 을 추구했고, 부족한 국내 구매력을 극복하기 위해 수출 진흥에 주력했 다.[1218] 중국은 성공적인 경제개발의 결과로 중진국 경제가 되었지만, 인구의 상당 부분은 여전히 빈곤층이다.[1219] 이는 중국이 수출 진흥과 우수한 기술 확보를 바탕으로 경제개발을 계속 추구해야 한다는 것을 의미하며, 이는 미국과 같은 다른 국가의 경쟁 산업에 위협이 된다. 이러한 우려는 중국에 대한 관세 인상 및 기술 통제와 같은 무역 제한 조치로 이어졌다.[1220]

8.1.3 유교와 자유주의

이 지역의 정치적, 문화적 역동성을 설명하는 세 번째 코드는 유교儒敎이 다. 유교는 역사적으로 중국의 패권 아래 동북아시아 정치 질서를 뒷받침 한 정치사상으로, 지배 세력이 무력보다는 덕德과 관용으로 다른 국가들을 지도하며 자발적인 복종을 유도하는 것을 이상으로 삼았다.[1221] 제3장에서 설명한 대로, 이러한 유교적 규칙(중화주의)은 오늘날의 맥락에서는 더 이상 통용되지 않는다.[1222] 그런데도, 중국은 암묵적으로나마 현대적 맥락에서 유교 질서를 부활시키려는 노력을 기울이고 있다. 이러한 노력은 여러 형태로 나타나는데, 대표적으로 중국이 유교적 가치와 이상을 전파하기 위해 전 세계에 공자학원을 설립해서 운영하는 사례가 있다. 또한 한국이 미국과 동맹 관계를 유지하고 있음에도, 중국 외교부장인 왕이가 한국에 미국의 정책에 반대하라고 요구한 사례 등 중국 중심의 행태에서도 이를 확인할 수 있다.[1223] 왕이가 동북아시아에서 여전히 존재한다고 가정한 것은, 중국이 유교적 덕목(이 경우, 미국에 대한 정당한 주장)을 앞세워 이 지역을 주도할 권리가 있다고 여기는 것이다. 중국 중심적 관점에서 보면, 이는 한국이 맺고 있는 그 어떤 동맹보다도 우선한다고 간주된다.

제2장에서 논의한 바와 같이, 유교는 북한의 정치에도 영향을 미쳐 김정은 정권의 절대 통치를 정당화하는 데 기여하고 있다.[1224] 또한, 유교 사상은 적어도 일부 측면에서, 한국 집권 여당의 선출된 당 대표를 축출한 정치 기득권층의 행태를 설명한다.[1225] 일본 사회에서도 유교는 깊은 영향을 미쳤으며, 특히 정치 영역에서 올바른 행동의 기준을 규정하는 역할을 했다.[1226] 정치 이데올로기로서의 유교는 민주주의와 같은 현대적인 이데올로기에 의해 공식적으로 대체되었다. 그 결과, 유교적 질서는 명시적인 형태보다는 암묵적으로 존재하며, 동북아시아의 어떤 국가에서도 헌법에 유교를 언급하지 않는다. 또한 동북아시아의 어느 정부도 유교를 지도 원칙으로 부활시키겠다고 공식적으로 선언하거나 제안한 적이 없다. 중국에서는 문화대혁명 기간 중 유교가 강하게 비난받았고, 마오쩌둥 사후의 정치 개혁에서도 정치 이데올로기로서 유교의 부활은 포함되지 않았다. 그런데도, 암묵적인 형태로 유교적 가치나 유교적

질서는 여전히 동북아시아의 국내 및 지역 정치에 영향을 미치고 있다.

동북아시아의 정치 역학에 영향을 미치는 네 번째 코드는 자유주의이다. 자유주의의 추구는 일면 위계적 정치 질서를 정당화하는 유교의 (암묵적인) 지속과 상충되는 것으로 보일 수 있다. 그러나 자유주의와 유교는 반드시 상호 배타적인 관계는 아니다. 예를 들어, 한국은 자유주의적 정치 제도(선거 기반 대의제 민주주의)를 발전시키는 동시에 사회에서 유교적 가치를 보존해왔다.[1227] 정치학자 브룩 애컬리(Brooke Ackerly) 교수 역시 유교가 여러 면에서 자유주의와 양립할 수 있다고 주장한 바 있다.[1228] 그러나 자유주의의 핵심 요소인 정치적 평등과 개인의 자유에 대한 추구는 사회적 안정을 위해 위계질서를 중시하는 유교의 특성과 완전히 부합하지 않는다. 이로 인해 정치 통치의 규범으로서의 자유주의와 사회·문화적 규범으로서의 유교는, 때로는 불편함을 동반하면서도 독특하게 공존하게 된다. 최근 젊은 세대 사이에서 유교적 질서에 대한 신봉이 약화되는 경향은 자유주의와 유교 전통 간의 긴장과 갈등을 초래하는 요인이 되고 있다.

제2차 세계대전 종전 후, 미국은 점령 지역에서 정치적 자유주의를 강조하며 한국과 일본에 큰 영향을 미쳤다. 이로 인해 두 나라는 미국의 영향 아래 자유민주주의 국가로 발전했으며, 한국은 1987년까지 권위주의 통치를 겪었지만 이후 민주화에 성공했다.[1229] 자유주의는 몽골에도 상당한 영향을 미쳤다. 1990년 공산주의 정권을 무너뜨린 몽골 혁명과 그 이후 진행된 정치 개혁은 몽골이 자유민주주의를 발전시키는 데 중요한 역할을 했다.[1230] 한편, 중국은 여전히 권위주의적 공산주의 체제를 유지하고 있으나, 민중들 사이에서는 자유주의적 요구가 점차 부상하고 있다. 최근 엄격한 코로나19 정책에 대한 항의 시위에서 시위대는 시진핑 주석의 퇴진과 언론 자유의 존중을 요구하며 자유주의적 가치를 내세웠다.[1231] 러시아 극동 지역에서도 푸틴 대통령의 권력 연장을 위한 헌법 개정에 반대하는 자유주의적 시위가 발생했다.[1232] 자유주의와 자유에 대한 열망은 북한에서도 관찰된다. 많은 탈북자가 생명의 위험을 무릅쓰고 자유를 찾아 대한민국으로 탈출하고 있다. 비록 자유주의가 중국, 러시아, 북한의 권위주의 통치 관행을 근본적으로 변화시킬 수 있을지는 불확실하지만, 그 결과와 관계없이 자유주의는 동북아시아의 정치적 변화를 설명하는 중요한 코드로 유효하다.

8.1.4 세력 균형

마지막으로, 세력 균형에 대한 추구는 이 지역의 정치적, 군사적, 경제적 역학 관계를 설명하는 또 하나의 중요한 코드이다. 국제관계학자 케네스 왈츠(Kenneth Waltz)의 설명에 따르면, 세력 균형은 자국의 보존을 위해 노력하는 국가가 본능적으로 추구하는 것이다.[1233] 동북아 국가들 역시 예외는 아니었고 역내에서 중국의 압도적인 경제력과 군사력에 위협을 느끼는 국가들은 중국에 대응할 수 있는 경제력과 군사력을 갖춘 미국과 동맹을 체결했는데, 이는 역내 세력 균형을 유지하려는 움직임으로 해석할 수 있다. 케네스 왈츠 외에도 한스 모겐소(Hans Morgenthau), 헤들리 불(Hedley Bull), 로버트 길핀(Robert Gilpin), 스티븐 월트(Stephen Walt), 로버트 리틀(Robert Little), 로버트 저비스(Robert Jervis), 존 미어샤이머(John Mearsheimer) 등 저명한 학자들은 세력 균형의 실현 가능성, 그 본질, 그리고 국제 질서와의 관계를 탐구하며 국가 간 역학 관계를 설명하기 위해 많은 노력을 기울였다.[1234]

그러나 스티븐 해거드(Stephen Haggard) 교수는 기존의 국제관계 이론을 동북아시아에 적용하는 데에는 한계가 있다고 지적했다.[1235] 예를 들어, 민주주의 국가들이 다른 민주주의 국가들과 무력 충돌을 일으킬 가능성이 낮다는 "민주적 평화 이론(Democratic Peace Theory)"

은 중국과 북한 같은 오랜 권위주의 정권이 존재하는 동북아시아의 핵심 역학 관계를 이해하는데 유용하지 않다고 한다고 주장했다.[1236] 해거드 교수의 관점은 타당한 면이 있으며 동북아시아의 현재 정치 역학 관계에서 기존의 이론을 적용하기 어려운 점이 있는 것도 사실이다. 그러나 동북아에서의 상황 변화를 전제하면 기존의 이론이 전적으로 무용한 것은 아니다. 예컨대, 민주적 평화 이론은 제3장에서 논의했듯이 중국이 보다 민주적으로 운영되는 내정 개혁을 이루는 경우, 역내의 다른 민주주의 국가들과 관계가 개선될 가능성을 이해하는 데 유용할 것이다.[1237]

역사적 사례들은 동북아시아 국가들이 역내에서 어떻게 세력 균형을 추구해 왔는지 이해하는 데 도움을 준다. 동북아 국가들은 자국의 자치권을 유지하는 대가로 중국의 패권을 받아들였고, 이를 통해 역내 국가들이 수용할 만한 실질적인 세력 균형이 형성되었다.[1238] 동북아 각국은 역사적으로 기존 혹은 새롭게 형성된 역내 세력 균형을 유지하기 위해 노력했다. 예를 들어, 중국은 16세기 일본이 한국을 침략했을 때 한국에 군사적 지원을 제공했고, 이후 중국이 만주족의 도전에 직면했을 때 한국이 군대를 파견했다.[1239] 이는 기존 세력 균형을 지키기 위한 상호적 노력의 일환이었다. 또한 만주족이 중국을 정복하고 한족을 대신해 이 지역의 지배적인 세력이 되었을 때에는, 청나라와 조선의 연합군이 1654년과 1658년에 북쪽에서의 러시아 진출을 차단함으로써 새롭게 형성된 동북 아시아 세력 균형을 유지하고자 했다.[1240]

현대적 맥락에서 동북아시아의 세력 균형은 최근에 트럼프 행정부의 무차별적인 관세 부과 등 일방주의적인 정책으로 그 결속력이 약해지고는 있으나 한국, 일본, 미국을 포함한 민주주의 국가 그룹과 중국, 러시아, 북한을 포함한 권위주의 국가 그룹 간의 힘의 균형으로 볼 수 있다.[1241] 미중 경쟁이 동북아시아에 국한된 것은 아니지만, 미국은 이 지역에서

'적절한 세력 균형'을 넘어서는 중국의 팽창을 억제하기 위해 정치적, 군사적, 경제적 대응 정책을 채택하고 있다. 또한 미국은 동맹국들에게 칩4 동맹과 같은 미국의 제안과 선례를 따르도록 촉구하고 있다.[1242] 반면 중국은 이를 자국에 대한 과도한 봉쇄 시도로 간주하며, 경제적 영향력을 활용해 주변 국가들이 미국의 봉쇄 정책에 협력하지 않도록 압력을 가하고 있다.[1243] 이렇게 전개되는 미중 갈등은 동북아시아를 불안 정하게 만드는 요인이며, 이에 대해서는 다음 절에서 자세히 논의한다.

8.2 역내 새로운 세력 균형의 필요성

8.2.1 정치적 불안정

앞에서 논의한 바와 같이, 동북아시아의 상당한 정치적, 경제적 불안정은 지속 가능한 평화를 어렵게 하며, 이 지역에서 군사적 충돌의 위험을 높이고 있다. 특히 북한의 핵 문제는 아직 해결되지 않았으며, 여전히 지속적인 우려가 되고 있다. 2019년 하노이 북미 정상회담은 북핵 문제에 대한 합의를 도출하지 못했으며,[1244] 이후 북한은 미사일 실험을 재개하며 긴장을 고조시켰다. 2022년에는 북한은 90회가 넘는 순항 및 탄도미사일 을 발사하며 단거리에서 장거리에 이르는 핵탄두 운반 능력을 과시했 다.[1245] 2023년에는 미사일 발사 횟수가 23회로 줄었으나, 대신 수중 드론(핵 어뢰) 발사 3회와 군사·정찰위성 발사 시도 2회가 더해져 오히려 위협의 범위가 확대되고 수준이 높아졌다.[1246]

김정은은 2019년 미국과의 하노이 정상회담이 결렬된 직후, 북한이 결코 핵무기를 포기하지 않을 것이라고 선언하면서, 한국과 미국에 했던 비핵화 약속을 파기했다.[1247] 북한은 또한 핵무력정책법을 공표하여 북한 지도부에 대한 군사적 공격이 임박했다고 판단되거나 "전쟁의 확대와 장기화"를 막기 위해 필요하다고 판단될 경우 선제 핵 공격을 승인할 수 있다는 법적 근거를 마련했다.[1248] 제2장에서 논의한 바와 같이, 김정은은 핵무기를 단순히 억지력으로 사용하는 것을 넘어, 핵무기를 국제정치적 수단으로 활용할 의사를 가진 듯하다. 그는 핵무기를 북한의 "근본 이익"을 보호하기 위한 수단으로 활용하겠다고 공언했다.[1249] 그러나 북한이 법령에서 "근본 이익"을 정확히 정의하지 않았기 때문에, 북한이 어떠한 상황에서 핵무기를 사용할지 예측하기 어렵다. 또한 김정은은 북한이 핵무기를 두고 "협상"을 하거나 핵무기를 "협상용 수단"으로도 사용하지 않을 것이라고 공언하여, 협상을 통한 북한 비핵화의 전망을 어둡게 하고 있다.[1250]

북핵 문제에 관한 긴장과 갈등은 여전히 해소되지 않고 있다. 미국은 "미국이나 동맹국, 우호국에 대한 북한의 어떠한 핵 공격도 용납할 수 없으며, 이는 북한 정권의 종말을 초래할 것"이라고 경고하며, "김정은 정권이 핵무기를 사용하고도 생존할 수 있는 시나리오는 없다"고 단언했다.[1251] 또한 미국은 북한의 재래식 "신속 전략 공격"에 대해 자체 핵무기 사용 가능성을 배제하지 않고 있다.[1252] 한국도 북한이 김정은의 의지에 따라 언제든지 핵실험을 감행할 준비가 되어 있다는 점을 지적하며 우려를 표명했다. 한국 국방부 장관도 북한의 핵무기 사용을 억제하기 위해 기존 대북 방어 전략의 변화가 필요하다는 점을 인정했다.[1253] 한국 정부는 공식적으로 북핵에 대응하기 위해 독자적인 핵무기 개발을 검토한다고 밝히지 않았지만, 한국인들 사이에서는 북한의 핵 위협에 대응하기 위해 남한도 독자적으로 핵을 개발하여 보유해야 한다는 여론이 확산되고 있다.[1254]

한국 정부는 북한의 핵 위협에 대응하기 위해 미국과의 합동 군사 훈련을 강화하며 방위 태세를 공고히 했다.[1255] 일본도 북한의 일본

상공을 향한 반복적인 미사일 발사에 관해 심각한 안보 우려를 제기하고 있다. 일본 정부는 미사일 발사 직후 주민들에게 대피소를 찾도록 경고하며 긴급 대응 태세를 강화하고 있다.[1256] 반면, 2022년 미국과의 관계가 악화되던 중국과 러시아는 북핵 문제에 대한 책임을 미국에 돌리며, 북한에 대한 정치적, 경제적 압박이 긴장 고조의 주요 원인이라고 주장했다.[1257] 이처럼 동북아시아 국가들의 입장이 서로 대립하면서, 북한의 핵 문제는 해결될 전망이 더욱 어두워지고 있다. 2025년 1월에 대통령으로 재집권한 도널드 트럼프는 김정은과 좋은 개인적인 관계를 강조하고 김정은과의 교섭에 나설 것이라고 시사했다.[1258] 그러나 트럼프 행정부 1기 당시 하노이 북미회담이 결렬된 전례를 고려하면, 과연 그가 핵 문제의 실마리를 풀 수 있을지 여전히 불확실하다. 북핵 문제는 여전히 동북아시아의 주된 불안정 요인으로 남아 있으며, 이 지역의 안보와 평화를 위협하는 핵심 요인이다.

미국과 중국 간 격화되는 경쟁은 동북아시아를 불안정하게 만드는 또 다른 요인이다. 미국은 중국을 "경제적, 외교적, 군사적, 기술적 역량을 결합하여 안정적이고 (미국과 그 동맹국이 설정한 국제 질서인) 개방된 국제 체제에 지속적으로 도전할 수 있는 유일한 경쟁자"로 규정해 왔다.[1259] 또한 미국은 중국이 중화인민공화국 수립 100주년인 2049년까지 인도·태평양 지역에서 미국의 동맹과 안보 파트너십을 대체하고 국제 질서를 중국 중심으로 재편하려는 목표를 가지고 있다고 보고 있다.[1260] 이에 대응하여, 미국은 바이든 행정부 시절 총 8만 명이 주둔하고 있는 한국과 일본에 군사력을 증강하여 중국의 도전에 맞섰다.[1261] 미국은 한국과 일본과의 전통적 군사동맹을 강화하는 것과 별개로, 쿼드(Quad), 오커스(AUKUS) 등 다자 협력체를 강화하여 중국의 군사적 영향력을 견제하고, 기술 및 경제 분야에서 경쟁력을 유지하려는 노력을 기울였다. 이들 다자 협력체는 동북아 지역 외에서 미국이 주도하는 협력체이지만, 동북아의 정치적 안보에도 영향을 미치고 있다.

한편, 중국은 동북아시아 내 미군 증강에 대해 줄곧 강경한 반대 입장을 취해 왔다. 이를 가장 분명하게 보여준 사례가 바로 한국에 대한 고고도미사일방어체계(사드) 배치에 대한 중국의 반대와 항의다. 앞서 언급한대로 사드는 북한의 정교해지는 탄도미사일 위협에 대응하기 위해 미군이 도입한 요격 시스템으로, 이미 한국 주둔 미군 기지에 배치가 완료되었다. 중국은 사드 레이더가 중국 동부 지역까지 탐지 범위를 넓힐 수 있다고 우려하며, 이는 중국 군사 작전에 대한 감시를 강화하고 역내 정치적, 군사적 불안정을 야기할 것이라고 주장한다. 미국이 사드 레이더의 목적이 중국 감시가 아니라는 점을 재차 밝히고 있음에도, 중국은 이를 한미동맹 강화 및 자국 군사적 영향력 약화를 노린 조치로 받아들이고 있다. 이러한 인식 속에서 중국은 사드 배치를 승인한 한국에 대해 보복적 무역 제재를 단행하며 긴장과 갈등을 고조시 켰다. 동시에 국제무대에서 미국의 군사적 확장을 견제하고, 역내 군사· 외교적 결정 과정에서 자국의 영향력을 확대하기 위한 수단으로 사드 반대를 활용해 왔다.

시진핑 주석은 홍콩 시위의 폭력적 진압, 신장과 티베트에서의 지속적 억압, 전국적인 반대 시위를 촉발한 코로나19 강제 봉쇄 등 일련의 사건을 통해 권력을 강화하고 권위주의 통치를 공고히 해왔다. 이 같은 정책들은 국제사회에서 반중 정서를 고조시켰으며, 특히 남중국해 영유 권 분쟁과 대만 문제에서 중국이 보이는 공격적 태도는 지역 긴장을 한층 심화시켰다. 이로 인해 미국과 그 동맹국들이 역내 정치적 긴장을 완화하고 중국과의 관계를 개선하기 위한 해법을 찾기가 더욱 어려워졌 다.[1262] 대신 동북아와 인도·태평양 지역에서 군사 경쟁이 가속화됨에 따라, 미국과 동맹국들은 중국 견제를 위한 군사·경제 협력에 무게중심 을 두게 되었다. 이는 역내 국가들에게 미중 경쟁 사이에서 선택의 압박을 가중시키고, 지역 안보 협력 구조를 한층 복잡하게 만드는 결과를 낳고 있다.

중국에 대한 국제적 우려가 커지면서, 중국이 추진하는 주요 국제개발 사업들도 의심의 대상이 되었다. 예를 들어, 아시아 광범위한 지역의 개발을 촉진한다는 명분으로 추진되어 온 일대일로一帶一路 사업은 중국 당국이 다른 이해관계자들, 특히 기업, 시민사회 단체, 지역사회와 같은 민간 주체들의 이익을 충분히 반영하지 않은 채, 사업 이익의 대부분을 독점하려 한다는 지적을 받고 있다.[1263] 실제로 이 사업에 참여한 국가 중 3분의 1 이상이 채무 관리에 어려움을 겪으며 재정적 압박을 받게 되었다.[1264] 이러한 상황에서 미국은 중국의 부족한 경제적 상호주의, 지배적 기술 정책, 강압적 대외 정책, 그리고 역내 군사적 야망에 대해 점차 많은 국가들이 공유하는 우려를 해소해 달라는 요구를 받고 있다.[1265] 그러나 만약 미국이 이 요구에 부응해 중국에 강경하게 대응할 경우, 양국 간 정치적 갈등은 완화되기보다는 오히려 심화될 가능성이 높다. 한편, 시진핑 주석은 2021년 9월, 새로운 국제개발 사업인 "글로벌 개발 이니셔티브(GDI)"를 제안했다. 중국은 기존 국제기구와의 협력 강화를 내세우고 있으나, 이 사업 역시 중국 중심으로 운영되며, 개발도 상국들이 중국이 주도하는 정치·경제 질서를 받아들이도록 유도하고 있다는 비판을 받고 있다.[1266]

8.2.2 경제적 불안정

미중 간의 정치적 갈등은 경제적 영역으로 확산되었다. 미국은 중국의 부당한 지적재산권 관행을 이유로 중국에서 수입되는 광범위한 제품에 대해 고율의 관세를 부과했다.[1267]

그리고 2025년 4월에는 중국에 전례 없는 145%라는 고율 관세를 부과했다.[1268] 중국은 경제성장을 위해 수출에 의존하고 있는 만큼,[1269] 미국의 이러한 관세 인상은 중국 경제에 영향을 주었다. 중국은 미국산 수출품에 대해 보복 관세를 부과하며 대응했으며,[1270] 양국 간 무역 보복 조치들이 이어지면서 국제 무역에 심각한 혼란이 발생했다.[1271] 중국은 이미 "중국제조 2025"와 같은 핵심 기술 육성 계획을 통해 첨단 산업에서 기술 우위를 확보하겠다는 계획을 발표했고, 미국은 이를 자국의 경제·산업 패권에 대한 직접적인 도전으로 인식했다.[1272] 이에 대응해 미국은 반도체와 같은 전략적 산업 분야에서 중국에 대한 기술 수출 통제를 강화하며 중국의 기술 발전을 견제하려 하고 있다.[1273]

중국은 이에 맞서 2025년 4월 첨단 산업에 필수적인 희토류에 대한 수출 통제를 발표했고 미국의 AI 반도체 수출 통제에 대응하여 화웨이 산 AI 반도체의 양산을 시작했다.[1274] 이러한 미중 간의 대립은 양국 간 협력적 경제 관계가 사실상 종말을 맞고 있음을 시사하며, 동북아시아 및 국제 경제 질서에 심각한 파급 효과를 낳고 있다. 특히 이 대립은 역내 경제적 불안정을 가중시키며, 동북아시아의 경제적, 정치적 긴장을 더욱 고조시키고 있다.

최근 미국은 막대한 보조금, 그리고 최근에는 고율의 관세를 통해 반도체 등 "전략 품목"의 국내 생산을 촉진하는 정책을 추진하여 국제 경제 질서에 혼란을 초래하고 있다.[1275] 미국은 이러한 정책을 국가 안보와 연계해 정당화하고 있으나, 해당 품목이 국방을 위해 필수적이라는 주장 외에, 왜 반드시 미국 내에서 생산되어야 하는지에 대한 구체적인 근거는 제시하지 않았다.[1276] 이 정책은 수입품에 대한 관세 인상 정책과 결합되어, 해외 기업을 포함한 주요 생산자들이 미국 시장 접근을 위해 생산 기지를 미국으로 이전하도록 압박하는 결과를 낳았다. 이는 자유로운 국제 무역을 저해할 뿐 아니라, 동북아시아의 미국 동맹국을 포함한 다른 국가들에서 고용 및 투자 기회 상실과 같은 경제적 손실을 초래할 가능성이 높다. 실제로, 이들 국가의 생산자들은 미국의 새로운 정책에 따라 생산 기반을 미국으로 이전하기 시작했다.[1277] 이러한 정책은 동북아시아의 경제적 안정을 촉진하기보다는 오히려 불안정을 가중시키고 있다.

이와 더불어, 동북아시아에서 경제적 불안정을 가중시키는 또 다른 요인은 국제 무역의 "무기화"이다. 중국과 일본은 각각 무역 상대국에 정치적 요구를 압박하기 위해 무역 제한 조치를 활용해 왔다. 중국은 사드 문제와 관련해 한국에 대해 관광과 문화 행사 금지 등 무역 제한 조치를 시행했으며, 센카쿠 열도를 둘러싼 영유권 분쟁에서 일본에도 제재를 가했다.[1278] 한편, 일본은 제2차 세계대전 중 강제 노동에 대한 보상을 요구하는 한국 법원의 판결에 대한 보복 조치로 3년 8개월 동안 한국에 대한 수출 통제 조치를 취했다.[1279] 미국은 2025년 4월 중국을 상대로 미국의 일방적인 관세 부과에 관한 중국의 대응을 문제삼아 145%의 고율 관세를 부과하였다. 이러한 사례들은 국제 무역이 경제적 교환의 수단을 넘어, 정치적 압박의 수단으로 활용되고 갈등의 원인이 될 수 있음을 보여준다. 국제 무역의 무기화는 동북아시아 지역 내 국가 간 신뢰를 약화시키고 경제적 협력을 저해할 뿐만 아니라, 장기적으로 지역 경제의 안정성과 번영을 위협할 가능성이 있다.

동북아시아 경제의 구조적 문제 역시 지역 경제의 불안정을 심화시키고 있다. 중국은 동북아시아 국가들의 중요한 수출 시장으로 자리 잡고 있으며(2021년 기준 동북아 각국 총수출의 25%에서 82% 차지),[1280] 동북아 국가들은 정도의 차이는 있지만, 중국에 대한 경제적 의존이 심화되고 있다. 중국에 대한 동북아 각국의 경제적 의존은 두 가지 중요한 문제를 야기한다. 첫째, 중국 경제의 둔화가 동북아시아 다른 국가들의 경제에 직접적인 영향을 미칠 가능성이 크다. 예를 들어, 중국의 엄격한 코로나19 봉쇄 정책은 중국 경제성장을 둔화시켰으며, 이는 중국의 수입 수요를 크게 감소시켰다.[1281] 이러한 현상은 중국을 주요 수출 시장으로 삼고 있는 동북아시아 국가들의 경제에 타격을 줄 수 있다. 둘째, 중국 경제 관리의 투명성 부족은 중국이 도입할 경제 정책에 대한 불확실성을 야기한다. 이는 대중국 수출에 의존하는 동북아시아 국가들의 경제적 취약성을 심화시키는 동시에, 지역 경제의 불안정을 가중시키는 요인으로 작용한다.

이외에도 미국은 중국을 견제하기 위한 공급망 통제 전략을 체계적으로 추진하고 있다. 미국은 동맹국들과 협력하여 반도체 공급망에서 중국을 배제하고, 전략 품목 분야에서 중국 내 산업에 대한 투자를 축소함으로써 중국의 기술 발전을 억제하려 하고 있다.[1282] 그리고 고율의 관세를 부과하여 중국의 수출 산업에 타격을 주려고 시도했다. 중국은 이러한 미국의 노력에 대해 희토류 수출 통제와 같은 보복 조치로 대응했으며, 이는 역내 경제적 불안정을 심화시킨다. 미국과 중국 간의 공급망 통제 및 보복 조치는 단순히 두 나라 혹은 두 진영 간의 갈등에 그치지 않고, 동북아시아를 포함한 세계 경제에 광범위한 영향을 미칠 수 있다. 이러한 경제적 갈등은 지역 내 무역과 기술 협력을 저해할 뿐만 아니라, 관련국 간의 경제적 상호 보완성을 약화시킬 가능성이 크다.

마지막으로, 이 지역의 주요 경제국이 겪고 있는 장기적인 경제 침체는 지역 불안정을 심화시킬 가능성이 있다. 예를 들어, 일본 경제는 1990년대 이후 침체 상태에 머물러 있으며, 만성적인 내수 부진을 겪고 있다.[1283] 아베 신조 전 일본 총리는 대규모 현금 투입을 통해 일본 경제를 활성화하려 했지만, 장기적인 경제성장을 촉진하지 못했다.[1284] 일본의 경제 침체는 제2차 세계대전 당시 일본의 전쟁범죄 문제를 둘러싸고 한국과 중국에 대해 대립적인 태도를 내세우는 보수 우익 세력에 힘을 실어주었으며, 이러한 정치적 변화는 역내 긴장을 한층 더 고조시키고 있다.[1285] 몽골에서도 비슷한 정치적 변화가 발생하고 있다. 최근 경제적 어려움으로 인해 몽골 보수당(몽골인민당)이 권력을 장악했으며, 이로 인해 민주주의의 약화와 중국에 대한 경제적 의존이 심화될 수 있다는 우려가 제기되고 있다.[1286] 중국의 경제 침체 또한 심각한 우려를 낳고 있다. 향후 몇 년간 경제성장 둔화가 예상되며, 이는 대중의 불만을 증폭시킬 가능성이 크다.[1287] 국내 여론의 불만 수준과 그로 인한 정치적 불안정의 정도에 따라, 중국 지도부는 대만에 대한 군사행동을 포함한 국면 전환용 조치를 시도할 가능성이 있다. 이러한 조치의 정치적 동기가 무엇이든 간에, 이는 의심할 여지 없이 동북아시아 지역의 정치적, 군사적 긴장을 고조시키고 상당한 불안정을 조성할 것이다.[1288]

8.2.3 현 세력 구도의 대립적 성격

제3장에서 논의한 바와 같이, 현재 동북아시아의 세력 구도는 한미일과 북중러 간의 "대결적 균형"을 형성하고 있으며, 이는 이 지역의 정치적, 경제적 긴장을 심화시키고 있다. 글로벌 강대국인 미국, 중국, 러시아는 동북아시아 정책에 자국의 세계적 이익을 반영함으로써, 역내 정치 역학을 한층 복잡하게 만들고 있다. 이러한 복잡한 지역 역학 관계를 고려할 때, 세력 균형을 통해 지속 가능한 평화를 달성하는 것은 어렵고, 어쩌면 불가능할 수 있다. 이는 국제정치학자 한스 모겐소가 지적한 바와 같이 그러한 균형이 본질적으로 "불확실하고 비현실적이며 불충분" 하기 때문이다.[1289] 항상 수치화하기 어려운 서로의 역량을 정확히 평가해 양국 간 세력 균형을 가늠할 수 있을지는, 미국과 중국 모두 불확실한 상황이다.[1290] 설령 세력 균형이 측정 가능하다고 하더라도, 지역(및 세계)에서 더 큰 역할을 원하는 중국과, 자국의 정치적, 경제적 영향력을 유지하기 위해 중국의 팽창을 억제하려는 미국이 '서로가 수용할 수 있는 균형점'에 합의하기는 쉽지 않을 것이다. 또한 양국 간 경쟁과 대립을 고려할 때, 역내 안정을 제고할 수 있는 더 효과적인 세력 균형은

양자 간 합의로는 달성하기 어려우며, EU와 같은 지역적 구조 내의 다자적인 접근과 제도화를 통해 이룰 수 있을 것이다.

현재 동북아시아의 지역 안보 및 경제 체제는 지속적인 정치적 갈등과 대립 구도를 형성하고 있다. 현재 한미 간, 미일 간의 안보 협정은 당사국들의 안보 이익을 보호할 뿐만 아니라 민주주의, 법치, 시민의 자유, 기본적 인권과 같은 정치적 가치에 기반을 두고 있다. 이와 관련하여, 2022년 프놈펜에서 발표된 인도-태평양 한미일 3국 파트너십에 관한 성명은 "3국 파트너십이 공유된 가치에 의해 지도되고, 혁신에 의해 주도되며, 공동의 번영과 안보에 전념한다"고 명시했다.[1291] 현재 동맹국의 이익을 훼손하더라도 자국의 이익을 앞세우려는 트럼프 행정부의 일방주의적인 정책으로 한미일 간의 견고한 협조가 유지될 수 있을지 불분명한 면이 있으나 기존의 시각에서 보면 역내 두 집단 간의 대립은 단순히 군사적, 안보적 이해관계의 차이를 나타낼 뿐 아니라, 이념적 전선을 형성함으로써 합의가 어려운 정치적 가치를 둘러싼 긴장과 논쟁을 야기할 수밖에 없음을 시사한다. 예를 들어, 중국은 "세계 정당과의 대화(CCP in Dialogue with World Political Parties)" 같은 회의에서 자유민주주의가 국가 발전에 필수적이지 않다는 이념적 주장을 펼쳐 왔다.[1292] 또한 시위대가 공개적으로 선거 실시와 시 주석의 퇴진을 요구할 정도로 중국 내 대중 불만이 높아지면서, 이념을 둘러싼 정치적 대립이 더욱 심화될 수 있다. 이처럼 민심이 동요할수록, 중국 정부는 자국의 이념적 기반을 한층 강화할 가능성이 크다.[1293]

지역적 긴장과 대립은 동북아시아의 군사력 배치에도 원인이 있다. 미국은 한국 및 일본과 체결한 방위조약에 따라,[1294] 두 나라에 대규모의 해군과 지상군을 주둔시키며, 북중러 군의 움직임을 면밀히 관찰하고 있다. 한미일 연합 전력은 중국을 비롯한 이 지역의 다른 강대국들에 심각한 군사적 위협이 될 수 있으며, 미국의 사드 배치에 대한 중국의 격렬한 반대에서도 나타나듯이, 미국의 군사적 존재는 중국에 중요한 안보 우려를 초래한다.[1295] 특히, 동북아시아에 배치된 미 해군은 남중국해와 동중국해를 장악하려는 중국의 시도를 물리적으로 저지함으로써 양국 간 심각한 갈등 요인이 되고 있다. 한편, 미국과 한국 간 군사동맹의 주된 목적은 북한의 침략으로부터 한국을 방어하는 데 있으며, 한국군은 수십 년에 걸쳐 상당한 역량을 갖춘 세계적 수준의 전력으로 발전해 왔다. 한미 연합 전력은 북한이 극복하기 어려운 것이며, 이에 대응해 북한은 격차를 줄이기 위해 핵무기와 탄도미사일을 개발해 왔다. 현재 북한의 핵 전력은 동북아시아에서 가장 심각한 안보 위협으로 부상하여 이로 인해 극심한 정치적 대립의 위험이 커지고 있다.

경제적 측면에서, 동북아시아의 현재 경제·통상 체제는 역내 국가들의 경제·통상 이익을 보호하기에 충분하지 않다. 동북아시아는 중국, 한국, 일본이 모두 회원국으로 참여하고 있는 RCEP(역내포괄적경제동반자협정)를 통해 세계에서 가장 광범위한 자유무역 지대를 형성했다. 또한 한미일 3국 자유무역협정(Trilateral FTA)과 한중 양자 자유무역협정(FTA)이 체결되었다.[1296] 이러한 FTA(또는 지역무역협정, RTA)는 무역에 대한 관세 및 비관세 장벽 제거를 목표로 하지만, 사드 문제로 인한 중국의 한국에 대한 무역 제한 조치와 앞서 언급한 일본의 수출 제한 조치와 같이, 정치적 목적을 위해 채택된 무역 제한 조치를 막는 데 한계를 드러냈다.[1297] 중국은 동북아시아에서 가장 큰 수출 시장을 제공하며, 지역 내 가장 중요한 경제 주체로 성장했다. 중국은 이 지역의 경제성장을 촉진할 수 있는 위치에 있지만, 대신 자국의 정치적인 요구를 충족하기 위해 우월한 경제적 지위를 활용해 왔다. 또한 트럼프 행정부는 무관세를 규정한 한미 FTA를 무시하고 2025년 4월 고율의 관세를 한국의 수출품에 부과했다.[1298] 이로 인해 초래된 무역 갈등은 현재의 경제·통상 체제로는 해결하기 어려운 것이다.[1299]

전술한 역내 경제·통상 체제에 미국이 참여하지 않고 있는 점도 중요한 문제이다. 미국은 한국과 양자 FTA를 체결하고 있지만,[1300] 트럼프 행정부는 오바마 행정부가 타결한 TPP(환태평양경제동반자협정)에서 탈퇴했다. 앞서 언급한대로 만약 미국이 TPP에 참여했더라면, TPP는 아시아·태평양 지역에서 가장 규모가 큰 자유무역협정이 되었을 것이다.[1301] 한편 미국이 반도체와 같은 전략 분야 공급망에서 중국을 배세하려는 노력은 현존하는 경제·통상 체제의 범위를 벗어나는 움직임이다. TPP에 재가입하는 대신, 바이든 행정부는 IPEF(Indo-Pacific Economic Framework for Prosperity, 번영을 위한 인도-태평양 경제 프레임워크)를 추진했다. 이 포럼에는 미국, 호주, 브루나이, 피지, 인도네시아, 일본, 한국, 말레이시아, 뉴질랜드, 필리핀, 싱가포르, 태국, 베트남 등이 참여하고 있다.[1302] 중국이 회원국으로 포함된 RTA(지역무역협정)에 미국이 가입하지 않듯이, 중국 역시 IPEF에 참여하지 않았으며, 이러한 상황은 미중 간 경제적 갈등을 반영한다. 미중 양국이 참여하는 보다 포용적이고 다자적인 지역 경제·통상 체제를 구축하는 것은, 비록 양국 간의 경제적 긴장과 갈등을 즉각적으로 해결하지 못하더라도, 다른 참여국들의 중재를 통해 장기적인 해결을 모색하는 경제 협력의 장을 제공할 수 있을 것이다.

8.3 동북아시아의 지속 가능한 평화를 향하여

8.3.1 지역 평화 유지를 위한 중국의 역할

중국은 동북아의 지속 가능한 평화에 가장 중요한 영향을 미친다. 영토, 인구, 군사 및 경제적 측면에서 중국의 규모는 이 지역의 다른 어떤 국가와도 비교하기 어렵다. 2021년 기준 중국의 정부 수입은 3조 2천억 달러에 달하며, 이는 한국 전체 GDP의 1.7배, 일본 GDP의 3분의 2 수준이다.[1303] 또한 14억 명이 넘는 중국의 인구는 동북아시아의 다른 모든 국가들을 합친 것보다 몇 배 더 많고, 군사력 또한 이 지역에서 가장 큰 규모이다. 제6장에서 논의한 바와 같이, 미국은 동북아에서 중국과 비슷하거나 오히려 더 우월한 국가 역량을 보유하고 있다. 그러나 미국은 본질적으로 역내 국가가 아니며, 비록 막강한 정치적, 경제적 영향력을 바탕으로 동북아시아 국가들과 긴밀히 연계되어 중요한 내부자 역할을 수행하더라도, 본질적으로 외부자라는 한계를 가진다.[1304] 또 다른 외부자인 러시아는 동북아시아에 일부 영토를 보유하고 있지만, 소련 붕괴와 우크라이나 침공 이후 이 지역에서의 영향력이 상당히 감소했고, 중국과 경쟁하기 어려운 상황이다. 앞서 논의한 바와 같이, 중국이 이 지역의 평화와 전쟁을 단독으로 통제할 수는 없겠지만,[1305] 결정적 영향을 미칠 수 있는 능력을 갖추고 있다.

중국은 현재의 국제정치 상황에 만족하지 못하며, 자국이 미국과 그 동맹국들에 의해 고립되고 포위된다고 인식하고 있다.[1306] 이에 따라 중국은 국익 증진을 위해 "베이징을 중심으로 한 전략적 환경을 형성"하려는 노력을 기울여왔다.[1307] 2012년 시진핑이 권력을 장악한 이후, 중국은 팽창 정책을 강화하며 필리핀, 베트남, 말레이시아, 브루나이, 인도네시아, 대만, 일본 등을 대상으로 동중국해와 남중국해에 대한 영유권 주장을 강화해왔다.[1308] 또한 러시아의 우크라이나 침공을 불과 몇 주 앞두고 러시아와의 파트너십 강화를 모색하며 푸틴 대통령의 나토 비판을 공개적으로 지지했다.[1309] 중국 국내에서는 홍콩의 시민 시위에 대한 폭력적 진압, 신장 위구르 자치구와 티베트에서의 소수민족 탄압, 언론과 집회의 자유에 대한 억압 등에서 나타난대로 권위주의 통치가 더욱 강화되고 있다. 중국 정부는 소수민족의 문화적 자율성을 약화시키려는 시도도 이어가고 있으며, 이는 내몽골 지역에서 몽골어 수업을 축소하는 사례에서 입증된다.[1310] 미국은 이러한 중국의 행동이 "세계 진보의 많은 부분을 뒷받침한 보편적 가치"에서 멀어지고 있다고 판단하며, 중국에 대한 봉쇄 정책을 정당화하고 있다.[1311]

시진핑 정권하에서 더욱 강경해진 중국의 공격적이고 강압적인 국내외 정책은 동북아시아를 비롯한 국제무대에서 중국의 정치적 신뢰도를 약화시키고, 역내에서 중국의 정치적, 경제적 역할을 축소시키고 있다. 중국의 외교 정책이 갖는 강압적 특성은 권위주의적 국내 통치 방식에서 비롯되며, 시진핑 집권 하에서 더욱 강화되어 왔다. 이는 3년간 이어졌고 강한 반대 여론이 일었던 제로 코로나 정책에서도 분명히 드러난다.[1312] 제3장에서 논의된 바와 같이, 시진핑은 1인 통치의 위험성을 깨달았던 덩샤오핑이 문화대혁명의 혼란에서 얻은 교훈을 바탕으로 도입한 집단 통치 체제를 무력화했다. 시진핑은 국가주석 임기 제한을 폐지했으며, 중국공산당 상무위원회의 역할을 약화시키고 자신에게 권력을 집중시켰다.[1313] 중국이 과거의 협의와 심의에 기반한 통치 체제로 복귀하고, 권력 구조를 재조정하여 일정 수준의 권력 분산을 이루어야만, 보다 균형 잡히고 화해 지향적이며, 역내 합의 가능성이 높은 외교 정책이 베이징에서 마련될 수 있을 것이다.[1314]

정치·경제적 관점에서 미국은 중국의 야망에 대해 지속적으로 경고해 왔다. 안토니 블링컨 전 미국 국무장관은 "중국이 자국을 글로벌 혁신과 제조업의 중심에 놓고, 다른 나라들의 기술 의존도를 높인 후, 이를 외교 정책의 지렛대로 활용하려 한다"고 지적했다.[1315] 또한 그는 "중국은 규칙에 기반한 국제 무역 시스템의 혜택을 그 어느 나라보다 많이 누려왔지만, 이를 강화하고 활성화하여 다른 나라들도 혜택을 누리게 하기보다는, 오히려 이를 무력화하는 방향으로 나아가고 있다"고 비판했다.[1316] 그러나 미국 역시 국제통상 분야에서 모범을 보이지 못하고 있다. 2017년 이후 미국은 WTO 상소기구 위원의 임명과 재임명을 부당하게 막아 정족수 부족으로 기구가 사실상 기능을 상실하도록 했다. 또한 미국은 국제통상법인 WTO 규정에 위배되는 방식으로 중국산 제품에 대해 고율의 관세를 부과하고 유지해왔고 2025년 4월에는 전 세계를 대상으로 다시 국제통상규범을 위반하여 전례 없는 관세를 부과하기에 이르렀다.[1317] 미국의 이러한 부적절한 조치와 별개로, 사드 보복의 경우처럼 중국이 국제통상을 정치적 양보를 얻기 위한 수단으로 사용하는 것은 심각한 우려를 초래한다.[1318] 이러한 강압적인 무역 제한 조치는 경제 관리 측면에서 중국의 신뢰도를 약화시키며 장기적으로 손실을 초래할 가능성이 크다.[1319] 예컨대 한국 기업들은 사드 보복 후 중국을 떠났고 호주 수출업자들은 중국이 정치적인 무역 제한 조치를 취하자 중국을 대신할 다른 시장을 확보했다.

강압적이고 대결적인 정책으로 미국과 동맹국에 승리하려는 시도는 시진핑이 제시한 중국몽, 즉 중화민족의 위대한 부흥이라는 이상을 실현하지 못할 가능성이 높다. 이러한 접근 방식은 오히려 국제사회의 광범위한 우려를 야기하며, 역효과를 초래할 수 있다. 반면, 상호 협의와 책임성에 기반한 정치적 과정을 통해 보다 균형있고 포용적이며 화해 지향적인 대내외 정책이 마련된다면, 이는 중국을 시진핑의 꿈인 "중화민족의 위대한 부흥"이라는 이상에 한층 더 가까워지도록 할 수 있을 것이다.[1320] 17세기 만주족의 침략 이후 만주족의 권력을 소멸시킨 것은 중국의 군대가 아니라 중국의 문화, 경제, 그리고 만주족을 흡수한 거대한 중국 사회였다. 이 과정은 강제나 갈등 없이 이루어졌다. 내부적으로 권력이 균형을 이루고 협의와 심의에 바탕을 둔 통치를 시행하는 평화롭고 조화로운(reconciliatory) 중국은 동북아와 전 세계에 영향을 미칠 수 있는 엄청난 정치적, 경제적 역량을 갖출 수 있다.

중국의 방대하고 개방된 시장은 인접 국가와 세계 각 수출국들에 비교할 수 없는 경제적 기회를 제공할 잠재력을 가지고 있다. 더구나, 2025년 4월 이후 미국이 전례 없는 일방주의적 관세 부과로 인해 국제사회의 신뢰를 상실하고 있는 상황에서, 국제사회는 중국을 대안으로 고려할 가능성이 생기게 되었다. 세계에서 가장 많은 수의 과학자와 엔지니어를 보유한 중국은 과학기술 혁신을 통해 인류를 이롭게 할 발견과 경제적 번영의 새로운 길을 열어갈 가능성이 크다. 화해 지향적인 정치적 입장은 지역적, 세계적 지지를 확보하는 데 기여할 뿐만 아니라, 중국과 미국 및 그 동맹국 간의 대립을 완화하며, 보다 높은 수준의 협력을 가능하게 할 것이다. 따라서 중국은 현재의 대결적 정책 기조를 재평가하고, 권위주의 통치를 숙의적이고 포용적이며 책임성 있는 협력 기반의 통치로 개혁해야 하는 것이 장기적 이익에 부합한다. 중국은 한때 덩샤오핑의 경제 개혁 이후 급격한 성장을 이루던 시기에 이 같은 형태의 통치 체제에 보다 가까운 모습을 보였고, 이를 통해 국제사회의 폭넓은 지지를 얻은 바 있다. 이러한 방향으로의 전환은 중국이 지속 가능하고 안정적인 발전을 이루는 데 필수적인 기반이 될 것이다.

8.3.2 동북아시아 평화를 위한 새로운 지역 체제

앞서 논의한 바와 같이 현재의 지역 체제는 동북아시아의 정치적, 경제적 안정을 효과적으로 보장하지 못하고 있다.[1321] 동북아시아는 유럽의 북대서양조약기구(NATO)나 동남아시아의 동남아시아국가연합(ASEAN)과 같은 다자간 안보기구나 지역 협력체가 부재한 지역이다.[1322] 북한 비핵화 협상을 위한 6자회담과 같은 다자간 안보협력 포럼이 존재하지만, 이는 보다 광범위한 지역 안보 문제를 다루거나 북핵 문제를 실질적으로 해결하는 데까지는 이르지 못했다.[1323] 동북아시아에서 효과적으로 기능하는 다자간 안보 협의체를 구축하려면 중국과 미국이 모두 참여해야 하지만, 양국 간 경쟁과 갈등이 격화되고 있는 상황을 감안할 때, 가까운 미래에 이러한 협의체가 성사될 가능성은 낮아 보인다. 수십 년간 지속된 동북아시아의 첨예한 정치적, 경제적 긴장을 고려할 때, 나토 산하에서 북미와 유럽 국가들이 협력하는 방식처럼, 한국군과 북한군이 공통의 안보기구 아래에서 협력하거나 미군과 중국군이 공동 지역사령부 아래에서 복무하는 상황은 상상하기 어렵다. 또한 미국의 동맹국인 한국과 일본 사이에서도 안보 체제 구축은 정치적으로 어려운 문제이다. 예를 들어, 문재인 전 한국 대통령이 일본을 한국의 동맹국으로 간주하지 않는다는 발언은 역내 국가 간의 역사적, 정치적 갈등이 여전히 해결되지 않았음을 보여준다.[1324]

지역 안보 체제의 성립은 지속 가능한 동북아시아 평화를 구축하는 데 기여할 것이다. 그러나 이를 실현하기 위해서는 우선 동북아 국가 간의 관계가 상당한 수준으로 개선되어야 한다. 오바마 행정부의 "아시아 회귀(Pivot to Asia)" 정책 이후, 중국은 미국의 개입을 자국의 역내 영향력을 약화시키고 저해하려는 봉쇄 정책으로 간주해 왔다. 이러한 관점은 중국이 안보 협상에서 미국의 의도를 의심하고 불신하게 했다.[1325] 한편, 미국은 중국이 팽창 정책을 통해 미국의 정치적, 경제적 영향력을 약화시키고 자국의 영향력으로 대체하려 한다고 인식하고 있다. 이러한 인식은 미국이 중국에 대한 봉쇄 정책을 정당화하는 논리적 근거가 되고 있다.[1326] 따라서 동북아시아에서 실효성 있는 다자간 안보 체제를 구축하려면, 미국과 중국이 서로의 목표에 관한 충분한 이해를 공유해야 한다. 그러나 신뢰의 부족이 장애가 되고 있다. 중국 정부는 미국의 지위에 도전하는 것이 자국의 목표는 아니라고 주장했지만,[1327] 미국은 이러한 주장을 신뢰하지 않는 태도를 보인다. 앞서 논의한 바와 같이, 중국이 보다 협의와 심의에 기반을 둔 투명한 내부 지배 구조를 확립한다면, 국제사회에서 중국의 공식 입장에 대한 신뢰도가 향상될 수 있을 것이다.[1328] 미국의 트럼프 행정부 역시 전 세계를 상대로 한 관세 부과와 같은 현재의 일방주의적인 무역 정책을 철회하고, 국내적으로도 무분별한 이민자 추방이나 대학 탄압과 같은 비민주주의적인 정책을 지양하며, 헌법에 따라 사법부의 판결을 존중하는 태도를 보여야 손상된 국제사회의 신뢰와 지지를 회복할 수 있을 것이다.

북핵 문제를 효과적으로 해결하기 위해서는 실효성 있는 지역 안보 체제가 필요하며, 이 체제에 북한을 반드시 참여시켜야 한다. 북한의 참여를 유도하기 위해서는 북한과 미국 및 그 동맹국들 사이의 불신과 적대감이 개선되어야 하는데, 이는 정치적으로 어려운 과제가 될 것이다. 핵 문제와 관련해, 양측은 당장 북한의 완전한 비핵화가 이루어지지 않더라도, 문제 해결을 위한 협상의 범위, 절차, 구체적 조치에 대해 우선적으로 합의해야 한다. 또한 협상에 참여하는 국가들은 북한의 심각한 인권 침해에 대한 우려를 해소해야 한다. 인권과 법치를 존중하는 민주주의 국가가 정치범 수용소를 운영하는 북한과 공동의 안보 체제를 구성하는 것은 정치적으로 어려울 것이기 때문이다.[1329] 따라서 협상 참여국들은 이러한 문제를 해결하기 위한 절차적, 실질적 단계에 동의해야 한다. 북한과의 협상에는 중립적인 입장에 있는 국가, 예컨대 북한 및 다른 동북아 국가들과 우호적인 관계를 유지하고 있는 몽골과 같은 국가가 중요한 역할을 할 수 있다.

아울러, 실효적인 지역 안보 체제를 구축하기 위해 한국과 일본 간의 관계 개선이 필요하다. 현재 많은 한국인은 문재인 전 대통령이 일본에 대해 드러냈던 인식을 공유하고 있으며, 이러한 정서는 양국 관계의 불편한 모습을 보여주고 있다. 한일 간의 긴장은 양국 정부의 성격(한국의 경우 보수 정부인가 진보 정부인가, 일본의 경우 대외적으로 강경한 우익 세력인가 아니면 보다 온건한 세력인가)에 따라 영향을 받는 측면이 있다. 그러나 이러한 정치적 변화의 영향을 넘어, 양국 간 신뢰를 구축하려면 독일이 했듯이, 일본도 과거 식민지 통치의 잔혹성과 위안부 문제를 비롯한 과거 전쟁범죄에 대해 피해국인 한국과 이해를 공유해야 한다. 이를 통해 양국은 과거사를 직시하고, 미래 지향적인 협력 관계를 구축할 수 있을 것이다.[1330]

그러나 언급된 전제조건들은 정치적으로 매우 어려운 과제이며, 가까운 시일 내에 현실화되지 않을 가능성이 높다. 이러한 사정을 감안할 때, 사전에 실행할 수 있는 실질적인 조치로는 2013년 한국이 제안한 동북아 평화협력 구상(NAPCI)과 같은 낮은 수준의 안보 협의체를 설립하는 방안을 고려할 수 있다.[1331] NAPCI는 군비 통제와 같은 복잡한 안보 문제에 초점을 맞추기보다는, 핵 안전이나 사이버 안보와 같은 저강도 문제를 중심으로 대화를 시작하는 데 목표를 두었다. 이를 통해 박근혜 전 한국 대통령은 보다 어려운 문제를 논의할 향후 대화를 위한 토대를 마련하고자 했다.[1332] 또한 협상이 장기적으로 교착 상태에 빠지는 것을 방지하기 위해 구체적인 규칙과 협정을 놓고 대화와 협력을 하는 것이 중요하다고 강조했다.[1333] NAPCI는 초반에는 유망한 구상으로 보였으나, 지역 내 정치적 변화의 동력을 가져오지 못해 결국 소멸되고 말았다.[1334] NAPCI와 유사하게, 2014년부터 매년 몽골에서 개최되고 있는 울란바토르 동북아 안보 대화(UB Dialogue)는 정부 대표와 비정부 참여자를 대상으로 두 개의 트랙으로 진행되며, 지역 문제에 관한 대화의 장을 마련하고 있다.[1335] 그러나 문제는 이러한 저강도 접근법이 구속력 있는 정책, 명확한 상호 의무, 그리고 엄격한 합의를 도출하는 보다 견고한 지역 체제로 발전할 수 있는지에 있다.

경제적 측면에서 동북아시아는 지역 내에서 가장 중요한 두 당사자인 미국과 중국을 모두 포함하는 통합된 경제·통상 체제를 갖추지 못하고 있다. 이러한 상황에서, 미국과 중국을 포함한 역내 모든 국가가 가입하고, 개발도상국 회원국들에 경제개발 정책을 추진할 수 있는 정책적 공간을 허용하는 동북아 자유무역협정(FTA) 체결은 동북아 경제 통합의 중요한 출발점이 될 수 있다. 이러한 지역 경제 통합은 동북아시아의 무역 및 경제 관계를 안정시키는 데 기여할 수 있을 것이다. 물론, 이러한 FTA가 무역 제한 조치의 남용을 완전히 억제하지는 못하더라도, 무역 관계를 예측 가능하고 체계적으로 만들 수 있다. 더 나아가, 이러한 경제적 통합은 유럽경제공동체(European Economic Community)가 유럽연합(EU)으로 발전한 사례에서 볼 수 있듯이, 궁극적으로 지역의 정치·안보 협력으로 이어질 가능성도 있다.[1336] 이는 동북아시아의 지속 가능한 평화를 위해 중요한 과정이 될 수 있다.

8.3.3 맺는말

동북아시아의 지속 가능한 평화는 오늘날 가장 시급하고 중요한 문제 중 하나이다. 이 지역은 세계에서 가장 경제적으로 활발한 곳 중 하나인 동시에, 군사적, 정치적 관점에서 가장 불안정한 지역 중 하나로 평가된다. 특히, 북한은 "근본 이익"을 보호하기 위해 핵무기를 사용할 수 있다고 지속적으로 위협해 왔는데, 앞에서 지적한 대로 여기서 "근본 이익"이 무엇을 의미하는지 불분명하다. 이는 북한의 권위주의 정권이 핵무기 사용을 정당화할 수 있는 상황을 의도적으로 모호하게 남겨둠으로써 원할 때 핵무기를 사용할 수 있는 정당성을 확보하려는 의도임을 짐작할 수 있다.[1337] 세계에서 가장 예측하기 어려운 집단인 북한이 핵무기를 생존을 보장하기 위한 최후의 수단으로 그 사용을 최소화하겠다고 약속하는 대신, 국제정치적 목적을 위해 적극적으로 고려한다는 점은 지역 안보에 대단히 심각한 위협을 초래한다.

북핵 문제는 동북아시아에서 가장 심각한 안보 위협으로, 지금까지의 비핵화 협상은 실질적인 성과를 내지 못한 채 실패로 돌아갔다. 북한의 전통적 동맹국인 중국과 러시아를 포함한 동북아시아의 주요 강대국들조차도 북한의 핵 보유국 지위를 공식적으로 인정하지 않고 있지만, 이 문제를 해결하기 위한 어떠한 합의에도 이르지 못한 상태다. 북한은 2019년 하노이 북미 정상회담이 결렬된 이후 핵 보유 의지를 공공연히 천명하며, 앞서 말한 대로 자국의 "근본 이익"을 지키기 위해 핵무기를 적극적으로 사용할 수 있다고 위협해 왔다.[1338] 한편 미국은 북한이 핵무기를 사용하는 경우 어떠한 경우에도 북한 정권은 생존할 수 없다고 공언함으로써 북한이 핵무기 사용 위협을 통해 동북아에서 국제정치적 목적을 달성할 수 없도록 사전에 차단하려고 노력하고 있다.

북한은 핵무기를 협상용으로 사용하지 않겠다고 선언했지만, 정치적, 경제적 양보를 얻기 위해 보유 중인 핵무기의 일부 감축을 협상 카드로 사용할 가능성은 여전히 존재한다. 하지만 북한 정권이 핵무기와 이를 운반할 수 있는 장거리 미사일을 완전히 포기할 가능성은 극히 낮다. 남북통일은 이와 같은 핵 문제에 대한 항구적인 해결책을 제공할 수 있다. 북한이 2023년 12월에 통일 정책을 공식적으로 폐기했다고 하더라도, 남북한 통일 논의가 앞으로 완전히 단절될 것이라고 단정할 수는 없다. 다만, 대만과 마찬가지로 한국 역시 자유 선거를 기반으로 하는 자유민주주의를 보장하지 않는 방식의 통일은 수용할 수 없다. 따라서 남북한 통일은 민주주의와 법치주의, 그리고 기본권을 보장하는 형태로 이루어져야 할 것이다. 이를 실현하기 위해서는 남북한 관계의 실질적인 개선과 상호 신뢰 구축이 필수적이며, 북한의 인권 상황 또한 반드시 개선되어야 한다.

동북아시아에는 북한 외에도 세계 3대 군사 강국인 미국, 중국, 러시아가 군사력을 배치하고 있고, 세계 10위권에 드는 주요 군사 강국인 한국과 일본 또한 고도의 군사적 대비 태세를 유지하고 있다.[1339] 이러한 국가 간의 정치적, 경제적 긴장은 분쟁으로 비화될 가능성이 있다.

우크라이나 전쟁의 발발이 보여주듯이, 전쟁은 항상 합리적이고 예측 가능한 방식으로 발생하지 않는다. 동북아시아에서 전쟁이 벌어질 경우, 세계 경제에 파멸적인 영향을 미치고 수백만 명의 인명 피해가 발생할 가능성이 있다. 또한 남중국해에서 발생할 수 있는 미국과 중국 간의 군사적 충돌과 같은 강대국 간의 역외 분쟁 역시 동북아시아에 즉각적인 영향을 미칠 수 있다. 동북아시아의 정치적, 군사적, 경제적 역학 관계는 전 세계와 밀접하게 연결되어 있으며, 이 지역의 지속 가능한 평화는 단순히 지역적 문제가 아니라 전 세계가 주목하는 중요한 관심사로 부각되고 있다.

동북아시아에서 지속 가능한 평화를 이루기는 쉽지 않은 과제이다. 비극적인 한국전쟁(1950~1953)과 이후 수십 년간 정치적, 군사적 대립이 지속된 냉전의 최전선에 동북아시아가 있었다. 그러나 냉전의 종식은 이 지역에 지속 가능한 평화를 가져오지 못했다. 덩샤오핑의 지도 아래 중국은 시장경제를 도입하며 전례 없는 경제성장을 이루었고, 그 결과 수억 명의 인구가 절대 빈곤에서 벗어났다. 그러나 중국은 권위주의적 공산주의 통치 체제에 대한 근본적인 개혁은 하지 않았다. 특히, 1989년 천안문 광장 시위를 폭력적으로 진압하여 민주개혁의 가능성을 차단했으며, 이후 중국의 정치 체제는 민주적 변화가 아닌 사회주의적 통제를 유지하는 방향으로 나아갔다. 그럼에도, 덩샤오핑 이후 유지된 중국의 집단지도체제는 제한적이나마 지도부 내 일정 수준의 권력 분립을 가능하게 하여 정치적 안정을 이루었으며, 대외 정책에서도 비교적 균형을 유지하며 역내 국가들과 우호적인 관계를 지속할 수 있었다.

그러나 현 중국 국가주석 시진핑은 이러한 집단지도체제를 무력화하고 자신에게 권력을 집중하여 권위주의적 통제를 강화하고 있다. 경제발전의 성공으로 확보된 방대한 자원과 강화된 군사력은 오늘날 시진핑의 권력을 더욱 공고히 하고 있다. 2022년, 중국공산당 대회 폐막식 중에

후진타오 전 국가주석이 퇴장한 사건이 있었다.[1340] 그의 퇴장이 본인의
의지에 반해 이루어진 것인지, 건강 문제와 같은 다른 이유가 있었는지
명확하지 않으나, 이 장면은 많은 이들에게 후진타오의 집권 시기가
상징했던 집단 통치 시대의 종말을 알리고, 시진핑의 1인 통치 체제가
강화된 새로운 시대의 시작을 보여주는 상징적인 사건으로 인식되었다.
그러나 이러한 권력 집중은 평화와 안정, 그리고 경제적 번영을 보장하기
보다는, 내부적으로 정부의 과도한 개입으로 인한 경제 침체를 초래하고,
대외적으로는 공격적인 외교 정책과 함께 홍콩, 신장, 위구르 지역에
대한 지속적인 탄압으로 국제사회의 경계와 반발을 야기하고, 중국의
위상을 손상시켰다.

중국은 동북아시아 최대의 강국으로, 이 지역의 미래에 막대한 영향을
미칠 수 있는 능력을 갖추고 있다. 만약 중국이 내부적으로 안정적이고
포용적이며 협의와 심의를 기반으로 한 정치를 구현하고, 외교적으로
균형 있고 절제된 정책을 펼친다면, 동북아시아의 안정과 장기적인
평화 정착에 기여할 수 있을 것이다. 시진핑 중국 국가주석은 중국과
대만의 통일에 대한 의지를 밝혔다.[1341] 그러나 중국이 홍콩의 정치적
자율성을 보장하겠다고 약속했음에도 불구하고, 홍콩의 정치적 자치권
이 훼손되는 모습을 목격한 대만은 "일국양제一國兩制" 제안을 거부했
다.[1342] 중국은 필요하다면 통일을 위해 무력을 사용할 용의가 있음을
시사했는데,[1343] 만일 중국이 대만을 침공할 경우 대만의 강력한 저항에
직면할 가능성이 높다. 이는 러시아가 우크라이나에서 경험한 상황과
유사할 수 있으며, 지역과 세계 무대에서 정치적 신뢰성에 회복이 어려운
손상을 초래할 것이다.

상상에 불과할 수도 있지만, 중국의 민주화는 보다 용이한 통일의
길을 열 수 있을지도 모른다. 이는 중국공산당과 대만국민당 사이의
과거 협력의 역사를 고려할 때 전혀 불가능한 일은 아니다. 역사적으로

양측은 제1차 국공합작(1924~1927)을 통해 군벌을 타도하며 지지층을 확대하였고, 제2차 국공합작(1937~1945)에서는 제2차 세계대전 중 일본의 침략에 공동으로 맞서 협력한 바 있다.[1344] 만약 중국이 최근 시위에서 나타난 요구를 수용하여 자유로운 총선거를 허용하고,[1345] 중국 본토와 대만을 통합하여 법치주의와 다당제를 기반으로 한 민주주의 정부를 구성하자고 제안한다면, 대만은 그러한 제안을 고려할 가능성이 있나. 물론 대만을 중국과 별개의 국가로 간주하며 대만 독립을 지지하는 사람들은 여전히 이러한 제안에 반대할 수 있다.

최근 미국의 관세 정책의 표적이 된 중국은 145%에 이르는 고율 관세 부과의 대상이 되었고 시진핑 주석은 이러한 미국의 조치에 반발하는 중국 국민들의 지지를 바탕으로 최근 중국의 경제난 등의 이유로 약화되던 지도력을 다시 회복할 수 있는 기회를 갖게 되었다.[1346] 중국을 견제할 수 있는 유일한 국가인 미국은 트럼프 대통령 집권 이후 부당한 국내외 정책으로 국제사회의 신뢰가 약화되어 중국의 권위주의적인 통치 체제, 민주주의와 법치주의의 부재를 비판하고 개선을 촉구할 수 있는 도덕적인 권위를 유지하기 어렵게 되었다. 반면 미국의 무차별적인 관세 부과로 피해를 입게 된 국제사회의 많은 국가들은 중국을 대안으로 생각할 수 있는 여지를 갖게 되어 중국의 국제사회에 대한 지도력도 강화될 여지가 있다. 그럼에도 이러한 정치적 이점들이 중국이 내부적으로 안고 있는 정치적인 문제들을 근본적으로 해결하지 못하며 중국의 권위주의적인 통치 시스템이 역내 역학관계에 미치는 불안정성도 개선할 수 없다. 제3장에서 설명한 중국의 내부 개혁이 필요한 이유이다.

한일 관계는 최근 몇 년간의 진전에도 불구하고 여전히 우려가 남아 있다. 동북아시아에서 가장 중요한 민주주의 국가인 두 나라는 경제적 번영과 산업 발전을 이루었지만, 과거 역사 문제, 위안부 문제와 같은 일제의 전쟁범죄, 독도 영유권 문제에 대해 수십 년간 지속된 의견 차이로 인해, 양국 관계는 여전히 불확실성을 내포하고 있다. 양국 간에 남아 있는 긴장과 갈등은 이 지역의 또 다른 불안 요인으로 작용하고 있다. 1990년대 경제적 번영을 누리던 일본은 한국과의 문제를 해결할 기회가 있었다. 1993년에 일본 정부가 발표한 고노 담화는 역사 문제에 대한 반성과 교육의 중요성을 강조하였다. 그러나 일본 정부가 배상을 포함한 법적 책임에 대해 전향적인 결단을 하지 못한 데다, 문제 해결에 필요한 구체적인 조처를 하지 않으면서 양국 간 갈등을 해결할 수 있었던 기회는 무산되었다. 더욱이 1990년대 후반 이후 시작된 일본 정치의 우경화는 문제 해결을 더욱 어렵게 만드는 정치적 환경을 조성했다.

한국과 일본 간의 긴장과 갈등은 동북아시아의 평화 정착에 도움이 되지 않으며, 이를 해결하기 위한 장기적인 접근이 필요하다. 이러한 상황에서, 2022년 12월 16일 일본 정부가 발표한 새로운 국방 전략은 논란을 일으켰다. 일본은 "적의 기지를 타격"할 수 있는 능력을 획득하고, 국방비를 두 배로 늘리겠다고 발표했다.[1347] 이 새로운 전략에 따르면, 일본 또는 "우호국"에 대한 공격이 있을 경우, 일본은 외국 영토에 있는 적의 기지를 공격할 수 있다. 이 전략은 일본 헌법이 규정한 자위권의 범위를 확대하는 동시에, 무력 사용을 금지한 일본의 평화 헌법과 배치되는 측면이 있다.[1348] 미국은 동북아시아 방위에서 일본의 역할 확대를 환영하며 이를 긍정적으로 평가했지만,[1349] 과거 일제의 침략을 경험한 한국에서는 우려가 제기되었다.[1350] 한국에서는 일본의 과거사에 대한 반성 부족, 한국 영토인 독도에 대한 지속적인 영유권 주장, 한반도 (북한)에 대한 무력 사용을 결정하는 경우에 이해 당사자인 한국 정부의 양해를 받지 않겠다는 독단적인 태도[1351] 등의 이유로 일본의 군사력 증강에 대한 경계심이 여전히 사라지지 않고 있다.

일본은 기존의 접근 방식을 수정함으로써 한국의 우려를 해소하고 양국 간 관계를 개선할 수 있다. 일본의 우익 진영은 정부가 국수주의적 정책을 채택하도록 유도해 왔지만, 과거의 침략으로 인한 이웃 국가들의 우려와 역사적 트라우마를 외면하는 접근 방식이 일본의 장기적 이익에 부합하는지 의문이다. 일본은 자국의 장기적인 안보와 번영을 위해 미국뿐만 아니라 다른 동북아 국가들과도 우호적인 관계를 유지해야 한다. 이 과정에서 독일의 사례는 중요한 참고가 될 수 있다. 독일은 과거 나치 정권 시절의 잔혹 행위에도 불구하고, 자신의 행동에 대한 책임을 인정하고 배상을 통해 나치 희생자들과 화해했다. 이를 통해 독일은 유럽의 다른 국가들로부터 신뢰를 회복했다.[1352] 앞서 언급한 대로 일본 정부는 고노 담화를 통해 역사적 사실을 회피하지 않고 직시하겠다는 의지를 표명했으며, "역사 연구와 교육을 통해 같은 실수를 반복하지 않겠다"는 입장을 밝혔다.[1353] 일본이 고노 담화에서 강조한 입장으로 복귀한다면, 한일 관계의 오랜 갈등은 해결의 실마리를 찾을 수 있을 것이다. 이는 양국 간 신뢰 회복과 동북아시아의 안정과 평화를 위해 중요한 전환점이 될 것이다.

미국은 1기 트럼프 행정부 기간 역내 동맹국과 우호국의 이익을 고려하지 않은 일방주의적 정책으로 인해 신뢰도에 손상을 입었다.[1354] 이러한 정책 중 일부는 여전히 남아 있으며, 그 예로 세계무역기구(WTO) 분쟁해결기구가 국제통상법 위반으로 판단했던 중국에 대한 관세와 국제통상법 위반 가능성이 제기되는 미국의 보조금 정책을 들 수 있다.[1355] 특히, 트럼프 대통령이 2025년 1월 다시 집권하게 되면서 미국의 통상 및 외교 정책에서 기존 다자주의 체제를 약화시키는 조치가 재개되었다. 2025년 2월 1일 트럼프 행정부는 캐나다와 멕시코, 중국에 대해 10%에서 25%에 이르는 고율의 관세를 부과하겠다고 발표했는데 해당 관세는 WTO 규정을 위반할 가능성이 높다.[1356] 이에 그치지 않고 2025년 4월 2일 트럼프 행정부는 WTO 규정 및 한국 등 각국과 맺은 자유무역협정을 위반하여 전 세계를 대상으로 10%의 보편 관세를 부과하고 보다

고율의 국가별, 품목별 '상호관세' 부과를 선언했다.[1357] 후에 일부 상호관세를 유예하기는 했으나 이러한 일방주의적 정책은 미국의 기존 동맹국 및 우호국과의 협력 관계를 약화시키고, 역내 긴장과 불확실성을 가중시킬 수 있다. 특히, 무역 분쟁의 재점화와 글로벌 공급망의 분열은 역내 경제의 회복과 성장에도 심각한 부정적인 영향을 미칠 수 있다.

미국 역시 중국과 마찬가지로 규칙에 기반한 개방적인 국제 체제의 혜택을 누려왔다. 그러나 미국이 중국과 같은 경쟁국에 대해 국제규범 준수를 강조하면서, 막상 자국은 불리한 경우 규칙을 위반하는 모습을 보이게 되면. 이는 다른 국가들도 국제규범을 무시하는 행태를 정당화하는 위험을 초래한다. 만약 미국이 국제규범이나 규칙을 제대로 지키지 않고, 무분별한 일방주의적인 정책을 시행하게 되면 국제 질서에 혼란이 생기고, 국가들이 평화롭게 공존할 수 있는 국제 체제 자체가 흔들릴 수 있다. 따라서, 미국이 일방주의적 정책을 철회하고, 다자주의와 개방된 국제 체제에 대한 지지를 재확인하는 것은 동북아와 세계의 안정을 위해 필수적이다. 더구나 트럼프 행정부가 들어서면서 국내적으로도 정치적 견해를 이유로 이민자들을 추방하고, 반대편에 선 언론과 로펌, 대학을 탄압하며, 사법부의 명령을 무시하는 등 민주주의와 법치주의에 반하는 조치를 취하고 있는데, 이는 미국을 민주주의의 지도국가로 생각하던 국제사회의 신뢰를 크게 훼손시켰다.[1358] 이러한 조치들은 철회되고 지양되어야 하며, 이를 통해 미국은 국제사회의 신뢰를 회복할 수 있도록 노력해야 한다. 미국의 이러한 태도 변화는 동북아시아에서 지속 가능한 평화를 촉진하고, 이 지역의 국가 간 신뢰와 협력을 강화하는 데 중요한 역할을 할 것이다.

러시아의 경우, 소련 붕괴 후 한때 민주주의에 대한 기대가 있었으나, 실현되지는 않았다. 블라디미르 푸틴 대통령은 집권 초기 경제적 성과를 통해 인기를 누렸으나, 장기집권이 이어지면서 독재적 경향이 뚜렷해졌다. 2022년, 푸틴은 우크라이나 전쟁을 감행하여 파괴와 심각한 인명 피해를 초래했다. 이 전쟁으로 인해 수십만 명의 우크라이나인과 러시아인이 목숨을 잃었다. 식량과 에너지가 부족한 북한에 이를 제공하는 대가로 만 명이 넘는 전투병 파병을 받아 이들을 전선으로 내몰았고, 수많은 북한 청년들을 희생시켰다. 이 전쟁에서 러시아는 우크라이나 영토의 상당 부분을 점령했지만, 자국 영토는 우크라이나군의 반격으로 소규모 지역(쿠르스크 일부 지역)을 제외하고는 침입을 받지 않았다. 그런데도, 자국의 침략 전쟁에 타국 국민들을 동원하여 희생시킨 것은 윤리적으로 강한 비난을 받을 만하다. 이 전쟁을 도발한 러시아는 정치적 신뢰성과 국제적 명성을 심각하게 손상시켰다. 러시아가 이번 몰락을 극복하고 다시 동북아에서 영향력을 회복할 수 있을지는 불확실하며, 대체로 전망은 밝지 않다.

동북아시아에서 지속 가능한 평화를 이루기 위해서는 나토나 유럽연합과 같이 평화를 뒷받침할 수 있는 지역 차원의 체제가 필요하다. 집단방어체제인 나토는 유럽과 북미의 안보를 보장하며, 경제공동체로 시작된 유럽연합은 이제 유럽 국가 간의 정치적 통합체로 기능하고 있다. 동북아시아는 이러한 지역 차원의 안보·경제 기구들이 존재하지 않아 중요한 정치적인 문제나 경제적인 분쟁을 역내에서 해결하는 데 한계가 있다. 그러한 다자체제의 필요에도 불구하고 이 지역에서 가장 중요한 두 강대국인 미국과 중국 간의 갈등을 고려할 때, 그러한 지역 체제가 나타나기까지 수십 년이 걸릴 가능성이 높다. 현재 진행 중인 UB 대화에서 채택된 안보 문제에 대한 저강도 접근 방식이, 역내 구속력을 가진 결정을 할 수 있는 보다 견고한 지역 체제로 발전할지는 아직 불확실하다. 동북아의 경제·안보 지역 체제를 구현하기 위해서는 역내 모든 국가가 참여해야 한다.

진부한 표현일지 모르지만, 신뢰는 동북아시아의 지속 가능한 평화를 이루기 위한 핵심 요소이다. 예를 들어, 한국인과 몽골인 사이의 신뢰가 깊어지면서 상호 경제적 협력, 문화적 친밀감, 그리고 정치적 기대가 높아졌고, 이에 따라 양국의 학자와 정치인들은 두 나라 간의 국가연합 가능성에 대해 논의하게 되었다.[1359] 한국과 몽골 간 국가연합은 몽골에는 자본, 기술 및 시장을 제공하고, 한국에게는 광물 자원과 영토 공간을 제공함으로써 상호 이익을 충족시킬 수 있다. 또한 이러한 국가연합에 북한이 참여하여 확대된다면, 남북한 통일을 촉진하는 계기가 될 가능성도 있다. 2023년 12월, 기존의 통일 정책을 폐기한 북한은 설사 다시 통일을 추구하는 방향으로 입장을 선회한다고 하더라도, 남한이 북한보다 두 배의 인구와 수십 배의 경제력을 보유한 점을 우려하여, 남한에 의한 흡수 통일로 귀결될 수 있는 양자 간 통일 협상에 주저할 가능성이 있다. 이러한 상황에서, 남북한 모두와 우호적인 관계를 맺고 있는 몽골은 국가연 합의 일원으로서 두 나라 사이에서 중재자 역할을 수행할 수 있다.[1360]

한몽연합 혹은 북한이 참여하는 남북한·몽골 연합은 동북아시아의 개방된 지역 체제로서 역내 다른 국가들의 참여를 받아들이면서 유럽연 합과 유사한 국가연합으로 성장할 잠재력을 지니게 될 것이다. 이러한 동북아 국가연합은 경제 통합 기구이자 정치적 협의체로서 기능할 수 있다. 미국과 러시아는 역내 공동 안보 체제와 경제 통합에는 참여할 수 있겠지만, 영토의 전부 또는 대부분이 동북아시아 밖에 위치해 있기 때문에 정치적 통합에는 참여할 가능성이 낮다.[1361] 이러한 통합적인 지역 체제를 형성하기 위해서는 무엇보다도 역내 국가 간의 신뢰 구축이 필수적이다. 동북아시아 국가들이 기본적 인권과 시민의 자유와 같은 공통된 가치를 공유하게 된다면, 이러한 가치가 신뢰 구축의 기반이 될 수 있을 것이다. 역내 국가들이 경제적, 정치적 통합을 추구할 수 있을 정도로 충분한 신뢰를 구축했을 때, 동북아시아의 지속 가능한 평화는 마침내 현실화될 수 있을 것이다.

제1장 서론

1   이 책에서 "한국"은 한반도 분단 이후에는 대한민국을, 분단 이전에는 고려, 조선, 대한제국 등 한반도의 국가를 지칭한다. 마찬가지로, "한국인"은 분단 이후 대한민국 국민을 의미하지만, 분단 이전에는 한반도 주민을 의미한다. 또한 본서에서 "지역" 또는 "역내"는 동북아시아를 가리키며, "동북아시아 국가" 또는 "역내 국가"는 중국, 남북한, 일본, 몽골을 포함한다. 미국은 동북아시아에 영토를 보유하고 있지 않으며, 러시아 역시 대부분의 영토와 인구가 동북아시아 외 지역에 위치해 있어 일반적으로 동북아시아 국가로 분류되지 않는다. 그러나 19세기 이후 미국과 러시아가 동북아시아 지역에 미친 막대한 정치적, 경제적, 군사적 영향력을 고려하여 논의에 포함하였다.

2   World Bank, *GDP(current US$)*, https://data.worldbank.org/indicator/NY.GDP.MKTP. CD [https://perma.cc/UJ53-S2T9]; World Trade Organization, *World Trade Statistical Review 2022*, Table A6, https://www.wto.org/english/res_e/booksp_e/wtsr_2022_e.pdf [https:// perma.cc/UYJ7-DDAS].

3   한국은행, 「남북한 총생산 예측」(2022. 12. 30). Soo-Bin Park, *The North Korean Economy: Current Issues and Prospects*, Association of Korean Studies(2003), https://carleton.ca/ economics/wp-content/uploads/cep04-05.pdf?origin=publication_detail [https://perma. cc/H5EB-FNUU] 추가 참조.

4   World Steel Association, *World Steel in Figures 2022*(2022), https://worldsteel.org/steel-topics/statistics/world-steel-in-figures-2022/ [https://perma.cc/S9WQ-A2LB]에서 관련 정보 수집.

5   U.S. Department of Transportation's Bureau of Transportation Statistics, https://www.bts. gov/content/world-motor-vehicle-production-selected-countries [https://perma.cc/L653-ZVPC]에서 관련 정보 수집.

6   United Nations Conference on Trade and Development(UNCTAD), https://unctadstat. unctad.org/wds/TableViewer/tableView.aspx?ReportId=89493(2022. 12. 30)에서 관련 정보 수집.

7   Santosh Das, *Top 10 Consumer Electronics Companies in the World*(2021. 10. 4), http://www.

electronicsandyou.com/blog/top-10-consumer-electronics-companies-in-the-world.html [https://perma.cc/E53R-YFMW].

8 Thomas Alsop, *DRAM manufacturers revenue share worldwide from 2011 to 2021, by quarter* (2021. 5. 12), https://www.statista.com/statistics/271726/global-market-share-held-by-dram-chip-vendors-since-2010/ [https://perma.cc/8SYC-F64M].

9 이혜운, 「85년생 中천재가 눌러버린 美 콧대… '딥시크', 챗GPT도 위협」, 『조선일보』(2025. 1. 28), https://www.chosun.com/economy/money/2025/01/28/24CEYO4F6FF4TMWWHY3GJUEDGA/ [https://perma.cc/65TK-95PE].

10 World Bank, *The Global Economic Outlook During the COVID-19 Pandemic: A Changed World*, https://www.worldbank.org/en/news/feature/2020/06/08/the-global-economic-outlook-during-the-covid-19-pandemic-a-changed-world [https://perma.cc/MZ29-JJ7J] 참조. The Centre for Economics and Business Research, *World Economic League Table*(2020. 12), p. 71, https://cebr.com/wp-content/uploads/2020/12/WELT-2021-final-29.12.pdf [https://perma.cc/7UFK-WE89] 추가 참조.

11 Elena Holodny, "The rise, fall, and comeback of the Chinese economy over the past 800 years", *Business Insider*(2017. 1. 8), https://www.businessinsider.com/history-of-chinese-economy-1200-2017-2017-1 [https://perma.cc/S2VN-8CLV] 참조.

12 World Trade Organization, *World Trade Statistical Review 2022*, 전게서, 미주 2.

13 "러시아"는 문맥에 따라 소비에트 사회주의 공화국 연방(소련)을 지칭하거나, 소련 창설 이전의 제정 러시아, 혹은 소련 해체 이후의 러시아 연방을 의미한다.

14 한국전쟁에 관한 논의는 Max Hastings, *The Korean War*(Simon and Schuster, 1987); Steven Hugh Lee, The Korean War(Longman, 2001); Bruce Cumings, *The Origins of the Korean War*(Princeton University Press, 1981) 참조.

15 예를 들어, 아시아 태평양 자유무역 지대를 형성하는 것을 목표로 하는 역내포괄적경제동반자협정(RCEP)에는 몽골과 북한을 제외한 동북아시아의 모든 국가가 참여하고 있다. 중국은 한국과 일본의 최대 무역 상대국이며, 미국은 중국의 최대 무역 상대국, 일본은 중국의 세 번째 무역 상대국으로, 역내 국가들 간의 긴밀한 경제 및 무역 관계를 보여준다.

16 관련 논의는 Christopher Layne, "China's Challenge to US Hegemony"(2008) 107 *Current History* 13-18 참조.

17 미주 15 참조.

18 중국은 한국의 고고도 미사일 방어 체계(THAAD) 배치 허용에 반발하며, 무역 제한 조치를 발동하고, 한국 기업의 중국 내 활동을 제약하는 등 경제적 보복을 감행한 사례가 있다. 관련 조치에 관해서는 Yong-Shik Lee, "Should China be Granted Market Economy Status?: In View of Recent Development"(2017) 3(2) *China and WTO Review* 319-341 참조.

19 "Biden says US will defend Taiwan if China attacks", *BBC News*(2021. 10. 22), https://www.bbc.com/news/world-asia-59005300(2022. 12. 30 접속).

20 Allan R. Millett, "Korean War", *Encyclopaedia Britannica*(2021. 6. 18), https://www.britannica.com/event/Korean-War [https://perma.cc/8TA8-SPRF].

21 예를 들어, Daniel Calingaert, "Nuclear Weapons and the Korean War"(1988) 11(2) *Journal of Strategic Studies* 177-202 참조.

22 Kenneth G. Lieberthal, The American Pivot to Asia(2011. 12. 21), https://www.brookings.edu/articles/the-american-pivot-to-asia/ [https://perma.cc/D87F-H8GZ] 참조.

23   미국, 일본, 호주, 페루, 말레이시아, 베트남, 뉴질랜드, 칠레, 싱가포르, 캐나다, 멕시코, 브루나이가 TPP에 서명했다.

24   TPP와 RCEP에 관해서는 Yong-Shik Lee, "The Eagle Meets the Dragon - Two Superpowers, Two Mega RTAs, and So Many In Between: Reflections on TPP and RCEP"(2016) 50(3) Journal of World Trade 479-500 참조.

25   World Bank, *GDP(current US$) - Mongolia*, https://data.worldbank.org/indicator/NY. GDP.MKTP.CD?locations=MN [https://perma.cc/QQ66-DHD4]. 이 책에서는 별도의 언급이 없는 한, 국내총생산(GDP) 또는 1인당 소득(1인당 GNI)을 나타내는 달러 가치는 모두 현행 미국 달러(current US$) 기준이다.

26   북한 경제는 1970년대까지 한국 경제보다 우위에 있었으나, 1980년대부터 쇠퇴하기 시작했다. 몽골과 북한은 모두 풍부한 광물 자원을 보유하고 있는데, 몽골은 구리, 석탄, 금, 은, 철광석, 아연, 형석, 몰리브덴, 우라늄, 주석, 텅스텐, 천연가스 및 석유를 보유하고 있으며, 북한은 흑연, 아연, 텅스텐, 금, 중정석, 인회석, 몰리브덴, 석회석, 마그네사이트, 구리 등을 보유하고 있다.

27   중화주의에 관한 추가 논의는 John King Fairbank(ed.), *The Chinese World Order*(Harvard University Press, 1968), pp.1-4, 20-22 참조. Sinan Chu, *Whither Chinese IR ? The Sinocentric subject and the paradox of Tianxia-ism*(Cambridge University Press, 2020) 추가 참조.

28   청일전쟁에 관해서는 S. C. M. Paine, *The Sino-Japanese War of 1894-1895: perceptions, power, and primacy*(Cambridge University Press, 2003) 참조.

29   Henry McAleavy, *The Modern History of China*(Praeger, 1967), p. 201; Kenneth Scott Latourette, *A History of Modern China*(London and Baltimore: Penguin Books, 1954), pp.120-121.

30   McAleavy(1967), 전게서, 미주 29, p.201 ; Latourette(1954), 전게서, 미주 29, pp.120-121.

31   Charles R. Bawden, *The Modern History of Mongolia*(Kegan Paul International, 1989), p.188.

32   Michael J. Seth, *A History of Korea: From Antiquity to the Present*(Rowman & Littlefield, 2011), pp.250-252.

33   메이지 유신에 관해서는 W. G. Beasley, *The Meiji Restoration*(Stanford University Press, 1972) 참조.

34   상동.

35   Christopher Martin, *The Russo-Japanese War*(Abelard-Schuman, 1967), pp.224-225.

36   Kirk W. Larsen, Joseph Seeley, "Simple Conversation or Secret Treaty? The Taft-Katsura Memorandum in Korean Historical Memory"(2014) 19(1) *Journal of Korean Studies* 59-92.

37   David H. James, *The Rise and Fall of the Japanese Empire*(Routledge, 2011), p.380.

38   상동, p.381.

39   상동, pp.256-266.

40   예를 들어, Y.S. Lee, Natsu Taylor Saito, Jonathan Todres, "The Fallacy of Contract in Sexual Slavery"(2021) 42(2) *Michigan Journal of International Law* 291-319 참조.

41   Jeffrey Record, *Japan's Decision for War in 1941: Some Enduring Lessons*(U.S. Army War College, Strategic Studies Institute, 2009).

42   Brandon Palmer, "Imperial Japan's Preparations to Conscript Koreans as Soldiers, 1942-1945"(2007) 31 *Korean Studies* 63-78 ; Wook Shin, Daniel Sneider, *Divergent Memories*(Stanford University Press, 2016), pp.195-213 참조.

43　중국의 내전에 관해서는 Diana Lary, *China's Civil War: A Social History, 1945-1949* (Cambridge University Press, 2015) 참조.

44　상동.

45　상동.

46　Ernest R. May, "The United States, the Soviet Union, and the Far Eastern War, 1941-1945" (1955) 24(2) *Pacific Historical Review* 153-174.

47　상동.

48　Hastings(1987), 전게서, 미주 14 ; Cumings(1981), 전게서, 미주 14.

49　Wei Li, Dennis Tao Yang, "The Great Leap Forward: Anatomy of a Central Planning Disaster"(2005) 113(4) *Journal of Political Economy* 840-877 참조.

50　상동.

51　Roderick MacFarquhar, *Michael Schoenhals, Mao's Last Revolution*(Harvard University Press, 2006), p.4.

52　상동. Frank Dikötter, *The Cultural Revolution: A People's History, 1962-1976*(Bloomsbury Press, 2017) 추가 참조.

53　MacFarquhar, Schoenhals(2006), 전게서, 미주 51, pp.3, 350-352.

54　사회주의 시장경제에 관해서는 Xiaoqin Ding, "The Socialist Market Economy: China and the World"(2009) 73(2) *Science and Society* 235-241 참조.

55　Y.S. Lee, Xiaojie Lu, "China's Trade and Development Policy under the WTO: An Evaluation of Law and Economics Aspect"(2016) 2(2) *China and WTO Review* 339-360.

56　Yong-Shik Lee, "Weaponizing International Trade in Political Disputes: Issues under International Economic Law and Systemic Risks"(2022) 56(3) *Journal of World Trade* 405-428.

57　Nick Turner and Mackenzie Hawkins, "Nvidia Sees $5.5 Billion Hit From New Trump China Curbs on Chips", *Bloomberg*(2025. 4. 15), https://www.bloomberg.com/news/articles/2025-04-15/nvidia-says-us-has-imposed-new-china-restrictions-on-h20-chips?embedded-checkout=true(2025. 4. 19 접속).

58　Susan L. Shirk, "China in Xi's 'New Era': The Return to Personalistic Rule"(2018) 29(2) *Journal of Democracy* 22-36.

59　예를 들어, Tomoyuki Tachikawa, "FOCUS: Chinese citizens support Xi's hard-line policy against Hong Kong", *Kyoto News*(2021. 3. 6), https://english.kyodonews.net/news/2021/03/39fe8d7e5ccd-focus-chinese-citizens-support-xis-hard-line-policy-against-hong-kong.html [https://perma.cc/GLP5-73QT] 참조.

60　한국의 경제개발에 관한 추가 논의는 Yong-Shik Lee, "Law and Development: Lessons from South Korea"(2018) 11(2) *Law and Development Review* 433-465 참조.

61　Fairbank(ed.), 전게서, 미주 27 참조.

62　Gi-Wook Shin, "The Rise of Anti-Chinese Sentiments in South Korea: Political and Security Implications", *FSI News*, Stanford Freeman Spogli Institute for International Studies(2021. 10. 7).

63　「중조우호협조 및 상호원조조약」 제2조는 어느 한 국가 또는 국가들이 연합하여 체약국을 공격할 경우 상대국은 이에 대응하기 위해 필요한 모든 조치를 취할 것을 규정하고 있다.

64 2024년 북한 - 러시아 간에 체결된 「포괄적인 전략적 동반자 관계에 관한 조약」 제4조는 다음과 같이 규정한다. "쌍방중 어느 일방이 개별적인 국가 또는 여러 국가들로부터 무력침공을 받아 전쟁상태에 처하게 되는 경우 타방은 유엔헌장 제51조와 조선민주주의 인민공화국과 러시아연방의 법에 준하여 지체없이 자기가 보유하고 있는 모든 수단으로 군사적 및 기타 원조를 제공한다".

65 Mar O'Neill, "Soviet Involvement in the Korean War: A New View from the Soviet-era Archives"(2000) 14(3) *OAH Magazine of History* 20-24.

66 "North Korean artillery hits South Korean island", *BBC News*(2010. 11. 23), https://www.bbc.com/news/world-asia-pacific-11818005(2022. 12. 30 접속).

67 Andrei Lankov, " 'The big hunt': When North Korean agents almost killed South Korea's president", *NK News*(2021. 1. 21), https://www.nknews.org/2021/01/the-big-hunt-when-north-korean-agents-almost-killed-south-koreas-president/ [https://perma.cc/D9SK-T7JS] 참조.

68 예를 들어, Jonathan Cheng, "How Seoul Would Defend Itself Against a North Korean Attack", *Wall Street Journal*(2017. 8. 11), https://www.wsj.com/articles/how-seoul-would-defend-itself-against-a-north-korean-attack-1502466710 [https://perma.cc/G4WL-BZSS] 참조.

69 북한의 핵무장에 관한 중국과 러시아의 반대에 관해서는 Elizabeth Wishnick, "The Sino-Russian Partnership and the North Korean Nuclear Crisis", *The National Bureau of Asian Research*(2019. 6. 14), https://www.nbr.org/publication/the-sino-russian-partnership-and-the-north-korean-nuclear-crisis/ [https://perma.cc/8CDA-8M2V]; Sara Zheng, "Three reasons China will not accept a nuclear armed North Korea", *South China Morning Post*(2017. 9. 19), https://www.scmp.com/news/china/diplomacy-defence/article/2111788/three-reasons-china-will-not-accept-nuclear-armed-north [https://perma.cc/X3Q8-86XD] 참조.

70 U.S. Energy Information Administration, *North Korea*(2018. 6), https://www.eia.gov/international/analysis/country/PRK [https://perma.cc/7JKX-JGHE].

71 Suk Hi Kim, Mario Martin-Hermosillo, "The Effectiveness of Economic Sanctions Against a Nuclear North Korea"(2013) 9(2) *North Korea Review* 99-110 참조.

72 "North Korea says new missile puts all of US in striking range", *BBC News*(2017. 11. 29), https://www.bbc.com/news/world-asia-42162462(2022. 12. 30 접속).

73 Gregory Hellman, "U.S. prepared to launch preemptive strike on North Korea", *Politico*, 2017. 4. 14, https://www.politico.com/tipsheets/morning-defense/2017/04/officials-warn-us-could-launch-preemptive-strike-on-north-korea-219774 [https://perma.cc/3WV6-PU2Z] 참조.

74 Victor Cha, *Assessment of the Singapore Summit*(2018. 6. 12), https://www.csis.org/analysis/assessment-singapore-summit [https://perma.cc/4GF4-LY8J].

75 Kelly A. Grieco, "Assessing the Singapore Summit—Two Years Later"(2020) 14(3) *Strategic Studies Quarterly* 12-21.

76 민권(民權, civil rights)은 정치적 권리(선거권, 공직 출마권), 법적 평등권(차별 금지) 등 국가가 법으로 보호하는 시민의 권리를 의미하고, 인권(人權, human rights)은 모든 인간이 태어나면서부터 갖는 기본적인 권리, 즉 국적, 인종, 성별, 종교, 신분 등에 관계없이 모든 사람들이 보장받아야 하는 권리로서 생명권, 자유권, 고문받지 않을 권리, 종교·사상의 자유 등을 의미한다. 민권과 인권에 관한 논의는 Irene Bloom, J.

Paul Martin, Wayne L. Proudfoot, *Human Rights: Concepts and Problems*(Columbia University Press, 1999) ; John Higham, *Civil Rights and Social Wrongs: Black-White Relations Since World War II*(Penn State University Press, 1997) 참조.

77 Steve Chan, "Human Rights in China and the United States: Competing Visions and Discrepant Performances"(2002) 24(4) *Human Rights Quarterly* 1035-1053 참조.

78 William Zheng, "China's Communist Party backs Xi Jinping's firm hand on Hong Kong and Taiwan", *South China Morning Post*(2021. 11. 12), https://www.scmp.com/news /china/politics/article/3155755/chinas-communist-party-backs-xi-jinpings-firm-hand-ho ng-kong [https://perma.cc/3K88-NYP4] 참조.

79 James McBride, Andrew Chatzky, *Is 'Made in China 2025' a Threat to Global Trade?* Council on Foreign Relations(2019. 5. 13), https://www.cfr.org/backgrounder/made-china- 2025-threat-global-trade [https://perma.cc/J3RN-QKDU].

80 Lee(2022), 전게서, 미주 56.

81 Vivek Mishra, Kevin Yao, "Trump to unleash nearly 40% tariffs on China in early 2025, hitting growth: Reuters poll", *Reuters*(2024. 11. 20), https://www.Reuters.com/ markets/asia/trump-unleash-nearly-40-tariffs-china-early-2025-hitting-growth-2024-11-2 0/?utm_source=chatgpt.com(2025. 1. 21 접속).

82 Joe Cash and Yukun Zhang, "China raises duties on US goods to 125%, calls Trump tariff hikes a 'joke' ", *Reuters*(2025. 4. 11), https://www.reuters.com/world/china/ china-increase-tariffs-us-goods-125-up-84-finance-ministry-says-2025-04-11/?utm_sourc e=chatgpt.com(2025. 4. 18 접속).

83 "Biden says US will defend Taiwan if China attacks", *BBC News*(2021. 10. 22), 전게서, 미주 19.

84 Lindsay Maizland, *China's Repression of Uyghurs in Xinjiang*(2022. 9. 22), https://www.cfr. org/backgrounder/china-xinjiang-uyghurs-muslims-repression-genocide-human-rights [https://perma.cc/A9LB-KZ6Z] 참조.

85 Humeyra Pamuk, David Brunnstrom, "U.S. criticises China's Hong Kong move, set to raise Xinjiang genocide charge in talks", *Reuters*(2021. 3. 11), https://www.Reuters.com/ article/us-usa-china-hongkong/u-s-criticises-chinas-hong-kong-move-set-to-raise-xinjia ng-genocide-charge-in-talks-idUSKBN2B32TC(2022. 12. 30 접속); "US calls on China, Hong Kong to release Stand News staff", France 24(2021. 12. 30), https://www.france24. com/en/asia-pacific/20211230-us-calls-on-china-hong-kong-to-release-stand-news-staff [https://perma.cc/ZB8P-WEJR].

86 Pamuk, Brunnstrom(2021), 상동.

87 "Britain's Queen Elizabeth aircraft carrier to visit Japan, S Korea on maiden deployment", *Reuters*(2021. 4. 26), https://www.Reuters.com/world/uk/britain-says-queen-elizabeth- aircraft-carrier-visit-japan-s-korea-maiden-2021-04-26/(2022. 12. 30 접속).

88 한국과 일본은 외교 관계를 정상화하는 조약을 체결했다. 「대한민국과 일본국 간의 기본 관계에 관한 조약」(1965), https://treatyweb.mofa.go.kr/usr/treaty/selectTreaty InfomationDetail.do;jsessionid=FWx3Fzqfoafvy1gtF-aQvBQmKspn_PFTwD_P0xGn.tre atyinter04(2025. 2. 5 접속) [(Treaty on Basic Relations Between Japan and the Republic of Korea(1965), https://treaties.un.org/doc/Publication/UNTS/Volume%20583/volume- 583-I-8471-English.pdf [https://perma.cc/K2JH-RLTD]). 일본은 1910년에 한국을 강제 병합하여 점령했으며, 제2차 세계대전에서 패망한 1945년에 한국에서 물러났다.

89 「재산 및 청구권 문제의 해결과 경제 협력에 관한 협정」(1965), https://www.law.go.kr/LSW/trtyInfoP.do?mode=4&trtySeq=3678&chrClsCd=0102 [https://perma.cc/4HHG-BW5J] (Agreement on the settlement of problems concerning property and claims and on economic co-operation(1965), https://treaties.un.org/doc/Publication/UNTS/Volume %20583/volume-583-I-8473-English.pdf [https://perma.cc/F6Y3-QGNU]).

90 종군위안부에 관한 논의에 관해서는 George Hicks, *The Comfort Women: Japan's Brutal Regime of Enforced Prostitution in the Second World War*(W. W. Norton & Company, 1997); Yoshiaki Yoshimi, *Comfort Women*(New York: Columbia University Press, 2002) 참조. "Forced laborers seeking justice 70 years on", *Korea Herald*(2013. 8. 9), http://www.koreaherald.com/view.php?ud=20130809000689 [https://perma.cc/V3XM-2WQM] 추가 참조.

91 Yong-Shik Lee, "Mimicking President Trump? - Trade and Politics in Japan's Recent Export Measure"(2020) 14(1) *Review of Institution and Economics* 1-5.

92 상동.

93 한 연구에 따르면, 한국과 일본 간의 지속적인 갈등은 "일본 보수 엘리트 집단과 한국 대중 간의 정체성 충돌로, 일본에서는 엘리트 주도의 상징 정치 과정으로, 한국에서는 대중 주도의 과정으로 나타난다"고 묘사되어 왔다. Ji Young Kim, "Escaping the Vicious Cycle: Symbolic Politics and History Disputes Between South Korea and Japan"(2014) 38(1) *Asian Perspective* 31-60.

94 독도 분쟁과 그 식민지적 근원에 관해서는 Chinsoo Bae, "Territorial Issue in the Context of Colonial History and International Politics: The Dokdo Issue Between Korea and Japan"(2012) 26(1) *Journal of East Asian Affairs* 19-51 참조.

95 상동.

96 예를 들어, 2015년에서 2020년 사이 5년 동안 약 440차례에 걸쳐 독도 근처에 경비정을 파견했다. 임병도, 「일본 순시선, 최근 5년간 440회 독도 인근 해역 출몰」, 『아이엠피터 News』(2021. 10. 5), http://www.impeternews.com/news/articleView.html?idxno=60398 [https://perma.cc/JUZ6-PV2L].

97 Bae(2012), 전게서, 미주 94.

98 Hui-Yi Katherine Tseng, "China's Territorial Disputes with Japan: The Case of Senkaku/Diaoyu Islands"(2014) 1(2) *Journal of Territorial and Maritime Studies* 71-95; Yutaka Okuyama, "The Dispute Over the Kurile Islands between Russia and Japan in the 1990s"(2003) 76(1) *Pacific Affairs* 37-53 참조.

99 Jennifer Lind, Daryl G. Press, "Should South Korea build its own nuclear bomb?" *Washington Post*(2021. 10. 7), https://www.washingtonpost.com/outlook/should-south-korea-go-nuclear/2021/10/07/a40bb400-2628-11ec-8d53-67cfb452aa60_story.html [https://perma.cc/3KKR-EB23] 참조. Kyle Mizokami, "Surprise: Japan Could Quickly Build Nuclear Weapons in a Crisis", *National Interest*(2021. 7. 21), https://nationalinterest.org/blog/reboot/surprise-japan-could-quickly-build-nuclear-weapons-crisis-190089 [https://perma.cc/S665-LBET] 추가 참조.

제2장 냉전의 유산: 북한과 핵 위기

100 David E. Sanger, "North Korea Say They Tested Nuclear Device", *New York Times*(2006.

10. 9), https://www.nytimes.com/2006/10/09/world/asia/09korea.html [https://perma.cc/8ENQ-EG7U].

101 Justin McCurry, "North Korea confirms test of its largest intercontinental ballistic missile yet", *The Guardian*(2022. 3. 25), https://www.theguardian.com/world/2022/mar/24/n-korea-confirms-missile-testing-ahead-of-long-confrontation-with-us [https://perma.cc/JY2J-YDAY].

102 Paul D. Shinkman, "North Korea Threatens U.S.: Nuclear Attack 'The Only Option Left'." *U.S. News and World Report*(2020. 6. 26), https://www.usnews.com/news/world-report/articles/2020-06-26/north-korea-threatens-us-with-nuclear-attack(2022. 12. 30 접속) 참조. "North Korea's Kim Jong Un threatens to use nuclear weapons preemptively 'if necessary'." CBS News(2022, 4. 30), https://www.cbsnews.com/news/north-korea-nuclear-weapons-kim-jong-un-preemptively/ [https://perma.cc/UGM3-35YB] 추가 참조.

103 "North Korea's Military Capabilities", *Council on Foreign Relations*(2021. 12. 22), https://www.cfr.org/backgrounder/north-korea-nuclear-weapons-missile-tests-military-capabilities [https://perma.cc/WJ2H-ZEMH].

104 W.C. Clemens, "North Korea's Quest for Nuclear Weapons"(2010) 10(1) *Journal of East Asian Studies* 127-154.

105 상동.

106 상동.

107 상동.

108 상동.

109 상동.

110 상동.

111 Jacques E. C. Hymans, "Assessing North Korean Intentions and Capacities: A New Approach"(2008) 8 *Journal of East Asian Studies*, 259-292.

112 Clemens(2010), 전게서, 미주 104.

113 상동.

114 Mun Suk Ahn, "What Is the Root Cause of the North Korean Nuclear Program?"(2011) 38(4) *Asian Affairs* 175-187.

115 Daniel Wertz, Matthew McGrath, Scott Lafoy, "North Korea's Nuclear Weapons Program", *Issue Brief*, The National Committee on North Korea(2018. 4), https://www.ncnk.org/sites/default/files/issue-briefs/NCNK_IssueBrief_NorthKoreaNuclearWeapons_April2018.pdf [https://perma.cc/3RGU-2Z3R].

116 제네바 협약에 관한 추가 논의는 Eunyoung Ha, Christopher Hwang, "The U.S.-North Korea Geneva Agreed Framework: Strategic Choices and Credible Commitments"(2015) 11(1) *North Korea Review* 7-23 참조.

117 6자 회담에 관한 추가 논의는 Jayshree Bajoria, Beina Xu, *The Six Party Talks on North Korea's Nuclear Program*(2013. 9. 30), https://www.cfr.org/backgrounder/six-party-talks-north-koreas-nuclear-program [https://perma.cc/8WPR-BKR7] 참조.

118 Wertz, McGrath, Lafoy(2018), 전게서, 미주 115.

119 상동.

120 상동.

121 상동.

122 Uri Friedman, "North Korea Says It Has 'Completed' Its Nuclear Program", *The Atlantic*
(2017. 11. 29), https://www.theatlantic.com/international/archive/2017/11/north-korea-
nuclear/547019/ [https://perma.cc/MR82-DLDA].

123 북한에 대한 경제제재에 관해서는 Rüdiger Frank, "Economic Sanctions against North
Korea"(2018) 13(3) *Asia Policy* 5-12 참조.

124 상동.

125 상동.

126 대북 경제 제재의 효과에 관해서는 논란이 있다. 루디거 프랑크(Rüdiger Frank)는 북한을
방문한 자신의 경험을 다음과 같이 요약했다. "제재의 즉각적인 영향은 관찰되지 않았다고
말할 수 있다. 북한은 경제발전 면에서 한국이나 중국에 여전히 뒤처져 있지만, 발전은
눈에 띄며 나와 대화에 응한 사람들의 분위기는 낙관적이었다. 제재는 더 큰 발전이
이루어지지 못한 이유로 자주 문제시되었다." 전게서, p.10.

127 Bennett Ramburg. *North Korea's ongoing nuclear missile tests prove it's time to normalize
relations*, NBC News(2021. 10. 21), https://www.nbcnews.com/think/opinion/north-
korea-s-ongoing-nuclear-missile-tests-prove-it-s-ncna1282118 [https://perma.cc/8FT8-
TE4V].

128 Evans J. R. Revere, *North Korea's Economic Crisis: Last Chance for Denuclearization?* Brookings
Institute Report(2021. 2. 26), p.7, https://www.brookings.edu/research/north-koreas-
economic-crisis-last-chance-for-denuclearization/ [https://perma.cc/TV6M-6W7Z].

129 Choe Sang-Hun, "North Korea Adopts New Law Hardening Its Nuclear Doctrine", *New
York Times*(2022. 9. 9), https://www.nytimes.com/2022/09/09/world/asia/north-korea-
kim-weapons-law.html [https://perma.cc/FX4K-KNBY].

130 Min-hyung Kim, "Why Nuclear? Explaining North Korea's Strategic Choice of Going
Nuclear and Its Implications for East Asian Security"(2021) 56(7) *Journal of Asian and
African Studies* 1488-1502.

131 예를 들어, Eleanor Albert, *The China - North Korea Relationship*(2019. 6. 25), https://
www.cfr.org/backgrounder/china-north-korea-relationship [https://perma.cc/BBB5-
4UXM] 참조.

132 Anthony H. Cordesman, *The Korean Civil-Military Balance*, Center for Strategic and
International Studies Report(2018. 5. 24), https://www.csis.org/analysis/korean
-civil-military-balance [https://perma.cc/969N-AJT8] 참조.

133 Kim(2021), 전게서, 미주 130.

134 상동.

135 상동.

136 상동.

137 Jim Garamone, *Pentagon Says 10K North Korean Troops in Kursk Oblast*, U.S. Department
of Defense(2024. 11. 4.), https://www.defense.gov/News/News-Stories/Article/Article/
3955757/pentagon-says-10k-north-korean-troops-in-kursk-oblast/ [https://perma.cc/
5PET-RUV5].

138 Kim(2021), 전게서, 미주 130.

139 Hanah Fischer, *North Korean Provocative Actions, 1950-2007*, CRS Report for Congress(2007.
4. 20), https://sgp.fas.org/crs/row/RL30004.pdf [https://perma.cc/WR8Z-PJTQ].

140	Mitch Shin, "North Korea Issues Warning Over South Korea-US Joint Military Exercises", *The Diplomat*(2021. 8. 12), https://thediplomat.com/2021/08/north-korea-issues-warning -over-south-korea-us-joint-military-exercises/ [https://perma.cc/NM6V-2BKU].

141	Revere(2021), 전게서, 미주 128.

142	Jai S. Mah, "Patterns of international trade and the industrial-led economic development of North Korea"(2018) 30(6) *Post-Communist Economies* 830-832.

143	Kim(2021), 전게서, 미주 130.

144	상동.

145	상동.

146	Sangsoo Lee. *North Korea's economy is recentralised and China-reliant*, East Asia Forum(2021. 4. 10), https://www.eastasiaforum.org/2021/04/10/north-koreas-economy-is-recentralised -and-china-reliant/ [https://perma.cc/2HLM-7XTC].

147	Kim(2021), 전게서, 미주 130.

148	Revere(2021), 전게서, 미주 128, p.7.

149	Cui Lei, "Why It's Nearly Impossible to Denuclearize North Korea", *The Diplomat*(2018. 6. 22), https://thediplomat.com/2018/06/why-its-nearly-impossible-to-denuclearize- north-korea/ [https://perma.cc/CM87-GM7G].

150	Kim(2021), 전게서, 미주 130.

151	Lee(2018), 전게서, 미주 60.

152	노재완, 「러 보고서 "한국, 2020년대 북 흡수통일"」, 『자유아시아방송』(2011. 11. 4), https://www.rfa.org/korean/in_focus/russiareport-11042011114933.html [https://perma. cc/TW5A-PHPJ].

153	Shane Smith, *North Korea's Evolving Nuclear Strategy*, US-Korea Institute at SAIS(2015. 8), https://www.38north.org/wp-content/uploads/2015/09/NKNF_Evolving-Nuclear- Strategy_Smith.pdf [https://perma.cc/4ALC-HA42].

154	Kim(2021), 전게서, 미주 130.

155	Edward Howell, "The juche H-bomb? North Korea, nuclear weapons and regime-state survival"(2020) 96(4) *International Affairs* 1051-1068, p.1057. 주체사상의 영향 또한 평양이 중국에 대한 의존에 불편함을 느끼는 이유를 설명하는 중요한 요인이다. Kim(2021), 전게서, 미주 130, p.1495.

156	Howell(2020), 전게서, 미주 155.

157	상동.

158	상동.

159	상동.

160	상동.

161	상동.

162	상동.

163	Kim(2021), 전게서, 미주 130.

164	상동.

165	상동.

166	Andrei Lankov, *North Korea's perfectly logical strategy of missile launches and dialogue*, NK

News(2021. 10. 14), https://www.nknews.org/2021/10/north-koreas-perfectly-logical-strategy-of-missile-launches-and-dialogue/ [https://perma.cc/NR7E-DNDU].

167 Ahn Young-Joon, "North Korea's Kim Jong Un threatens to use nuclear weapons in potential conflicts with South Korea and United States", CBS News(2022. 7. 28), https://www.cbsnews.com/news/kim-jong-un-threatens-to-use-nukes-amid-tensions-with-us-south-korea/ [https://perma.cc/7Q7B-PTVT].

168 Lankov(2021), 전게서, 미주 166.

169 상동.

170 상동.

171 Ahn(2022), 전게서, 미주 167.

172 Ohn Chang-Il, "The Causes of the Korean War 1950-1953"(2010) 14(2) *International Journal of Korean Studies* 19-44.

173 상동.

174 예를 들어, Charles K. Armstrong, *The North Korean Revolution, 1945-1950*(Cornell University Press, 2003) 참조.

175 상동.

176 상동.

177 상동.

178 윤종주, 「실향민(失鄕民)」, 『한국민족문화대백과사전』(1995), http://encykorea.aks.ac.kr/Contents/Item/E0033696 [https://perma.cc/5HXN-PFVJ].

179 Armstrong(2003), 전게서, 미주 174.

180 Joel R. Campbell, "The Wrong War: The Soviets and the Korean War, 1945-1953"(2014) 88(3) *International Social Science Review* 1-29.

181 Armstrong(2003), 전게서, 미주 174. Avram Agov, "North Korea's Alliances and the Unfinished Korean War" 18(2)(1979) *Journal of Korean Studies* 225-262 추가 참조.

182 H.-K. Park, "American Involvement in the Korean War"(1983) 16(4) *The History Teacher* 249-263, p.250.

183 Carl Berger, *The Korea knot: A military-political history*(University of Pennsylvania Press, 1965).

184 Jong Won Lee, "The Impact of the Korean War on the Korean Economy"(2001) 5(1) *International Journal of Korean Studies* 97-118.

185 상동.

186 Priscilla Roberts, "New Light on a "Forgotten War": The Diplomacy of the Korean Conflict"(2000) 14(3) *OAH Magazine of History* 10-14.

187 "Kim Il-Sung", *Encyclopaedia Britannica*(2022. 7. 4), https://www.britannica.com/biography/Kim-Il-Sung [https://perma.cc/9E75-HRZJ].

188 Robert Jervis, "The Impact of the Korean War on the Cold War"(1980) 24(4) *Journal of Conflict Resolution* 563-592, p.579.

189 상동.

190 U.S. Senate Committee on Appropriations, *Hearings on appropriations for 1951*(U.S. Government Printing Office, 1950).

191 냉전시기 대립에 관한 추가 논의는 John Lewis Gaddis, *The Cold War: A New*

History(Penguin Books, 2006); Odd Arne Westad, *The Cold War: A World History*(Basic Books, 2019) 참조.

192 예를 들어, Erik van Ree, "The limits of Juche: North Korea's dependence on Soviet industrial aid, 1953-76"(1989) 5(1) *Journal of Communist Studies* 50-73 참조.

193 Y.S. Lee, Young-Ok Kim, Hye Seong Mun, "Economic Development of North Korea: International Trade Based Development Policy and Legal Reform"(2010) 3(1) *Law and Development Review* 136-156.

194 Joan Robinson, "Korean Miracle"(1965) 16(9) Monthly Review 541-549.

195 Lee, Kim, Mun(2010), 전게서, 미주 193.

196 Yong-Shik Lee, "New General Theory of Economic Development"(2020) 24(2) *Review of Development Economics* 402-423.

197 상동. Lee, Kim, Mun(2010), 전게서, 미주 193 추가 참조.

198 Lee, Kim, Mun(2010), 전게서, 미주 193. Semoon Chang, "The Saga of U.S Economic Sanctions Against North Korea"(2006) 20(2) *Journal of East Asian Affairs* 109-139 추가 참조. 냉전시기 북미관계에 관한 추가 논의에 관해서는 Edward A. Olsen, "U.S. - North Korean Relations: Foreign Policy Dilemmas"(2005) 1 *North Korean Review* 63-75 참조.

199 예를 들어, Lee(2018), 전게서, 미주 60 참조.

200 Lee, Kim, Mun(2010), 전게서, 미주 193.

201 World Bank, *GDP(current US$) - Korea, Rep.*, https://data.worldbank.org/indicator/NY. GDP.MKTP.CD?locations=KR [https://perma.cc/254J-FEYA].

202 한국은행, 「1996년 북한 GDP 추청결과」, 통화정책 보도자료(1997. 12. 2).

203 "Kim Il-Sung", *Encyclopaedia Britannica*(2022), 전게서, 미주 187.

204 상동.

205 Andrei Lankov, "Kim Takes Control: The 'Great Purge' in North Korea, 1956-1960"(2002) 26(1) *Korean Studies* 87-119.

206 예를 들어, Brian Bridges, "North Korea after Kim Il-Sung"(1995) 51(6) *The World Today* 103-107 참조.

207 Lee, Kim, Mun(2010), 전게서, 미주 193.

208 Dae-Sook Suh, "Military-First Politics of Kim Jong Il"(2002) 26(3) *Asian Perspective* 145-167.

209 「대북지원 현황」, 『나라지표』(2022. 7. 11), https://web.archive.org/web/20221008235217/ https://www.index.go.kr/potal/main/EachDtlPageDetail.do?idx_cd=2784(2025. 1. 17 접속).

210 Choe Sang-Hun, David E. Sanger, "Kim Jong-il, North Korean Dictator, Dies", *New York Times*(2011. 12. 19), https://www.nytimes.com/2011/12/19/world/asia/kim-jong-il -is-dead.html [https://perma.cc/2RCH-PWJG].

211 Ben Westcott, "Kim Jong Un 'ordered' half brother's killing, South Korean intelligence says", CNN(2017. 2. 28), https://www.cnn.com/2017/02/27/asia/kim-jong-nam-north-korea-killed [https://perma.cc/WS5J-K57B].

212 Evans J. R. Revere, *Kim Jong-un will not give up North Korea's nuclear weapons*(2018. 4. 9), https://www.brookings.edu/blog/order-from-chaos/2018/04/09/kim-jong-un-will -not-give-up-north-koreas-nuclear-weapons/ [https://perma.cc/3BPF-FCGA].

213 상동.

214 Lee, Kim, Mun(2010), 전게서, 미주 193 참조.

215 상동.

216 United Nations Human Rights Council, *Report of the Commission of Inquiry on Human Rights in the Democratic People's Republic of Korea*, A/HRC/25/63(2014. 2. 7) 참조.

217 Lee(2020), 전게서, 미주 196.

218 Lee, Kim, Mun(2010), 전게서, 미주 193.

219 통일부, 「최근현황」, https://www.unikorea.go.kr/unikorea/business/NKDefectorsPolicy/status/lately/?utm_source=chatgpt.com/ [https://perma.cc/4BY2-KVT3].

220 Julie Makinen, "North Korean leader unveils 5-year plan for economy, but no radical reforms", *Los Angeles Times*(2016. 5. 8), https://www.latimes.com/world/asia/la-fg-north-korea-economy-20160508-story.html [https://perma.cc/UVY4-TRQX]; Victor Cha, "The North Korean Question"(2016) 56(2) *Asian Survey* 243-269.

221 상동.

222 Korea Institute for National Unification, *Analysis on North Korea's 4th Plenary Meeting of the 8th Central Committee of the Workers' Party of Korea*(2022. 1. 4), https://www.kinu.or.kr/pyxis-api/1/digital-files/b4062b0f-180d-4647-9c8b-96ba26380fdc [https://perma.cc/Y5BL-HKPN].

223 상동.

224 W-J Min, S. Han, "Economic sanctions against North Korea: The pivotal role of US - China cooperation"(2020) 23(2) *International Area Studies Review* 177-193.

225 Rick Gladstone, "U.N. Security Council imposes punishing new sanctions on North Korea", *New York Times*(2017. 8. 5), https://www.nytimes.com/2017/08/05/world/asia/north-korea-sanctions-united-nations.html [https://perma.cc/4EBQ-F98E].

226 Makinen(2016), 전게서, 미주 220.

227 Lee(2020), 전게서, 미주 196.

228 Cha(2018), 전게서, 미주 74.

229 Patrick Köllner, "The Denuclearisation of North Korea: From Maximum Demands to Arms Control", *GIGA Focus*, no. 2(2019. 2), 1-10 ; Rohan Mishra, "Toward A Nuclear Recognition Threshold"(2020) 120(4) *Columbia Law Review* 1035-1076.

230 상동.

231 Grieco(2020), 전게서, 미주 75.

232 Mary Beth D. Nikitin, Samuel D. Ryder, "North Korea's Nuclear Weapons and Missile Programs", *CRS Report*, IF10472(2021. 1. 5), p. 1, https://crsreports.congress.gov/product/pdf/IF/IF10472/19(2022. 12. 30 접속).

233 Alexander Ward, Quint Forgey, "North Korea tested its first ICBM since 2017", *Politico*(2022. 3. 10), https://www.politico.com/newsletters/national-security-daily/2022/03/10/north-korea-tested-its-first-icbm-since-2017-00016206 [https://perma.cc/WAD3-FGGY].

234 상동.

235 Choe(2022), 전게서, 미주 129.

236 Gawon Bae, Jessie Yeung, "North Korea rejects South's aid offer, calls President Yoon 'really simple'", CNN(2022. 8. 19), https://www.cnn.com/2022/08/19/asia/north-korea-south-korea-aid-denuclearization-intl-hnk/index.html [https://perma.cc/ZXP9-CYFV].

237 Ward, Forgey(2022), 전게서, 미주 233 참조.

238 U.S. Department of Defense, *2022 National Defense Strategy of the United States*(2022. 10), p.12, https://media.defense.gov/2022/Oct/27/2003103845/-1/-1/1/2022-NATIONAL-DEFENSE-STRATEGY-NPR-MDR.PDF [https://perma.cc/57D6-HE2D].

239 Hyung-Jin Kim, "Kim threatens to use nukes amid tensions with US, S. Korea", *AP News*(2022. 7. 28), https://apnews.com/article/covid-health-seoul-south-korea-nuclear-weapons-e285be60ef404092fe3324748fa60707 [https://perma.cc/9XJ5-GHF6].

240 Ahn(2011), 전게서, 미주 114.

241 북한의 혈연 세습에 관한 추가 논의는 Jae-Cheon Lim, "North Korea's Hereditary Succession, Comparing Two Key Transitions in DPRK"(2012) 52(3) *Asian Survey* 550-570 참조.

242 북한의 유교적 영향에 관한 추가 논의는 Jin Woong Kang, "Political Use of Confucianism in North Korea"(2011) 16(1) *Journal of Korean Studies* 63-87 참조.

243 상동.

244 상동.

245 주체사상에 관한 추가 논의는 Geir Helgesen, "Political Revolution in a Cultural Continuum: Preliminary Observations on the North Korean 'Juche' Ideology with Its Intrinsic Cult of Personality"(1991) 15(1) *Asian Perspective* 187-213 참조. David W. Shin, "North Korea's Post-Totalitarian State: The Rise of the Suryong (Supreme Leader) and the Transfer of Charismatic Leadership"(2016) 33(1) *American Intelligence Journal* 31-48 추가 참조.

246 북한의 숙청에 관한 추가 논의는 James Person, "North Korea's Purges Past", *National Interest*(2013. 12. 30), https://nationalinterest.org/commentary/north-koreas-purges-past-9628 [https://perma.cc/U5ZM-YCKM] 참조.

247 United Nations Human Rights Council(2014), 전게서, 미주 216.

248 상동.

249 상동.

250 Kenneth Roth, *World Report 2022: North Korea*(2022), https://www.hrw.org/world-report/2022/country-chapters/north-korea [https://perma.cc/4FYE-6XZP] 추가 참조.

251 PSCORE, *Forced to Hate*, http://pscore.org/life-north-korea/forced-to-hate/[https://perma.cc/ABV3-TM6S].

252 예컨대, Donald Kirk, "Rebellion in North Korea Not Likely," *Inside Sources*(2019. 3. 18), https://insidesources.com/rebellion-in-north-korea-not-likely/ [https://perma.cc/NNX3-K4AT] 참조.

253 Choe Sang-Hun, "Kim Jong-un Calls K-Pop a 'Vicious Cancer' in the New Culture War", *New York Times*(2021. 6. 10), https://www.nytimes.com/2021/06/11/world/asia/kim-jong-un-k-pop.html [https://perma.cc/44GY-YDGX].

254 Jeong Yong-Hwan, Park Eun-Jee, "18 percent of North Koreans now thought to own mobile phones", *JoongAng Daily*(2020. 8. 11), https://koreajoongangdaily.joins.com/2020/08/11/business/tech/North-Korea-smartphone/20200811180400430.html [https://perma.cc/6H7N-9P8U].

255 World Population Review, *Largest Countries in the World 2022*(2022), https://worldpopulation review.com/country-rankings/largest-countries-in-the-world [https://perma.cc/MT79-LNZC].

256 미국 남북전쟁에 관한 추가 논의는 Gerald Gunderson, "The Origin of the American Civil War"(1974) 34(4) *Journal of Economic History* 915-950 참조.

257 주 왕조의 봉건제도에 관한 추가 논의는 Li Feng, "'Feudalism' and Western Zhou China: A Criticism"(2003) 63(1) *Harvard Journal of Asiatic Studies* 115-144 참조.

258 Sophia-Karin Psarras, "Han and Xiongnu: A Reexamination of Cultural and Political Relations(II)"(2004) 52 *Monumenta Serica* 37-93.

259 John W. Dardess, "From Mongol Empire to Yuan Dynasty: Changing Forms of Imperial Rule in Mongolia and Central Asia" 30 *Monumenta Serica* 117-165 ; Piero Corradini, "The Legitimization of the Qing Dynasty"(2002) 46(1) *Central Asiatic Journal* 112-127.

260 상동.

261 Walter J. Meserve, Ruth I. Meserve, "Theatre for Assimilation: China's National Minorities"(1979) 13(2) *Journal of Asian History* 95-120, p.95.

262 Seth(2011), 전게서, 미주 32 참조.

263 상동.

264 상동.

265 "GDP, 1000 to 2018", *Our World in Data*(2020), https://ourworldindata.org/grapher/ gdp-world-regions-stacked-area?country=CHN - OWID_WRL [https://perma.cc/T2X3-3H2J].

266 Peter C. Perdue, "Boundaries and Trade in the Early Modern World: Negotiations at Nerchinsk and Beijing"(2010) 43(3) *Eighteen-Century Studies* 341-346.

267 William T. Rowe, *China's Last Empire: The Great Qing*(Belknap Press, 2012) 참조.

268 Jonathan Fenby, *Modern China: The Fall and Rise of a Great Power, 1850 to the Present* (HarperCollins, 2008) 참조.

269 상동.

270 상동.

271 상동.

272 현대 중국은 55개의 소수 민족을 포함하고 있지만, 지배적인 집단은 중국 전체 인구 14억 명의 90% 이상을 차지하고 있는 한족(漢族)이었다. "Han Chinese", *New World Encyclopedia*(2022), https://www.newworldencyclopedia.org/entry/Han_Chinese [https://perma.cc/RD7V-93SB].

273 Fenby(2008), 전게서, 미주 268.

274 상동.

275 상동.

276 Paine(2003), 전게서, 미주 28.

277 신해혁명에 관한 추가 논의는 Rana Mitter, "1911: The Unanchored Chinese Revolution"(2011) 208 *China Quarterly* 1009-1020 참조.

278 Harold M. Tanner, *China: A History: From the Great Qing Empire through The People's*

Republic of China(1644-2009), vol. 2(Hackett Publishing Company, 2010) 추가 참조.

279   상동.

280   Lary(2015), 전게서, 미주 43.

281   상동.

282   중국공산당에 관한 추가 논의는 Tony Saich, *From Rebel to Ruler: One Hundred Years of the Chinese Communist Party*(Harvard University Press, 2021) 참조.

283   Lary(2015), 전게서, 미주 43.

284   Li, Yang(2005), 전게서, 미주 49.

285   Ilya Somin, "Remembering the biggest mass murder in the history of the world", Washington Post(2016, 8, 3), https://www.washingtonpost.com/news/volokh-conspiracy/wp/2016/08/03/giving-historys-greatest-mass-murderer-his-due/ [https://perma.cc/8NMN-ARKU].

286   문화대혁명에 관한 추가 논의는 MacFarquhar, Schoenhals(2006), 전게서, 미주 51 참조. Julian Gewirtz, *Chinese Reformers, Western Economists, and the Making of Global China*(Harvard University Press, 2017) 추가 참조(문화대혁명으로 피폐해진 경제에 직면한 중국의 지식인들과 지도자들이 경제를 재건하기 위해 외국 경제학자들의 도움을 구한 과정을 논의).

287   Fenby(2008), 전게서, 미주 268.

288   Wayne M. Morrison, *China's Economic Rise: History, Trends, Challenges, and Implications for the United States*, Congressional Research Service, RL33534(2019).

289   Fenby(2008), 전게서, 미주 268.

290   사회주의 시장경제에 관한 추가 논의는 Barry Naughton, "Is China Socialist?"(2017) 31(1) *Journal of Economic Perspectives* 3-24 참조. Ding(2009), 전게서, 미주 54 추가 참조.

291   Yong-Shik Lee, *Law and Development: Theory and Practice*(2d ed., Routledge, 2022), pp.65-87, 242-260.

292   Lee, "New General Theory of Economic Development"(2020), 전게서, 미주 196.

293   Lee, Lu(2016), 전게서, 미주 55.

294   상동. Isabella M. Weber, *How China Escaped Shock Therapy: The Market Reform Debate* (Routledge, 2021) 추가 참조.

295   Lee, Lu(2016), 전게서, 미주 55.

296   상동.

297   Yong-Shik Lee, *Reclaiming Development in the World Trading System*(2d ed., Cambridge University Press, 2016).

298   Lee, Lu(2016), 전게서, 미주 55.

299   상동.

300   상동.

301   상동.

302   "China is the world's factory, more than ever", *The Economist*(2021. 9. 8), https://www.economist.com/finance-and-economics/2021/09/08/china-is-the-worlds-factory-more-than-ever [https://perma.cc/9PB2-YFTT].

303   Yong-Shik Lee, "International Trade Law Post Neoliberalism"(2020) 68(2) *Buffalo Law Review* 413-478 참조.

304   관련 논의는 Yong-Shik Lee, "National Security as a Means to a Commercial End—Call

for a New Approach"(2023) 102(1) *Nebraska Law Review* 1-51 참조.

305 Statista, *China is the World's Manufacturing Superpower*(2021. 5. 4), https://www.statista.com/
chart/20858/top-10-countries-by-share-of-global-manufacturing-output/ [https://perma.
cc/98Z5-FMBB].

306 Li, Yang(2005), 전게서, 미주 49.

307 미국 정부의 통계로부터 추산. United States Statistics Division, *Value Added by Economic
Activity, at current prices - US Dollars*(Mining Manufacturing, and Utilities), https://unstats.
un.org/unsd/snaama/Basic(2022. 12. 30 접속).

308 World Bank, *Manufacturing, value-added(current US$) - China*, https://data.worldbank.org/
indicator/NV.IND.MANF.CD?locations=CN [https://perma.cc/4N25-9AEK].

309 2021년에는 중국에 48,000개의 외국인 투자 기업이 설립되었다. Orange Wang, "How
much is China's foreign direct investment and is it still a good destination for overseas
investors?" *South China Morning Post*(2022. 6. 10), https://www.scmp.com/economy/
economic-indicators/article/3181037/how-much-chinas-foreign-direct-investment-and-i
t-still [https://perma.cc/8B9C-W4FA]. 2020년 말까지 중국에 등록된 외국 기업의 총수는
1,040,480개에 달했다. "How many Foreign Companies in China?" *RegistrationChina*(2021.
11. 2), https://www.registrationchina.com/articles/how-many-foreign-companies-in-
china/ [https://perma.cc/R683-EKK6].

310 중국의 제조업 발달에 관한 더 자세한 논의는 Lianshui Li, Zhanyuan Du (eds.), A
Research Report on the Development of China's Manufacturing Sector(2016)(Springer, 2017)
참조.

311 Wang(2022), 전게서, 미주 309.

312 "How many Foreign Companies in China?" *RegistrationChina*(2021), 전게서, 미주 309.

313 Lee(2022), 전게서, 미주 291.

314 Peter Brennan, *Push to reshore US manufacturing challenged by reliance on global supply
chain*(2022. 4. 14), https://www.spglobal.com/marketintelligence/en/news-insights/latest-
news-headlines/push-to-reshore-us-manufacturing-challenged-by-reliance-on-global-su
pply-chain-69752018 [https://perma.cc/L39K-BD3W] 참조.

315 World Bank, *GDP per capita(current US$) - China*, https://data.worldbank.org/indicator/
NY.GDP.PCAP.CD?locations=CN [https://perma.cc/AH9M-BMC5].

316 Statista, *Share of the leading merchandise importers worldwide in 2020, by importing nation*(2021.
10. 11), https://www.statista.com/statistics/252140/share-of-the-leading-merchandise-
importers-worldwide-by-importing-nation/ [https://perma.cc/U93A-D6TT].

317 International Trade Administration, *U.S. Trade in 2021: U.S. Exporters on Road to
Recovery*(2022. 2. 11), https://blog.trade.gov/2022/02/11/u-s-trade-in-2021-u-s-exporters-on-
road-to-recovery/#::text=The%20top%20four%20U.S.%20goods,followed%20by%20Chi
na%20and%20Japan [https://perma.cc/3F52-735G] 참조.

318 Ding(2009), 전게서, 미주 54.

319 중국공산당의 변화에 관한 논의는 Chun Han Wong, "Is China's Communist Party Still
Communist?" *Wall Street Journal*(2021. 6. 30), https://www.wsj.com/articles/is-chinas-
communist-party-still-communist-11625090401 [https://perma.cc/D2HB-84CC] 참조.

320 Lee(2017), 전게서, 미주 18.

321 상동.

322 상동.

323 상동.

324 중국의 국가안보에 관한 인식의 추가 논의는 Yi Wang, "The Backward Will Be Beaten: Historical Lesson, Security, and Nationalism in China"(2020) 29(126) *Journal of Contemporary China* 887-900 참조.

325 Edward White, Song Jung-a, Kang Buseong, "Lotte's China woes a harbinger of South Korean exodus", *Financial Times*(2019. 6. 20), https://www.ft.com/content/3a2eaeb2-9330-11e9-aea1-2b1d33ac3271 [https://perma.cc/7U22-J4ZM].

326 이혜운(2025), 전게서, 미주 9 참조.

327 상동.

328 중화인민공화국 국가정보법(2017년 제정).

329 Amir Guluzade, "How reform has made China's state-owned enterprises stronger", *World Economic Forum*(2020. 5. 21), https://www.weforum.org/agenda/2020/05/how-reform-has-made-chinas-state-owned-enterprises-stronger/ [https://perma.cc/KGK8-YDW3].

330 중국의 국영기업에 관한 추가 논의는 Karen Jingrong Lin, Xiaoyan Lu, Junsheng Zhang, Ying Zheng, "State-owned enterprises in China: A review of 40 years of research and practice"(2020) 13(1) *China Journal of Accounting Research* 31-55 참조.

331 상동.

332 중국 국영기업의 역할에 관한 추가 논의는 Fan Gang, Nicholas Hope, *The Role of State-Owned Enterprises in the Chinese Economy*, https://www.chinausfocus.com/2022/wp-content/uploads/Part+02-Chapter+16.pdf 참조(2022. 12. 30 접속).

333 Lee(2017), 전게서, 미주 18.

334 S. Donnan, L. Hornby, A. Beesley, "China challenges EU and US over market economy status", *Financial Times*(2016. 12. 13), https://www.ft.com/content/6af8da62-bf5d-11e6-9bca-2b93a6856354?mhq5j=e2(2022. 12. 30 접속).

335 S. Donnan, "Trump trade tsar warns against China 'market economy' status", *Financial Times*(2017. 6. 22), https://www.ft.com/content/4d6ba03e-56b0-11e7-9fed-c19e270 0005f (2022. 12. 30. 접속).

336 Donnan, Hornby, Beesley(2016), 전게서, 미주 334.

337 중국의 도전에 관한 추가 논의는 David Dollar, Ryan Hass, *Getting the China challenge right*(2021. 1. 25), https://www.brookings.edu/research/getting-the-china-challenge-right/ [https://perma.cc/JGL2-NYTF] 참조.

338 예를 들어, 중국은 러시아와 합의를 통해 러시아산 석유 대금을 미국 달러 대신 양국의 자국 통화로 결제하기로 했다. 이는 우크라이나에 대한 러시아의 군사적 침공으로 인해 미국이 주도한 경제 제재를 약화시키기 위한 의도로 보인다. "Russia says China will start paying for gas in rubles and yuan", *CNN Business*(2022. 9. 6), https://www.cnn.com/2022/09/06/energy/china-russian-gas-payments-ruble-yuan/index.html [https://perma.cc/L3U2-S6C7].

339 Lee(2020), 전게서, 미주 303.

340 상동.

341 Sean Keane, "Huawei ban timeline: Detained CFO makes deal with US Justice Department", *CNET*(2021. 9. 30), https://www.cnet.com/news/privacy/huawei-ban-timeline-detained

-cfo-makes-deal-with-us-justice-department/ [https://perma.cc/82C5-CNTV] ; Simon Denyer, "Japan effectively bans China's Huawei and ZTE from government contracts, joining U.S.", *Washington Post*(2018. 12. 10), https://www.washingtonpost.com/world/asia_pacific/japan-effectively-bans-chinas-huawei-zte-from-government-contracts-joining-us/2018/12/10/748fe98a-fc69-11e8-ba87-8c7facdf6739_story.html [https://perma.cc/WLF3-HDS2] 참조.

342 Lee(2020), 전게서, 미주 303.

343 Joe McDonald, "China criticizes US action against Huawei", *AP News*(2019. 5. 16), https://apnews.com/article/china-technology-united-states-ap-top-news-beijing-6dffae234a3e45a8b1e7ede17480839d [https://perma.cc/WLF3-HDS2].

344 크리스탈리나 게오르기에바(Kristalina Georgieva) 국제통화기금(IMF) 총재는 미국의 관세 조치와 중국 및 유럽연합(EU)의 보복 조치는 무역 정책에 전례 없는 불확실성과 금융 시장의 변동성을 초래하고 있다고 언급했다. Andrea Shalal, "IMF sees global growth hurt by trade tensions but no recession", *Reuters*(2025. 4. 17), https://www.reuters.com/markets/imf-expects-notable-markdowns-growth-forecasts-no-global-recession-2025-04-17/?utm_source=chatgpt.com(2025. 4. 18 접속).

345 Park So-jeong, "Korean, Japanese, Chinese trade ministers affirm cooperation at Seoul meeting", *ChosunBiz*(2015. 3. 30), https://biz.chosun.com/en/en-policy/2025/03/30/HRKCJWG5RZAO3B72UNF4NLC7QE/ [https://perma.cc/8LUG-AXHN].

346 Congressional Research Service, *China Naval Modernization: Implications for U.S. Navy Capabilities—Background and Issues for Congress*, RL33153(2022. 3. 8), https://sgp.fas.org/crs/row/RL33153.pdf [https://perma.cc/X3PL-74ZA].

347 상동.

348 Lee(2017), 전게서, 미주 18.

349 Son Ji-hyoung, "Chinese envoy warns Korea against 'interference' in chip supply chain", *Korea Herald*(2022. 7. 26), https://www.koreaherald.com/view.php?ud=20220726000627 [https://perma.cc/MV22-T83M].

350 In-Chan Hwang, "Xi Jinping says Korea was a part of China", *Dong-A Ilbo*(2017. 4. 20), https://www.donga.com/en/article/all/20170420/902176/1 [https://perma.cc/R38F-DZFG] 참조.

351 동북공정에 관한 추가 논의는 Yeo Hokyu, "China's Northeast Project and Trends in the Study of Koguryŏ History"(2006) 10 *International Journal of Korean History* 121-155 참조.

352 Northeast Asian History Network, *Korea-China History Awareness*, http://contents.nahf.or.kr/english/item/level.do?itemId=iscd [https://perma.cc/G2B5-Y5ST].

353 Jae Ho Chung, "Korean Views of Korea-China Relations: Evolving Perceptions and Upcoming Challenges"(2012) 36(2) *Asian Perspective* 219-236 추가 참조.

354 Park Ha-na, "Korea's top policymakers to visit US next week amid push for tariff relief", *Korea Herald*(2025. 4. 16), https://www.koreaherald.com/article/10466746 [https://perma.cc/84FZ-8Y52].

355 Bruce Stokes, *Hostile Neighbors: China vs. Japan*(2016. 9. 13), https://www.pewresearch.org/global/2016/09/13/hostile-neighbors-china-vs-japan/ [https://perma.cc/A5CN-CKR8].

356 Tseng(2014), 전게서, 미주 98 참조.

357 Antoine Roth, Andrea A. Fischetti, "Japan's Growing Reliance on the Chinese Market", *Tokyo Review*(2021), https://www.tokyoreview.net/2021/02/japans-growing-reliance-on-the-chinese-market/ [https://perma.cc/CF33-Z2HQ].

358 Isabel Reynolds, Emi Nobuhiro, "China Says Unfair Treatment of Huawei Could Damage Japan Ties", *Bloomberg*(2019. 3. 29), https://www.bloomberg.com/news/articles/2019-03-29/china-says-unfair-treatment-of-huawei-could-damage-japan-ties [https://perma.cc/S3HZ-ZF46].

359 Francis Tang, "Japan and the U.S. begin tariff talks on good terms, but without breakthroughs", *Japan Times*(2025. 4. 17), https://www.japantimes.co.jp/business/2025/04/17/economy/trump-akazawa-japan-trade-talks/ [https://perma.cc/QZ2X- DG2G].

360 이 분쟁에 관한 추가 논의는 Michael S. Gerson, *The Sino-Soviet Border Conflict*(2010. 11), https://www.cna.org/archive/CNA_Files/pdf/d0022974.a2.pdf [https://perma.cc/3GQ2-X6RZ] 참조.

361 Richard Lowenthal, "Russia and China: Controlled Conflict"(1971) 49(3) *Foreign Affairs* 507-518.

362 Paul D. Shinkman, "China Indicates to Biden it Won't Send Weapons to Russia", The U.S. News and World Report(2022. 3. 18), https://www.usnews.com/news/world-report/articles/2022-03-18/china-indicates-to-biden-it-wont-send-weapons-to-russia-as-bloody-war-in-ukraine-grinds-on(2022. 12. 30 접속).

363 전재우, 「북·러 관계 강화와 중국: 지정학적 시각에서」, 동아시아연구원(2024. 12. 10), https://www.eai.or.kr/new/ko/pub/view.asp?board=kor_issuebriefing&intSeq=22813&utm_source=chatgpt.com [https://perma.cc/5LL7-PCGP].

364 "China to enforce UN sanctions against North Korea", *The Guardian*(2017. 9. 23), https://www.theguardian.com/world/2017/sep/23/china-to-enforce-un-sanctions-against-north-korea [https://perma.cc/6XX3-FQPQ].

365 Ben Frohman, Emma Rafaelof, Alexis Dale-Huang, *The China-North Korea Strategic Rift: Background and Implications for the United States*(2022. 1. 24), https://www.uscc.gov/sites/default/files/2022-01/China-North_Korea_Strategic_Rift.pdf [https://perma.cc/45FZ-EYCM].

366 "Mongolia under pressure to align with Russia and China", *The Guardian*(2022. 5. 31), https://www.theguardian.com/world/2022/may/31/mongolia-under-pressure-to-align-with-russia-and-china [https://perma.cc/FV7H-V9XR].

367 예를 들어, Bard Nikolas Vik Steen, "Is Pacific Asia Returning to Sinocentrism?" *E-International Relations*(2014. 9. 14), https://www.e-ir.info/2014/09/14/is-pacific-asia-returning-to-sinocentrism/ [https://perma.cc/FLV4-V9HC] 참조. Suisheng Zhao, "Rethinking the Chinese World Order: the imperial cycle and the rise of China"(2015) 24(96) *Journal of Contemporary China* 961-982 추가 참조. 중화주의를 옹호하는 논의는 Feng Zhang, "Chinas Rise Will be Peaceful", in Robert S. Ross, Zhu Feng(eds.), *China's Ascent-Power, Security, and the Future of International Politics*(Cornell University Press, 2008), pp. 34-54 참조. 일부 학자들은 중화주의는 세계사에서 패러다임의 전환을 의미한다고 주장한다. Manuel Perez Garcia, "From Eurocentrism to Sinocentrism: The New Challenges in Global History"(2014) 119(3) *European Journal of Scientific Research* 337-352.

368 Fairbank(ed.)(1968), 전게서, 미주 27 참조.

369 중국의 정치 발전에 관한 추가 논의는 David M. Lampton. *Following the Leader: Ruling China, From Deng Xiaoping to Xi Xingping*(University of California Press, 2014) 참조.

370 Ministry of Foreign Affairs of the People's Republic of China, Wang Yi: *Promote Sound and Steady Growth of China-ROK Strategic Cooperative Partnership with a Five-point Commitment*(2022. 8. 9), https://www.fmprc.gov.cn/mfa_eng/wjdt_665385/wshd_665389/202208/t20220810_10740381.html [https://perma.cc/PYZ7-GPGM].

371 상동.

372 예를 들어, "No to Three No's", *Korea Herald*(2022. 8. 12), https://www.koreaherald.com/view.php?ud=20220811000838 [https://perma.cc/B4JF-DL3J] 참조.

373 김영환, 「중화주의로서의 유학」, 『철학사상』 40호(2011), pp.3-33.

374 A. James Gregor, Maria Hsia Chang, "Anti-Confucianism: Mao's Last Campaign"(1979) 19(11) *Asian Survey* 1073-1092 참조.

375 세계무역기구(WTO)에 따르면, 2022년 9월 기준 총 353개의 자유무역협정(FTA), 또는 "지역무역협정(RTA)"이 발효 중이다. World Trade Organization, *Regional Trade Agreements Database*(2022. 9. 16), http://rtais.wto.org/UI/PublicMaintainRTAHome.aspx [https://perma.cc/D22X-6LVR]. 2024년 2월 기준으로 한국과 일본은 각각 21건의 자유무역협정(FTA)을 체결했다.

376 국력 순위에 따르면 중국은 미국에 이어 2위에 랭크되었으며, 일본, 한국, 러시아와 같은 이 지역의 다른 국가들은 각각 6위, 8위, 3위에 위치해 있어 중국의 경제적·정치적 지배력이 이 지역에서 확립되지 않았음을 보여준다. "Power", *The U.S. News and World Report*, https://www.usnews.com/news/best-countries/rankings/power(2022. 12, 30 접속).

377 Gordon Chang, *China's Conception of the World and Model of Global Governance*, https://www.hoover.org/sites/default/files/gordon_chang_paper.pdf(2022. 12. 30 접속).

378 상동.

379 중월전쟁에 관한 자세한 연구는 황의방, 『베트남과 그 이웃 중국』, 창비(2000) 참조.

380 Kwan, Chi Hung, *Sinocentrism or Paranoia?* Research Institute of Economy, Trade, and Industry(2003. 1), https://www.rieti.go.jp/en/china/03080101.html?utm_source=chatgpt.com [https://perma.cc/28FW-JTYT].

381 Lionel Lim, "Xi Jinping's jaunt through Southeast Asia is 'a reassurance and a warning' to trading partners as the region is caught between the U.S. and China", *Fortune*(April 22, 2025), https://fortune.com/asia/2025/04/22/xi-jinping-china-southeast-asia-trip-us-trump-tariffs/ [https://perma.cc/75GK-7RM9].

382 Joshua P. Meltzer, Neena Shenai, *The US-China economic relationship: A comprehensive approach*(2019. 2. 28), https://www.brookings.edu/research/the-us-china-economic-relationship-a-comprehensive-approach/ [https://perma.cc/FR8S-VAZS].

383 James Stavridis, "A US-China War Over Taiwan Isn't Happening Anytime Soon", *Bloomberg*(2022. 8. 9), https://www.bloomberg.com/opinion/articles/2022-08-09/a-us-china-war-over-taiwan-isn-t-happening-anytime-soon?leadSource=uverify%20wall [https://perma.cc/7WCY-5W7T] 참조.

384 전게 3.1절과 3.2절 참조.

385 유상철, 「시진핑 권력 절정인데…후진타오 그리워하는 목소리, 왜」, 『중앙일보』(2019. 10. 27), https://www.joongang.co.kr/article/23616322#home [https://perma.cc/AU59-EL2R].

386 상동.

387 상동.

388 "What does Xi Jinping's China Dream mean?" *BBC News*(2013. 6. 6), https://www.bbc.
com/news/world-asia-china-22726375(2022. 12. 30 접속).

389 상동.

390 U.S. Chamber of Commerce, *Made in China 2025: Global Ambitions Built on Local
Protections*(2017), https://www.uschamber.com/assets/archived/images/final_made_in_
china_2025_report_full.pdf [https://perma.cc/YU48-CXW9].

391 "America's top brass responds to the threat of China in the Pacific", *The Economist*(2021.
3. 11), https://www.economist.com/asia/2021/03/11/americas-top-brass-responds-to-
the-threat-of-china-in-the-pacific [https://perma.cc/2G52-QEFT] 참조.

392 Lindsay Maizland, *Hong Kong's Freedoms: What China Promised and How It's Cracking
Down*(2022. 5. 19), https://www.cfr.org/backgrounder/hong-kong-freedoms-democracy-
protests-china-crackdown [https://perma.cc/9HTZ-CBH4] 참조. Joint Declaration on the
question of Hong Kong(1984. 12. 19), https://treaties.un.org/doc/Publication/UNTS/
Volume%201399/v1399.pdf [https://perma.cc/T8WC-UZ5A] 추가 참조.

393 "China Reaffirms Threat of Military Force to Annex Taiwan", *Voice of America*(2022.
8. 10), https://www.voanews.com/a/china-reaffirms-threat-of-military-force-to-annex-
taiwan-/6695555.html [https://perma.cc/LY7A-4H6N].

394 예를 들어, United Nations Human Rights Office of the High Commissioner, *OHCHR
Assessment of human rights concerns in the Xinjiang Uyghur Autonomous Region, People's Republic
of China*(2022. 8. 31), https://www.ohchr.org/sites/default/files/documents/countries/
2022-08-31/22-08-31-final-assesment.pdf [https://perma.cc/M8VT-5PUL] 참조. Maizland
(2022), 전게서, 미주 84 추가 참조.

395 Lee(2020), 전게서, 미주 303.

396 Cheng Hung-ta, Evelyn Kao, "U.S.-led chip alliance aimed at curbing China influence:
Analyst", *Focus Taiwan*(2022. 8. 21), https://focustaiwan.tw/business/202208210007
[https://perma.cc/JTS8-4U46] 참조.

397 Zolan Kanno-Youngs, Peter Baker, "Biden Pledges to Defend Taiwan if It Faces a
Chinese Attack", *New York Times*(2022. 5. 23), https://www.nytimes.com/2022/05/23/
world/asia/biden-taiwan-china.html [https://perma.cc/FM2H-2STW].

398 U.S. Department of State, *2021 Country Reports on Human Rights Practices: China(Includes
Hong Kong, Macau, and Tibet)*, https://www.state.gov/reports/2021-country-reports-on-
human-rights-practices/china/ [https://perma.cc/GP97-597E] 추가 참조

399 Turner, Hawkins(2025), 전게서, 미주 57 참조. Cash, Zhang(2025), 전게서, 미주 82
추가 참조.

400 Nectar Gan, "'Stop asking why': Shanghai intensifies Covid lockdown despite falling
cases", *CNN*(2022. 5. 9), https://www.cnn.com/2022/05/09/china/china-covid-shanghai-
restrictions-escalate-intl-hnk/index.html [https://perma.cc/AQJ6-QXAS] 참조.

401 Grady McGregor, "China's lockdowns to contain Omicron snarled the global economy.
Lockdowns to contain subvariant BA.5 could be even worse", *Fortune*(2022. 7. 11),
https://fortune.com/2022/07/11/china-covid-lockdowns-omicron-ba-5-subvariant-econ
omy-shanghai/ [https://perma.cc/EJN9-YTRY].

402 중국은 광범위한 시위 이후 제로 코로나 정책의 중단을 발표했으며, 당국이 대규모 검사와 같은 대응 조치를 포기하면서 코로나 감염자 수와 관련 사망자가 급격히 증가했다. "China will stop reporting asymptomatic COVID cases after dropping mass testing requirements", *PBS*(2022. 12. 14), https://www.pbs.org/newshour/world/china-will-stop-reporting-asymptomatic-covid-cases-after-dropping-mass-testing-requirements [https://perma.cc/8CRF-YTBT]. 중국에서 코로나 감염자가 급격히 증가한 것은 강압적인 제로 코로나 정책이 정당했음을 의미하지 않는다. 오히려 이는 중국이 출구 전략에 대한 계획과 준비가 부족했음을 보여준다. Farah Master, David Stanway, "China lacked a 'zero COVID' exit plan. Its people are paying the price", *Reuters*(2022. 12. 22), https://www.Reuters.com/world/china/china-lacked-zero-covid-exit-plan-its-people-are-paying-price-2022-12-23/ [https://perma.cc/2PMT-XA7R].

403 환태평양경제동반자협정(Trans-Pacific Partnership Agreement, TPP)에 대한 추가 논의는 Yong-Shik Lee, "Future of Trans-Pacific Partnership Agreement: Just a Dead Trade Initiative or a Meaningful Model for the North-South Economic and Trade Integration?"(2017) 51(5) *Journal of World Trade* 1-26 참조.

404 Steve Herman, "White House Ordered to Return Press Pass to CNN Reporter", *Voice of America*(2018. 11. 17), https://www.voanews.com/a/white-house-ordered-to-return-press-pass-to-cnn-reporter/4661693.html [https://perma.cc/6GGJ-ETY9]. Sergio Martínez-Beltrán, "Maryland federal judge blocks Trump's birthright citizenship order", *National Public Radio*(2025. 2. 5), https://www.npr.org/2025/02/05/nx-s1-5288083/maryland-federal-judge-blocks-trumps-birthright-citizenship-order [https://perma.cc/9RUB-X4J2].

405 Ian Millhiser, "A federal judge already blocked Trump's single most unconstitutional action", *Vox*(2025. 1. 23), https://www.vox.com/immigration/395945/donald-trump-unconstitutional-birthright-citizenship-illegal?utm_source=chatgpt.com [https://perma.cc/8BDF-WEU4].

406 Daniella Diaz, "Top general says he'd push back against 'illegal' nuclear strike order", CNN(2017. 11. 20), https://www.cnn.com/2017/11/18/politics/air-force-general-john-hyten-nuclear-strike-donald-trump [https://perma.cc/MS3F-S548].

407 그러나 트럼프 행정부는 대법원의 명령에도 불구하고, 엘살바도르 정부가 아브레고 가르시아를 '테러리스트'로 간주하며 석방을 거부하고 있다는 이유로 귀환 조치를 이행하지 않고 있다. 이에 따라 연방지방법원은 정부가 법원 명령을 무시하고 있는지에 대한 조사를 시작하였으며, 일부 판사는 정부 관계자들을 법정 모독(contempt of court) 혐의로 소환할 가능성을 언급하고 있다. Andrew Goudsward and Luc Cohen, "Judge orders Trump officials to testify about efforts to return wrongly deported man", *Reuters*(2025. 4. 16), https://www.reuters.com/legal/judge-consider-trumps-compliance-with-order-over-wrongly-deported-man-2025-04-15/(2025. 4. 18 접속).

408 Lee(2022), 전게서, 미주 291.

409 상동. Yong-Shik Lee, "General Theory of Law and Development"(2017) 50(3) *Cornell International Law Journal* 415-471 추가 참조.

410 Lee(2017), 전게서, 미주 409.

411 세계은행에 따르면, 2021년 중국의 1인당 평균 소득은 12,556달러였다. World Bank, *GDP per capita(current US$) - China*, https://data.worldbank.org/indicator/NY.GDP.PCAP.CD?locations=CN [https://perma.cc/LR4S-QNSU].

412 Lee(2017), 전게서, 미주 409.

413 Lee(2022), 전게서, 미주 56.

414 "Alibaba and Tencent Fined In China Tech Crackdown", *Forbes*(2022. 7. 13), https://www.forbes.com/sites/qai/2022/07/13/alibaba-and-tencent-fined-in-china-tech-crackdown/?sh=71737b083dac(2022. 12. 30 접속).

415 Loren Brandt, John Litwack, Elitza Mileva, Luhang Wang, Yifan, Luan Zhao, "China's Productivity Slowdown," Policy Research Working Paper 9298, World Bank(2020. 6) 참조.

416 이혜운(2025), 전게서, 미주 9 참조.

417 Kenneth N. Waltz, *Theory of International Politics*(Addison-Wesley, 1979), p.118.

418 연구자들은 민주주의가 갈등 발생이나 확산 가능성을 낮춘다는 것을 입증했다. Zeev Maoz, Bruce Russett, "Normative and Structural Causes of Democratic Peace, 1946-1986"(1993) 87(3) *American Political Science Review* 624-638 참조. Michael R. Tomz, Jessica L. P. Weeks, "Public Opinion and the Democratic Peace"(2013) 107(4) *American Political Science Review* 849-865 추가 참조. 반대 의견에 관해서는 Sebastian Rosato, "The Flawed Logic of Democratic Peace Theory"(2003) 97(4) *American Political Science Review* 585-602 참조.

419 유상철(2019), 전게서, 미주 385.

420 "China says 2021 fiscal revenues rise 10.7% y/y, boosted by economic recovery", *Reuters*(2022. 1. 25), https://www.Reuters.com/markets/rates-bonds/china-says-2021-fiscal-revenues-rise-107-yryr-2022-01-25/(2022. 12. 30 접속).

421 중국의 군사력에 관한 추가 논의는 Congressional Research Service, *China's Military: The People's Liberation Army(PLA)*(2021. 6. 4), https://crsreports.congress.gov/product/pdf/R/R46808(2022. 12. 20 접속) 참조.

422 McGregor(2022), 전게서, 미주 401.

423 Scott McDonald, "NY Governor Cuomo Says a Federal Quarantine by Trump Would be a 'Declaration of War'. Trump Renegotiates", *Newsweek*(2020. 3. 28), https://www.newsweek.com/ny-governor-cuomo-says-federal-quarantine-ordered-trump-would-declaration-war-states-1494857 [https://perma.cc/7DLL-4BPC].

424 상동.

425 사법부의 독립성과 민주적 지배 간의 관계에 관한 추가 논의는 Christopher M. Larkins, "Judicial Independence and Democratization: A Theoretical and Conceptual Analysis"(1996) 44 *The American Journal of Comparative Law* 605-626; Roderick A. Macdonald; Hoi Kong, "Judicial Independence as a Constitutional Virtue", *in* Carles Boix, Susan C. Stokers (eds.), *The Oxford Handbook of Comparative Politics*(New York, 2012), pp.831-858 참조

426 중화인민공화국 헌법 제126조.

427 Congressional-Executive Commission on China, *Judicial Independence in the RPC*, https://www.cecc.gov/judicial-independence-in-the-prc(2022. 9. 19 접속).

428 상동.

429 상동.

제4장 역내의 조정자? 갈림길에 선 한국

430 Seth(2011), 전게서, 미주 32.

431 상동.

432 상동, Mark Cartwright, "The Japanese Invasion of Korea, 1592-8 CE", *World History Encyclopedia*(2019. 6. 11), https://www.worldhistory.org/article/1398/the-japanese-invasion-of-korea-1592-8-ce/ [https://perma.cc/2F3E-L8TM] 추가 참조.

433 Seth(2011), 전게서, 미주 32 ; Cartwright(2019), 전게서, 미주 432.

434 청나라의 침공에 관해서는 George Kallander (trans.), *The Diary of 1636: The Second Manchu Invasion of Korea*(Columbia University Press, 2020) 참조.

435 James(2011), 전게서, 미주 37.

436 Seth(2011), 전게서, 미주 32.

437 Fischer(2007), 전게서, 미주 139.

438 예를 들어, 김보광, 「12세기초 송의 책봉 제의와 고려의 대응」, 『동국사학』 제60호(2016), pp.43-84. 참조.

439 손승철, 「사대교린(事大交隣)」, 『한국민족문화대백과사전』(1998), http://encykorea.aks.ac.kr/Contents/Index?contents_id=E0025448 [https://perma.cc/7H76-QLY6].

440 Seth(2011), 전게서, 미주 32.

441 상동. Kevin N. Cawley, "Korean Confucianism", *Stanford Encyclopedia of Philosophy*(2021. 11. 24), https://plato.stanford.edu/entries/korean-confucianism/ [https://perma.cc/K8VX-JL9C] 추가 참조.

442 상동.

443 예를 들어, Yi Myonggu, William A. Douglas, "Korean Confucianism Today"(1967) 40 *Pacific Affairs* 43-59 참조.

444 Brianna Jackson, "Confucianism and Korean Dramas: How Cultural and Social Proximity, Hybridization of Modernity and Tradition, and Dissimilar Confucian Trajectories Affect Importation Rates of Korean Broadcasting Programs between Japan and China", *Virginia Commonwealth University Scholars Compass*(2017), https://scholarscompass.vcu.edu/cgi/viewcontent.cgi?article=1041&context=auctus(2022. 12. 30 접속).

445 최태호, 「무역(貿易)」, 『한국민족문화대백과사전』(1995), http://encykorea.aks.ac.kr/Contents/Item/E0019151 [https://perma.cc/9YZE-JBLV].

446 Seth(2011), 전게서, 미주 32 참조.

447 최태호(1995), 전게서, 미주 445.

448 상동.

449 World Bank, *Gross domestic product 2021*, https://databankfiles.worldbank.org/data/download/GDP.pdf [https://perma.cc/ZH97-G9JB].

450 United Nations Statistics Division, 전게서, 미주 307(Manufacturing, value added).

451 산업통상자원부, 「2021년 수출액·무역액 사상 최대」(2022. 1. 4), https://www.korea.kr/news/visualNewsView.do?newsId=148897615 [https://perma.cc/3P55-EXGK].

452 Global Firepower, *2022 Military Strength Ranking*, https://www.globalfirepower.com/countries-listing.php [https://perma.cc/B78N-DN23].

453 "Power", *US News and World Report*, https://www.usnews.com/news/best-countries/

rankings/power(2022. 12. 30 접속).

454 한국은행, 「한국의 주요 산업생산 지도」(2021. 6).

455 Global Edge, *South Korea: Trade Statistics*, https://globaledge.msu.edu/countries/south-korea/tradestats [https://perma.cc/Z9U5-7ZNW].

456 경제협력에 관한 추가 논의는 Semoon Chang, "Economic Cooperation Between the Two Koreas"(2012) 8(2) *North Korean Review* 6-16 참조.

457 Lee, Kim, Mun(2010), 전게서, 미주 193.

458 캠프 험프리스는 한국 서부 해안에 위치한 평택이라는 항구 도시 내에 있으며, 서울에서 남쪽으로 약 40마일(64㎞) 떨어져 있다. 이는 세계에서 가장 큰 해외 주둔 미군 기지이다. *U.S. Army Garrison Humphreys*, https://home.army.mil/humphreys/index.php [https://perma.cc/EMV2-RB4Q].

459 한미동맹에 관한 추가 논의는 Hyun-Wook Kim, Won K. Paik, "Alliance Cohesion in the Post-Cold War US-South Korea Security Relations"(2009) 23(2) *Journal of Asian Affairs* 1-40 참조.

460 예를 들어, "South Korea and U.S. begin their largest military drills", CNBC(2022. 8. 22), https://www.cnbc.com/2022/08/22/s-korea-and-us-begin-largest-military-drills-amid-n-korea-backlash.html [https://perma.cc/V8HL-77DJ] 참조.

461 보고서에 따르면, 1960년 한국의 국방 예산은 불과 2억 8,000만 달러로, 안보를 위해 미국의 지원이 필수적이었다. 이 예산은 2022년 457억 4,000만 달러로 증가하여 세계에서 일곱 번째로 큰 규모를 기록했다. Microtrends, *South Korea Military Spending/Defense Budget 1960-2022*, https://www.macrotrends.net/countries/KOR/south-korea/military-spending-defense-budget [https://perma.cc/H6NP-L8QD].

462 Emanuel Pastreich, "The Balancer: Roh Moo-hyun's Vision of Korean Politics and the Future of Northeast Asia"(2005) 3(8) *Asian-Pacific Journal* 1-14 참조.

463 Jina Kim, *China and Regional Security Dynamics on the Korean Peninsula*(2020. 3. 18), https://carnegieendowment.org/2020/03/18/china-and-regional-security-dynamics-on-korean-peninsula-pub-81235 [https://perma.cc/F7J3-4UEF].

464 World Bank, *Exports of goods and services(% of GDP) - Korea, Rep.*, https://data.worldbank.org/indicator/NE.EXP.GNFS.ZS?locations=KR [https://perma.cc/779N-HQVA].

465 International Trade Administration, *South Korea-Country Commercial Guide*, https://www.trade.gov/country-commercial-guides/south-korea-market-overview [https://perma.cc/RZ39-MXQF].

466 Sam Kim, "South Korea Posts Longest Run of Trade Deficits Since 1997", *Bloomberg*(2022.9.30), https://www.bloomberg.com/news/articles/2022-10-01/south-korea-posts-longest-string-of-trade-deficits-since-1997?leadSource=uverify%20wall [https://perma.cc/FH9W-P3CV].

467 Lee(2022), 전게서, 미주 56.

468 Lee Seung-hoon, Kwon Han-wool, Lee Eun-joo, "U.S. pressure mounts on Korea to join Chip 4 amid Pelosi visit to Taipei and Seoul", *Pulse*(2022. 8. 4), https://pulsenews.co.kr/view.php?year=2022&no=686003(2022. 12. 30 접속).

469 Lind, Press(2021), 전게서, 미주 99.

470 예를 들어, 고흥길, 「'아프리카'의 남북 외교전」, 『중앙일보』(1977. 2. 26), https://www.joongang.co.kr/article/1457070#home [https://perma.cc/L5ND-HW8K] 참조.

471 Sebastien Roblin, "The Rangoon Bombing: North Korea's 1983 Attempt to Destroy South Korea's Government", *National Interest*(2021. 7. 29), https://nationalinterest.org/blog/reboot/rangoon-bombing-north-korea%E2%80%99s-1983-attempt-destroy-south-korea%E2%80%99s-government-190689 [https://perma.cc/9JPJ-XE74].

472 Pastreich(2005), 전게서, 미주 462.

473 상동.

474 상동.

475 상동, pp.10-11.

476 상동, p.10.

477 상동. Choong-Nam Kim, "Changing Northeast Asia and Korea-US Relations"(2000) 14(1) *Journal of East Asian Affairs* 1-36 추가 참조.

478 Gilbert Rozman, "Regionalism in Northeast Asia: Korea's Return to Center Stage", in Charles K. Armstrong 외(eds.), *Korea at the Center: Dynamics of Regionalism in Northeast Asia* (Routledge, 2006), pp.151-166.

479 상동.

480 Jong Kun Choi, Chung-in Moon, "Understanding Northeast Asian Regional Dynamics: Inventory Checking and New Discourses on Power, Interest, and Identity"(2010) 10 *International Relations of the Asia-Pacific* 343-372 추가 참조.

481 "What does Xi Jinping's China Dream mean?", 전게서, 미주 388.

482 McCurry(2022), 전게서, 미주 101.

483 Eunjung Irene Oh, "Ambitions Are Not Opportunities: South Korean President Moon Jae-in's Failed North Korea Policy", *Yale Journal of International Affairs*(2022. 1. 14), https://www.yalejournal.org/publications/ambitions-are-not-opportunities-south-korean-president-moon-jae-ins-failed-north-korea-policy [https://perma.cc/A8W8-XHYL] 참조.

484 상동.

485 상동.

486 Yosuke Onchi, "Kim Jong Un's fury stems from his blaming Moon for Hanoi debacle", *NikkeiAsia*(2020. 7. 5), https://asia.nikkei.com/Spotlight/N-Korea-at-crossroads/Kim-Jong-Un-s-fury-stems-from-his-blaming-Moon-for-Hanoi-debacle [https://perma.cc/335C-EBJR].

487 Esme Howard, "British Policy and the Balance of Power"(1925) 19(2) *American Political Science Review* 261-267 참조.

488 Michael Sheehan, "The Sincerity of the British Commitment to the Maintenance of the Balance of Power 1714-1763"(2004) 15(3) *Diplomacy and Statecraft* 489-506.

489 2021년 기준, 한국, 일본, 중국의 국내총생산(GDP)은 각각 1.8조 달러, 4.94조 달러, 17.73조 달러였다. World Bank, *GDP(current US$) - Japan, Korea, Rep., China*, https://data.worldbank.org/indicator/NY.GDP.MKTP.CD?locations=JP-KR-CN [https://perma.cc/Z6PL-KGEF].

490 19세기 유럽의 세력 균형에 관한 추가 논의는 Paul W. Schroeder, "The 'Balance of Power' System in Europe, 1815-1871"(1975) 27(5) *Naval War College Review* 18-31 참조.

491 Seth(2011), 전게서, 미주 32 참조.

492 상동.

493 상동.

494 상동.

495 Bae-ho Han, Young Ick Lew, "Korea under Japanese rule", *Encyclopaedia Britannica*, https://www.britannica.com/place/Korea/Korea-under-Japanese-rule [https://perma.cc/2N65-UTZ2] 추가 참조.

496 상동.

497 상동.

498 상동.

499 Andrea Matles Savada, William Shaw (eds.), *South Korea: A Country Study*(1990), http://countrystudies.us/south-korea/7.htm#: - :text=Japan's%20initial%20colonial%20 policy%20was,self%2Dsufficiency%20and%20war%20preparation [https://perma.cc/J6GX-9HJ9].

500 상동.

501 상동.

502 상동.

503 상동.

504 상동.

505 Han, Lew, 전게서, 미주 495.

506 Lee, Saito, Todres(2021), 전게서, 미주 40.

507 Savada, Shaw(1990), 전게서, 미주 499.

508 Benjamin R. Young, "When the Lights Went Out: Electricity in North Korea and Dependency on Moscow"(2020) 29(1) *International Journal of Korean Unification Studies* 107-134.

509 Millett(2021), 전게서, 미주 20. Lee(2001), 전게서, 미주 184 추가 참조.

510 이대근, 『해방후 1950년대의 경제』(삼성경제연구소, 2002).

511 원조의 상당 부분은 농산물로 이루어져 있었는데, 이는 국내 농산물 가격을 억제하고 농민들의 생산 동기를 약화시키는 결과를 낳았다. 그 결과, 한국의 쌀 생산량은 1949년 1,470만 석에서 1956년 1,280만 석으로 감소했다. 이대근(2002), 전게서, 미주 510.

512 상동.

513 Seth(2011), 전게서, 미주 32.

514 Lee(2018), 전게서, 미주 60.

515 상동.

516 상동.

517 Organisation for Economic Co-operation and Development, *Average wages*(2022), https://data.oecd.org/earnwage/average-wages.htm [https://perma.cc/478A-L47D].

518 Lee(2018), 전게서, 미주 60. Lee(2016), 전게서, 미주 297.

519 Lee(2018), 전게서, 미주 60.

520 상동.

521 법개발학에 관한 논의는 Lee(2017), 전게서, 미주 409 참조.

522 Lee(2018), 전게서, 미주 60.

523 이러한 법률의 사례로서는 「섬유공업시설에관한임시조치법」(1967), 「기계공업진흥법」 (1967), 「조선공업진흥법」(1967), 「전자공업진흥법」(1969), 「석유화학공업육성법」(1970), 「철강공업육성법」(1970), 「비철금속제련산업육성법」(1971), 「섬유공업근대화촉진법」 (1979) 등이 있다. Lee(2018), 전게서, 미주 60.

524 상동.

525 상동. 이외에도 2차 대전 이전의 산업 경험, 농지개혁, 국내 기업의 성장, 행정의 수준, 그리고 정책 목표 설정의 정확성 등과 같은 다른 요인들도 성공적인 경제발전에 기여한 것으로 간주된다. Alice H. Amsden, *Asia's Next Giant: Korea and Late Industrialization*(New York: Oxford University Press, 1992) 참조.

526 Lee(2018), 전게서, 미주 60.

527 상동.

528 World Bank, *The World Bank in Republic of Korea*, https://www.worldbank.org/en/country/korea [https://perma.cc/WJY8-4BJT].

529 World Bank, *GNI per capita, Atlas method(current US$) - Korea, Rep.*, https://data.worldbank.org/indicator/NY.GNP.PCAP.CD?locations=KR [https://perma.cc/J6YW-QNUC].

530 Lee(2018), 전게서, 미주 60.

531 상동.

532 소득 분배를 나타내는 한국의 지니계수는 1990년대 처분 가능 소득 기준으로 0.28~0.29를 기록했으며, 이는 미국(0.34)을 포함한 대부분의 다른 국가들보다 낮은 수준(더 나은 소득 분배)을 보였다.

533 United Nations Research Institute for Social Development, *Economic and Social Development in the Republic of Korea: Processes, Institutions and Actors*, Research and Policy Brief 14(2012. 10) 추가 참조.

534 Seth(2011), 전게서, 미주 32.

535 상동.

536 Han, Lew, 전게서, 미주 495. Frederick Arthur McKenzie, *Korea's Fight for Freedom*(Pinnacle Press, 2017) 추가 참조.

537 Seth(2011), 전게서, 미주 32.

538 상동.

539 신상구, 「4.19 혁명의 원인과 경과와 영향과 역사적 평가」, 『대전문화신문』(2021. 4. 20), http://djmunhwa.kr/news/view.php?no=8574 [https://perma.cc/SX8J-848K] 추가 참조.

540 Seth(2011), 전게서, 미주 32.

541 상동.

542 상동.

543 Martin Hart-Landsberg, *The Rush to Development: Economic Change and Political Struggle in Korea*(Monthly Review Press, 1993) 참조.

544 상동.

545 William Chapman, "S. Korean Dissidents Praise Carter for Pressing Rights Issue With Park", *Washington Press*(1979. 7. 2), https://www.washingtonpost.com/archive/politics/1979/07/02/s-korean-dissidents-praise-carter-for-pressing-rights-issue-with-park/b3f3d383-0bad-4b60-b109-69ef28e0cbf5/ [https://perma.cc/K8VG-ECYK].

546 광주민주화운동에 관한 추가 논의는 Tim Warnberg, "The Kwangju Uprising: An Inside View"(1987) 11 *Korean Studies* 33-57 참조.

547 Han Sung-Joo, "South Korea in 1987: The Politics of Democratization"(1988) 28(1) *A Survey of Asia in 1987: Part 1*, 52-61.

548 상동.

549 행정안전부, 「지방자치」, https://www.pa.go.kr/research/contents/policy/index10.jsp [https://perma.cc/F9RA-V8BQ].

550 Hagen Koo, "Civil Society and Democracy in South Korea"(2002) 11(2) *The Good Society* 40-45 ; Sunhyuk Kim; Jong-Ho Jeong, "Historical Development of Civil Society in Korea since 1987"(2017) 24(2) *Journal of International and Area Studies* 1-14 추가 참조.

551 Lee(2018), 전게서, 미주 60.

552 World Population Review, *Democracy Countries 2022*(2022), https://worldpopulation review.com/country-rankings/democracy-countries [https://perma.cc/W843-BJ3P].

553 World Justice Project, *Rule of Law Index 2022*(2022), https://worldjusticeproject.org/rule-of-law-index/global/2022 [https://perma.cc/E4D5-SKTE].

554 안준현, 김도연, 안태민, 최하연, 서일원, 장윤, 「尹 구속부터 시위대 진압까지 '법원 난동' 3시간 재구성」, 『조선일보』(2025. 1. 20), https://www.chosun.com/national/incident/2025/01/19/KYDUYEAIBNEE3PGHFTYZMVJWL4/ [https://perma.cc/4XUG-W6JJ].

555 석유위기에 관한 추가 논의는 Charles Issawi, "The 1973 Oil Crisis and After"(1978) 1(2) *Journal of Post Keynesian Economics* 3-26 참조.

556 금융위기에 관한 추가 논의는 Hider A. Khan, *Global Markets and Financial Crises in Asia*(New York: Palgrave Macmillan, 2004) 참조.

557 상동.

558 상동.

559 「외환보유액」, 『국가통계포털』 https://kosis.kr/statHtml/statHtml.do?orgId=301&tblId=DT_038Y001&vw_cd=&list_id=&scrId=&seqNo=&lang_mode=ko&obj_var_id=&itm_id=&conn_path=E1(2025. 1. 19 접속).

560 Khan(2004), 전게서, 미주 556.

561 Jahyeong Koo, Sherry L. Kiser, "Recovery from a Financial Crisis: The Case of South Korea", *Economic and Financial Review*(2001, 4분기), 24-36 참조.

562 Yong-Shik Lee, "South Korean Economy at the Crossroads: Structure Issues under External Pressure - An Essay from a Law and Development Perspective"(2019) 12(3) *Law and Development Review* 865-885.

563 Khan(2004), 전게서, 미주 556.

564 이정훈, 「삼성 날고 다른 재벌 '경제력 집중' 커졌는데…윤 정부 정책은 '친재벌」, 『한겨레』(2022. 6. 27), https://www.hani.co.kr/arti/economy/marketing/1048550.html [https://perma.cc/AB4Q-C5QE].

565 상동.

566 「지니계수」, 『나라지표』 https://www.index.go.kr/unity/potal/main/EachDtlPageDetail.do?idx_cd=1407 [https://perma.cc/SYD6-TGD2].

567 Organisation for Economic Cooperation and Development, "Economy", *Korea Policy*

Brief(2016. 10), https://www.oecd.org/policy-briefs/korea-productivity-through-innovation-and-structural-reform_EN.pdf [https://perma.cc/G5ZH-DSBG]. 민경진, 「中企 노동생산성 대기업의 27%인데…」, 『한겨레』(2021. 7. 11), https://www.hankyung.com/economy/article/2021071122481 [https://perma.cc/5RL4-6MHV] 참조.

568 Ministry of SMEs and Startups(South Korea), *The Status of SMEs*, https://www.mss.go.kr/site/smba/foffice/ex/statDB/MainSubStat.do [https://perma.cc/4P38-UXZZ].

569 Lee(2019), 전게서, 미주 562.

570 Randall S. Jones, Jae Wan Lee, *Enhancing Dynamism in SMEs and Entrepreneurship in Korea*, OECD Economic Development Working Papers, no. 1510, ECO/WKP(2018)58 (2018. 10. 5) 참조.

571 Lee(2019), 전게서, 미주 562.

572 상동.

573 상동.

574 상동.

575 Lee, Kwon, Lee(2022), 전게서, 미주 468 참조.

576 Patsy Widakuswara, "Biden Pushes Expansion of Domestic Semiconductor Manufacturing", *Voice of America*(2022. 1. 21), https://www.voanews.com/a/biden-pushes-expansion-of-omestic-semiconductor-manufacturing/6407527.html [https://perma.cc/63BL-PSRA] 참조.

577 Moon Chung-In, "S Korea 'all in' on US economic security alliance", *Asia Times*(2022. 11. 10), https://asiatimes.com/2022/11/s-korea-all-in-on-us-economic-security-alliance/ [https://perma.cc/63BB-XA8U].

578 관련 논의는 Yong-Shik Lee, "'Unmaking' of International Trade Law?"(2025) 59(1) *Journal of World Trade* 1-22, pp.10-17 참조.

579 상동.

580 "United States Continues to Block New Appellate Body Members for the World Trade Organization, Risking the Collapse of the Appellate Process"(2019) 113(4) *American Journal of International Law* 822-831.

581 Yeom Hyun-a, "U.S. imposes 10% universal tariff, 25% on South Korean goods starting 9th", *Chosun Biz*(2025. 4. 5), https://biz.chosun.com/en/en-international/2025/04/05/RS2IBQMVWBCHDP3R5XAVBNOTII/ [https://perma.cc/LHC5-7G96].

582 Kwanwoo Jun, "Trump's Tariffs Are Hitting Exports, Early Korean Data Show", *The Wall Street Journal*(2025. 4. 21), https://www.wsj.com/economy/trade/trumps-tariffs-are-hitting-exports-early-korean-data-show-96519de5(2025. 4. 22 접속).

583 한국에서 보수 - 진보 대립에 관한 추가 논의는 Sook-Jong Lee, "Democratization and Polarization in Korean Society"(2005) 29(3) *Asian Perspective* 99-125 참조.

584 보수 - 진보 간의 정치적 대립에 관해서는 Asher Arian, Michal Shamir, "The Primarily Political Functions of the Left-Right Continuum"(1983) 15(2) *Comparative Politics* 139-158 참조.

585 Shin Ji-hye, "Why does Korea have such a deep political divide?" *Korea Herald*(2021. 11. 6), https://www.koreaherald.com/view.php?ud=20211108000739 [https://perma.cc/CNW5-YSLL] 참조.

586 예를 들어, 미국에서는 공화당과 민주당 간의 대립이 각 당의 정책 추진에 장애가 되고 있다. Christopher Hare, Keith T. Poole, "The Polarization of Contemporary American

Politics"(2014) 46(3) *Polity* 411-429 참조.

587 친일, 친중 논란에 관한 추가 논의는 김상철, 「실속없는 친중·친일 논쟁」, 『아주경제』
(2020. 8. 23), https://www.ajunews.com/view/20200823130640749 [https://perma.cc/
K539-CPU6] 참조.

588 Shin Ji-hye, "36-year-old Lee Jun-seok becomes new leader of People Power Party",
Korea Herald(2011. 6. 11), https://www.koreaherald.com/view.php?ud=20210611000
445 [https://perma.cc/R8BL-FMVK].

589 Jung Da-min, "Young leader's nomination exam plan raises question", *Korea Times*(2021.
6. 16), https://www.koreatimes.co.kr/www/nation/2021/06/356_310594.html [https://
perma.cc/F2A8-45WV].

590 Soo-Hyang Choi, "South Korea's ruling party cements presidential win with local vote
success", *Reuters*(2022. 6. 1), https://www.Reuters.com/world/asia-pacific/south-koreas-
ruling-party-cements-presidential-win-with-local-vote-success-2022-06-02/(2022. 12. 30
접속).

591 Jung Da-min, "Lee Jun-seok's victory ushers Korean politics into new era", *Korea
Times*(2021. 6. 14), https://www.koreatimes.co.kr/www/nation/2021/06/356_310361.
html [https://perma.cc/KFC5-JBMC].

592 김연정, 「이준석, 당원권 정지 6개월…초유의 현직 당대표 징계」, 『연합뉴스』(2021.
7. 8), https://www.yna.co.kr/view/AKR20220708004352001 [https://perma.cc/PKD5-
JJ9X].

593 상동.

594 Michael Lee, "Joo Ho-young picked to lead PPP temporarily", *Korea JoongAng Daily*(2022.
8. 9), https://koreajoongangdaily.joins.com/2022/08/09/national/politics/Korea-PPP-
People-Power-Party/20220809181854797.html [https://perma.cc/LA9P-2FA8].

595 World Population Review(2022), 전게서, 미주 552. 예를 들어, 한국 여당 대표인 정진석은
자신의 당을 비판한 일부 보수 패널들에 관해 불만을 표하며, 11개 언론사에 '진정한'
보수적 관점을 대표하는 패널을 섭외해 줄 것을 공식 요청했다. Kyung-Soek Kang,
"Jung Jin-Seok, 'Please Recruit the Current Affairs Panelists Fairly'." *Dong-A Ilbo*(2022.
12. 23), https://www.donga.com/news/Politics/article/all/20221223/117127188/1 [https://
perma.cc/8LC8-JKCU]. 그의 입장은 민주주의 사회에서 관점의 다양성(누가 정당한 보수
패널인지에 대한 상이한 견해를 포함하여)의 중요성을 간과하고 있으며, 언론의 자유에
대한 압력으로도 비추어질 수 있다.

596 한국의 세대 간 격차에 대한 추가 논의는 Sook Jong Lee, *Generational Divides and the
Future of South Korean Democracy*, Carnegie Endowment for International Peace(2021)
https://carnegieendowment.org/2021/06/29/generational-divides-and-future-of-south-
korean-democracy-pub-84818 [https://perma.cc/PK9X-MZJV] 참조.

597 2022년 9월 대통령의 지지율은 24%로 하락했다. 박찬용, 「윤석열 대통령 지지율 24%…또
다시 최저치[갤럽]」, 『서울경제』(2022. 9. 30), https://www.sedaily.com/NewsView/26B9
WC9VMD [https://perma.cc/EH6T-6DK4].

598 하주희, 「의료 대란 어쩌다 여기까지 왔나」, 『월간조선』(2024. 11), https://m.monthly.
chosun.com/client/news/viw.asp?ctcd=C&nNewsNumb=202411100020 [https://perma.
cc/K5UW-4A2L].

599 리차드 김, 「집권당 역대급 참패 원인과 앞으로의 전망」, 『BBC News 코리아』(2024.
4. 11), https://www.bbc.com/korean/articles/crgyxz146x3o [https://perma.cc/H7SU-

JXZS].

600 프란시스 마오, 제이크 권, 「윤석열 대통령은 왜 갑작스럽게 비상계엄을 선포했을까」, 『BBC News 코리아』(2024. 12. 4), https://www.bbc.com/korean/articles/c75w6rn 5kw0o [https://perma.cc/CUJ7-UX9N].

601 「윤 대통령 구속결정…경찰 '서부지법 난동' 수사전담팀 구성」, 『BBC News 코리아』(2025. 1. 19), https://www.bbc.com/korean/articles/c99yyzdlv10o [https://perma.cc/WYK6-SBQN].

602 Joyce Lee and Ju-min Park, "South Korea's Yoon removed from office over martial law, election looms", *Reuters*(2025. 4. 5), https://www.reuters.com/world/asia-pacific/south-koreas-impeached-president-yoon-faces-court-ruling-decide-his-fate-2025-04-03/ (2025. 4. 22 접속).

603 David Harrison, "How High Is Inflation and What Causes It? What to Know", *Wall Street Journal*(2022. 9. 13), https://www.wsj.com/articles/inflation-definition-cause-what-is-it-11644353564 [https://perma.cc/TH3B-DJAW].

604 Choi Jae-hee, "Ruling party mulls universal cash relief before Chuseok", *Korea Herald*(2021. 6. 2), https://www.koreaherald.com/view.php?ud=20210602000792 [https://perma.cc/L2W4-HR4Z].

605 예를 들어, Amanda Hess, "How Fan Culture Is Swallowing Democracy", *New York Times*(2019. 9. 11), https://www.nytimes.com/interactive/2019/09/11/arts/how-fan-culture-is-swallowing-democracy.html [https://perma.cc/MK5L-KR6M] 참조.

606 한국 민주주의에서 포퓰리즘에 대한 추가 논의는 Sangjin Han, Younghee Shim, "The Two Driving Forces of Populism and Democracy in South Korea: A Conceptual, Historical, and Empirical Analysis"(2021) 50(2) *Journal of Asian Sociology* 371-400 참조.

607 보고서에 따르면, 한국은 북한의 핵무기로 인해 위협을 느낄 경우 김정은을 암살할 계획도 가지고 있는 것으로 알려졌다. Paula Hancocks, "South Korea reveals it has a plan to assassinate Kim Jong Un", *CNN*(2016. 9. 23), https://www.cnn.com/2016/09/23/asia/south-korea-plan-to-assassinate-kim-jong-un/index.html [https://perma.cc/6TC7-CRTH] 참조.

608 박영석, 「北, 종전 후 470회 도발해 납치·사망 4119명」, 『중앙일보』(2010. 12. 6), https://www.joongang.co.kr/article/4754445#home [https://perma.cc/B45X-XGMG].

609 *U.S. Army Garrison Humphreys*, 전게서, 미주 458.

610 Chang Gyu Ahn, "North Korean air force launches 150 planes in rare large-scale drill", *RFA*(2022. 10. 12), https://www.rfa.org/english/news/korea/strike-drill-10122022142956.html [https://perma.cc/C45Q-L39J]. 또 다른 보고서에 따르면, 실제로 발진된 비행기의 수는 약 40대였으며, 일부는 추락하기도 한 것으로 관측되었다. 김명성, 「北, 150대 출격 선전했지만…고철 전투기 띄우다 추락도」, 『조선일보』(2022. 10. 15), https://www.chosun.com/politics/north_korea/2022/10/15/NJEVJVV6WFF37AU7YHMM6VEIA4/ [https://perma.cc/5J42-EBPC].

611 Carlotta Dotto, Brad Lendon, Jessie Yeung, "North Korea's record year of missile testing is putting the world on edge", *CNN*(2022. 12. 26), https://www.cnn.com/2022/12/26/asia/north-korea-missile-testing-year-end-intl-hnk/index.html#: - :text=In%2020 22%2C%20the%20isolated%20nation,nuclear%20test%20on%20the%20horizon [https://perma.cc/J9Q2-WV32].

612 「1991년 남북한 UN 동시가입」, 『KBS World』(2018. 4. 26), http://world.kbs.co.kr/

service/contents_view.htm?lang=k&board_seq=275292(2025. 1. 18 접속).

613 한상미, 「북한 김일성, 1965년 제2의 남침 준비…중국에 파병 요청」, 『VOA』(2013. 10. 24), https://www.voakorea.com/a/1775964.html [https://perma.cc/24S8-DE8F].

614 Lankov(2021), 전게서, 미주 67.

615 김성만, 「김정은의 2015 통일대전에 대한 분석」, 『NK Chosun』(2014. 9. 15), https://nk.chosun.com/news/articleView.html?idxno=159093(2025. 1. 19 접속).

616 Calingaert(1988), 전게서, 미주 21.

617 대한민국 헌법 제4조는 "대한민국은 통일을 지향하며, 자유민주적 기본질서에 입각한 평화적 통일정책을 수립하고 이를 추진한다"라고 규정하고 있다. 「대한민국 헌법」, https://www.law.go.kr/LSW/lsInfoP.do?lsiSeq=61603&viewCls=engLsInfoR&urlMode=engLsInfoR#0000(2022. 12. 30 접속).

618 United Nations Peacemaker, *The July 4 South-North Joint* Communiqué(1972. 7. 4), https://peacemaker.un.org/sites/peacemaker.un.org/files/KR%20KP_720704_The%20July%204%20South-North%20Joint%20Communiqu%C3%A9.pdf [https://perma.cc/C572-T8NF].

619 상동.

620 United Nations Peacemaker, *Agreement on Reconciliation, Non-aggression and Exchanges and Cooperation between the South and North*(1991. 12. 13), DC/1147(1992. 3. 25), https://peacemaker.un.org/sites/peacemaker.un.org/files/KR%20KP_911213_Agreement%20on%20reconciliation%20non%20aggression%20and%20exchangespdf.pdf [https://perma.cc/GQQ2-44CV].

621 Park, Young Ho, *South and North Korea's Views on the Unification of the Korean Peninsula and Inter-Korean Relations*(2014), https://www.brookings.edu/wp-content/uploads/2014/04/park-young-ho-paper.pdf [https://perma.cc/3SUL-6BJA].

622 상동.

623 이는 더 나은 삶을 찾아 북한을 탈출해 남한으로 들어온 3만3천명 이상의 탈북민을 제외한 수치이다. 그러나 최근 몇 년간 북한 국경에 대한 통제가 강화되면서 탈북민 숫자는 감소하고 있다.

624 Laura Bicker, "North Korea blows up joint liaison office with South in Kaesong", *BBC News*(2020. 6. 16), https://www.bbc.com/news/world-asia-53060620(2022. 12. 30 접속).

625 「김정은, 남북 '적대적 두 국가 관계,' '통일 가능성 없다'」, 『BBC News 코리아』(2023. 12. 31), https://www.bbc.com/korean/articles/c4nyjy7l859o [https://perma.cc/7M92-B69U].

626 김정은의 아버지인 김정일은 선대 지도자 김일성의 조국통일 유훈을 관철하자는 저서를 내기도 하였다. 김정일, 「위대한 수령 김일성동지의 조국통일 유훈을 철저히 관철하자」, 『천리마』 통권460(1997), pp.3-10.

627 예를 들어, Marcus Noland, Sherman Robinson, Li-gang Liu, "The Costs and Benefits of Korean Unification: Alternate Scenarios"(1998) 38(8) *Asian Survey* 801-814 참조.

628 Joon Seok Hong, "The Economic Costs of Korean Reunification", *Spice Digest*(2011 가을), https://fsi9-prod.s3.us-west-1.amazonaws.com/s3fs-public/Korean_Reunification.pdf [https://perma.cc/YDA3-TL3J].

629 Norbert Eschborn, "North Korean Refugees in South Korea"(2014) 292 *ISPSW Strategy Series* 1-17, https://www.files.ethz.ch/isn/184307/292_Eschborn_Apel%20(2).pdf [https://

perma.cc/JY9K-XMXP] 참조.

630 Josh Rogin, "Trump still holds Jimmy Carter's view on withdrawing U.S. troops from South Korea", *Washington Post*(2018. 6. 7), https://www.washingtonpost.com/news/josh-rogin/wp/2018/06/07/trump-still-holds-jimmy-carters-view-on-withdrawing-u-s-troops-from-south-korea/ [https://perma.cc/8YZT-ENZ8].

631 전게 4.1.1절 참조. Seth(2011), 전게서, 미주 32 추가 참조.

632 Cartwright(2019), 전게서, 미주 432.

633 United Nations Human Rights Council(2014), 전게서, 미주 216.

제5장 고조되는 우려 : 일본과 주변국 간의 갈등

634 Economic Stabilization Board(Japan), A *Comprehensive Report on the War Damage of Japan Caused by the Pacific War*(1949).

635 Marius B. Jansen, Fed G. Notehelfer, "Japan: World War II and defeat", *Encyclopaedia Britannica*(2022. 1. 27 개편), https://www.britannica.com/place/Japan/World-War-II-and-defeat#ref23207 [https://perma.cc/QNX2-S4R6].

636 Kozo Yamamura, *Economic Policy in Postwar Japan: Growth versus Economic Democracy* (University of California Press, 1967), p.18.

637 G.C. Allen, *Japan's Economic Expansion*(Oxford University Press, 1965), p. 85.

638 Toshihiko Kawagoe, *Agricultural Land Reform in Postwar Japan: Experiences and Issues*, World Bank Policy Research Working Papers(2013. 6. 25).

639 Jerome B. Cohen, *Japan's Postwar Economy*(Indiana University Press, 1958), p.49.

640 Marius B. Jansen, Fred G. Notehelfer, "Japan: Japan since 1945", *Encyclopaedia Britannica* (2022. 1. 27 개편), https://www.britannica.com/place/Japan/Japan-since-1945 [https://perma.cc/6U65-44T6].

641 Dylan Gerstel, Matthew P. Goodman, *From Industrial Policy to Innovation Strategy: Lessons from Japan, Europe, and the United States*(Center for Strategic and International Studies, 2020).

642 그 결과, 일본의 수출이 GDP에서 차지하는 비중은 1984년 14.4%에서 1995년 8.8%로 줄었다. World Bank, *Exports of goods and services*(% of GDP) - Japan, https://data.worldbank.org/indicator/NE.EXP.GNFS.ZS?locations=JP [https://perma.cc/7LZH-3JYS].

643 World Bank, *GDP per capita*(current US$) - Japan, United States, https://data.worldbank.org/indicator/NY.GDP.PCAP.CD?end=1995&locations=JP-US&start=1960 [https://perma.cc/FF3Z-TLFY].

644 "Global 500 1995", *Fortune*, https://fortune.com/ranking/global500/1995/(2022. 12. 30 접속).

645 Gerstel, Goodman(2020), 전게서, 미주 641.

646 상동.

647 상동. 일본 정부는 국가 주도의 산업 연구 조정 협회들을 통해 산업 간 협력을 촉진했다.

648 일각에서는 일본 경제가 국가의 비효율적인 산업 정책에도 불구하고 성장했다고 주장하기도 한다. Katsuro Sakoh, "Japanese Economic Success: Industrial Policy or Free

Market?"(1984) 4(2) Cato Journal 521-548.

649 Gerstel, Goodman(2020), 전게서, 미주 641.

650 일본 경제의 정체에 대한 추가 논의는 Takeo Hoshi, Anil K. Kashyap, "Japan's Financial Crisis and Economic Stagnation"(2004) 18(1) *Journal of Economic Perspectives* 3-26 ; Robert A. Madsen, "What Went Wrong: Aggregate Demand, Structural Reform, and the Politics of 1990s Japan", BRIE Working Paper 162(2004). 참조.

651 상동, Daniel I. Okimoto, *Causes of Japan's Economic Stagnation*, https://aparc.fsi.stanford. edu/research/causes_of_japans_economic_stagnation [https://perma.cc/G4ZX-ALNK] 추가 참조.

652 Hoshi, Kashyap(2004), 전게서, 미주 650.

653 James Mayger, "Cash-Rich Japanese Companies Aren't Investing at Home", *Bloomberg*(2015. 3. 9), https://www.bloomberg.com/news/articles/2015-03-09/cash-rich-japanese-companies-aren-t-investing-at-home#xj4y7vzkg(2022. 12. 30 접속) 참조.

654 Robert A. Madsen, "What Went Wrong: Aggregate Demand, Structural Reform, and the Politics of 1990s Japan", BRIE Working Paper 162(2004).

655 Brad W. Setser, *Meanwhile, in Japan, Household Consumption Continues to Fall*(2016. 7. 7), https://www.cfr.org/blog/meanwhile-japan-household-consumption-continues-fall [https://perma.cc/23V6-M7PV] 참조.

656 World Bank, *GNI per capita, Atlas method(current US$) - Japan*, https://data.worldbank. org/indicator/NY.GNP.PCAP.CD?locations=JP [https://perma.cc/Z32Z-NLMS]. 일본은 아베노믹스라고 불리는 유동성 완화를 통해 2013년에서 2019년 사이의 몇 년 동안 잠시 경제회복의 기미를 보였으나 지속되지는 못하였다.

657 경수현, 「일본 GDP 내년 세계 5위…독일 이어 인도에도 밀린다」, 『연합뉴스』(2024. 4. 21), https://www.yna.co.kr/view/AKR20240421047600073?utm_source=chatgpt. com [https://perma.cc/N7LD-8SRU].

658 Takaya Yamaguchi, Leika Kihara and Makiko Yamazaki, "Exclusive: Japan finance minister 'deeply concerned' over Trump tariff impact", *Reuters*(2025. 4. 17), https://www.reuters. com/world/japan-finance-minister-deeply-concerned-over-trump-tariff-impact-2025-04-17/(2025. 4. 22 접속).

659 공식명칭은 "대일본제국헌법"(大日本帝國憲法, The Constitution of the Empire of Japan). 1889년 2월 11일 공포되었다.

660 Michael A. Panton, "Politics, Practice and Pacifism: Revising Article 9 of the Japanese Constitution"(2010) 11(2) *Asian Pacific Law & Policy Journal* 163-218.

661 메이지유신과 일본사회의 영향에 관한 추가 논의는 Masaru Tamamoto, "Reflections on Japan's Postwar State"(1995) 124(2) *Daedalus* 1-22 참조.

662 Tomoyuki Sasaki, *Japan's Postwar Military and Civil Society: Contesting a Better Life* (Bloomsbury, 2015). Masaru Tamamoto, "Reflections on Japan's Postwar State"(1995) 124(2) *Daedalus* 1-22 ; Panton(2010) 추가 참조. 전게서, 미주 660.

663 Jansen, Notehelfer(2022), 전게서, 미주 640.

664 Panton(2010), 전게서, 미주 660.

665 「일본국 헌법」, 제9조, https://japan.kantei.go.jp/constitution_and_government_of_ japan/constitution_e.html [https://perma.cc/R5ZY-9L4J].

666 Theodore McNelly, "American Political Traditions and Japan's Postwar Constitution"(1977)

140(1) *World Affairs* 58-66.

667 상동.

668 Jansen, Notehelfer(2022), 전게서, 미주 640.

669 상동.

670 상동.

671 McNelly(1977), 전게서, 미주 666.

672 Jansen, Notehelfer(2022), 전게서, 미주 640.

673 상동.

674 Panton(2010), 전게서, 미주 660.

675 Tamamoto(1995), 전게서, 미주 661.

676 Panton(2010), 전게서, 미주 660.

677 상동.

678 World Bank, *Armed forces personnel, total - Japan*, https://data.worldbank.org/indicator/MS.MIL.TOTL.P1?most_recent_value_desc=true&locations=JP [https://perma.cc/5DUG-R68S].

679 World Bank, *Military expenditure(current US$) - Japan*, https://data.worldbank.org/indicator/MS.MIL.XPND.CD?most_recent_value_desc=true&locations=JP [https://perma.cc/6XKB-RZVF]; World Bank, *Military expenditure(% of GDP) - Japan*, https://data.worldbank.org/indicator/MS.MIL.XPND.GD.ZS?most_recent_value_desc=true&locations=JP [https://perma.cc/QU4L-UCRM].

680 Keita Nakamura, "Japan OKs enemy base strike capability in major defense policy shift", *Kyodo News*(2022. 12. 16), https://english.kyodonews.net/news/2022/12/02fc9015409c-japan-to-vow-to-obtain-enemy-base-strike-capability-amid-threats.html [https://perma.cc/SX6T-7FQU] 추가 참조.

681 James R. Homes, "Japan's Cold War Navy", *The Diplomat*(2012, 10, 12), https://thediplomat.com/2012/10/japans-cold-war-navy/ [https://perma.cc/93SE-B25N].

682 Panton(2010), 전게서, 미주 660.

683 Tomoyuki Sasaki, "Whose Peace? Anti-Military Litigation and the Right to Live in Peace in Postwar Japan"(2012) 10(29) Asia-Pacific Journal 1-19 참조.

684 Jo He-rim, "US Support for Japan's military ambitions may spell concerns for Korea", *Korea Herald*(2022. 5. 23), https://www.koreaherald.com/view.php?ud=20220524000833 [https://perma.cc/6M2X-7FHB].

685 Thomas L. Wilborn, *Japan's Self-Defense Forces: What Dangers to Northeast Asia?*(Strategic Studies Institute, US Army War College, 1994) 참조.

686 일본의 고도성장 시기 일본의 장점에 관한 추가 논의는 Douglas Gilbert Haring, "Japanese Character in the Twentieth Century"(1967) 370 *The Annals of the American Academy of Political and Social Science* 133-142 참조.

687 Global Firepower(2022), 전게서, 미주 452.

688 Roger W. Bowen, "Japan's Foreign Policy"(1992) 25(1) *Political Science and Politics* 57-73 추가 참조.

689 1951년에 체결되고 1952년에 발효된 샌프란시스코 평화 조약은 제2차 세계대전 이후 일본의 주권을 회복시켰다.

690 추가 논의는 Jennifer R. Miller, *Cold War Democracy: The United States and Japan*(Harvard University Press, 2019) 참조.

691 Hiroko Yamane, "Japan as an Asian/Pacific Power"(1987) 27(12) *Asian Survey* 1302-1308.

692 상동.

693 상동.

694 Ryutaro Komiya, Ryuhei Wakasugi, "Japan's Foreign Direct Investment"(1991) 513 *The Annals of the American Academy of Political Social Science* 48-61 추가 참조.

695 Yamane(1987), 전게서, 미주 691.

696 Bowen(1992), 전게서, 미주 688, p. 57.

697 Masahiko Fukada, "How socialism and the left wing failed in Japan", *Japan Times*(2019. 12. 30), https://www.japantimes.co.jp/news/2019/12/30/national/politics-diplomacy/socialism-japan/ [https://perma.cc/PTL8-NHQH] 참조.

698 예를 들어, Edward Kwon, Liza Abram Benham, "Shinzo's Abe's Scheme of Staking Territorial Claims to Korea's Dokdo"(2016) 3(1) *Journal of Territorial and Maritime Studies* 47-64 참조.

699 상동.

700 Willem van Kemenade, *China and Japan: Partners or Permanent Rivals?*(Clingendael Institute, 2006) 참조.

701 Greg Rienzi, "Other Nations Could Learn from Germany's Efforts to Reconcile after WWII", *Johns Hopkins Magazine*(2015 여름), https://hub.jhu.edu/magazine/2015/summer/germany-japan-reconciliation/ [https://perma.cc/D9DQ-3C6Y].

702 예를 들어, 대만에서는 1990년대에 일본 대중문화와 관련된 상품에 대한 수요가 폭발적으로 증가했다. I-yun Lee, Christine Han, "Politics, popular culture and images of Japan in Taiwan", in Paul Morris, Naoko Shimazu, Edward Victors(eds.), *Imagining Japan in Postwar East Asia*(Routledge, 2013).

703 Alan J. Kuperman, Hina Acharya, *Japan's Misguided Plutonium Policy*(2018. 10), https://www.armscontrol.org/act/2018-10/features/japan%E2%80%99s-misguided-plutonium-policy [https://perma.cc/E8HM-3Z36].

704 예컨대 John Feffer, "An Arms Race in Northeast Asia?"(2009) 33(4) *Asian Perspective* 5-15 참조.

705 예컨대 Kirk Spitzer, "Why Japan Is Still Not Sorry Enough", *Time*(2012. 12. 11), https://nation.time.com/2012/12/11/why-japan-is-still-not-sorry-enough/ [https://perma.cc/3XP5-WSL6] 참조.

706 「재산 및 청구권 문제의 해결과 경제 협력에 관한 협정」(1965), 전게서, 미주 89, 제1조 및 제3조.

707 James Claxton, Luke Nottage, Brett Williams, Litigating, "Arbitrating and Mediating Japan - Korea Trade and Investment Tensions" 54(4) *Journal of World Trade* 591-614(2020) 참조. Kevin J. Cooney, Alex Scarbrough, "Japan and South Korea: Can These Two Nations Work Together?"(2008) 35(3) *Asian Affairs* 173-192 추가 참조.

708 Lee(2020), 전게서, 미주 91.

709 상동.

710 한국은 반도체와 같은 주요 제품 생산을 위해 일본으로부터 소재 공급에 의존했다. 예를 들어, 포토레지스트의 90%, 불화수소(에칭 가스)의 43.9%, 불화 폴리이미드의

93.7%를 일본에서 수입했다. Chang Sung Ku, "Japan's Three Items Subject to Export Restraint Measures, Import Dependency up to the Maximum of 94 Percent", *MK News* (2019. 7. 1), https://www.mk.co.kr/news/business/view/2019/07/476728/ [https://perma.cc/5FSN-8PKF].

711 Lee(2020), 전게서, 미주 91.

712 상동.

713 Kim Tong-Hyung, "S Korean business owners call for boycott of Japanese goods", *Japan Today*(2019. 7. 15), https://japantoday.com/category/politics/s.-korean-business-owners-call-for-boycott-of-japanese-goods [https://perma.cc/JRK9-67XK].

714 World Bank, *GNI per capita, Atlas method(current US$) - Korea, Rep., Japan*, https://data.worldbank.org/indicator/NY.GNP.PCAP.CD?locations=KR-JP [https://perma.cc/B3DL-972X].

715 상동.

716 Organisation for Economic Co-operation and Development(2022), 전게서, 미주 517.

717 황재하, 「日수출규제, 한국 반도체 산업 견제하기 위한 것일 수도」, 『연합뉴스』(2019. 7. 12), https://www.yna.co.kr/view/AKR20190712026700008 [https://perma.cc/9UGP-R5CS].

718 상동.

719 Ku(2019), 전게서, 미주 710.

720 독도의 일본명은 "다케시마 군도"이고 국제적으로는 "리앙쿠르 암초"로도 알려졌다.

721 대한제국 칙령 제41호 제3조(1900).

722 Lee Jaeha, "The Problems of Dokdo's Development Policy and an Alternative for Future Development"(2013) 19(2) *Korea Journal of Regional Geography* 282-300.

723 상동.

724 상동.

725 Mark Valencia, "Japan's new assertiveness re-energizes its territorial disputes", *Asia Times*(2021. 8. 17), https://asiatimes.com/2021/08/japans-new-assertiveness-re-energizes-its-territorial-disputes/ [https://perma.cc/DYK6-56J6].

726 Clint Richards, "Japan's New Remote Island Defense Plan", *The Diplomat*(2014. 8. 13), https://thediplomat.com/2014/08/japans-new-remote-island-defense-plan/ [https://perma.cc/7PHD-PA3X] 참조.

727 팬데믹 이전인 2019년 첫 8개월 동안, 230만 명의 일본인과 470만 명의 한국인이 상대국을 방문했다. Seung-Mok Yoo, "Koreans Stop Going to Japan, but Japanese Still Come to Korea", *Money Today*(2019. 9. 23), https://news.mt.co.kr/mtview.php?no=2019092314261312525 [https://perma.cc/88QT-49DW].

728 중국과 일본 간의 긴장된 관계에 대한 개요는 Tsuneo Nishida, "China and Japan: Managing a Complex Relationship"(2015) 4 *Horizons: Journal of International Relations and Sustainable Development* 62-73 참조.

729 1972년 중일 관계 정상화에 대한 자세한 내용은 Lee W. Farnsworth, "Japan 1972: New Faces and New Friends"(1972) 13(1) *Asian Survey* 113-125 참조.

730 예를 들어, Mari Yamaguchi, "What's behind strained China-Japan relations", *AP News* (2022. 9. 28), https://apnews.com/article/taiwan-china-japan-asia-tokyo-44df15b19e710fb8da38e69deae85b53 [https://perma.cc/76RG-L3CC] 참조. David M. Gordon,

"Historiographical Essay: The China-Japan War, 1931-1945"(2006) 70(1) *Journal of Military History* 137-182 추가 참조.

731 일본의 외교 환경에 관한 추가 논의는 James L. Schoff, Li Bin, *A Precarious Triangle: U.S.-China Strategic Stability and Japan*(Carnegie Endowment for International Peace, 2017) 참조.

732 World Bank, *GDP(current US$) - China, Japan*, https://data.worldbank.org/indicator/NY.GDP.MKTP.CD?locations=CN-JP [https://perma.cc/5EX9-2VRC].

733 Alicia García-Herrero, *Japan must boost R&D to keep rising Chinese rivals at bay*(2018. 9. 20), https://www.bruegel.org/comment/japan-must-boost-rd-keep-rising-chinese-rivals-bay [https://perma.cc/CHR6-2GWE].

734 A. Patalano, "Japan as a Maritime Power: Deterrence, Diplomacy, and Maritime Security", in Mary McCarthy(ed.), *Routledge Handbook of Japanese Foreign Policy*(Routledge, 2018), pp.155-172.

735 Yamaguchi(2022), 전게서, 미주 730.

736 상동.

737 센카쿠 열도 영유권 문제에 관한 추가 논의는 Tseng(2014), 전게서, 미주 98 참조. Paul J. Smith, "The Senkaku/Diaoyu Island Controversy: A Crisis Postponed"(2013) 66(2) *Naval War College Review* 27-44 추가 참조.

738 Smith(2013), 전게서, 미주 737.

739 "John H. Holdridge to the President's Assistant for National Security Affairs" [Kissinger], memorandum, FRUS, doc. 115, *cited in*, Smith(2013), 전게서, 미주 737, p.33.

740 Tsuyoshi Nagasawa, Masaya Kato, "US supports Japan's sovereignty over Senkakus: Pentagon", *Nikkei Asia*(2021. 2. 25), https://asia.nikkei.com/Politics/International-relations/Biden-s-Asia-policy/US-supports-Japan-s-sovereignty-over-Senkakus-Pentagon [https://perma.cc/ZP8L-7JAY].

741 Smith(2013), 전게서, 미주 737.

742 Unryu Suganuma, *Sovereign Rights and Territorial Space in Sino-Japanese Relations: Irredentism and the Diaoyu/Senkaku Islands*(University of Hawaii Press, 2000).

743 상동.

744 상동.

745 Smith(2013), 전게서, 미주 737.

746 상동.

747 상동.

748 관련 논의는 Thomas J. Christensen, "China, the U.S.-Japan Alliance, and the Security Dilemma in East Asia"(1999) 23(4) *International Security* 49-80 참조.

749 상동.

750 예를 들어, Amber Wang, "China warns Japan against joining forces with US, *South China Morning Post*"(2022. 5. 18), https://www.scmp.com/news/china/diplomacy/article/3178259/china-warns-japan-against-joining-forces-us [https://perma.cc/P76R-WSSP] 참조.

751 러일전쟁에 관한 추가 논의는 Martin(1967), 전게서, 미주 35 참조.

752 Article II, Treaty of Portsmouth(1905), https://portsmouthpeacetreaty.org/process/

peace/TreatyText.pdf [https://perma.cc/U675-AW2Q].

753 상동.

754 Amy Tikkanen, "Sakhalin Island", *Encyclopaedia Britannica*, https://www.britannica.com/place/Sakhalin-Island [https://perma.cc/JA7X-T5JG].

755 John J. Stephan, "Sakhalin Island: Soviet Outpost in Northeast Asia"(1970) 12(12) *Asian Survey* 1090-1100.

756 상동.

757 상동.

758 상동.

759 상동.

760 상동.

761 Kimie Hara, "50 Years from San Francisco: Re-Examining the Peace Treaty and Japan's Territorial Disputes"(2001) 74(3) *Pacific Affairs* 361-382.

762 Article 2(c), Treaty of Peace with Japan(1951), https://treaties.un.org/doc/Publication/UNTS/Volume%20136/volume-136-I-1832-English.pdf [https://perma.cc/DNX3-CMD8].

763 Hara(2001), 전게서, 미주 761.

764 James D. J. Brown, *Japan, Russia, and Their Territorial Dispute: The Northern Delusion* (Routledge, 2016).

765 "Kuril Islands dispute between Russia and Japan", *BBC News*(2013. 4. 29), https://www.bbc.com/news/world-asia-pacific-11664434(2022. 12. 30 접속).

766 "Russia scraps visa-free visits to islands claimed by Japan", *Japan Times*(2022. 9. 6), https://www.japantimes.co.jp/news/2022/09/06/national/politics-diplomacy/islands-visa-agreement/ [https://perma.cc/5MSV-X6FX] 참조. "Russia Suspends Fisheries Agreement with Japan", *Nippon.com*(2022. 6. 7), https://www.nippon.com/en/news/yjj2022060701155/ [https://perma.cc/M3HP-ZBJT] 추가 참조.

767 Hiroyuki Akiyama, Takuya Mizogori, Miki Okuyama, "Ukraine crisis roils waters for Japan's bid to reclaim islands from Russia", *Nikkei Asia*(2022. 2. 8), https://asia.nikkei.com/Politics/International-relations/Ukraine-crisis-roils-waters-for-Japan-s-bid-to-reclaim-islands-from-Russia [https://perma.cc/98U9-NNAH].

768 "Japan protests Russia-China military drills, Moscow scraps Kuril Islands visa deal", *South China Morning Post*(2022. 9. 6), https://www.scmp.com/news/asia/east-asia/article/3191470/japan-protests-russia-china-military-drills-moscow-scraps-visa [https://perma.cc/9S3K-W66H].

769 Ike Barrash, *Russia's Militarization of the Kuril Islands*(2022. 9. 27), https://www.csis.org/blogs/new-perspectives-asia/russias-militarization-kuril-islands [https://perma.cc/L8BJ-DJFH].

770 상동.

771 상동.

772 「재산 및 청구권 문제의 해결과 경제 협력에 관한 협정」(1965), 전게서, 미주 89, 제1조 및 제2조.

773 David Hundt, Roland Bleiker, "Reconciling Colonial Memories in Korea and Japan"(2007) 31(1) *Asian Perspective* 61-91 참조.

774 예를 들어, "Korea strongly protests Japan diplomat's comments on comfort women", *Korea Herald*(2017. 6. 29), https://www.koreaherald.com/view.php?ud=20170629 000790 [https://perma.cc/U23E-QZRX] 참조.

775 상동.

776 Rienzi(2015), 전게서, 미주 701.

777 추가 논의는 Samuel Guex, "Legality or Legitimacy: Revisiting Debates on the Korea-Japan Annexation Treaties", in Marie Seong-Hak Kim (ed.), *The Spirit of Korean Law*(Brill, 2016), pp.155-173 참조.

778 예를 들어, Mark Brown, "Colonial States, Colonial Rule, Colonial Governmentalitics: Implications for the Study of Historical State Crime"(2018) 7(2) *State Crime and Colonialism* 173-198 참조.

779 Hundt, Bleiker(2007), 전게서, 미주 773 추가 참조.

780 상동, pp.65-66.

781 안병직, 『한국경제 성장사』(서울대 출판부, 2001).

782 상동.

783 Savada, Shaw (eds.)(1990), 전게서, 미주 499.

784 예를 들어, Lee, Saito, Todres(2021), 전게서, 미주 40 참조.

785 상동.

786 "Japan's PM denies 'comfort women' coerced", *NBC News*(2007. 3. 1), https://www.nbcnews.com/id/wbna10625961 [https://perma.cc/W95U-9CYA]. 일본은 1993년 고노 담화에서 나타나듯이, 1990년대에 잔혹 행위의 발생을 인정하는 데 보다 적극적이었다. Ministry of Foreign Affairs of Japan, *Statement by the Chief Cabinet Secretary*(1993. 8. 4), https://www.mofa.go.jp/a_o/rp/page25e_000343.html [https://perma.cc/78V7-K4VP].

787 Zheng Wang, History Education: The Source of Conflict Between China and Japan, *The Diplomat*(2014. 4. 23), https://thediplomat.com/2014/04/history-education-the-source-of-conflict-between-china-and-japan/ [https://perma.cc/NJ8L-Y7UF].

788 Raleigh Morgan, "Chinese, Japanese, and United States Views of the Nanking Massacre: The Supreme Court Trial of Shiro Azuma"(2002) 9(2) *American Journal of Chinese Studies* 235-246. Mark Seldon, "Japanese and American War Atrocities, Historical Memory and Reconciliation: World War II to Today"(2008) 6(4) *Japan Focus* 1-19 추가 참조.

789 예를 들어, Paul Armstrong, "Fury over Japanese politician's Nanjing Massacre denial", *CNN*(2012. 2. 23), https://www.cnn.com/2012/02/23/world/asia/china-nanjing-row [https://perma.cc/8C33-AM6B] 참조.

790 이세원, 『日정부, 난징학살 부정학파 인용한 의견서 유네스코 제출』, 『연합뉴스』(2015. 11. 6), https://www.yna.co.kr/view/AKR20151106088700073 [https://perma.cc/WQF2-HS8A].

791 상동.

792 상동.

793 "Japan's PM denies 'comfort women' coerced", *NBC News*(2007. 3. 1), 전게서, 미주 786 참조.

794 『일본국 헌법』, 제9조, 전게서, 미주 665.

795 Jansen, Notehelfer(2022), 전게서, 미주 640.

796   Institute for Security and Development Policy, *Amending Japan's Pacifist Diet*(2018. 4),
      https://isdp.eu/wp-content/uploads/2018/04/Amending-Japan%E2%80%99s-Pacifist-C
      onstitution-2.pdf [https://perma.cc/5B35-EDC5].

797   상동

798   상동.

799   상동. 또한 일본은 우주에서의 군사 활동을 강화했으며, "무기 수출 3원칙"(공산권 국가,
      유엔 안전보장이사회 결의에 따른 무기 금수 대상 국가, 국제 분쟁에 관련되었거나
      관련될 가능성이 있는 국가로의 무기 수출 금지)을 폐기했다.

800   Nakamura(2022), 전게서, 미주 680.

801   Grace Cheng, *China's Response to a Post-Pacifist Japan*(2014. 9. 14), https://www.e-ir.info/
      2014/09/14/chinas-response-to-a-post-pacificist-japan/ [https://perma.cc/6YNQ-N6RK];
      E. J. R. Cho, Ki-young Shin, "South Korean views on Japan's constitutional reform
      under the Abe government"(2018) 31(2) *Pacific Review* 256-266 추가 참조.

802   상동.

803   Global Firepower(2022), 전게서, 미주 452. 히로유키 호시로 교수는 저자에게 보낸
      서신에서 중국과 일본, 러시아와 일본 간에는 무력 충돌이 가능성이 있다고 지적하지만,
      한국과 일본 간에는 "생각할 수 없다"고 평가했다. 이는 두 나라가 모두 미국의 동맹국이기
      때문이다.

804   "Japan still divided on revising war-renouncing Constitution: survey", *Kyodo News*(2022.
      5. 2), https://english.kyodonews.net/news/2022/05/a8faf66fd209-japan-still-divided-
      on-revising-war-renouncing-constitution-survey.html?phrase=nhk&words= [https://
      perma.cc/783G-2CPP].

805   상동.

806   예를 들어, H. D. P. Envall, "Japan: From Passive Partner to Active Ally", *in* Michel
      Wesley (ed.), *Global Allies*(Australian National University Press, 2017), pp.15-30 참조.

807   「北 잇따른 도발 속 日기시다, 임기 중 개헌 의욕 강조」, 『Newsis』(2022. 10. 6), https://
      mobile.newsis.com/view.html?ar_id=NISX20221006_0002039740   [https://perma.cc/
      6J85-RHPD].

808   정남구, 「미 "일본 개헌은 일본 문제" 사실상 개정 찬성」, 『한겨레』(2013. 5. 3), https://www.
      hani.co.kr/arti/international/international_general/585883.html [https://perma.cc/
      QA87-U4VT].

809   예를 들어, Bruce W. Bennett, *Why Japan's Military Shift Is Necessary for South Korea*(2014.
      7. 7), https://www.rand.org/blog/2014/07/why-japans-military-shift-is-necessary-for-
      south- korea.html [https://perma.cc/PKQ9-AH8E] 참조.

810   Jesse Johnson, "Trump's push for South Korea to pay more for U.S. troops puts Japan
      on notice", *Japan Times*(2019. 8. 8), https://www.japantimes.co.jp/news/2019/08/08/
      asia-pacific/trumps-push-south-korea-pay-u-s-troops-puts-japan-notice/ [https://perma.
      cc/EM88-3BAS].

811   예를 들어, Mark Toth, Jonathan Sweet, "Why Japan must rescind Article 9", *The Hill*(2022.
      5. 11), https://thehill.com/opinion/international/3480598-why-japan-must-rescind-
      article-9/ [https://perma.cc/RXB8-TH45] 참조.

812   Adam N. Sterling, "Implicit Limits on Amending the Japanese Constitution"(2019) 28(1)
      Washington International Law Journal 243-309.

813 Nakamura(2022), 전게서, 미주 680.

814 Rienzi(2015), 전게서, 미주 701.

815 상동.

816 상동.

817 상동.

818 상동.

819 "Japan's PM denies 'comfort women' coerced", *NBC News*(2007. 3. 1), 전게서, 미주 786 참조.

820 정규재를 비롯한 일부 한국의 인사들도 위안부 문제가 일본의 전쟁범죄가 아니고 잔혹 행위도 없었다는 일본 극우세력의 견해에 동조한다. 정규재, 「아비가 돈받고 판 것'이라는 위안부 증거자료 나왔다」(2024), https://www.youtube.com/watch?v=mGoR2bwgp9I&t =603s(동영상) [https://perma.cc/D2RL-NQGV].

821 J. Mark Ramseyer, "Contracting for Sex in the Pacific War"(2021) 65 *International Review of Law and Economics* 1-8. 램지어의 논란이 된 주장은 전 세계적으로 강한 반발을 불러일으켰으며, 노벨상 수상자를 포함한 수천 명의 학자들이 그의 논문을 비판하고 이를 규탄했다. Michael Chwe, *Letter by Concerned Economists Regarding "Contracting for Sex in the Pacific War" in the International Review of Law and Economics*, http://chwe.net/irle/ letter [https://perma.cc/FLQ2-YMEC].

822 Alexis Dudden(ed.), "Supplement to Special Issue: Academic Integrity at Stake: The Ramseyer Article-Four Letters(Table of Contents)"(2021) 19(5) *Asian-Pacific Journal* 1-2.

823 Lee, Saito, Todres(2021), 전게서, 미주 40; Yong-Shik Lee, "On Ramseyer's Response to the Critics of 'Contracting for Sex in the Pacific War'"(2022) 15(1) *Law and Development Review* 201-214; Radhika Coomaraswamy(Special Rapporteur on Violence against Women, Its Causes and Consequences), *Report on the Mission to the Democratic People's Republic of Korea, the Republic of Korea and Japan on the Issue of Military Sexual Slavery in Wartime*, U.N. Doc. E/CN.4/1996/53/Add.1(1996. 1. 4) 추가 참조.

824 침묵은 간접적인 격려로 해석될 수 있다. 예를 들어, J. 마크 램지어는 전 세계적인 비판을 받은 후 "위안부 문제와 북한의 연관성"을 주장하며 문제를 희석시키려는 방식으로 전환했다. Tetsuo Arima, J. Mark Ramseyer, "Comfort Women: The North Korean Connection", The Harvard John M. Olin Discussion Paper Series, no. 1084(2022. 8).

825 Rienzi(2015), 전게서, 미주 701.

826 상동.

827 상동.

828 상동.

829 Stephen D. Wrage, "Germany and Japan Handle History Very Differently", *New York Times*(1995. 8. 17), https://www.nytimes.com/1995/08/17/opinion/IHT-germany-and-japan-handle-history-very-differently.html [https://perma.cc/U47K-QXL4] 참조. Park Byong-su, "Germany offers lessons for remembering atrocities - Japan should take them", *Hankyoreh*(2022. 9. 24), https://english.hani.co.kr/arti/english_edition/e_ international/1059951.html [https://perma.cc/JKV8-74PD] 추가 참조.

830 Ministry of Foreign Affairs of Japan(1993), 전게서, 미주 786.

831 Ministry of Foreign Affairs of Japan, *Japan's Position on the United Nations Security Council for the 21st Century*(2011. 3), https://www.mofa.go.jp/policy/un/sc/pdfs/pamph_unsc

21c_en.pdf [https://perma.cc/BKU6-5Q3B].

832 Chen Yang, "Japan's dream for UN Security Council seat crushed by its historical mirages", *Global Times*(2020. 9. 26), https://www.globaltimes.cn/content/1202114.shtml [https://perma. cc/9BBP-KJT4] 추가 참조.

833 Benjamin K. Sibbett, "Tokdo or Takeshima? The Territorial Dispute Between Japan and the Republic of Korea"(1998) 21(4) *Fordham International Law Journal* 1606-1646. 그 기사는 "더 많은 주권적 행위를 명확히 보여주었다"는 이유로 한국의 영유권 주장이 더 설득력이 있다고 지적한다. 전게서, p.1631.

834 "S. Korea expresses strong protest over Japan's renewed Dokdo claims in defense white paper", *Korea Herald*(2021. 7. 13), https://www.koreaherald.com/view.php?ud= 20210713000503 [https://perma.cc/RSR4-9MZT].

835 "Kuril islands dispute between Russia and Japan", *BBC News*(2013. 4. 29), https://www.bbc.com/news/world-asia-pacific-11664434(2022. 12. 30 접속).

836 "46% of Japanese favor initial return of 2 islands from Russia", *Nikkei Asia*(2018. 11. 26), https://asia.nikkei.com/Politics/46-of-Japanese-favor-initial-return-of-2-islands-from-Russia [https://perma.cc/4QTP-MTRR].

837 Ministry of Foreign Affairs of Japan(2011), 전게서, 미주 831.

838 Barrash(2022), 전게서, 미주 769.

제6장 외부에서 온 내부자 : 미국과 러시아

839 Robert G. Sutter, *US-China Relations: Perilous Past, Uncertain Present*(3d ed., Rowman & Littlefield, 2018).

840 Warren I. Cohen, *America's Response to China: A History of Sino-American Relations*(6th ed., Columbia University Press, 2019).

841 Sutter(2018), 전게서, 미주 839.

842 상동.

843 상동.

844 Cohen(2019), 전게서, 미주 840.

845 Tosh Minohara, Kaoru Iokibe. "America Encounters Japan, 1836-94", in Makoto Iokibe, Tosh Minohara(eds.), *The History of US-Japan Relations: From Perry to Present*(Palgrave Macmillan, 2017), pp.3-22.

846 상동.

847 상동.

848 「조미수호통상조약」(1882), https://contents.history.go.kr/mobile/hm/view.do?levelId =hm_115_0060 [https://perma.cc/P4U2-LG6N](Treaty of Peace, Amity, Commerce and Navigation between the United States and the Kingdom of Korea, https://www.degruyter. com/document/doi/10.1515/9780824885380-020/pdf(2025. 1. 22 접속)).

849 상동.

850 Edward B. Parsons, "Roosevelt's Containment of the Russo-Japanese War"(1969) 38(1) *Pacific Historical Review* 21-44.

851 상동.

852 조약 제1조는 관련 부분에서 다음과 같이 규정한다. "이후 대조선국 군주와 대미국 대통령 및 그 인민은 각각 모두 영원히 화평하고 우애 있게 지낸다. 타국의 어떠한 불공평이나 경멸하는 일이 있을 때에 일단 통지하면 서로 도와주며, 중간에서 잘 조처하여 두터운 우의를 보여준다." 「조미수호통상조약」(1882), 제1조, 전게서, 미주 848.

853 Larsen, Seeley(2014), 전게서, 미주 36.

854 R. Veatch, "Japan, the United States, and Manchuria"(1932) 1 *Editorial Research Reports* 1932, https://library.cqpress.com/cqresearcher/document.php?id=cqresrre1932062000 [https://perma.cc/GT7J-M62K].

855 U.S. Department of State, *Japan, China, the United States and the Road to Pearl Harbor, 1937-41*, https://history.state.gov/milestones/1937-1945/pearl-harbor [https://perma.cc/7RLH-6QN4] 참조.

856 상동.

857 상동.

858 상동.

859 Alan Wood, *Russia's Frozen Frontier: A History of Siberia and the Russian Far East, 1581-1991*(Bloomsbury, 2011).

860 상동.

861 Peter C. Purdue, *China Marches West: The Qing Conquest of Central Eurasia*(Belknap Press, 2005).

862 상동.

863 상동.

864 상동.

865 상동.

866 Victor Zatsepine, *Beyond the Amur: Frontier Encounters between Russia and China, 1850-930*(University of British Columbia Press, 2017).

867 Wood(2011), 전게서, 미주 859.

868 상동.

869 Purdue(2005), 전게서, 미주 861 참조.

870 Mikhail Nosov, "Russia between Europe and Asia"(2014) 81(1) *Rivista di Studi Politici Internazionali* 15-34.

871 Zatsepine(2017), 전게서, 미주 866.

872 상동.

873 상동.

874 상동.

875 Martin(1967), 전게서, 미주 35.

876 상동. Geoffrey Jukes, *The Russo-Japanese War 1904-1905*(Osprey Publishing, 2002) 추가 참조.

877 Seth(2011), 전게서, 미주 32.

878 Martin(1967), 전게서, 미주 35 ; Jukes(2002), 전게서, 미주 876.

879 David Wolff, Yokote Shinji, Willard Sunderland(eds.), *Russia's Great War and Revolution in the Far East: Re-imagining the Northeast Asian Theater, 1914-22*(Slavica, 2018) 참조.

880 Quincy Wright, "The Manchurian Crisis"(1932) 26(1) *American Political Science Review* 45-76 참조.

881 Amnon Sella, "Khalkhin-Gol: The Forgotten War"(1983) 18(4) *Journal of Contemporary History* 651-687 참조.

882 Pact of Neutrality between Union of Soviet Socialist Republics and Japan(1941), https://avalon.law.yale.edu/wwii/s1.asp [https://perma.cc/V2NQ-SG92].

883 David M. Glant, "August Storm: The Soviet 1945 Strategic Offensive in Manchuria", Leavenworth Papers, no. 7(1983. 2).

884 상동.

885 Seth(2011), 전게서, 미주 32.

886 상동.

887 남한을 통치한 미군정에 관한 추가 논의는, Hakjoon Kim, "The American Military Government in South Korea, 1945-1948: Its Formation, Policies, and Legacies"(1988) 12(1) *Asian Perspective* 51-83 참조.

888 미국의 일본 점령에 관한 추가 논의는 Makoto Iokibe, *The Occupation of Japan* (Congressional Information Service, 1987) 참조.

889 한국과 일본 모두 수출 지향적인 경제개발 정책을 추구했다. 수출 지향적 개발 정책에 대한 논의는 Lee(2016), 전게서, 미주 297 참조.

890 Michael Beckley, Yusaku Horiuchi, Jennifer M. Miller, "America's Role in the Making of Japan's Economic Miracle"(2018) 18(1) *Journal of East Asian Studies* 1-21. Michael J. Seth, *South Korea's Economic Development, 1948-1996*(2017. 12. 19) 추가 참조. https://oxfordre.com/asianhistory/view/10.1093/acrefore/9780190277727.001.0001/acrefore-9780190277727-e-271 [https://perma.cc/7PH4-GPQK].

891 Khan(2004), 전게서, 미주 556 참조.

892 Kent Calder, Min Ye, *The Making of Northeast Asia*(Stanford University Press, 2010) 참조.

893 「대한민국과 미합중국간의 상호방위조약」(1952), https://www.archives.go.kr/next/newsearch/listSubjectDescription.do?id=005139&sitePage= [https://perma.cc/CTG3-R57F](Mutual Defense Treaty Between the United States and the Republic of Korea(1953), https://www.usfk.mil/Portals/105/Documents/SOFA/H_Mutual%20Defense%20Treaty_1953.pdf [https://perma.cc/MZD6-BKGC]).

894 Sutter(2018), 전게서, 미주 839.

895 예를 들어, Center for Strategic and International Studies, *A Speech by Assistant Secretary of State for East Asian and Pacific Affairs David R. Stilwell*(2019. 12. 13), https://www.csis.org/analysis/speech-assistant-secretary-state-east-asian-and-pacific-affairs-david-r-stilwell [https://perma.cc/7F89-B3CD] 참조.

896 Office of Strategic Industries and Economic Security Bureau of Export Administration and DFI International, *U.S. Commercial Technology Transfers to the People's Republic of China*(1999. 1), https://www.bis.doc.gov/index.php/documents/technology-evaluation/71-u-s-commercial-technology-transfers-to-the-people-s-republic-of-china-1999/file [https://perma.cc/6A3N-N6LY] 참조. 또한 미국은 중국에 세계 최대 시장을 제공한다. *World Bank, China Trade*, https://wits.worldbank.org/CountrySnapshot/en/CHN(2022. 12. 30 접속).

897　Kimitaka Matsuzato(ed.), *Russia and Its Northeast Asian Neighbors: China, Japan, and Korea, 1858-1945*(Lexington Books, 2017). Ulyana Shipitko, "Rediscovering Russia in Northeast Asia"(2010) 9 *Ritsumeikan Annual Review of International Studies* 205-229 추가 참조.

898　Max Mark, "Chinese Communism"(1951) 13(2) *Journal of Politics* 232-252.

899　전게절, 1.2.1 참조.

900　상동.

901　상동.

902　관련 논의는 Manwoo Lee, "Some Reflections on Soviet Influence in East Asia"(1986) 10(2) *Asian Perspective* 255-271 참조.

903　Yaroslav Trofimov, "The New Beijing-Moscow Axis", *Wall Street Journal*(2019. 2. 2).

904　Kenneth G. Lieberthal, "Mao Tse-Tung's Perception of the Soviet Union as Communicated in the Mao Tse-tung Ssu-Hsiang Wan Sui", Rand Paper Series(1976).

905　상동.

906　상동.

907　Donald S. Zagora, "Mao's Role in the Sino-Soviet Conflict"(1974) 47(2) *Pacific Affairs* 139-153.

908　상동.

909　Gerson(2010), 전게서, 미주 360. 추가논의는 전게절 3.2.3 참조.

910　Vladislav Zubok, "The Soviet Union and China in the 1980s: reconciliation and divorce"(2017) 17 *Cold War History* 121-141 참조.

911　이 주제에 관한 추가 논의는 Georgy Toloraya, "The Six Party Talks: A Russian Perspective"(2008) 32(4) *Asian Perspective* 45-69 참조.

912　Gilbert Rozman(ed.). *U.S. Leadership, History, and Bilateral Relations in Northeast Asia* (Cambridge University Press, 2011) 추가 참조.

913　「대한민국과 미합중국간의 상호방위조약」(1952), 전게서, 미주 893. Security Treaty between the United States and Japan(1951). 후에 Treaty of Mutual Cooperation and Security between Japan and the United States of America(1960), https://www.mofa.go.jp/region/n-america/us/q&a/ref/1.html [https://perma.cc/CDQ9-RUAR] 로 대체됨.

914　관련 논의는 Leif-Eric Easley, "Defense Ownership or Nationalist Security: Autonomy and Reputation in South Korean and Japanese Security Policies"(2007) 27(2) *The SAIS Review of International Affairs* 153-166 참조.

915　전게절 Section 2.1.2 참조.

916　Joel Gehrke, "Chinese military to 'prepare for war' as Xi Jinping menaces Taiwan", *Washington Examiner*(2022. 10. 19), https://www.washingtonexaminer.com/policy/defense-national-security/china-military-prepare-war-xi-jinping-menaces-taiwan [https://perma.cc/DKW3-KWPQ] 참조.

917　Eric Johnston, "How Russia quietly built up its military presence in Asia", *Japan Times*(2022. 3. 9), https://www.japantimes.co.jp/news/2022/03/09/national/russia-asia-presence-ukraine-invasion/ [https://perma.cc/G5V4-DGYG].

918　Timothy S. Rich, Mallory Hardesty, *Americans Largely Reject Closing Bases in Germany, South Korea and Japan*(2022. 7. 26), https://www.e-ir.info/2022/07/26/americans-largely-reject-closing-bases-in-germany-south-korea-and-japan/ [https://perma.cc/3FHJ-N2VV].

919 Commander, U.S. 7th Fleet, *The United States Seventh Fleet*, https://www.c7f.navy.mil/ About-Us/Facts-Sheet/ [https://perma.cc/6URB-ZDDY].

920 상동.

921 그러나 평론가들은 이 지역에서 중국의 해군력 도전에 관해 경고한다. 예를 들어, Phelim Kine, Lara Seligman, "Why the U.S. isn't ready for a fight in the Indo-Pacific", *Politico*(2022. 12. 27), https://www.politico.com/news/2022/12/27/united-states-china-taiwan-pacific -00075555 [https://perma.cc/Z4AE-TY5Y] 참조.

922 U.S. Indo-Pacific Command, *About USINDOPACOM*, https://www.pacom.mil/About-USINDOPACOM/ [https://perma.cc/F8GS-3JBA].

923 상동.

924 Mari Yamaguchi, "US vows full military defense of allies against North Korea", *AP News*(2022. 10. 25), https://apnews.com/article/technology-japan-united-states-tokyo-south-korea-7397d3c81ecc6ceff76a4f0ffe25ec24 [https://perma.cc/L3AM-XYZP].

925 예를 들어, G. John Ikenberry, "American hegemony and East Asian order"(2004) 58(3) *American Journal of International Affairs* 353-367 참조.

926 Hyug Baeg Im, "The US role in Korean democracy and security since cold war era"(2006) 6(2) *International Relations of Asia-Pacific* 157-187.

927 조아라, 「한일회담 과정에서의 미국의 역할」, 『일본비평』 제10호(2014), pp. 270-307.

928 상동.

929 Lee, Kwon, Lee(2022), 전게서, 미주 468. Jae Chang, *The United States Looks to Form Semiconductor Alliance with Indo-Pacific Partners*(2022. 6. 1), https://asiamattersforamerica. org/articles/the-united-states-looks-to-form-semiconductor-alliance-with-indo-pacific-p artners [https://perma.cc/W46V-4LXX]; Robyn Klingler-Vidra, Yu-Ching Kuo, *Washington shores-up friends in the semiconductor industry*(2022. 9. 28), https://www.eastasiaforum.org/ 2022/09/28/washington-shores-up-friends-in-the-semiconductor-industry/ [https://perma.cc/ARL7-PM6P] 추가 참조.

930 Louisa Lim, *The People's Republic of Amnesia: Tiananmen Revisited*(Oxford University Press, 2014).

931 한 보고서에 따르면, 일부 시위대는 다음과 같은 구호를 외쳤다. "우리는 코로나 검사가 아닌 먹을 것을 원한다. 문화대혁명이 아닌 개혁을 원한다. 봉쇄가 아닌 자유를 원한다. 지배자가 아닌 선거를 원한다. 거짓이 아닌 존엄을 원한다. 노예가 아닌 시민이 되기를 원한다." "What the Chinese People Are Revealing About Themselves", *New York Times*(2022. 12. 3), https://www.nytimes.com/2022/12/03/opinion/china-covid-protests. html(2022. 12. 30 접속) 참조.

932 Lee(2016), 전게서, 미주 297.

933 예를 들어, Min-Hua Chiang, *China More Dependent on U.S. and Our Technology Than You Think*(2022. 7. 7), https://www.heritage.org/asia/commentary/china-more-dependent-us-and-our-technology-you-think [https://perma.cc/SH92-V8QK] 참조.

934 Bureau of Economic Analysis(U.S. Department of Commerce), *U.S. Direct Investment Abroad: Balance of Payments and Direct Investment Position Data*, https://apps.bea.gov/ international/xls/usdia-current/usdia-detailedcountry-2020-2021.xlsx(2022. 12. 30 접속).

935 플라자 합의에 관한 추가 논의는 C. Randall Henning, I. M. Destler, "From Neglect to Activism: American Politics and the 1985 Plaza Accord"(1988) 8(3) *Journal of Public*

Policy 317-333 ; Youn-Suk Kim, "Prospects of Japanese-U.S. Trade and Industrial Competition"(1990) 30(5) *Asian Survey* 493-504 참조.

936 Yong-Shik Lee, Jaemin Lee, Kyung Han Sohn, "The United States - Korea Free Trade Agreement: Path to Common Economic Prosperity or False Promise?"(2011) 7 *University of Pennsylvania East Asia Law Review* 111-162, p.154.

937 Barath Harithas, Kyle Meng, Evan Brown, Catharine Mouradian, "*Liberation Day*" *Tariffs Explained*, Center for Strategic and International Studies(2025. 4. 3), https://www.csis.org/analysis/liberation-day-tariffs-explained [https://perma.cc/5UQR-CDZH].

938 United States Census Bureau, *Top Trading Partners—September 2022*, https://www.census.gov/foreign-trade/statistics/highlights/top/top2209yr.html [https://perma.cc/GK26-WWXH].

939 상동.

940 상동.

941 Lieberthal(2011), 전게서, 미주 22 참조.

942 추가 논의는 Lee(2016), 전게서, 미주 24 참조.

943 Center for Strategic and International Studies(2019), 전게서, 미주 895.

944 Lieberthal(2011), 전게서, 미주 941 참조.

945 Lee(2020), 전게서, 미주 303 참조.

946 상동.

947 Lee(2017), 전게서, 미주 403.

948 Lee(2022), 전게서, 미주 56.

949 United States Government, "Notice of Modification of s. 301 Action: China's Acts, Policies, and Practices Related to Technology Transfer, Intellectual Property, and Innovation", 83 *Federal Register*(2018. 9. 21).

950 상동.

951 Lee(2022), 전게서, 미주 56.

952 "What does Xi Jinping's China Dream mean?" *BBC News*(2013. 6. 6) 전게서, 미주 388 참조.

953 중국의 평화적 굴기에 관련한 논의는 Zheng Bijian, "China's 'Peaceful Rise' to Great-Power Status", *Foreign Affairs*, September/October 2005, https://www.foreignaffairs.com/articles/asia/2005-09-01/chinas-peaceful-rise-great-power-status [https://perma.cc/5RRT-Y8MJ] 참조.

954 Valerie Hernandez, "Have the Huawei Bans Achieved the US' Intended Goals?" *International Banker*(2022. 9. 7), https://internationalbanker.com/technology/have-the-huawei-bans-achieved-the-us-intended-goals/ [https://perma.cc/VND3-9SX3] 추가 참조.

955 World Trade Organization, *United States - Tariff Measures on Certain Goods from China*, Report of the Panel, WT/DS543/R(2020. 9. 15), p.65.

956 Lee(2022), 전게서, 미주 56.

957 Hernandez(2022), 전게서, 미주 954.

958 Lee, Kwon, Lee(2022), 전게서, 미주 468 참조.

959 Bureau of Industry and Security(U.S. Department of Commerce), *Commerce Implements New Export Controls on Advanced Computing and Semiconductor Manufacturing Items to the*

People's Republic of China(PRC)(2022. 10. 7), https://www.bis.doc.gov/index.php/documents/about-bis/newsroom/press-releases/3158-2022-10-07-bis-press-release-advanced-computing-and-semiconductor-manufacturing-controls-final/file [https://perma.cc/C9LH-TZYL]. Michael Schuman, "Why Biden's Block on Chips to China Is a Big Deal", *The Atlantic*(2022. 10. 25), https://www.theatlantic.com/international/archive/2022/10/biden-export-control-microchips-china/671848/ [https://perma.cc/9FHF-2XWV] 추가 참조.

960 Rintaro Tobita, "U.S. calls out Japan and Netherlands over China chip curbs", *Nikkei Asia*(2022. 11. 6), https://asia.nikkei.com/Business/Electronics/U.S.-calls-out-Japan-and-Netherlands-over-China-chip-curbs [https://perma.cc/5HDM-GD6U].

961 Public Law 117-167(2022).

962 Arjun Gargeyas, "The Chip 4 Alliance Might Work on Paper, But Problems Will Persist", *The Diplomat*(2022. 8. 25), https://thediplomat.com/2022/08/the-chip4-alliance-might-work-on-paper-but-problems-will-persist/ [https://perma.cc/44FA-27WA].

963 상동. Kuancheng Huang 외, "East Asian Firms Are Critical to America's Semiconductor Success", *The Diplomat*(2022. 5. 4), https://thediplomat.com/2022/05/east-asian-firms-are-critical-to-americas-semiconductor-success/ [https://perma.cc/PUH6-RB44] 추가 참조.

964 Hernandez(2022), 전게서, 미주 954.

965 Dylan Butts, "U.S. chip controls will benefit China's Nvidia rivals like Huawei: Analysts", CNBC(2025. 4. 21), https://www.cnbc.com/2025/04/21/us-chip-controls-boon-for-china-nvidia-rivals-like-huawei-analysts-.html [https://perma.cc/N6TK-45ZG].

966 냉전 후 러시아의 쇠퇴에 관한 추가 논의는 Thomas E. Graham, *Russia's Decline and Uncertain Recovery*(Carnegie Endowment for International Peace, 2002), https://carnegieendowment.org/pdf/files/Decline.pdf [https://perma.cc/FK8F-DLJG] 참조.

967 상동.

968 상동.

969 Leszek Busnyski, "Russia and Northeast Asia: Facing a Rising China"(2002) 3(1) *Georgetown Journal of International Affairs* 69-76.

970 상동.

971 World Bank, *GDP*(current US$) - *China*, Russian Federation, https://data.worldbank.org/indicator/NY.GDP.MKTP.CD?locations=CN-RU [https://perma.cc/93Z4-3SFY].

972 상동.

973 Sara Su Jones, "Embarked on a New Path: US Assistance to Russia After the Cold War"(1994) 17(1) *Harvard International Review* 56-57, p.55.

974 전게절 5.2.3 참조.

975 Busnyski(2002), 전게서, 미주 969.

976 「포괄적인 전략적 동반자 관계에 관한 조약」, 전게서, 미주 64.

977 Busnyski(2002), 전게서, 미주 969.

978 상동.

979 Anastasia Barannikova, *United States-DPRK Relations*(Center for Strategic and International Studies, 2019), pp.48-51.

980 Sergey Guriyev, "20 Years of Vladimir Putin: The Transformation of the Economy", *The Moscow Times*(2019. 8. 16), https://www.themoscowtimes.com/2019/08/16/20-years-

of-vladimir-putin-the-transformation-of-the-economy-a66854 [https://perma.cc/5W76-RJ2B] 참조.

981 Liudmila Zakharova, "Russia and Northeast Asia: Pursuing Strategic and Economic Goals"(2017) 12(4) *Global Asia* 57-61.

982 Emma Ashford, "Not-So-Smart Sanctions"(2016) 95(1) *Foreign Affairs* 114-123.

983 상동.

984 Dimitri Simes Jr., Tatiana Simes, "Putin's Big Plans for Russia's Far East Aren't Panning Out", *World Politics Review*(2021. 10. 5), https://www.worldpoliticsreview.com/putin-s-big-plans-for-russia-s-far-east-aren-t-panning-out/ [https://pcrma.cc/QQL6-QYDF].

985 Matthew Luxmoore, "In Russia's Far East, A Rare Protest Movement Refuses To Be Cowed", *RadioFreeEurope/RadioLiberty*(2020. 9. 11), https://www.rferl.org/a/in-russia-far-east-a-rare-protest-movement-refuses-to-be-cowed/30833806.html [https://perma.cc/5MTF-UAVP].

986 Ellen Nakashima, John Hudson, Michelle Ye Hee Lee, Cate Cadell, "Key Asian nations join global backlash against Russia, with an eye toward China", *Washington Post*(2022. 3. 3), https://www.washingtonpost.com/national-security/2022/03/03/ukraine-asia-sanctions/ [https://perma.cc/WL3D-R6NK] 참조.

987 Barannikova(2019), 전게서, 미주 979.

988 상동.

989 이 주제에 관한 추가 논의는 Robert S. Ross, *The Fate of the Pivot: U.S. Policy in East Asia*(S. Rajaratnam School of International Studies, 2014); Bruce Cumings, "Power and Plenty in Northeast Asia: The Evolution of U.S. Policy"(1987) 5(1) *World Policy Journal* 79-106 ; Ralph A. Cossa, Brad Glosserman, "Washington 'Pivots' to Asia"(2022) 24(2) *Pacific Forum Comparative Connections* 1-20 참조.

990 상동.

991 Peter Gibbon, Jakob Vestergaard, *US Trade Policy under Trump: Assessing the Unilateralist Turn*(Danish Institute for International Studies, 2017) 참조.

992 Lee(2020), 전게서, 미주 303.

993 Lee(2017), 전게서, 미주 403.

994 Andrea Shalal, "IMF cuts growth forecasts for most countries in wake of century-high US tariffs", *Reuters*(2025. 4. 22), https://www.reuters.com/business/imf-cuts-growth-forecasts-most-countries-wake-century-high-us-tariffs-2025-04-22/?utm_source=chatgpt.com(2025. 4. 22 접속).

995 Gibbon, Vestergaard(2017), 전게서, 미주 991.

996 Lee(2016), 전게서, 미주 24.

997 상동.

998 상동.

999 Mireya Solís, *China moves to join the CPTPP, but don't expect a fast pass*(2021. 9. 23), https://www.brookings.edu/blog/order-from-chaos/2021/09/23/china-moves-to-join-the-cptpp-but-dont-expect-a-fast-pass/ [https://perma.cc/X2XG-ZH2D].

1000 이 주제에 관한 추가 논의는 Bernard Hoekman, Petros C. Mavroidis, "Burning Down the House?: The Appellate Body at the Center of the WTO Crisis", *in* Bernard Hoekman,

Ernesto Zedillo(eds.), *Trade in the 21st Century: Back to the Past?*(Brookings Institution, 2021), pp.243-272 참조.

1001 Kenneth A. Reinert, "Steel, security and the WTO Dispute Settlement Mechanism: A trade catastrophe in the making"(2024) 47(6) World Economy 2219-2759, p.2743. World Trade Organization, *Members continue push to commence Appellate Body appointment process* (2022. 3. 28), https://www.wto.org/english/news_e/news22_e/dsb_28mar22_e.htm [https://perma.cc/N68E-WTWP] 추가 참조.

1002 World Trade Organization(2020), 전게서, 미주 955.

1003 World Trade Organization, *United States—Certain Measures on Steel and Aluminium Products*, Report of the Panel, WT/DS544/R(2022. 9. 22), para. 7.149. Yong-Shik Lee, "Three Wrongs Do Not Make a Right: The Conundrum of the U.S. Steel and Aluminum Tariffs"(2019) 18(3) *World Trade Review* 481-501 추가 참조.

1004 WTO 세이프가드 협정 제11조(b)항은 다음과 같이 규정하고 있다. "… 또한 회원국은 어떠한 수출자율규제, 시장질서유지협정 또는 수출 또는 수입 측면에서의 그 밖의 유사한 조치도 모색하거나, 취하거나 또는 유지하지 아니한다. 이러한 조치는 둘 또는 그 이상의 회원국간의 협정, 약정 및 양해에 따른 조치뿐만 아니라 단일 회원국에 의한 조치를 포함한다.…"(각주 생략). Y.S. Lee, "The Steel and Aluminum Quota Agreements: A Question of Compatibility with WTO Disciplines and Their Impact on the World Trading System"(2019) 52(5) *Journal of World Trade* 811-832 추가 참조.

1005 David Lawder, "USTR Tai calls U.S. tariffs on Chinese goods 'significant' leverage", *Reuters*(2022. 6. 22), https://www.Reuters.com/business/ustr-tai-says-us-tariffs-chinese-goods-are- significant-leverage-2022-06-22/(2022. 12. 30 접속).

1006 Bruce Klingner, Jung H. Pak, Sue Mi Terry, *Trump shakedowns are threatening two key US alliances in Asia*(2019. 12. 18), https://www.brookings.edu/blog/order-from-chaos/ 2019/12/18/trump-shakedowns-are-threatening-two-key-u-s-alliances-in-asia/ [https://perma.cc/YH9J-KXS3].

1007 상동.

1008 예들 들어, Kuperman, Acharya(2018), 전게서, 미주 703 참조.

1009 U.S. Department of State, *Nuclear Non-Proliferation Treaty*, https://www.state.gov/ nuclear-nonproliferation-treaty/ [https://perma.cc/KF5E-V6TV].

1010 Rebecca Falconer, "U.S. and South Korean militaries launch biggest-ever air drills", *Axios*(2022. 10. 31), https://www.axios.com/2022/10/31/us-south-korea-largest-warplane-air-drills# [https://perma.cc/WD5C-E8BX].

1011 White House, *National Security Strategy*(2022. 10), https://www.whitehouse.gov/wp-content/uploads/2022/10/Biden-Harris-Administrations-National-Security-Strategy-10.2 022.pdf [https://perma.cc/HH24-B83N], p.38. Ryan Neuhard, *The New US National Security Strategy: Four Takeaways for Asia* Policy(2022. 10. 21), https://www.fpri.org/article/ 2022/10/the-new-us-national-security-strategy-four-takeaways-for-asia-policy/ [https://perma.cc/FQ95-4BDX] 추가 참조.

1012 Haley Ott, Aimee Picchi, Ibrahim Aksoy, "Why would Trump want Greenland and the Panama Canal? Here's what's behind U.S. interest.", *CBS News*(2025. 1. 8), https://www.cbsnews.com/news/trump-greenland-panama-canal-why-us-interest/ [https://perma.cc/U2ZC-NTYV].

1013 Sally Marks, "Mistakes and Myths: The Allies, Germany, and the Versailles Treaty,

1918-1921"(2013) 85(3) *Journal of Modern History* 632-659 참조.

1014 National Archive, *Marshall Plan*(1948), https://www.archives.gov/milestone-documents/marshall-plan [https://perma.cc/ZQH3-RE6Y].

1015 상동.

1016 Center for Strategic and International Studies(2019), 전게서, 미주 895.

1017 Gibbon, Vestergaard(2017), 전게서, 미주 991.

1018 Laura Silver, *Some Americans' views of China turned more negative after 2020, but others became more positive*(2022. 9. 28), https://www.pewresearch.org/fact-tank/2022/09/28/some-americans-views-of-china-turned-more-negative-after-2020-but-others-became-more-positive/ [https://perma.cc/54PB-SEXS].

1019 전게절 5.2.1, 5.3.1 참조.

1020 상동.

1021 Lee(2020), 전게서, 미주 91.

1022 U.S. Department of State, *Resolution of the Comfort Woman Issue*, https://2009-2017.state.gov/secretary/remarks/2015/12/250874.htm [https://perma.cc/TA4P-362F].

1023 상동.

1024 Public Law 117-167(Chips and Science Act of 2022); Public Law 117-169(Inflation Reduction Act of 2022). White House, *Building Resilient Supply Chains, Revitalizing American Manufacturing, and Fostering Broad-Based Growth*(2021. 6), https://www.whitehouse.gov/wp-content/uploads/2021/06/100-day-supply-chain-review-report.pdf [https://perma.cc/VXX9-QSLQ] 추가 참조.

1025 Public Law 117-167(2022).

1026 Public Law 117-169(2022). 도널드 트럼프 대통령은 취임 첫날인 2025년 1월 20일, 전기차 보조금 폐지를 포함한 행정명령에 서명하였다. 그러나 1월 28일 워싱턴 연방 지방법원은 이 행정명령의 집행을 일시적으로 중단하는 결정을 내렸다. Asma Khalid, Franco Ordoñez, Deirdre Walsh, Barbara Sprunt, Ashley Lopez, "Judge pauses Trump's federal funding freeze as confusion and frustration spread," *National Public Radio*(2025. 1. 28), https://www.npr.org/2025/01/28/nx-s1-5277029/trump-memo-halt-funding (2025. 1. 31 접속). 1월 31일 로드아일랜드 연방 지방법원도 추후 판결시까지 행정명령의 집행을 중단하는 결정을 내렸다. Kyle Cheney and Josh Gerstein, "Second judge to block Trump's spending freeze says the policy is likely unconstitutional", *Politico*(2025. 1. 31), https://www.politico.com/news/2025/01/31/judge-block-trump-spending-freeze-00201899?utm_source=chatgpt.com(2025. 2. 8 접속).

1027 Alan Sykes, *Stanford's Al Sykes on the $280 Billion Chips and Science Act, Government Intervention, and Trade*(2022. 8. 2), https://law.stanford.edu/2022/08/02/stanfords-al-sykes-on-the-280-billion-chips-and-science-act-government-intervention-and-trade/ [https://perma.cc/27MX-A9SK] 추가 참조.

1028 White House(2021), 전게서, 미주 1024.

1029 Shahal(2025), 전게서, 미주 344.

1030 Luke Garrett, "Trump faces bipartisan criticism over Abrego Garcia deportation", *National Public Radio*(2025. 4. 20), https://www.npr.org/2025/04/20/g-s1-61475/trump-faces-bipartisan-criticism-over-abrego-garcia-deportation?utm_source=chatgpt.com [https://perma.cc/BY5J-NTJ9] ; Gabriel Rubin, "Defiance of US Supreme Court is tricky to price",

Reuters(2025. 4. 18), https://www.reuters.com/breakingviews/defiance-us-supreme-court-is-tricky-price-2025-04-17/?utm_source=chatgpt.com(2025. 4. 22 접속); David Folkenflik, "Trump White House seeks tighter grip on message with new limits on press", *National Public Radio*(2025. 2. 26), https://www.npr.org/2025/02/26/nx-s1-5308628/trump-white-house-press-access-voa?utm_source=chatgpt.com [https://perma.cc/3ZHM-UQ6H]; Susan Svrluga and Danielle Douglas-Gabriel, "Harvard sues the Trump administration in escalating confrontation", *Washington Post*(2025. 4. 21), https://www.washingtonpost.com/education/2025/04/21/harvard-sues-trump-administration-funding-antisemitism/(2025. 4. 22 접속).

1031 Ana Faguy, "Thousands join anti-Trump protests across US", *BBC*(2025. 4. 19), https://www.bbc.com/news/articles/czjn0410e3zo [https://perma.cc/3WPN-SKR8].

1032 예컨대 Yu Zhou, *The Inside Story of China's High-Tech Industry: Making Silicon Valley in Beijing*(Rowman & Littlefield, 2008) 참조. Ian Clay, Robert D. Atkinson, *Wake Up, America: China Is Overtaking the United States in Innovation Capacity*, Information Technology & Innovation Foundation(2023. 1. 23), https://itif.org/publications/2023/01/23/wake-up-america-china-is-overtaking-the-united-states-in-innovation-capacity/ [https://perma.cc/5C7P-2RGE] 추가 참조.

1033 Mary Amiti, Stephen J. Redding, David E. Weinstein, "The Impact of the 2018 Tariffs on Prices and Welfare"(2019) 33(4) *Journal of Economic Perspectives* 187-210 참조. Kelsey Vlamis and Katherine Li, "Nightmare on Main Street: Trump Tariffs Hit American Small Businesses", *Business Insider*(2025. 4. 19), https://www.businessinsider.com/main-street-trump-trade-war-tariffs-small-businesses-impact-2025-4 [https://perma.cc/66Q9-CS4W] 추가 참조.

1034 Ian Hanchett, "Navarro: Some Countries Will Keep Manipulating Currency under Tariffs, Which Strengthens Our Currency", *Breitbart*(2025. 4. 4), https://www.breitbart.com/clips/2025/04/04/navarro-some-countries-will-keep-manipulating-currency-under-tariffs-which-strengthens-our-currency/(2025. 4. 22 접속).

1035 Siddharth Cavale, "Trump meets with US retailers to discuss tariffs", *Reuters*(2025. 4. 21), https://www.reuters.com/business/retail-consumer/trump-meet-retailers-including-walmart-home-depot-discuss-tariffs-impact-2025-04-21/?utm_source=chatgpt.com(2025. 4. 22 접속).

1036 Yong-Shik Lee, "Law and Economic Development in the United States: Toward a New Paradigm"(2019) 68(2) *Catholic University Law Review* 229-290.

1037 United Nations, *Ukraine, Russian Federation, United Kingdom of Great Britain and Northern Ireland and the United States of America*, UNTS, vol. 3007, I-52241(1994. 12. 5), https://treaties.un.org/doc/Publication/UNTS/Volume%203007/Part/volume-3007-I-52241.pdf [https://perma.cc/S289-6SZK].

1038 Steven Pifer, *Why care about Ukraine and the Budapest Memorandum*(2019. 12. 5), https://www.brookings.edu/blog/order-from-chaos/2019/12/05/why-care-about-ukraine-and-the-budapest-memorandum/ [https://perma.cc/74XB-85GD].

1039 "Why did Russia invade Ukraine and has Putin's war failed?" *BBC News*(2022. 11. 16), https://www.bbc.com/news/world-europe-56720589(2022. 12. 30 접속).

1040 United Nations, *Aggression against Ukraine*, A/ES-11/L.1(2022. 3. 1), https://digitallibrary.un.org/record/3958976?ln=en(2022. 12. 22 접속).

1041 Nectar Gan, "Putin concedes China has 'questions and concerns' over Russia's faltering invasion of Ukraine", *CNN*(2022. 9. 16), https://www.cnn.com/2022/09/15/asia/xi-putin-meeting-main-bar-intl-hnk(2022. 12. 30 접속).

1042 Nakashima, Hudson, Lee, Cadell(2022), 전게서, 미주 986 참조.

1043 "Ukraine war: US estimates 200,000 military casualties on all sides", *BBC News*(2022. 11. 10), https://www.bbc.com/news/world-europe-63580372(2022. 12. 30 접속).

1044 Jim Garamone, *Russia Continues Attacks on Ukraine Civilian Targets*(2022. 10. 31), https://www.defense.gov/News/News-Stories/Article/Article/3205450/russia-continues-attacks-on-ukraine-civilian-targets/ [https://perma.cc/N6XJ-N6K6].

1045 Nick Schifrin, Zaba Warsi, "UN investigator outlines evidence of Russian war crimes in liberated areas of Ukraine", *PBS News Hour*(2022. 9. 28), https://www.pbs.org/newshour/show/un-investigator-outlines-evidence-of-russian-war-crimes-in-liberated-areas-of-ukraine#: - :text=Ukraine's%20prosecutor%20general%20also%20said,the%20beginning%20of%20the%20war [https://perma.cc/JE42-DHLZ].

1046 Andrew MacLeod, *Ukraine invasion: should Russia lose its seat on the UN Security Council?*(2022. 2. 25), https://www.kcl.ac.uk/ukraine-invasion-should-russia-lose-its-seat-on-the-un-security-council [https://perma.cc/KU75-PYSD] 참조.

1047 United Nations, "UN General Assembly votes to suspend Russia from the Human Rights Council", *UN News*(2022. 4. 7), https://news.un.org/en/story/2022/04/1115782 [https://perma.cc/XX6W-HEPW].

1048 Yong-Chool Ha, Beom-Shik Shin, "The Impact of the Ukraine War on Russian - North Korean Relations"(2022) 62(5) *Asian Survey* 1-27.

1049 "Losses of Russia for the period from Feb 24 to Nov 18", *Odessa Journal*(2022. 11. 24), https://odessa-journal.com/losses-of-russia-for-the-period-from-feb-24-to-nov-18/ [https://perma.cc/33W9-M9LD].

1050 Alberto Nardelli, "Russia Turns to Old Tanks as It Burns Through Weapons in Ukraine", *Bloomberg*(2022. 6. 14), https://www.bloomberg.com/news/articles/2022-06-14/russia-turns-to-old-tanks-as-it-burns-through-weapons-in-ukraine [https://perma.cc/LT88-VGHY].

1051 Marc Santora, Andrew E. Kramer, Dan Bilefsky, Ivan Nechepurenko, Anton Troianovski, "Russia Orders Retreat From Kherson, a Serious Reversal in the Ukraine War", *New York Times*(2022. 11. 9), https://www.nytimes.com/2022/11/09/world/europe/ukraine-russia-kherson-retreat.html [https://perma.cc/7AJN-ES7D].

1052 Alexander Marrow, "Russia announces troop build-up in Far East", *Reuters*(2020. 9. 17), https://www.Reuters.com/article/us-russia-military/russia-announces-troop-build-up-in-far-east-idUSKBN2682JM(2022. 12. 30 접속).

1053 Warren P. Strobel, Michael R. Gordon, Nancy A. Youssef, "Russia Moves More Weaponry Toward Ukraine, Keeps the West Guessing", *Wall Street Journal*(2022. 1. 24), https://www.wsj.com/articles/russia-moves-more-weaponry-toward-ukraine-keeps-the-west-guessing-11642161605 [https://perma.cc/G66K-PGBK].

1054 Karen Freifeld, "U.S. official says export curbs on Russia hit car production and tank building", *Reuters*(2022. 3. 30), https://www.Reuters.com/business/us-official-says-export-curbs-russia-hit-car-production-tank-building-2022-03-30/(2022. 12. 30 접속).

1055　International Energy Agency, *Energy Fact Sheet: Why does Russian oil and gas matter?*(2022. 3. 21), https://www.iea.org/articles/energy-fact-sheet-why-does-russian-oil-and-gas-matter [https://perma.cc/H64C-3GY4].

1056　White House, *Background Press Call by a Senior Administration Official on Announcement of U.S. Ban on Imports of Russian Oil, Liquefied Natural Gas, and Coal*(2022. 3. 8), https://www.whitehouse.gov/briefing-room/press-briefings/2022/03/08/background-press-call-on-announcement-of-u-s-ban-on-imports-of-russian-oil-liquefied-natural-gas-and-coal/#:‐:text=Today%2C%20President%20Biden%20signed%20an,his%20needless%20war%20of%20choice [https://perma.cc/D29N-P7ZN].

1057　Takeo Kumagai, "Japan's Russian crude oil imports fall to zero in June", *S&P Global*(2022. 7. 22), https://www.spglobal.com/commodityinsights/en/market-insights/latest-news/oil/072222-japans-russian-crude-oil-imports-fall-to-zero-in-june#:‐:text=%22Considering%20the%20risk%20involved%20in,Gas%20and%20Metals%20National%20Corp [https://perma.cc/6DRU-YTTB]; Alexandre Kinche, "South Korea: Seoul disengages from Russian oil", *Energynews*(2022. 6. 22), https://energynews.pro/en/south-korea-seoul-disengages-from-russian-oil/ [https://perma.cc/XM5Y-5A7W].

1058　Anna Cooban, Uliana Pavlova, "Russia threatens to cut supply of gas through Ukraine", *CNN*(2022. 11. 23), https://www.cnn.com/2022/11/23/energy/russia-gas-ukraine- moldova [https://perma.cc/H6PQ-VBQM].

1059　신창용, 김용례, 「우크라 통한 러시아산 가스 유럽 공급 새해 첫날 중단」, 『연합뉴스』(2025. 1. 1), https://www.yna.co.kr/view/AKR20250101042751009?utm_source=chatgpt.com [https://perma.cc/9F44-XDS9].

1060　Francesco Sassim, "Russia's Energy Game in Asia", *The Diplomat*(2022. 9. 27), https://thediplomat.com/2022/09/russias-energy-game-in-asia/ [https://perma.cc/93B7-TYTJ].

1061　Chris Devonshire-Ellis, *China's Relations with Russia in a New Age*(2022. 9. 8), https://www.china-briefing.com/news/chinas-relations-with-russia-in-a-new-age [https://perma.cc/XC5G-Y45C].

1062　김지연, 「북, 경제난극복 러시아에 기댄다…식량·유류에 노동자 파견까지」, 『연합뉴스』(2023. 9. 13), https://www.yna.co.kr/view/AKR20230913144400504?utm_source=chatgpt.com [https://perma.cc/G79H-AGLF].

1063　이상현, 「북러, 경제공동위 의정서 조인…"다방면 협력사업 활성화"」, 『연합뉴스』(2023. 11. 16), https://www.yna.co.kr/view/AKR20231116009900504?utm_source=chatgpt.com [https://perma.cc/JL3E-4CUS].

1064　김지연(2023), 전게서, 미주 1062.

1065　Garamone(2024), 전게서, 미주 137.

1066　Andrea Kendall-Taylor, Michael Kofman, "Russia's Dangerous Decline: The Kremlin Won't Go Down Without a Fight"(2022) 101(6) *Foreign Affairs* 22-35 참조.

1067　Hyonhee Shin, "N.Korea backs Russia's proclaimed annexations, criticises U.S. 'double standards'." *Reuters*(2022. 10. 3), https://www.Reuters.com/world/asia-pacific/nkorea-backs-russias-proclaimed-annexations-criticises-us-double-standards-2022-10-03/(2022. 12. 30 접속). Steve Holland, US says "Russia's Wagner Group bought North Korean weapons for Ukraine War", *Reuters*(2022. 12. 22), https://www.Reuters.com/world/us-says-russias-wagner-group-bought-north-korean-weapons-ukraine-war-2022-12-22/ [https://perma.cc/N33M-KK5P] 추가 참조.

1068 Luxmoore(2020), 전게서, 미주 985.

1069 "In Rare Display of Dissent, Lawmakers In Russia's Far East Urge Putin To Stop Ukraine War", *RadioFreeEurope/RadioLiberty*(2022. 3. 27), https://www.rferl.org/a/russia-primorye-parliament-war-dissent/31871358.html [https://perma.cc/8Z4D-CJEF].

제7장 숨겨진 플레이어 : 동북아시아에서 몽골의 역할

1070 World Bank, 전게서, 미주 25.

1071 몽골 제국에 관한 종합적인 설명은 Timothy May, Michael Hope(eds.), *The Mongol World*(Routledge, 2022) 참조. Prajakti Kalra, *The Silk Road and the Political Economy of the Mongol Empire*(Routledge, 2018) 추가 참조.

1072 May, Hope(eds.)(2022), 전게서, 미주 1071.

1073 상동.

1074 상동, p.382.

1075 상동.

1076 상동.

1077 상동, p.693.

1078 상동, p.25.

1079 상동, p.850.

1080 Bawden(1989), 전게서, 미주 31, p.39.

1081 상동, p.188.

1082 Cyril E. Black, Louis Dupree, Elizabeth Endicott-West, Daniel C. Matuszewski, Eden Naby, Arthur N. Waldron, *The Modernization of Inner Asia*(Routledge, 1991), p.47.

1083 Franck Billé, Grégory Delaplace, Caroline Humphrey, *Frontier Encounters: Knowledge and Practice at the Russian, Chinese and Mongolian Border*(Open Book Publishers, 2012), p.41.

1084 James Reardon-Anderson, "Land Use and Society in Manchuria and Inner Mongolia during the Qing Dynasty"(2000) 5(4) *Environmental History* 503-530, p.506.

1085 Thomas E. Ewing, "Revolution of the Chinese Frontier: Outer Mongolia in 1911"(1978) 12(2) *Journal of Asian History* 101-119, p.101.

1086 Bawden(1989), 전게서, 미주 31, p.200.

1087 상동, p.201.

1088 U.S. Library of Congress, *Modern Mongolia, 1911-84*, http://countrystudies.us/mongolia/26.htm [https://perma.cc/54F4-8E5B].

1089 상동.

1090 Alan J. K. Sanders, "Mongolia: Independence and Revolution", *Encyclopaedia Britannica*, https://www.britannica.com/place/Mongolia/Independence-and-revolution [https://perma.cc/D6YF-B7A6].

1091 상동.

1092 Bawden(1989), 전게서, 미주 31, p.188.

1093 상동. Daniel M. Rosenberg, "The Collectivization of Mongolia's Pastoral Production"(1981) *Nomadic Peoples*, no. 9(1981. 9); Turdalai Radnaased, *Land relations in Mongolia during the Collectivization Movement: From Herders to Collectivists*(Palgrave Macmillan, 2025) 추가 참조.

1094 정흥모, 「몽골의 정치발전: 몽골 민주주의의 예외성을 중심으로」, 『국제학논총』(2022), pp.55-90 참조.

1095 Alan J. K. Sanders, "Mongolia since 1990: Constitutional change", *Encyclopaedia Britannica*, https://www.britannica.com/place/Mongolia/Reform-and-the-birth-of-democracy [https://perma.cc/G9L3- 5EWU].

1096 May, Hope(eds.)(2022), 전게서, 미주 1071 참조.

1097 예를 들어, Rob Gill, "Balancing Mongolia's Growth and Sovereignty: Up, Down, or Out?"(2017) 14 *New Perspectives in Foreign Policy* 28-33 참조.

1098 보도에 따르면, 몽골은 우크라이나 전쟁 발발 이후 모스크바, 베이징과 거리를 두려는 움직임을 보여왔다고 한다. Julian Dierkes, "Mongolia Is Keen to Distance Itself From Moscow and Beijing", *Foreign Policy*(2022. 10. 27), https://foreignpolicy.com/2022/10/27/mongolia-independence-russia-china-relations-ukraine/ [https://perma.cc/N6UB-QBTB].

1099 U.S. Department of State, *Integrated Country Strategy: Mongolia*(2022. 3. 8), https://www.state.gov/wp-content/uploads/2022/05/ICS_EAP_Mongolia_Public-1.pdf [https://perma.cc/L2CU-ZD5M].

1100 상동.

1101 Gill(2017), 전게서, 미주 1097, p.29.

1102 Giulia Interesse, *China-Mongolia: Bilateral Trade, Investment, and Future Prospects*(2022. 12. 2), https://www.china-briefing.com/news/china-mongolia-bilateral-trade-investment-and-future-prospects/ [https://perma.cc/L96M-QUJG].

1103 U.S. Department of State(2022), 전게서, 미주 1099.

1104 Antonio Graceffo, "Mongolia suffers under China's zero Covid policy", *The Interpreter*(2022. 1. 19), https://www.lowyinstitute.org/the-interpreter/mongolia-suffers-under-china-s-zero-covid-policy [https://perma.cc/5RNT-5HCW] 참조.

1105 Lee(2022), 전게서, 미주 56; U.S. Department of State(2022), 전게서, 미주 1099 참조.

1106 제3의 이웃 정책에 관한 추가 논의는 Bayasgalan Sanallkhundev, "Third Neighbor Policy Concept in Mongolia's Geopolitics"(2021) 22 *Mongolian Journal of International Affairs* 81-98 참조.

1107 Daniel Workman, *Mongolia's Top 10 Exports*, https://www.worldstopexports.com/mongolias-top-10-exports/ [https://perma.cc/3X28-6HN7].

1108 World Bank, *Manufacturing, value added(% of GDP)*, https://databank.worldbank.org/reports.aspx?source=2&series=NV.IND.MANF.ZS&country=MNG(2022. 12. 30 접속).

1109 U.S. Department of State(2022), 전게서, 미주 1099.

1110 「국적(지역) 및 연령별 체류외국인 현황」, 『국가통계포털』, https://kosis.kr/statHtml/statHtml.do?orgId=111&tblId=DT_1B040A6(2022. 12. 30 접속); 홍제성, 「〈韓-몽골 협력〉 ⑦ 오송 주몽골 대사 "몽골 인구 10% 이상이 한국경험자」, 『연합통신』(2016. 7. 10), https://www.yna.co.kr/view/AKR20160709031400083 [https://perma.cc/77CA-JZNU] 추가 참조.

1111 World Bank, *GDP growth(annual %) - Mongolia*, https://data.worldbank.org/indicator/NY.GDP.MKTP.Kd.zg?end=2021&locations=MN&start=1982 [https://perma.cc/W5WH-

CJ92].

1112 Tsolmon Baatarzorig, Ragchaasuren Galindev, Hélène Maisonnave, "Effects of ups and downs of the Mongolian mining sector"(2018) 23 *Environment and Development Economics* 527-542.

1113 Jaewon Chung, "The Mineral Industry of Mongolia", *in* USGS, *2017-2018 Minerals Yearbook* (U.S. Department of the Interior, 2022), 19.1-19.7.

1114 World Bank, *Exports of goods and services(current US$) - Mongolia*, https://data.worldbank. org/indicator/NE.EXP.GNFS.CD?locations=MN [https://perma.cc/AFU7-XJ2Y].

1115 World Bank, *GNI per capita, Atlas method(current US$) - Mongolia*, https://data.worldbank. org/indicator/NY.GNP.PCAP.CD?locations=MN [https://perma.cc/HAQ4-DVCP].

1116 World Bank, *The World Bank in Mongolia*(2022. 10. 6 개편), https://www.worldbank.org/ en/country/mongolia/overview#1 [https://perma.cc/P4XJ-PHBE].

1117 World Population Review, *Mongolian Population 2022*, https://worldpopulationreview. com/countries/mongolia-population [https://perma.cc/TU48-PEY4].

1118 World Bank(2022), 전게서, 미주 1116.

1119 상동.

1120 U.S. Department of State(2022), 전게서, 미주 1099.

1121 World Bank, 전게서, 미주 25.

1122 Emily Kwong, "Mongolia's Long Road to Mining Wealth, Changing Mongolia", *National Public Radio*(2019. 7. 31), https://www.npr.org/2019/07/31/741798613/mongolias-long-road-to-mining-wealth [https://perma.cc/PA4A-8X52].

1123 예를 들어, 이재영, 권가원, 「한국과 몽골의 경제협력 현황과 증진방안」, 『오늘의 세계경제』 제16권 제15호(2016), pp.1-22 참조.

1124 Trading Economics, *Mongolia Foreign Direct Investment*(2022), https://tradingeconomics. com/mongolia/foreign-direct-investment#: - :text=Foreign%20Direct%20Investment %20in%20Mongolia%20averaged%2019380.19%20USD%20Million%20from,the%20fourt h%20quarter%20of%202010. [https://perma.cc/7YKN-F3VC].

1125 Pranay Varada, "Mongolia: On the Verge of a Mineral Miracle," *Harvard International Review*(2022. 2. 11), https://hir.harvard.edu/mongolia-on-the-verge-of-a-mineral-miracle/ [https://perma.cc/8Z3B-PEYD].

1126 상동.

1127 「몽골 정부와 Rio Tinto, Oyu Tolgoi 구리 광산에서 첫 지하 생산 시작」, 『연합뉴스』(2023. 3. 14), https://www.yna.co.kr/view/RPR20230314009000353?utm_source=chatgpt.com [https://perma.cc/KX99-6J4Z].

1128 2017년에 국제통화기금(IMF)은 55억달러의 구제금융을 승인했다. Varada(2022), 전게서, 미주 1125.

1129 Lee Jae Young, "Korea-Mongolia Economic Relations: Current Status and Cooperation Measures"(2021) 31 *Korea's Economy* 31-37 참조.

1130 상동.

1131 World Bank(2022), 전게서, 미주 1116.

1132 Sophie Boehm, Elizabeth Moses, Carole Excell, *Left in the Dark on Pollution, Mongolia's Poorest Communities Must Use Contaminated Water*(2017. 9. 6), https://www.wri.org/

insights/left-dark-pollution-mongolias-poorest-communities-must-use-contaminated-w
ater [https://perma.cc/W6XU-CK8C].

1133 Sergelen Bayarbat, *What Is Desertification and How Does It Impact Mongolia?*(2021. 7.
23), https://breathemongolia.org/en/news-article/desertification-impact-mongolia
[https://perma.cc/63V5-36J4].

1134 Unicef Mongolia, *Environment & air pollution*, https://www.unicef.org/mongolia/environ
ment-air-pollution#: - :text=Ulaanbaatar%20%E2%80%93%20home%20to%
20half%20of,level%20WHO%20recommends%20as%20safe. [https://perma.cc/7RPK-
RMPB].

1135 Korea International Cooperation Agency, *Ex-post Evaluation Report on the Pilot Project
to Reduce Air Pollution by Improving Heating Culture in Ulaanbaatar, Mongolia*(2013. 12),
https://www.oecd.org/derec/korea/Ex-post-Evaluation-Report-on-the-Pilot-Project-to-
Reduce-Air-Pollution-by-Improving-Heating-Culture-in-Ulaanbaatar-Mongolia.pdf
[https://perma.cc/6D8Y-DD6U].

1136 Elena Gordiollo Fuertes, "Toxic Winter: The 'Slow Violence' of Air Pollution in Mongolia",
The Diplomat(2022. 12. 8), https://thediplomat.com/2022/12/toxic-winter-the-slow-
violence-of-air-pollution-in-mongolia/ [https://perma.cc/7ET6-AYCF].

1137 이 주제에 관한 추가 논의는 Burmaa Tsogtochir, Soyoung Park, "Natural resource curse
exists in Mongolia? Focusing on budget transparency in local governments"(2021) *Journal
of the Asia Pacific Economy*, https://doi.org/10.1080/13547860.2021.1892566(2022. 12.
30 접속) 참조. Bin Grace Li, Pranav Gupta, Jiangyan Yu, "From natural resource boom
to sustainable economic growth: Lessons from Mongolia"(2017) 151 *International Economics*
7-25 참조(몽골과 같은 국가가 어떻게 지역 경제에 혜택을 가져다 주는 방식으로 자국의
광업에 투자할 수 있는지 그 방안에 관해 논의).

1138 Julian Dierkes, "Mass Protests in Mongolia Decry 'Coal Mafia'. Corruption", *The Diplomat*
(2022. 12. 6), https://thediplomat.com/2022/12/mass-protests-in-mongolia-decry-coal-
mafia-corruption/ [https://perma.cc/A7Z5-5JPY].

1139 각주 생략. Francesca Fiaschetti, "Diplomacy in the Age of Mongol Globalization: an
Introduction"(2019) 17 *European Studies* 175-181, p.175.

1140 Global Firepower, *2022 Mongolia Military Strength*(2022. 5. 2), https://www.global
firepower.com/country-military-strength-detail.php?country_id=mongolia#: - :text=
For%202022%2C%20Mongolia%20is%20ranked,for%20the%20annual%20GFP%20revie
w [https://perma.cc/MQC3-BZVM].

1141 몽골의 전 대통령 차히아긴 엘벡도르지는 몽골이 "가장 적합하고 중립적인 영토"이며
"일본과 북한 간의 회담을 포함해 중요한 회의를 주최했고, 몽골은 기존의 업적인 동북아
(NEA) 울란바토르(UB) 대화를 지속적으로 촉진했다"고 주장하며 이 제안을 정당화했다.
Julian Dierkes, Mendee Jargalsaikhan, "8 Reasons Why Mongolia's Capital Ulaanbaatar
Might Be The Place for a Trump-Kim Summit", *The Diplomat*(2018. 3. 10), https://the
diplomat.com/2018/03/8-reasons-why-mongolias-capital-ulaanbaatar-might-be-the-pla
ce-for-a-trump-kim-summit/ [https://perma.cc/3RSS-P6N8].

1142 Elizabeth Wishnick, "Mongolia: Bridge or Buffer in Northeast Asia?" *The Diplomat*(2019.
6. 29), https://thediplomat.com/2019/06/mongolia-bridge-or-buffer-in-northeast-asia/
[https://perma.cc/WML5-TLJ5].

1143 상동.

1144 Kyodo, "Japan seeks cooperation from Mongolia in North Korean abduction issue, denuclearization", *Japan Times*(2019. 6. 16), https://www.japantimes.co.jp/news/2019/06/16/national/politics-diplomacy/japan-seeks-cooperation-mongolia-north-korean-abduction-issue-denuclearization/ [https://perma.cc/6RDU-NVFX].

1145 Bolor Lkhaajav, "Mongolia's Ulaanbaatar Dialogue Focuses on Regional Cooperation in Energy Transition and Critical Minerals", *The Diplomat*(2024. 6. 12), https://thediplomat.com/2024/06/mongolias-ulaanbaatar-dialogue-focuses-on-regional-cooperation-in-energy-transition-and-critical-minerals/ [https://perma.cc/3C24-DTD4].

1146 David L. Caprara, Katharine H. S. Moon, Paul Park, *Mongolia: Potential Mediator between the Koreas and Proponent of Peace in Northeast Asia*(2015. 1. 20), https://www.brookings.edu/opinions/mongolia-potential-mediator-between-the-koreas-and-proponent-of-peace-in-northeast-asia/ [https://perma.cc/T5KD-3VDG].

1147 상동.

1148 Permanent Mission of Mongolia to the United Nations, *Mongolia-Neutrality*(2015. 9. 10), https://www.un.int/mongolia/news/mongolia-neutrality [https://perma.cc/KCV5-DGKR].

1149 U.S. Department of State, *U.S. Relations With Mongolia*(2021. 6. 24), https://www.state.gov/u-s-relations-with-mongolia/ [https://perma.cc/V4GQ-C97T].

1150 상동.

1151 Jargalsaikhan Mendee, *Mongolia's military diplomacy and geopolitical balance*(2021. 3. 18), https://www.eastasiaforum.org/2021/03/18/mongolias-military-diplomacy-and-geopolitical-balance/ [https://perma.cc/FZH7-PAVB].

1152 "Russia and Mongolia held military exercises 'Selenga-2020'", *VPK*(2020. 11. 3), https://vpk.name/en/459716_russia-and-mongolia-held-military-exercises-selenga-2020.html [https://perma.cc/8R92-7S69]. 몽골과 러시아 간의 관계에 대한 추가 논의는 Tsedendamba Batbayar, "Mongolian-Russian Relations in the Past Decade"(2003) 43(6) *Asian Survey* 951-970 추가 참조.

1153 Sinclaire Prowse, *Mongolia-Neutrality and Anxiety*(2022), https://asiasociety.org/australia/mongolia-neutrality-and-anxiety [https://perma.cc/V7BH-NBS4].

1154 전게절 Section 4.1.3 참조.

1155 Soyolgerel Nyamjav, Mendee Jargalsaikhan, *Why Is the UB Dialogue Important?*(2022. 7. 25), https://blogs.ubc.ca/mongolia/2022/ubdialogue-neasia-security/ [https://perma.cc/HR22-4CJG].

1156 러시아는 몽골이 지역 안정에 기여하는 국가임을 인정했다. Batbayar(2003), 전게서, 미주 1152.

1157 U.S. Department of State(2021), 전게서, 미주 1149 참조.

1158 Constitution of Mongolia, https://www.constituteproject.org/constitution/Mongolia_2001.pdf?lang=en [https://perma.cc/EBH8-3ANV].

1159 상동.

1160 상동.

1161 상동.

1162 Paula L. W. Sabloff, "Why Mongolia? The political culture of an emerging democracy" (2010) 21(1) *Central Asian Survey* 19-36 참조. M. Steven Fish, "Mongolia: Democracy

Without Prerequisites"(1998) 9(3) *Journal of Democracy* 127-141 추가 참조.

1163 Alessandra Tamponi, *The start of a generational turn in Mongolian Politics: What can we expect from L. Oyun-Erdene's New Cabinet?*(2021. 2. 8), https://eias.org/publications/op-ed/the-start-of-a-generational-turn-in-the-mongolian-politics-what-can-we-expect-from-l-oyun-erdenes-new-cabinet/ [https://perma.cc/8W3P-UDS4].

1164 "Mongolian prime minister submits resignation after COVID-19 protests", *Reuters*(2021. 1. 21), https://www.Reuters.com/article/us-health-coronavirus-mongolia/mongolian-prime-minister-submits-resignation-after-covid-19-protests-idUSKBN29Q1GT [https://perma.cc/6ZH3-NK6K].

1165 Tamponi(2021), 전게서, 미주 1163.

1166 상동.

1167 Munkhnaran Bayarlkhagva, "Mongolia edges towards autocracy", *Aljajeera*(2021. 7. 18), https://www.aljazeera.com/opinions/2021/7/18/mongolia-edges-towards-autocracy [https://perma.cc/2QRG-PZBW].

1168 상동.

1169 상동.

1170 상동.

1171 상동.

1172 상동.

1173 "Xi calls for closer cooperation between Chinese, Mongolian ruling parties", *Xinhuanet* (2020. 7. 4), http://www.xinhuanet.com/english/2020-07/04/c_139187996. htm [https://perma.cc/5T5B-ZS58].

1174 Bayarlkhagva(2021), 전게서, 미주 1167.

1175 상동.

1176 상동.

1177 상동.

1178 Lee(2022), 전게서, 미주 291.

1179 예를 들어, 콩고 민주공화국은 24조 달러에 달하는 광물 매장량을 보유하고 있는 것으로 알려져 있지만, 여전히 세계에서 가장 가난한 국가 중 하나로 남아 있다. Oluwole Ojewale, *What coltan mining in the DRC costs people and the environment*(2022. 5. 29), https://theconversation.com/what-coltan-mining-in-the-drc-costs-people-and-the-environment-183159 [https://perma.cc/4RZN-HTT7].

1180 Ji-Youn Suh, "Mongolian leader to N. Korea: 'No tyranny lasts forever'", *Korean Herald* (2013. 11. 15), http://www.koreaherald.com/view.php?ud=20131115000897 [https://perma.cc/2UGH-5RSE].

1181 「한국 - 몽골 국가연합론 세미나」, 『신동아』(2007. 6), pp.334-337.

1182 한국과 몽골 간의 국가적 연합에 대한 추가 논의는 최정일, 「한국 - 몽골의 협력 방안에 대한 새로운 모색 - 정치·경제적 고찰을 중심으로」, 『사회융합연구』 제2권 제1호(2018), pp.29-36 참조.

1183 인터뷰 대상자에는 한국 거주 경험이 있고 한국어가 능통한 르하그바 예수(Lkhagva Yesu), 사룰 할리운(Saruul Khaliun), 그리고 빌 구데이(Bill Guudei)가 포함되었다.

1184 전준범, 「원자재 수입 사상 첫 월 300억弗 돌파…자원외교 시험대 선 차기 정부」, 『Chosun

Biz』(2022. 3. 10), https://biz.chosun.com/policy/policy_sub/2022/03/10/QDC7IJIO
5BD6PBDLUGJUEQOHLU/ [https://perma.cc/Q47F-AWRR].

1185 2023년 1월 한국의 주요 통신회사인 KT는 몽골 정부와 한국 기업에 희토류를 포함한
80개의 광물 품목을 공급하기 위한 양해각서(MOU)를 체결했다.

1186 홍제성(2016), 전게서, 미주 1110.

1187 「국적(지역) 및 연령별 체류외국인 현황」, 전게서, 미주 1110 ; 홍제성(2016), 전게서,
미주 1110.

1188 "Ethnic Mongolians in China protest removal of traditional language in schools",
Reuters(2020. 9. 2), https://www.Reuters.com/article/us-china-education-mongolian-
protests/ethnic-mongolians-in-china-protest-removal-of-traditional-language-in-schools
-idUSKBN25T0YP [https://perma.cc/CA33-SCS4].

1189 따라서 고려는 독자적인 정부와 왕조를 유지하며 몽골 제국의 직할령이 되지 않았다.
전게도안 7.1 참조.

1190 「한국 - 몽골 국가연합론 세미나」, 전게서, 미주 1181 참조.

1191 상동.

1192 상동.

1193 최정일(2018), 전게서, 미주 1182.

1194 상동.

1195 전게절 4.2.2, 4.2.3 참조.

1196 Bayarlkhagva(2021), 전게서, 미주 1167.

1197 Yi Whan-woo, "South Korea's population to shrink to 38 million by 2070 amid rising
world population", *Korea Herald*(2022. 12. 26), https://www.koreatimes.co.kr/www/biz/
2022/09/602_335593.html [https://perma.cc/67NM-RMGY] 참조.

1198 전게절 4.3.3 참조.

1199 상동.

1200 최정일(2018), 전게서, 미주 1182 참조.

1201 상동.

1202 전게절 Section 7.2 참조.

제8장 동북아시아의 평화와 안정으로 가는 길

1203 이러한 가치는 양국의 헌법에 규정되어 있다. 「대한민국 헌법」, 전게서, 미주 617 ; 「일본국
헌법」, 전게서, 미주 665 참조.

1204 전게절 5.2.1 참조.

1205 Eun-Joon Kim, "China's Wang Yi Calls the United States a Rule Breaker Citing IRA
to Park Jin", *Chosun Ilbo*(2022. 12. 13), https://www.chosun.com/politics/diplomacy-
defense/2022/12/12/KR5O2NUZNBAKVPFY7672MSLDOA/   [https://perma.cc/8UBE-
KUX2].

1206 민족주의에 관한 논의는 Ernest Gellner, *Nations and Nationalism*(Cornell University Press,
1983) 참조.

1207 전게절 7.3.3 참조.

1208 전게절 7.1 참조.

1209 전게절 3.1.2 참조.

1210 Beasley(1972), 전게서, 미주 33 참조.

1211 관련 주제에 관한 추가 논의는 Nathan Park, "Abe Ruined the Most Important Democratic Relationship in Asia", *Foreign Policy*(2020. 9. 4), https://foreignpolicy.com/2020/09/04/shinzo-abe-japan-south-korea-war-nationalism/ [https://perma.cc/82DW-UP7K] 참조.

1212 이러한 관심을 반영하여 주한 몽골 대사가 공개 세미나에 참여하여 한몽 연합의 실현 가능성에 대해 논의했다. 「한국 - 몽골 국가연합론 세미나」, 전게서, 미주 1181 참조.

1213 전게절 Section 7.2 참조.

1214 "What does Xi Jinping's China Dream mean?", 전게서, 미주 388 참조.

1215 전게절 Section 3.2 참조.

1216 Lee(2022), 전게서, 미주 291.

1217 상동.

1218 상동.

1219 2019년, 중국 인구의 4분의 1이 하루 6.85달러(2017년 구매력 평가 기준) 미만으로 생활했다. World Bank, *Poverty headcount ratio at $6.85 a day(2017 PPP) (% of population)* - *China*, https://data.worldbank.org/indicator/SI.POV.UMIC?locations=CN [https://perma.cc/WBX4-J2D3].

1220 Bureau of Industry and Security(2022), 전게서, 미주 959. 미국은 이러한 무역 제한 조치에 중요한 안보적 측면도 존재한다고 주장한다. 상동.

1221 김영환(2011), 전게서, 미주 373.

1222 전게절 3.3.1 참조

1223 Kim(2022), 전게서, 미주 1205.

1224 전게절 2.3.3 참조.

1225 전게절 4.3.2 참조.

1226 예들 들어 Shaun O'Dwyer(ed.), *Handbook of Confucianism in Modern Japan*(MHN Limited, 2021) 참조.

1227 예를 들어 ,Insook Han Park, Lee-Jay Cho, "Confucianism and the Korean Family"(1995) 26(1) *Journal of Comparative Family Studies* 117-134 참조.

1228 Brooke A. Ackerly, "Is Liberalism the Only Way toward Democracy? Confucianism and Democracy"(2005) 33(4) *Political Theory* 547-576 참조.

1229 전게절 4.2.3, 6.2.1 참조.

1230 전게절 7.1 참조.

1231 "China protests spread as demonstrators call for Xi to step down over COVID policies", *CBS News*(2022. 11. 27), https://www.cbsnews.com/news/china-protests-shanghai-beijing-covid-lockdown/ [https://perma.cc/S8NA-FD87].

1232 Luxmoore(2020), 전게서, 미주 1068.

1233 Waltz(1979), 전게서, 미주 417, p.118.

1234 Waltz(1979), 상동; Hans Morgenthau, *Politics Among Nations: The Struggle for Power and Peace*(Alfred A. Knopf, 1948); Hedley Bull, *The Anarchical Society: A Study of Order in World Politics*(4th ed., Palgrave Macmillan, 2012); Robert Gilpin, War and Change in

World Politics(Cambridge University Press, 1981); Stephen M. Walt, *The Origins of Alliances*(Cornell University Press, 1987); Robert Jervis, "Cooperation Under the Security Dilemma"(1987) 30(2) *World Politics* 167-214 ; John J. Mearsheimer, *The Tragedy of Great Power Politics*(W.W. Norton & Company, 2001); Emerson N. S. Niou, Peter C. Ordeshook, Gregory F. Rose, *The Balance of Power: Stability in International Systems*(Cambridge University Press, 1989).

1235 Stephan Haggard, "The Balance of Power, Globalization, and Democracy: International Relations Theory in Northeast Asia"(2004) 4(1) *Journal of East Asian Studies* 1-38 참조.

1236 민주적 평화 이론에 관해서는 Maoz, Russett(1993), 전게서, 미주 418 참조. 해거드 교수에 따르면, 권위주의 정권(중국, 러시아, 북한)과 민주주의 국가(미국, 한국, 일본) 간의 차이가 이 지역 정치에 더 중대한 영향을 미칠 것이라고 한다. Haggard(2004), 전게서, 미주 1235, p.31.

1237 전게절 3.3.3 참조.

1238 전게절 1.2 참조.

1239 상동.

1240 Hyeok Hweon Kang, "Big Heads and Buddhist Demons: The Korean Musketry Revolution and the Northern Expeditions of 1654 and 1658"(2014) 2(2) *Journal of Chinese Military History* 127-189 참조.

1241 미하이오 코판자(Mihajio Kopanja)는 동북아시아 국가들의 전략적 접근 방식을 세력 균형과 국내 문화적 요소라는 두 가지 측면에서 논의한다. 그는 한국과 일본에 초점을 맞추며, 이들이 지역 내에서 중국의 영향력과 미국과의 관계를 고려하여 전략적 결정을 어떻게 내리는지를 설명하고자 한다. Mihajlo Kopanja, "The Curious Case of Northeast Asia: External Balancing Meets Strategic Culture"(2019) 70(1176) *Review of International Affairs* 67-83 참조.

1242 Lee, Kwon, Lee(2022), 전게서, 미주 468.

1243 예를 들어, Kim(2022), 전게서, 미주 1205 참조. John J. Mearsheimer, "The Gathering Storm: China's Challenge to US Power in Asia"(2010) 3(4) *The Chinese Journal of International Politics* 381-396 추가 참조.

1244 Grieco(2020), 전게서, 미주 75.

1245 Dotto, Lendon, Yeung(2022), 전게서, 미주 611.

1246 차두현, 「2023년 북한 동향 분석: 핵집착의 지속과 경로종속성」, 『이슈브리프』, 아산정책연구원(2023. 10. 13).

1247 Choe(2022), 전게서, 미주 129.

1248 상동.

1249 상동.

1250 상동.

1251 U.S. Department of Defense(2022), 전게서, 미주 238.

1252 상동.

1253 Mitch Shin, "US Warns North Korea: Nuclear Attack Will End Kim Regime", *The Diplomat*(2022. 10. 28), https://thediplomat.com/2022/10/us-warns-north-korea-nuclear-attack-will-end-kim-regime/ [https://perma.cc/SP5U-MHQR].

1254 리차드 김, 「국회서 불붙은 '핵무장론'…'트럼프 당선되면 우리도 핵 보유' 주장 나오는

354

배경은」, 『BBC 코리아』(2024. 7. 11), https://www.bbc.com/korean/articles/cx0277v41k7o [https://perma.cc/GBM3-SHKN].

1255 상동.

1256 Choe Sang-Hun, Motoko Rich, "North Korea Fires 6 More Missiles Toward Japan, Including an ICBM, *New York Times*"(2022. 11. 2), https://www.nytimes.com/2022/11/02/world/asia/north-korea-missile-japan.html [https://perma.cc/GDF9-D25A].

1257 "US confronts China, Russia at UN over N Korean missile launches", *Aljazeera*(2022. 11. 5), https://www.aljazeera.com/news/2022/11/5/us-confronts-china-russia-at-un-over-n-korean-missile-launches [https://perma.cc/J6KB-N8Y5].

1258 Steve Holland, "Trump says he will reach out to North Korea's Kim Jong Un," *Reuters*(2025. 1. 23), https://www.Reuters.com/world/us/trump-says-he-will-reach-out-north-koreas-kim-2025-01-24/(2025. 1. 24 접속).

1259 U.S. Department of Defense, *Military and Security Developments Involving the People's Republic of China 2021*(2021), p.1, https://media.defense.gov/2021/Nov/03/2002885874/-1/-1/0/2021-CMPR-FINAL.PDF [https://perma.cc/88FK-5MQV].

1260 상동.

1261 U.S. Government Accountability Office, *Burden Sharing: Benefits and Costs Associated with the U.S. Military Presence in Japan and South Korea*, GAO-21-270(2021. 3. 17), https://www.gao.gov/products/gao-21-270 [https://perma.cc/CQ9T-G4AE]. Andrew S. Erickson, "U.S. China Military-to-Military Relations Policy Considerations in a Changing Environment"(2019) 14(3) *Asia Policy* 123-144 추가 참조(시진핑 체제 하에서 중국군이 빠른 현대화를 진행하고 점점 더 공세적인 태도를 보임에 따라, 미국과 중국 간의 긴장이 명확히 드러나고 있음을 설명). 대조적인 견해에 관해서는 Phillip C. Saunders, Julia G. Bowie, "US-China military relations: competition and cooperation"(2016) 39 *Journal of Strategic Studies* 662-684 참조(중국과 미국 간의 군사적 긴장이나 군사적 협력 제한을 초래하는 것은 중국의 군사 능력 증강 자체가 아니라 양국 간의 정치적 관계라고 주장).

1262 예를 들어, Paul Haenle and Lucas Tcheyan, How the World Is Responding to a Changing China(June 10, 2020), https://carnegieendowment.org/2020/06/10/how-world-is-responding-to-changing-china-pub-82039 [https://perma.cc/WT7B-LLUD] 참조.

1263 Fang Jin, *The Belt and Road Initiative: Progress, Problems and Prospects*(2017), https://www.csis.org/belt-and-road-initiative-progress-problems-and-prospects [https://perma.cc/YHG5-24H7].

1264 John Hurley, Scott Morris, Gailyn Portelance, "China's Belt and Road Initiative may bankrupt 8 nations while financing infrastructure", *The Print*(2018. 3. 6), https://theprint.in/opinion/chinas-belt-and-road-initiative-bankrupt-nations-financing-infrastructure/39561/ [https://perma.cc/EK7X-3Q3A].

1265 Haenle, Tcheyan((2020), 전게서, 미주 1262.

1266 Michael Schuman, Jonathan Fulton, Tuvia Gering, *How Beijing's newest global initiatives seek to remake the world order*, Issue Brief, Atlantic Council(2023. 6. 21), https://www.atlanticcouncil.org/in-depth-research-reports/issue-brief/how-beijings-newest-global-initiatives-seek-to-remake-the-world-order/?utm_source=chatgpt.com [https://perma.cc/3JGM-Z4YP].

1267 Lee(2020), 전게서, 미주 303.

1268 Cash, Zhang(2025), 전게서, 미주 82.

1269 Yulmaz Akyuz, "Export Dependence and Sustainability of Growth in China"(2011) 1(23) *China and World Economy* 1-23.

1270 Lee(2020), 전게서, 미주 303.

1271 Dan Steinbock, "U.S.-China Trade War and Its Global Impacts"(2018) 4(4) *China Quarterly of International Strategic Studies* 515-542 참조.

1272 전게절 1.3.2 참조.

1273 Keane(2021), 전게서, 미주 341.

1274 Lewis Jackson, Amy Lv, Eric Onstad, Ernest Scheyder, "China hits back at US tariffs with export controls on key rare earths", *Reuters*(2025. 4. 4), https://www.reuters.com/world/china-hits-back-us-tariffs-with-rare-earth-export-controls-2025-04-04/(2025. 4. 24 접속). Fanny Potkin, Che Pan, "Exclusive: Huawei readies new AI chip for mass shipment as China seeks Nvidia alternatives, sources say", *Reuters*(2025. 4. 22), https://www.reuters.com/world/china/huawei-readies-new-ai-chip-mass-shipment-china-seeks-nvidia-alternatives-sources-2025-04-21/(2025. 4. 24 접속).

1275 전게절 6.3.2 참조.

1276 White House(2021), 전게서, 미주 1024; White House, *Fact Sheet: CHIPS and Science Act Will Lower Costs, Create Jobs, Strengthen Supply Chains, and Counter China*(2022. 8. 9), https://www.whitehouse.gov/briefing-room/statements-releases/2022/08/09/fact-sheet-chips-and-science-act-will-lower-costs-create-jobs-strengthen-supply-chains-and-counter-china/ [https://perma.cc/74RA-4KHW].

1277 상동.

1278 Lee(2022), 전게서, 미주 56.

1279 상동.

1280 Trend Economy, *Mongolia's exports 2021 by country*, https://trendeconomy.com /data/h2/Mongolia/TOTAL [https://perma.cc/Y2MT-9WL7]; Daniel Workman, *North Korea's Top Trading Partners*(2022), https://www.worldstopexports.com/north-koreas-top-import-partners/ [https://perma.cc/5YJK-6GY5]; Trading Economics, *South Korea Exports By Country*(2022), https://tradingeconomics.com/south-korea/exports-by-country [https://perma. cc/LGH4-CB7E]; Trading Economics, *Japan Exports By Country*(2022), https://tradingeconomics.com/japan/exports-by-country [https://perma.cc/4BM2- HHL7].

1281 Joe McDonald, "China's Economy Shrinks 2.6% During Virus Shutdowns", *U.S. News and World Report*(2022. 7. 15), https://www.usnews.com/news/business/articles/2022-07-14/chinas-economic-growth-falls-to-0-4-amid-virus-shutdowns(2022. 12. 30 접속).

1282 Lee, Kwon, Lee(2022), 전게서, 미주 468 참조.

1283 예를 들어, Naoki Abe, *Japan's Shrinking Economy*(2010. 2. 12), https://www.brookings.edu/opinions/japans-shrinking-economy/ [https://perma.cc/A34Y-N4AY] 참조.

1284 Richard Katz, "Voodoo Abenomics: Japan's Failed Comeback Plan"(2014) 93(4) *Foreign Affairs* 133-141 참조.

1285 이종구, 「日, 혁신세력 몰락과 경기침체로 총체적 보수화」, 『프레시안』(2005. 3. 28), https://www.pressian.com/pages/articles/46252(2022. 12. 22 접속). Ian Bremmer, "In 2012, the Year of Politics, What Really Hit Japan?"(in Japanese), *Reuters*(2012. 12. 20), https://www.Reuters.com/article/tk0578637-column-ian-bremmer-japan-idJPTYE

8BK01720121221 [https://perma.cc/YV9T-UPE4] 추가 참조.

1286 Bayarlkhagva(2021), 전게서, 미주 1167.

1287 Laura He, "China's economy is 'in deep trouble' as Xi heads for next decade in power", *CNN Business*(2022. 10. 15), https://www.cnn.com/2022/10/14/economy/china-party-congress-economy-trouble-xi-intl-hnk/index.html [https://perma.cc/9ZCB-KTHK].

1288 "What Could Push China to Invade Taiwan," *Startfor Worldview*(2022, 9, 20), https://world view.stratfor.com/article/what-could-push-china-invade-taiwan [https://perma.cc/386F-U4EQ] 참조.

1289 Morgenthau(1948), 전게서, 미주 1234, p.150.

1290 상동, p.152.

1291 White House, *Phnom Penh Statement on US – Japan – Republic of Korea Trilateral Partnership for the Indo-Pacific*(2022. 11. 13), https://www.whitehouse.gov/briefing-room/statements-releases/2022/11/13/phnom-penh-statement-on-trilateral-partnership-for-the-indo-pacific/ [https://perma.cc/T78M-8ERE].

1292 Bayarlkhagva(2021), 전게서, 미주 1167.

1293 예를 들어, Jude Blanchette, *Strengthening the CCP's "Ideological Work"*, Center for Strategic and International Studies(2020. 8) 참조.

1294 「대한민국과 미합중국간의 상호방위조약」(1952), 전게서, 미주 893 ; Security Treaty between the United States and Japan(1951)(1960년에 개정된 조약인 Treaty of Mutual Cooperation and Security between Japan and the United States of America로 교체), 전게서, 미주 913.

1295 "China's top diplomat renews strong objection to THAAD deployment", *Korea Herald*(2017. 3. 8), http://www.koreaherald.com/view.php?ud=20170308000730 [https://perma.cc/2TL2-EFZA].

1296 Y.S. Lee, Kwangkug Kim, "Tripartite Free Trade Agreement among China, Korea, and Japan: A Step Towards Economic Integration in Northeast Asia?" in Jiaxiang Hu, Matthias Vanhullebusch(eds.), *Regional Cooperation and Free Trade Agreements in Asia*(Leiden: Brill Publishers, 2014), pp.123-145.

1297 Lee(2022), 전게서, 미주 56.

1298 Yeom(2025), 전게서, 미주 581.

1299 상동.

1300 한미자유무역협정에 관한 추가 논의는 Lee 외(2011), 전게서, 미주 936 참조.

1301 Lee(2017), 전게서, 미주 403.

1302 United States Trade Representative, *Indo-Pacific Economic Framework for Prosperity*(IPEF), https://ustr.gov/trade-agreements/agreements-under-negotiation/indo-pacific-economic-framework-prosperity-ipef [https://perma.cc/Y2DE-QXNM].

1303 World Bank, GDP(current US$) - Japan, Korea, Rep., China, 전게서, 미주 489 참조.

1304 전게절 6.1.3 참조.

1305 전게절 3.3.3 참조.

1306 Sarah Kirchberger, *Who is encircling Whom?: Security policy aspects of China's relationship with Japan*, Federal Academy for Security Policy(2017. 1), p.1.

1307 Edward Wong, Ana Swanson, "U.S. Aims to Constrain China by Shaping Its Environment,

Blinken Says", *New York Times*(2022. 5. 26), https://www.nytimes.com/2022/05/26/us/politics/china-policy-biden.html [https://perma.cc/9JEM-LEBR].

1308 예를 들어, Center for Prevention Action, Territorial Disputes in the South China Sea(2022. 5. 4), https://www.cfr.org/global-conflict-tracker/conflict/territorial-disputes-south-china-sea [https://perma.cc/QE5D-5GER] 참조.

1309 Wong, Swanson(2022), 전게서, 미주 1307.

1310 Antonio Graceffo, "China's Crackdown on Mongolian Culture", *The Diplomat*(2020. 9. 4), https://thediplomat.com/2020/09/chinas-crackdown-on-mongolian-culture/ [https://perma.cc/YZ6W-WPR7].

1311 Wong, Swanson(2022), 전게서, 미주 1307.

1312 특히, 3년 동안 지속된 중국의 강압적인 제로 코로나 정책은 시진핑의 권위주의적인 통치를 잘 보여주는 사례다. "China protests spread as demonstrators call for Xi to step down over COVID policies", *CBS News*(2022. 11. 27), 전게서, 미주 1231 참조.

1313 전게절 3.3.2 참조.

1314 전게절 3.3.3 참조.

1315 Wong, Swanson(2022), 전게서, 미주 1307.

1316 상동.

1317 Lee(2020), 전게서, 미주 303 참조.

1318 Lee(2022), 전게서, 미주 56.

1319 상동.

1320 "What does Xi Jinping's China Dream mean?", 전게서, 미주 388 참조.

1321 전게절 8.2 참조.

1322 Dong Wang, Friso M. S. Stevens, "Why is there no Northeast Asian security architecture? - Assessing the strategic impediments to a stable East Asia"(2021) 34(4) *Pacific Review* 577-604, p. 578 ; Megan DuBois, Ankit Panda, Toby Dalton (eds.), *Enhancing the Northeast Asia Regional Security Eco-System: Issues and Approaches*(Carnegie Endowment for International Peace, 2022) ; Kyung Hwan Cho, "Feasibility of Regional Security Framework in Northeast Asia"(2020) 3(1) *Journal for Peace and Nuclear Disarmament* 129-143 추가 참조.

1323 상동, pp.577-578.

1324 "Moon: Japan's not S. Korea's Ally", *KBS World*(2017. 11. 15), http://world.kbs.co.kr/service/news_view.htm?lang=e&Seq_Code=131394 [https://perma.cc/S2CW-PMDP].

1325 Wang, Stevens(2021), 전게서, 미주 1322.

1326 Wong, Swanson(2022), 전게서, 미주 1307.

1327 상동.

1328 전게절 3.3.3 참조.

1329 United Nations Human Rights Council(2014), 전게서, 미주 216 참조.

1330 전게절 5.3.1 참조.

1331 Heajin Kim, "Northeast Asia, Trust and the NAPCI", *The Diplomat*(2015. 12. 18), https://thediplomat.com/2015/12/northeast-asia-trust-and-the-napci/ [https://perma.cc/2824-9PSH].

1332 상동.

1333 상동.

1334 최은미, 「박근혜 정부의 「동북아평화협력구상」은 왜 사라졌을까?: 동북아 다자협력을 위한 (신)기능주의적 접근의 도전과 한계」, 『국가전략』 제26권 제3호(2020), pp.181-208.

1335 Caprara 외(2015), 전게서, 미주 1146.

1336 유럽연합의 형성에 관한 추가 논의는 Giuliano Amato, Enzo Moavero-Milanesi, Gianfranco Pasquino, Lucrezia Reichlin, *The History of the European Union*(Hart, 2018) 참조.

1337 Choe(2022), 전게서, 미주 129.

1338 상동.

1339 Global Firepower, 전게서, 미주 452.

1340 "Hu Jintao escorted out of party congress", *Reuters*(2022. 10. 22), https://www.Reuters.com/world/china/former-chinese-president-hu-jintao-escorted-out-party-congress-2022-10-22/ [https://perma.cc/YQ2B-LX5T].

1341 "China-Taiwan tensions: Xi Jinping says 'reunification' must be fulfilled", *BBC News*(2021. 10. 9), https://www.bbc.com/news/world-asia-china-58854081(2022. 12. 30 접속).

1342 "Taiwan rejects China's 'one country, two systems' plan for the island", *Reuters*(2022. 8. 6), https://www.Reuters.com/world/asia-pacific/taiwan-rejects-chinas-one-country-two-systems-plan-island-2022-08-11/ [https://perma.cc/Z6XG-VEXB].

1343 Peter Gries, Tao Wang, "Taiwan's perilous futures: Chinese Nationalism, the 2020 Presidential Elections, and U.S.-China Tensions Spell Trouble for Cross-strait Relations" (2020) 183(1) *World Affairs* 40-61.

1344 추가 논의는 Lyman P. van Slyke, "The United Front in China"(1970) 5(3) *Popular Fronts* 119-135 참조.

1345 전게절 8.2.3 참조.

1346 "China's Public Stands Tall With Xi as Trump Trade War Unfolds", *Bloomberg News*(2025. 4. 11), https://www.bloomberg.com/news/newsletters/2025-04-11/china-s-public-stands-tall-with-xi-as-trump-trade-war-unfolds(2025. 4. 24 접속).

1347 Nakamura(2022), 전게서, 미주 680.

1348 상동.

1349 "U.S. hails Japan's new security strategy as 'bold and historic'," *Kyodo News*(2022. 12. 17), https://english.kyodonews.net/news/2022/12/5ee1f51910f0-us-hails-japans-new-security-policy-as-bold-and-historic.html [https://perma.cc/UT89-R6M6].

1350 예를 들어, Kim Jong-dae, "Korea shouldn't be welcoming Japan's pursuit of counterstrike capabilities", *Hankyoreh*(2022. 12. 9), https://english.hani.co.kr/arti/english_edition/english_editorials/1070978.html [https://perma.cc/S4P5-SMMS] 참조.

1351 「일본 "북한에 반격능력 행사, 한국 허가 필요없어…자체판단"」, 『연합뉴스』(2022. 12. 17), https://www.yna.co.kr/view/AKR20221217031400704 [https://perma.cc/3RNX-TU5P] 참조. Kim(2022), 전게서, 미주 1350 추가 참조.

1352 Rienzi(2015), 전게서, 미주 701.

1353 Ministry of Foreign Affairs of Japan(1993), 전게서, 미주 786.

1354 전게절 6.3.1 참조.

1355 World Trade Organization(2020), 전게서, 미주 955; John Chalmers, Hyunjoo Lin, "EU, South Korea Say U.S. Plan for EV Tax Breaks May Breach WTO Rules," *Reuters*(2022.

8. 11), https://www.reuters.com/business/autos-transportation/eu-says-us-plan-ev-tax-breaks-discriminatory-may-breach-wto-rules-2022-08-11/(2022. 12. 30 접속).

1356 White House, *Fact Sheet: President Donald J. Trump Imposes Tariffs on Imports from Canada, Mexico, and China*(2025. 2. 1), https://www.whitehouse.gov/fact-sheets/2025/02/fact-sheet-president-donald-j-trump-imposes-tariffs-on-imports-from-canada-mexico-and-china/ [https://perma.cc/PB35-98TF].

1357 Harithas, Meng, Brown, Mouradian(2025), 전게서, 미주 937.

1358 "America is no longer the leader of the free world - and in Canada, we are on a war footing", *Independent*(2025. 3. 8), https://www.independent.co.uk/news/world/americas/america-canada-trump-tarriffs-b2710351.html [https://perma.cc/2V7E-ZNH2].

1359 「한국 - 몽골 국가연합론 세미나」, 전게서, 미주 1181 참조. 백병훈, 「김정은의 불꽃놀이와 한몽골 국가연합」, 『파이낸셜 리뷰』(2022. 6. 7), http://www.financialreview.co.kr/news/articleView.html?idxno=22239 [https://perma.cc/3JMV-8TFD].

1360 상동.

1361 정치적 통합의 구체적인 형태와 범위는 이 책의 논의 범위를 벗어나며, 추가 연구와 논의가 필요하다.

"46% of Japanese favor initial return of 2 islands from Russia", *Nikkei Asia*(2018. 11. 26), https://asia.nikkei.com/Politics/46-of-Japanese-favor-initial-return-of-2-islands-from-Russia [https://perma.cc/4QTP-MTRR].

Abe, Naoki, *Japan's Shrinking Economy*(2010. 2. 12), https://www.brookings.edu/opinions/japans-shrinking-economy/ [https://perma.cc/A34Y-N4AY].

Ackerly, Brooke A., "Is Liberalism the Only Way toward Democracy? Confucianism and Democracy"(2005) 33(4) *Political Theory* 547-576.

Agov, Avram, "North Korea's Alliances and the Unfinished Korean War" 18(2)(1979) *Journal of Korean Studies* 225-262.

Agreement on the settlement of problems concerning property and claims and on economic co-operation(1965), https://treaties.un.org/doc/Publication/UNTS/Volume%20583/volume-583-I-8473-English.pdf [https://perma.cc/F6Y3-QGNU].

Ahn, Chang Gyu, "North Korean air force launches 150 planes in rare large-scale drill", *RFA*(2022. 10. 12), https://www.rfa.org/english/news/korea/strike-drill-10122022142956.html [https://perma.cc/C45Q-L39J].

Ahn, Mun Suk, "What Is the Root Cause of the North Korean Nuclear Program?"(2011) 38(4) *Asian Affairs* 175-187.

Ahn, Young-Joon, "North Korea's Kim Jong Un threatens to use nuclear weapons in potential conflicts with South Korea and United States", *CBS News*(2022. 7. 28), https://www.cbsnews.com/news/kim-jong-un-threatens-to-use-nukes-amid-tensions-with-us-south-korea/ [https://perma.cc/7Q7B-PTVT].

Akiyama, Hiroyuki, Takuya Mizogori, Miki Okuyama, "Ukraine crisis roils waters for Japan's bid to reclaim islands from Russia", *Nikkei Asia*(2022. 2. 8), https://asia.nikkei.com/Politics/International-relations/Ukraine-crisis-roils -waters-for-Japan-s-bid-to-reclaim-islands-from-Russia [https://perma.cc/ 98U9-NNAH].

Akyuz, Yulmaz, "Export Dependence and Sustainability of Growth in China"(2011) 1(23) *China and World Economy* 1-23.

Albert, Eleanor Albert, *The China‑North Korea Relationship*(2019. 6. 25), https://www. cfr.org/backgrounder/china-north-korea-relationship [https://perma.cc/ BBB5-4UXM].

"Alibaba and Tencent Fined In China Tech Crackdown", *Forbes*(2022. 7. 13), https://www.forbes.com/sites/qai/2022/07/13/alibaba-and-tencent-fined-i n-china-tech-crackdown/?sh=71737b083dac(2022. 12. 30 접속).

Allen, G.C., *Japan's Economic Expansion*(Oxford University Press, 1965).

Alsop, Thomas, *DRAM manufacturers revenue share worldwide from 2011 to 2021, by quarter*(2021. 5. 12), https://www.statista.com/statistics/271726/global- market-share-held-by-dram-chip-vendors-since-2010/ [https://perma.cc/ 8SYC-F64M].

Amato, Giuliano, Enzo Moavero-Milanesi, Gianfranco Pasquino, Lucrezia Reichlin, *The History of the European Union*(Hart, 2018).

"America is no longer the leader of the free world‑and in Canada, we are on a war footing", *Independent*(2025. 3. 8), https://www.independent.co. uk/news/world/americas/america-canada-trump-tarriffs-b2710351.html [https://perma.cc/2V7E-ZNH2].

"America's top brass responds to the threat of China in the Pacific", The Economist(2021. 3. 11), https://www.economist.com/asia/2021/03/11/americas-top-brass- responds-to-the-threat-of-china-in-the-pacific [https://perma.cc/2G52- QEFT].

Amiti, Mary, Stephen J. Redding, David E. Weinstein, "The Impact of the 2018 Tariffs on Prices and Welfare"(2019) 33(4) *Journal of Economic Perspectives* 187-210.

Amsden, Alice H., *Asia's Next Giant: Korea and Late Industrialization*(New York: Oxford University Press, 1992).

Arian, Asher, Michal Shamir, "The Primarily Political Functions of the Left-Right Continuum"(1983) 15(2) *Comparative Politics* 139-158.

Armstrong, Charles K., *The North Korean Revolution, 1945-1950*(Cornell University,

2003).

Armstrong, Paul, "Fury over Japanese politician's Nanjing Massacre denial", CNN(2012. 2. 23), https://www.cnn.com/2012/02/23/world/asia/china-nanjing-row [https://perma.cc/8C33-AM6B].

Ashford, Emma, "Not-So-Smart Sanctions"(2016) 95(1) *Foreign Affairs* 114-123.

Asmolov, Konstantin, "Lee Jun-seok Under Attack", *New Eastern Outlook*(2022. 7. 13), https://journal-neo.org/2022/07/13/lee-jun-seok-under-attack/[https://perma.cc/5X3D-ESYE].

Au, Loong Yu, *Hong Kong in revolt: the protest movement and the future of China*(Pluto Press, 2020).

Baatarzorig, Tsolmon, Ragchaasuren Galindev, Hélène Maisonnave, "Effects of ups and downs of the Mongolian mining sector"(2018) 23 *Environment and Development Economics* 527-542.

Bae, Chinsoo, "Territorial Issue in the Context of Colonial History and International Politics: The Dokdo Issue Between Korea and Japan"(2012) 26(1) *Journal of East Asian Affairs* 19-51.

Bae, Gawon, Jessie Yeung, "North Korea rejects South's aid offer, calls President Yoon 'really simple'", CNN(2022. 8. 19), https://www.cnn.com/2022/08/19/asia/north-korea-south-korea-aid-denuclearization-intl-hnk/index.html [https://perma.cc/ZXP9-CYFV].

Bajoria, Jayshree, Beina Xu, *The Six Party Talks on North Korea's Nuclear Program*(2013. 9. 30), https://www.cfr.org/backgrounder/six-party-talks-north-koreas-nuclear-program [https://perma.cc/8WPR-BKR7].

Bank of Korea, *Gross Domestic Product Estimates for South and North Korea*, https://knoema.com/KPKRGDPE2017/gross-domestic-product-estimates-for-north-and-south-korea(2022. 12. 30 접속).

Barannikova, Anastasia, *United States-DPRK Relations*(Center for Strategic and International Studies, 2019).

Barrash, Ike, *Russia's Militarization of the Kuril Islands*(2022. 9. 27), https://www.csis.org/blogs/new-perspectives-asia/russias-militarization-kuril-islands [https://perma.cc/L8BJ-DJFH].

Batbayar, Tsedendamba, "Mongolian-Russian Relations in the Past Decade"(2003) 43(6) *Asian Survey* 951-970.

Bawden, Charles R., *The Modern History of Mongolia*(Kegan Paul International, 1989).

Bayarbat, Sergelen, *What Is Desertification and How Does It Impact Mongolia?*(2021.

7. 23), https://web.archive.org/web/20221020123005/ [https://perma.cc/63V5-36J4].

Bayarlkhagva, Munkhnaran, "Mongolia edges towards autocracy", *Aljajeera*(2021. 7. 18), https://www.aljazeera.com/opinions/2021/7/18/mongolia-edges-towards-autocracy [https://perma.cc/2QRG-PZBW].

Beasley, W. G., *The Meiji Restoration*(Stanford University Press, 1972).

Beckley, Michael, Yusaku Horiuchi, Jennifer M. Miller, "America's Role in the Making of Japan's Economic Miracle"(2018) 18(1) *Journal of East Asian Studies* 1-21.

Bennett, Bruce W., *Why Japan's Military Shift Is Necessary for South Korea*(2024. 7. 7), https://www.rand.org/blog/2014/07/why-japans-military-shift-is-necessary-for-south-korea.html [https://perma.cc/PKQ9-AH8E].

Berger, Carl, *The Korea knot: A military-political history*(University of Pennsylvania Press, 1965).

Bicker, Laura, "North Korea blows up joint liaison office with South in Kaesong", *BBC News*(2020. 6. 16), https://www.bbc.com/news/world-asia-53060620 (2022. 12. 20 접속).

"Biden says US will defend Taiwan if China attacks", *BBC News*(2021. 10. 22), https://www.bbc.com/news/world-asia-59005300(2022. 12. 20 접속).

Billé, Frank, Grégory Delaplace, Caroline Humphrey, *Frontier Encounters: Knowledge and Practice at the Russian, Chinese and Mongolian Border*(Open Book Publishers, 2012).

Black, Cyril E., Louis Dupree, Elizabeth Endicott-West, Daniel C. Matuszewski, Eden Naby, Arthur N. Waldron, *The Modernization of Inner Asia*(Routledge, 1991).

Blanchette, Jude, *Strengthening the CCP's "Ideological Work"*, Center for Strategic and International Studies(2020. 8).

Bloom, Irene, J. Paul Martin, Wayne L. Proudfoot, *Human Rights: Concepts and Problems*(Columbia University Press, 1999).

Boehm, Sophie, Elizabeth Moses, Carole Excell, *Left in the Dark on Pollution, Mongolia's Poorest Communities Must Use Contaminated Water*(2017. 9. 6), https://www.wri.org/insights/left-dark-pollution-mongolias-poorest-communities-must-use-contaminated-water [https://perma.cc/W6XU-CK8C].

Bowen, Roger W., "Japan's Foreign Policy"(1992) 25(1) *Political Science and Politics* 57-73.

Brandt, Loren, John Litwack, Elitza Mileva, Luhang Wang, Yifan, Luan Zhao, "China's

Productivity Slowdown," Policy Research Working Paper 9298, World Bank(2020. 6).

Bremmer, Ian, "In 2012, the Year of Politics, What Really Hit Japan?"(in Japanese), *Reuters*(2012. 12. 20), https://www.Reuters.com/article/tk0578637-column-ian-bremmer-japan-idJPTYE8BK01720121221 [https://perma.cc/YV9T-UPE4].

Brennan, Peter, *Push to reshore US manufacturing challenged by reliance on global supply chain*(2022. 4. 14), https://www.spglobal.com/marketintelligence/en/news-insights/latest-news-headlines/push-to-reshore-us-manufacturing-challenged-by-reliance-on-global-supply-chain-69752018 [https://perma.cc/L39K-BD3W].

Bridges, Brian, "North Korea after Kim Il-Sung"(1995) 51(6) *The World Today* 103-107.

"Britain's Queen Elizabeth aircraft carrier to visit Japan, S Korea on maiden deployment", *Reuters*(2021. 4. 26), https://www.Reuters.com/world/uk/britain-says-queen-elizabeth-aircraft-carrier-visit-japan-s-korea-maiden-2021-04-26/(2022. 12. 22. 접속).

Brown, James D. J., *Japan, Russia, and Their Territorial Dispute: The Northern Delusion* (Routledge, 2016).

Brown, Mark, "Colonial States, Colonial Rule, Colonial Governmentalities: Implications for the Study of Historical State Crime"(2018) 7(2) *State Crime and Colonialism* 173-198.

Buchholz, Katharina, *Who Is North Kora Trading With?*(2019. 9. 6), https://www.statista.com/chart/10683/north-korea-trading-partners/ [https://perma.cc/MD4U-RUZ2].

Bull, Hedley, *The Anarchical Society: A Study of Order in World Politics*(4th ed., Palgrave Macmillan, 2012).

Bureau of Economic Analysis(U.S. Department of Commerce), *U.S. Direct Investment Abroad: Balance of Payments and Direct Investment Position Data*, https://apps.bea.gov/international/xls/usdia-current/usdia-detailedcountry-2020-2021.xlsx(2022. 12. 22 접속).

Bureau of Industry and Security(U.S. Department of Commerce), *Commerce Implements New Export Controls on Advanced Computing and Semiconductor Manufacturing Items to the People's Republic of China(PRC)*(2022 10. 7), https://www.bis.doc.gov/index.php/documents/about-bis/newsroom/press-releases/3158-2022-10-07-bis-press-release-advanced-computing-and-semiconductor-manuf acturing-controls-final/file [https://perma.cc/C9LH-TZYL].

Busnyski, Leszek, "Russia and Northeast Asia: Facing a Rising China"(2002) 3(1) *Georgetown Journal of International Affairs* 69-76.

Butts, Dylan, "U.S. chip controls will benefit China's Nvidia rivals like Huawei: Analysts", CNBC(2025. 4. 21), https://www.cnbc.com/2025/04/21/us-chip-controls-boon-for-china-nvidia-rivals-like-huawei-analysts-.html [https://perma.cc/N6TK-45ZG].

Calder, Kent, Min Ye, *The Making of Northeast Asia*(Stanford University Press, 2010).

Calingaert, Daniel, "Nuclear Weapons and the Korean War"(1988) 11(2) *Journal of Strategic Studies* 177-202.

Campbell, Joel R., "The Wrong War: The Soviets and the Korean War, 1945-1953"(2014) 88(3) *International Social Science Review* 1-29.

Caprara, David L., Katharine H. S. Moon, Paul Park, *Mongolia: Potential Mediator between the Koreas and Proponent of Peace in Northeast Asia*(2015. 1. 20), https://www.brookings.edu/opinions/mongolia-potential-mediator-between-the-koreas-and-proponent-of-peace-in-northeast-asia/[https://perma.cc/T5KD-3VDG].

Cartwright, Mark, "The Japanese Invasion of Korea, 1592-8 CE", *World History Encyclopedia*(2019. 6. 11), https://www.worldhistory.org/article/1398/the-japanese-invasion-of-korea-1592-8-ce/ [https://perma.cc/2F3E-L8TM].

Cash, Joe and Yukun Zhang, "China raises duties on US goods to 125%, calls Trump tariff hikes a 'joke'", *Reuters*(2025. 4. 11), https://www.reuters.com/world/china/china-increase-tariffs-us-goods-125-up-84-finance-ministry-says-2025-04-11/?utm_source=chatgpt.com(2025. 4. 18 접속).

Cavale, Siddharth, "Trump meets with US retailers to discuss tariffs", *Reuters*(2025. 4. 21), https://www.reuters.com/business/retail-consumer/trump-meet-retailers-including-walmart-home-depot-discuss-tariffs-impact-2025-04-21/?utm_source=chatgpt.com(2025. 4. 22 접속).

Cawley, Kevin N., "Korean Confucianism", *Stanford Encyclopedia of Philosophy*(2021. 11. 24), https://plato.stanford.edu/entries/korean-confucianism/ [https://perma.cc/K8VX-JL9C].

Center for Prevention Action, Territorial Disputes in the South China Sea(2022. 5. 4), https://www.cfr.org/global-conflict-tracker/conflict/territorial-disputes-south-china-sea [https://perma.cc/QE5D-5GER].

Center for Strategic and International Studies, *A Speech by Assistant Secretary of State*

for East Asian and Pacific Affairs David R. Stilwell(2019. 12. 13), https://www.
csis.org/analysis/speech-assistant-secretary-state-east-asian-and-pacific-aff
airs-david-r-stilwell [https://perma.cc/7F89-B3CD].

Centre for Economics and Business Research, *World Economic League Table*(2020.
12), https://cebr.com/wp-content/uploads/2020/12/WELT-2021-final-29.
12.pdf [https://perma.cc/7UFK-WE89].

Cha, Victor, "The North Korean Question"(2016) 56(2) *Asian Survey* 243-269.

Cha, Victor, *Assessment of the Singapore Summit*(2018. 6. 12), https://www.csis.org/
analysis/assessment-singapore-summit [https://perma.cc/4GF4-LY8J].

Chalmers, John, Hyunjoo Lin, "EU, South Korea Say U.S. Plan for EV Tax Breaks
May Breach WTO Rules," *Reuters*(2022. 8. 11), https://www.reuters.com/
business/autos-transportation/eu-says-us-plan-ev-tax-breaks-discriminatory
-may-breach-wto-rules-2022-08-11/(2022. 12. 30 접속).

Chan, Steve, "Human Rights in China and the United States: Competing Visions
and Discrepant Performances"(2002) 24(4) *Human Rights Quarterly* 1035-
1053.

Chang, Gordon, *China's Conception of the World and Model of Global Governance*,
https://www.hoover.org/sites/default/files/gordon_chang_paper.pdf(202
2. 12. 22 접속).

Chang, Jae, *The United States Looks to Form Semiconductor Alliance with Indo-Pacific
Partners*(2022. 6. 1), https://asiamattersforamerica.org/articles/the-united-
states-looks-to-form-semiconductor-alliance-with-indo-pacific-partners
[https://perma.cc/W46V-4LXX].

Chang, Semoon, "The Saga of U.S Economic Sanctions Against North Korea"(2006)
20(2) *Journal of East Asian Affairs* 109-139.

Chang, Semoon, "Economic Cooperation Between the Two Koreas"(2012) 8(2) *North
Korean Review* 6-16.

Chapman, William, "S. Korean Dissidents Praise Carter for Pressing Rights Issue
With Park", *Washington Press*(1979. 7. 2), https://www.washingtonpost.
com/archive/politics/1979/07/02/s-korean-dissidents-praise-carter-for-pres
sing-rights-issue-with-park/b3f3d383-0bad-4b60-b109-69ef28e0cbf5/
[https://perma.cc/K8VG-ECYK].

Cheney, Kyle and Josh Gerstein, "Second judge to block Trump's spending freeze
says the policy is likely unconstitutional", *Politico*(2025. 1. 31), https:// www.
politico.com/news/2025/01/31/judge-block-trump-spending-freeze-00201

899?utm_source=chatgpt.com(2025. 2. 8 접속).

Cheng, Grace, *China's Response to a Post-Pacifist Japan*(2014. 9. 14), https://www. e-ir.info/2014/09/14/chinas-response-to-a-post-pacificist-japan/ [https://perma.cc/6YNQ-N6RK].

Cheng, Hung-ta, Evelyn Kao, "U.S.-led chip alliance aimed at curbing China influence: Analyst", *Focus Taiwan*(2022. 8. 21), https://focustaiwan.tw/business/ 202208210007 [https://perma.cc/JTS8-4U46].

Cheng, Jonathan, "How Seoul Would Defend Itself Against a North Korean Attack", *Wall Street Journal*(2017. 8. 11), https://www.wsj.com/articles/how-seoul- would-defend-itself-against-a-north-korean-attack-1502466710 [https://perma.cc/G4WL-BZSS].

Chiang, Min-Hua, *China More Dependent on U.S. and Our Technology Than You Think*(2022. 7. 7), https://www.heritage.org/asia/commentary/china-more-dependent- us-and-our-technology-you-think [https://perma.cc/SH92-V8QK].

"China is the world's factory, more than ever", *The Economist*(2020. 6. 23), https://www. economist.com/finance-and-economics/2021/09/08/china-is-the-worlds-fa ctory-more-than-ever [https://perma.cc/9PB2-YFTT].

"China protests spread as demonstrators call for Xi to step down over COVID policies", *CBS News*(2022. 11. 27), https://www.cbsnews.com/news/china-protests- shanghai-beijing-covid-lockdown/ [https://perma.cc/S8NA-FD87].

"China Reaffirms Threat of Military Force to Annex Taiwan", *Voice of America*(2022. 8. 10), https://www.voanews.com/a/china-reaffirms-threat-of-military- force-to-annex-taiwan-/6695555.html [https://perma.cc/LY7A-4H6N].

"China says 2021 fiscal revenues rise 10.7% y/y, boosted by economic recovery", *Reuters*(2022, 1. 25), https://www.Reuters.com/markets/rates-bonds/china- says-2021-fiscal-revenues-rise-107-yryr-2022-01-25/(2022. 12. 22 접속).

"China to enforce UN sanctions against North Korea", *The Guardian*(2017. 9. 23), https://www.theguardian.com/world/2017/sep/23/china-to-enforce-un-sa nctions-against-north-korea [https://perma.cc/6XX3-FQPQ].

"China will stop reporting asymptomatic COVID cases after dropping mass testing requirements", *PBS*(2022. 12. 14), https://www.pbs.org/newshour/world/ china-will-stop-reporting-asymptomatic-covid-cases-after-dropping-mass-t esting-requirements [https://perma.cc/8CRF-YTBT].

"China-Taiwan tensions: Xi Jinping says 'reunification' must be fulfilled", *BBC News*(2021. 10. 9), https://www.bbc.com/news/world-asia-china-58854081

(2022. 12. 22 접속).

"China's Public Stands Tall With Xi as Trump Trade War Unfolds", *Bloomberg News*(2025. 4. 11), https://www.bloomberg.com/news/newsletters/2025-04-11/china-s-public-stands-tall-with-xi-as-trump-trade-war-unfolds(2025. 4. 24 접속).

"China's top diplomat renews strong objection to THAAD deployment", *Korea Herald*(2017. 3. 8), http://www.koreaherald.com/view.php?ud=2017030 8000730 [https://perma.cc/2TL2-EFZA].

Cho, E. J. R., Ki-young Shin, "South Korean views on Japan's constitutional reform under the Abe government"(2018) 31(2) *Pacific Review* 256-266.

Cho, Kyung Hwan, "Feasibility of Regional Security Framework in Northeast Asia"(2020) 3(1) *Journal for Peace and Nuclear Disarmament* 129-143.

Choe, Sang-Hun, "Kim Jong-un Calls K-Pop a 'Vicious Cancer' in the New Culture War", *New York Times*(2021. 6. 10), https://www.nytimes.com/2021/06/11/world/asia/kim-jong-un-k-pop.html [https://perma.cc/44GY-YDGX].

Choe, Sang-Hun, "North Korea Adopts New Law Hardening Its Nuclear Doctrine", *New York Times*(2022. 9. 9), https://www.nytimes.com/2022/09/09/world/asia/north-korea-kim-weapons-law.html [https://perma.cc/FX4K-KNBY].

Choe, Sang-Hun, David E. Sanger, "Kim Jong-il, North Korean Dictator, Dies", *New York Times*(2011. 9. 19), https://www.nytimes.com/2011/12/19/world/asia/kim-jong-il-is-dead.html [https://perma.cc/2RCH-PWJG].

Choe, Sang-Hun, Motoko Rich, "North Korea Fires 6 More Missiles Toward Japan, Including an ICBM", *New York Times*(2022. 11. 2), https://www.nytimes.com/2022/11/02/world/asia/north-korea-missile-japan.html [https://perma.cc/GDF9-D25A].

Choi, Jae-hee, "Ruling party mulls universal cash relief before Chuseok", *Korea Herald*(2021. 6. 2), https://www.koreaherald.com/view.php?ud=202106 02000792 [https://perma.cc/L2W4-HR4Z].

Choi, Jong Kun, Chung-in Moon, "Understanding Northeast Asian Regional Dynamics: Inventory Checking and New Discourses on Power, Interest, and Identity"(2010) 10 *International Relations of the Asia-Pacific* 343-372.

Choi, Soo-Hyang, "South Korea's ruling party cements presidential win with local vote success", *Reuters*(2022. 6. 1), https://www.Reuters.com/world/asia-pacific/south-koreas-ruling-party-cements-presidential-win-with-local-vote-success-2022-06-02/(2022. 12. 22 접속).

Christensen, Thomas J., "China, the U.S.-Japan Alliance, and the Security Dilemma in East Asia"(1999) 23(4) *International Security* 49-80.

Chu, Sinan, *Whither Chinese IR? The Sinocentric subject and the paradox of Tianxia-ism* (Cambridge University Press, 2020).

Chung, Jae Ho, "Korean Views of Korea-China Relations: Evolving Perceptions and Upcoming Challenges"(2012) 36(2) *Asian Perspective* 219-236.

Chwe, Michael, *Letter by Concerned Economists Regarding "Contracting for Sex in the Pacific War" in the International Review of Law and Economics*, http://chwe. net/irle/letter [https://perma.cc/FLQ2-YMEC].

Claxton, James, Luke Nottage, Brett Williams, Litigating, "Arbitrating and Mediating Japan - Korea Trade and Investment Tensions"(2020) 54(4) *Journal of World Trade* 591-614.

Clay, Ian, Robert D. Atkinson, *Wake Up, America: China Is Overtaking the United States in Innovation Capacity*, Information Technology & Innovation Foundation(2023. 1. 23), https://itif.org/publications/2023/01/23/wake-up-america-china-is-overtaking-the-united-states-in-innovation-capacity/ [https://perma.cc/5C7P-2RGE].

Clemens, W.C., "North Korea's Quest for Nuclear Weapons"(2010) 10(1) *Journal of East Asian Studies* 127-154.

Cohen, Jerome B., *Japan's Postwar Economy*(Indiana University Press, 1958).

Cohen, Warren I., *America's Response to China: A History of Sino-American Relations*(6th ed., Columbia University Press, 2019).

Commander, U.S. 7th Fleet, *The United States Seventh Fleet*, https://www.c7f.navy. mil/About-Us/Facts-Sheet/ [https://perma.cc/6URB-ZDDY].

Congressional Research Service, *China Naval Modernization: Implications for U.S. Navy Capabilities —Background and Issues for Congress*, RL33153(2022. 3. 8), https://sgp.fas.org/crs/row/RL33153.pdf [https://perma.cc/X3PL-74ZA].

Congressional Research Service, *China's Military: The People's Liberation Army(PLA)* (2021. 6. 4), https://crsreports.congress.gov/product/pdf/R/ R46808(2022. 12. 20 접속).

Congressional-Executive Commission on China, *Judicial Independence in the RPC*, https://www.cecc.gov/judicial-independence-in-the-prc(2022. 9. 19 접속).

Constitution of Mongolia, https://www.constituteproject.org/constitution/Mongolia_ 2001.pdf?lang=en [https://perma.cc/EBH8-3ANV].

Constitution of the People's Republic of China, http://www.npc.gov.cn/zgrdw/ englishnpc/Constitution/node_2825.htm [https://perma.cc/M8NG-ZKXF].

Cooban, Anna, Uliana Pavlova, "Russia threatens to cut supply of gas through Ukraine", CNN(2022. 11. 23), https://www.cnn.com/2022/11/23/energy/russia-gas-ukraine-moldova [https://perma.cc/H6PQ-VBQM].

Coomaraswamy, Radhika(Special Rapporteur on Violence against Women, Its Causes and Consequences), *Report on the Mission to the Democratic People's Republic of Korea, the Republic of Korea and Japan on the Issue of Military Sexual Slavery in Wartime*, U.N. Doc. E/CN.4/1996/53/Add.1(1996. 1. 4).

Cooney, Kevin J., Alex Scarbrough, "Japan and South Korea: Can These Two Nations Work Together?"(2008) 35(3) *Asian Affairs* 173-192.

Cordesman, Anthony H., *The Korean Civil-Military Balance*, Center for Strategic and International Studies Report(2018. 5. 24), https://www.csis.org/analysis/korean-civil-military-balance [https://perma.cc/969N-AJT8].

Corradini, Piero, "The Legitimization of the Qing Dynasty"(2002) 46(1) *Central Asiatic Journal* 112-127.

Cossa, Ralph A., Brad Glosserman, "Washington 'Pivots' to Asia"(2022) 24(2) *Pacific Forum Comparative Connections* 1-20.

Cumings, Bruce, *The Origins of the Korean War*(Princeton University Press, 1981).

Cumings, Bruce, "Power and Plenty in Northeast Asia: The Evolution of U.S. Policy"(1987) 5(1) *World Policy Journal* 79-106.

Dapiran, Anthony, City of protest: a recent history of dissent in Hong Kong(Penguin Books, 2017).

Dardess, John W., "From Mongol Empire to Yuan Dynasty: Changing Forms of Imperial Rule in Mongolia and Central Asia" 30 *Monumenta Serica* 117-165.

Das, Santosh, *Top 10 Consumer Electronics Companies in the World*(2021. 10. 4), http://www.electronicsandyou.com/blog/top-10-consumer-electronics-companies-in-the-world.html [https://perma.cc/E53R-YFMW].

Denyer, Simon, "Japan effectively bans China's Huawei and ZTE from government contracts, joining U.S.", Washington Post(2018. 12. 10), https://www.washingtonpost.com/world/asia_pacific/japan-effectively-bans-chinas-huawei-zte-from-government-contracts-joining-us/2018/12/10/748fe98a-fc69-11e8-ba87-8c7facdf6739_story.html [https://perma.cc/WLF3-HDS2].

Devonshire-Ellis, Chris, *China's Relations with Russia in a New Age*(2022. 9. 8), https://www.china-briefing.com/news/chinas-relations-with-russia-in-a-new-age [https://perma.cc/XC5G-Y45C].

Diaz, Daniella, "Top general says he'd push back against 'illegal' nuclear strike order", CNN(2017. 11. 20), https://www.cnn.com/2017/11/18/politics/air-force-general-john-hyten-nuclear-strike-donald-trump [https://perma.cc/MS3F-S548].

Dierkes, James, Mendee Jargalsaikhan, "8 Reasons Why Mongolia's Capital Ulaanbaatar Might Be The Place for a Trump-Kim Summit", *The Diplomat*(2018. 3. 10), https://thediplomat.com/2018/03/8-reasons-why-mongolias-capital-ulaanbaatar-might-be-the-place-for-a-trump-kim-summit/ [https://perma.cc/3RSS-P6N8].

Dierkes, Julian, "Mongolia Is Keen to Distance Itself From Moscow and Beijing", *Foreign Policy*,(2022. 10. 27), https://foreignpolicy.com/2022/10/27/mongolia-independence-russia-china-relations-ukraine/[https://perma.cc/N6UB-QBTB].

Dierkes, Julian, "Mass Protests in Mongolia Decry 'Coal Mafia'. Corruption", *The Diplomat*,(2022. 12. 6), https://thediplomat.com/2022/12/mass-protests-in-mongolia-decry-coal-mafia-corruption/ [https://perma.cc/A7Z5-5JPY].

Dikötter, Frank, *The Cultural Revolution: A People's History, 1962-1976*(Bloomsbury Press, 2017).

Ding, Xiaoqin, "The Socialist Market Economy: China and the World"(2009) 73(2) *Science and Society* 235-241.

Dollar, David, Ryan Hass, *Getting the China challenge right*(2021. 1. 25), https://www.brookings.edu/research/getting-the-china-challenge-right/[https://perma.cc/JGL2-NYTF].

Donnan, S., "Trump trade tsar warns against China 'market economy' status", *Financial Times*(2017. 6. 22), https://www.ft.com/content/4d6ba03e-56b0-11e7-9fed-c19e2700005f(2022. 12. 22 접속).

Donnan, S., L. Hornby, A. Beesley, "China challenges EU and US over market economy status", *Financial Times*(2016. 12. 13), https://www.ft.com/content/6af8da62-bf5d-11e6-9bca-2b93a6856354?mhq5j=e2(2022. 12. 22 접속).

Dotto, Carlotta, Brad Lendon, Jessie Yeung, "North Korea's record year of missile testing is putting the world on edge", CNN(2022. 12. 26), https://www.cnn.com/2022/12/26/asia/north-korea-missile-testing-year-end-intl-hnk/index.html#: - :text=In%202022%2C%20the%20isolated%20nation,nuclear%20test%20on%20the%20horizon [https://perma.cc/J9Q2-WV32].

DuBois, Megan, Ankit Panda, Toby Dalton(eds.), *Enhancing the Northeast Asia Regional*

Security Eco-System: Issues and Approaches(Carnegie Endowment for International Peace, 2022).

Dudden, Alexis (ed.), "Supplement to Special Issue: Academic Integrity at Stake: The Ramseyer Article - Four Letters (Table of Contents)" (2021) 19(5) *Asian -Pacific Journal* 1-2.

Easley, Leif-Eric, "Defense Ownership or Nationalist Security: Autonomy and Reputation in South Korean and Japanese Security Policies"(2007) 27(2) *The SAIS Review of International Affairs* 153-166.

Envall, H.D.P., "Japan: From Passive Partner to Active Ally", in Michel Wesley(ed.), *Global Allies*(Australian National University Press, 2017).

Erickson, Andrew S., "U.S. China Military-to-Military Relations Policy Considerations in a Changing Environment"(2019) 14(3) *Asia Policy* 123-144.

Eschborn, Norbert, "North Korean Refugees in South Korea"(2014) 292 *ISPSW Strategy Series* 1-17, https://www.files.ethz.ch/isn/184307/292_Eschborn_Apel%20 (2).pdf [https://perma.cc/JY9K-XMXP].

"Ethnic Mongolians in China protest removal of traditional language in schools", *Reuters*(2020. 9. 2), https://www.Reuters.com/article/us-china-education- mongolian-protests/ethnic-mongolians-in-china-protest-removal-of-traditi onal-language-in-schools-idUSKBN25T0YP [https://perma.cc/CA33-SCS4].

Ewing, Thomas E., "Revolution of the Chinese Frontier: Outer Mongolia in 1911"(1978) 12(2) *Journal of Asian History* 101-119.

Faguy, Ana, "Thousands join anti-Trump protests across US", *BBC*(2025. 4. 19), https://www.bbc.com/news/articles/czjn0410e3zo [https://perma.cc/ 3WPN-SKR8].

Fairbank, John King,(ed.), *The Chinese World Order*(Harvard University Press, 1968).

Falconer, Rebecca, "U.S. and South Korean militaries launch biggest-ever air drills", *Axios*(2022. 10. 31), https://www.axios.com/2022/10/31/us-south-korea- largest-warplane-air-drills# [https://perma.cc/WD5C-E8BX].

Farnsworth, Lee, W., "Japan 1972: New Faces and New Friends"(1972) 13(1) *Asian Survey* 113-125.

Feffer, John, "An Arms Race in Northeast Asia?"(2009) 33(4) *Asian Perspective* 5-15.

Fenby, Jonathan, *Modern China: The Fall and Rise of a Great Power, 1850 to the Present* (HarperCollins, 2008).

Feng, Li, "'Feudalism' and Western Zhou China: A Criticism"(2003) 63(1) *Harvard Journal of Asiatic Studies* 115-144.

Fiaschetti, Francesca, "Diplomacy in the Age of Mongol Globalization: an Introduction" (2019) 17 *European Studies* 175-181.

Fischer, Hanah, *North Korean Provocative Actions, 1950-2007*, CRS Report for Congress (2007. 4. 20), https://sgp.fas.org/crs/row/RL30004.pdf [https://perma.cc/WR8Z-PJTQ].

Fish, M. Steven, "Mongolia: Democracy Without Prerequisites"(1998) 9(3) *Journal of Democracy* 127-141.

Folkenflik, David, "Trump White House seeks tighter grip on message with new limits on press", *National Public Radio*(2025. 2. 26), https://www.npr.org/2025/02/26/nx-s1-5308628/trump-white-house-press-access-voa?utm_source=chatgpt.com [https://perma.cc/3ZHM-UQ6H].

"Forced laborers seeking justice 70 years on", *Korea Herald*(2013. 8. 9), http://www.koreaherald.com/view.php?ud=20130809000689 [https://perma.cc/V3XM-2WQM].

Frank, Rüdiger, "Economic Sanctions against North Korea"(2018) 13(3) *Asia Policy* 5-12.

Freifeld, Karen, "U.S. official says export curbs on Russia hit car production and tank building", *Reuters*(2022. 3. 30), https://www.Reuters.com/business/us-official-says-export-curbs-russia-hit-car-production-tank-building-2022-03-30/(2022. 12. 22 접속).

Frohman, Ben, Emma Rafaelof, Alexis Dale-Huang, *The China-North Korea Strategic Rift: Background and Implications for the United States*(2022. 1. 24), https://www.uscc.gov/sites/default/files/2022-01/China-North_Korea_Strategic_Rift.pdf [https://perma.cc/45FZ-EYCM].

Fuertes, Elena Gordiollo, "Toxic Winter: The 'Slow Violence' of Air Pollution in Mongolia", *The Diplomat*(2022. 12. 8), https://thediplomat.com/2022/12/toxic-winter-the-slow-violence-of-air-pollution-in-mongolia/ [https://perma.cc/7ET6-AYCF].

Fukada, Masahiko, "How socialism and the left wing failed in Japan", *Japan Times*(2019. 12. 30), https://www.japantimes.co.jp/news/2019/12/30/national/politics-diplomacy/socialism-japan/ [https://perma.cc/PTL8-NHQH].

Gaddis, John Lewis, *The Cold War: A New History*(Penguin Books, 2006).

Gan, Nectar, "'Stop asking why': Shanghai intensifies Covid lockdown despite falling cases", *CNN*(2022. 5. 9), https://www.cnn.com/2022/05/09/china/china-covid-shanghai-restrictions-escalate-intl-hnk/index.html [https://perma.cc

/AQJ6-QXAS].

Gan, Nectar, "Putin concedes China has 'questions and concerns' over Russia's faltering invasion of Ukraine", CNN(2022. 9. 6), https://www.cnn.com/2022/09/15/asia/xi-putin-meeting-main-bar-intl-hnk(2022. 12. 22 접속).

Gang, Fan, Nicholas Hope, *The Role of State-Owned Enterprises in the Chinese Economy*, https://www.chinausfocus.com/2022/wp-content/uploads/Part+02-Chapter+16.pdf(2022. 12. 22 접속).

Garamone, Jim, *Russia Continues Attacks on Ukraine Civilian Targets*, U.S. Department of Defense(2022. 10. 31), https://www.defense.gov/News/News-Stories/Article/Article/3205450/russia-continues-attacks-on-ukraine-civilian-targets/ [https://perma.cc/N6XJ-N6K6].

Garamone, Jim, *Pentagon Says 10K North Korean Troops in Kursk Oblast*, U.S. Department of Defense(2024. 11. 4.), https://www.defense.gov/News/News-Stories/Article/Article/3955757/pentagon-says-10k-north-korean-troops-in-kursk-oblast/ [https://perma.cc/5PET-RUV5].

Garcia, Manuel Perez, "From Eurocentrism to Sinocentrism: The New Challenges in Global History"(2014) 119(3) *European Journal of Scientific Research* 337-352.

García-Herrero, Alicia, *Japan must boost R&D to keep rising Chinese rivals at bay*(2018. 9. 20), https://www.bruegel.org/comment/japan-must-boost-rd-keep-rising-chinese-rivals-bay [https://perma.cc/CHR6-2GWE].

Gargeyas, Arjun, "The Chip 4 Alliance Might Work on Paper, But Problems Will Persist", *The Diplomat*(2022. 8. 25), https://thediplomat.com/2022/08/the-chip4-alliance-might-work-on-paper-but-problems-will-persist/ [https://perma.cc/44FA-27WA].

Garrett, Luke, "Trump faces bipartisan criticism over Abrego Garcia deportation", *National Public Radio*(2025. 4. 20), https://www.npr.org/2025/04/20/g-s1-61475/trump-faces-bipartisan-criticism-over-abrego-garcia-deportation?utm_source=chatgpt.com [https://perma.cc/BY5J-NTJ9].

"GDP, 1000 to 2018", *Our World in Data*(2020), https://ourworldindata.org/grapher/gdp-world-regions-stacked-area?country=CHN - OWID_WRL [https://perma.cc/T2X3-3H2J].

Gehrke, Joel, "Chinese military to 'prepare for war' as Xi Jinping menaces Taiwan", *Washington Examiner*(2022. 10. 19), https://www.washingtonexaminer.com/policy/defense-national-security/china-military-prepare-war-xi-jinping-menaces-taiwan [https://perma.cc/DKW3-KWPQ].

Gellner, Ernest, *Nations and Nationalism*(Cornell University Press, 1983).

Gerson, Michael S., *The Sino-Soviet Border Conflict*(2010. 11), https://www.cna.org/archive/CNA_Files/pdf/d0022974.a2.pdf [https://perma.cc/3GQ2-X6RZ].

Gerstel, Dylan, Matthew P. Goodman, *From Industrial Policy to Innovation Strategy: Lessons from Japan, Europe, and the United States*(Center for Strategic and International Studies, 2020).

Gewirtz, Julian, *Chinese Reformers, Western Economists, and the Making of Global China*(Harvard University Press, 2017).

Gibbon, Peter, Jakob Vestergaard, *US Trade Policy under Trump: Assessing the Unilateralist Turn*(Danish Institute for International Studies, 2017).

Gill, Rob, "Balancing Mongolia's Growth and Sovereignty: Up, Down, or Out?"(2017) 14 *New Perspectives in Foreign Policy* 28-33.

Gilpin, Robert, War and Change in World Politics(Cambridge University Press, 1981).

Gladstone, Rick, "U.N. Security Council imposes punishing new sanctions on North Korea", *New York Times*(2017. 8. 5), https://www.nytimes.com/2017/08/05/world/asia/north-korea-sanctions-united-nations.html [https://perma.cc/4EBQ-F98E].

Glant, David M., "August Storm: The Soviet 1945 Strategic Offensive in Manchuria", Leavenworth Papers, no. 7(1983. 2).

"Global 500 1995", *Fortune*, https://fortune.com/ranking/global500/1995/(2022. 12. 30 접속).

Global Edge, *South Korea: Trade Statistics*, https://globaledge.msu.edu/countries/south-korea/tradestats [https://perma.cc/Z9U5-7ZNW].

Global Firepower, *2022 Mongolia Military Strength*(2022. 5. 2), https://www.globalfirepower.com/country-military-strength-detail.php?country_id=mongolia#:~:text=For%202022%2C%20Mongolia%20is%20ranked,for%20the%20annual%20GFP%20review [https://perma.cc/MQC3-BZVM].

Global Firepower, *2022 Military Strength Ranking*, https://www.globalfirepower.com/countries-listing.php [https://perma.cc/B78N-DN23].

Gordon, David M., "Historiographical Essay: The China-Japan War, 1931-1945"(2006) 70(1) *Journal of Military History* 137-182.

Goudsward, Andrew and Luc Cohen, "Judge orders Trump officials to testify about efforts to return wrongly deported man", *Reuters*(2025. 4. 16), https://www.reuters.com/legal/judge-consider-trumps-compliance-with-order-over-wrongly-deported-man-2025-04-15/(2025. 4. 18 접속).

Graceffo, Antonio, "China's Crackdown on Mongolian Culture", *The Diplomat*(2020. 9. 4), https://thediplomat.com/2020/09/chinas-crackdown-on-mongolian-culture/ [https://perma.cc/YZ6W-WPR7].

Graceffo, Antonio, "Mongolia suffers under China's zero Covid policy", *The Interpreter* (2022. 1. 19), https://www.lowyinstitute.org/the-interpreter/mongolia-suffers-under-china-s-zero-covid-policy [https://perma.cc/5RNT- 5HCW].

Graham, Thomas E., *Russia's Decline and Uncertain Recovery*(Carnegie Endowment for International Peace, 2002), https://carnegieendowment.org/pdf/ files/ Decline.pdf [https://perma.cc/FK8F-DLJG].

Gregor, A. James, Maria Hsia Chang, "Anti-Confucianism: Mao's Last Campaign"(1979) 19(11) *Asian Survey* 1073-1092.

Grieco, Kelly A., "Assessing the Singapore Summit—Two Years Later"(2020) 14(3) *Strategic Studies Quarterly* 12-21.

Gries, Peter, Tao Wang, "Taiwan's perilous futures: Chinese Nationalism, the 2020 Presidential Elections, and U.S.-China Tensions Spell Trouble for Cross-strait Relations"(2020) 183(1) *World Affairs* 40-61.

Guex, Samuel, "Legality or Legitimacy: Revisiting Debates on the Korea-Japan Annexation Treaties", in Marie Seong-Hak Kim(ed.), *The Spirit of Korean Law*(Brill, 2016).

Guluzade, Amir, "How reform has made China's state-owned enterprises stronger", *World Economic Forum*(2020. 5. 21), https://www.weforum.org/agenda/ 2020/05/how-reform-has-made-chinas-state-owned-enterprises-stronger/ [https://perma.cc/KGK8-YDW3].

Gunderson, Gerald, "The Origin of the American Civil War"(1974) 34(4) *Journal of Economic History* 915-950.

Guriyev, Sergey, "20 Years of Vladimir Putin: The Transformation of the Economy", *The Moscow Times*(2019. 8. 16), https://www.themoscowtimes.com/2019/ 08/16/20-years-of-vladimir-putin-the-transformation-of-the-economy-a668 54 [https://perma.cc/5W76-RJ2B].

Ha, Eunyoung, Christopher Hwang, "The U.S.-North Korea Geneva Agreed Framework: Strategic Choices and Credible Commitments"(2015) 11(1) *North Korea Review* 7-23.

Ha, Yong-Chool, Beom-Shik Shin, "The Impact of the Ukraine War on Russian - North Korean Relations"(2022) 62(5) *Asian Survey* 1-27.

Haenle, Paul, Lucas Tcheyan, How the World Is Responding to a Changing China(2020.

6. 10), https://carnegieendowment.org/2020/06/10/how-world-is-respond
ing-to-changing-china-pub-82039 [https://perma.cc/WT7B-LLUD].

Haggard, Stephen, "The Balance of Power, Globalization, and Democracy:
International Relations Theory in Northeast Asia"(2004) 4(1) *Journal of East
Asian Studies* 1-38.

Han, Bae-ho, Young Ick Lew, "Korea under Japanese rule", *Encyclopaedia Britannica*,
https://www.britannica.com/place/Korea/Korea-under-Japanese-rule(202
2. 12. 22 접속).

"Han Chinese", *New World Encyclopedia*(2022), https://www.newworldencyclo
pedia.org/entry/Han_Chinese [https://perma.cc/RD7V-93SB].

Han, Sangjin, Younghee Shim, "The Two Driving Forces of Populism and Democracy
in South Korea: A Conceptual, Historical, and Empirical Analysis"(2021)
50(2) *Journal of Asian Sociology* 371-400.

Han, Sung-Joo, "South Korea in 1987: The Politics of Democratization"(1988) 28(1)
A Survey of Asia in 1987 52-61.

Hanchett, Ian, "Navarro: Some Countries Will Keep Manipulating Currency under
Tariffs, Which Strengthens Our Currency", *Breitbart*(2025. 4. 4), https://www.
breitbart.com/clips/2025/04/04/navarro-some-countries-will-keep-manipu
lating-currency-under-tariffs-which-strengthens-our-currency/(2025. 4. 22
접속).

Hancocks, Paula, "South Korea reveals it has a plan to assassinate Kim Jong Un",
CNN(2016. 9. 23), https://www.cnn.com/2016/09/23/asia/south-korea-
plan-to-assassinate-kim-jong-un/index.html [https://perma.cc/6TC7-
CRTH].

Hara, Kimie, "50 Years from San Francisco: Re-Examining the Peace Treaty and
Japan's Territorial Disputes"(2001) 74(3) *Pacific Affairs* 361-382.

Hare, Christopher, Keith T. Poole, "The Polarization of Contemporary American
Politics"(2014) 46(3) *Polity* 411-429.

Haring, Douglas Gilbert, "Japanese Character in the Twentieth Century"(1967) 370
The Annals of the American Academy of Political and Social Science 133-142.

Harithas, Barath, Kyle Meng, Evan Brown, Catharine Mouradian, *"Liberation Day"
Tariffs Explained*, Center for Strategic and International Studies(2025. 4.
3), https://www.csis.org/analysis/liberation-day-tariffs-explained [https://
perma.cc/5UQR-CDZH].

Harrison, David, "How High Is Inflation and What Causes It? What to Know",

Wall Street Journal(2022. 9. 13), https://www.wsj.com/articles/inflation-definition-cause-what-is-it-11644353564 [https://perma.cc/TH3B-DJAW].

Hart-Landsberg, Martin, *The Rush to Development: Economic Change and Political Struggle in Korea*(Monthly Review Press, 1993).

Hastings, Max, *The Korean War*(Simon and Schuster, 1987).

He, Laura, "China's economy is 'in deep trouble' as Xi heads for next decade in power", CNN Business(2022. 10. 14), https://www.cnn.com/2022/10/14/economy/china-party-congress-economy-trouble-xi-intl-hnk/index.html [https://perma.cc/9ZCB-KTHK].

Helgesen, Geir, "Political Revolution in a Cultural Continuum: Preliminary Observations on the North Korean 'Juche' Ideology with Its Intrinsic Cult of Personality"(1991) 15(1) *Asian Perspective* 187-213.

Hellman, Gregory, "U.S. prepared to launch preemptive strike on North Korea", *Politico*(2017. 4. 14), https://www.politico.com/tipsheets/morning-defense/2017/04/officials-warn-us-could-launch-preemptive-strike-on-north-korea-219774 [https://perma.cc/3WV6-PU2Z].

Henning, C. Randall, I. M. Destler, "From Neglect to Activism: American Politics and the 1985 Plaza Accord"(1988) 8(3) *Journal of Public Policy* 317-333.

Herman, Steve, "White House Ordered to Return Press Pass to CNN Reporter", *Voice of America*(2018. 11. 17), https://www.voanews.com/a/white-house-ordered-to-return-press-pass-to-cnn-reporter/4661693.html [https://perma.cc/6GGJ-ETY9].

Hernandez, Valerie, "Have the Huawei Bans Achieved the US' Intended Goals?" *International Banker*(2022. 9. 7), https://internationalbanker.com/technology/have-the-huawei-bans-achieved-the-us-intended-goals/ [https://perma.cc/VND3-9SX3].

Hess, Amanda, "How Fan Culture Is Swallowing Democracy", *New York Times*(2019. 9. 11), https://www.nytimes.com/interactive/2019/09/11/arts/how-fan-culture-is-swallowing-democracy.html [https://perma.cc/MK5L-KR6M].

Hicks, George, *The Comfort Women: Japan's Brutal Regime of Enforced Prostitution in the Second World War*(W. W. Norton & Company, 1997).

Higham, John, *Civil Rights and Social Wrongs: Black-White Relations Since World War II*(Penn State University Press, 1997).

Hoekman, Bernard, Petros C. Mavroidis, "Burning Down the House?: The Appellate Body at the Center of the WTO Crisis", *in* Bernard Hoekman, Ernesto

Zedillo(eds.), *Trade in the 21st Century: Back to the Past?*(Brookings Institution, 2021).

Holland, Steve, "US says Russia's Wagner Group bought North Korean weapons for Ukraine War", *Reuters*(2022. 12. 22), https://www.Reuters.com/world/us-says-russias-wagner-group-bought-north-korean-weapons-ukraine-war-2022-12-22/ [https://perma.cc/N33M-KK5P].

Holland, Steve, "Trump says he will reach out to North Korea's Kim Jong Un," *Reuters*(2025. 1. 23), https://www.Reuters.com/world/us/trump-says-he-will-reach-out-north-koreas-kim-2025-01-24/(2025. 1. 24 접속).

Holodny, Elena, "The rise, fall, and comeback of the Chinese economy over the past 800 years", *Business Insider*(2017. 1. 8), https://www.businessinsider.com/history-of-chinese-economy-1200-2017-2017-1 [https://perma.cc/S2VN-8CLV].

Homes, James R., "Japan's Cold War Navy", *The Diplomat*(2012. 10. 12), https://thediplomat.com/2012/10/japans-cold-war-navy/ [https://perma.cc/93SE-B25N].

Hong, Joon Seok, "The Economic Costs of Korean Reunification", *Spice Digest*(2011 가을), https://fsi9-prod.s3.us-west-1.amazonaws.com/s3fs-public/Korean_Reunification.pdf [https://perma.cc/YDA3-TL3J].

Hoshi, Takeo, Anil K. Kashyap, "Japan's Financial Crisis and Economic Stagnation" (2004) 18(1) *Journal of Economic Perspectives* 3-26.

"How many Foreign Companies in China?" *RegistrationChina*(2021. 11. 2), https://www.registrationchina.com/articles/how-many-foreign-companies-in-china/ [https://perma.cc/R683-EKK6].

Howard, Esme, "British Policy and the Balance of Power"(1925) 19(2) *American Political Science Review* 261-267.

Howell, Edward, "The juche H-bomb? North Korea, nuclear weapons and regime-state survival"(2020) 96(4) *International Affairs* 1051-1068.

"Hu Jintao escorted out of party congress", *Reuters*(2022. 10. 22), https://www.Reuters.com/world/china/former-chinese-president-hu-jintao-escorted-out-party-congress-2022-10-22/ [https://perma.cc/YQ2B-LX5T].

Huang, Kuancheng 외, "East Asian Firms Are Critical to America's Semiconductor Success", *The Diplomat*(2022. 5. 4), https://thediplomat.com/2022/05/east-asian-firms-are-critical-to-americas-semiconductor-success/ [https://perma.cc/PUH6-RB44].

Huang, Shu-Mei, Hyun-Kyung Lee, "Difficult heritage diplomacy? Re-articulating places of pain and shame as world heritage in northeast Asia"(2019) 25(2) *International Journal of Heritage Studies* 143-159.

Hundt, David, Roland Bleiker, "Reconciling Colonial Memories in Korea and Japan"(2007) 31(1) *Asian Perspective* 61-91.

Hurley, John, Scott Morris, Gailyn Portelance, "China's Belt and Road Initiative may bankrupt 8 nations while financing infrastructure", *The Print*(2018. 3. 6), https://theprint.in/opinion/chinas-belt-and-road-initiative-bankrupt-nations-financing-infrastructure/39561/ [https://perma.cc/EK7X-3Q3A].

Hwang, In-Chan, "Xi Jinping says Korea was a part of China", *Dong-A Ilbo*(2017. 4. 20), https://www.donga.com/en/article/all/20170420/902176/1 [https://perma.cc/R38F-DZFG].

Hymans, Jacques E. C., "Assessing North Korean Intentions and Capacities: A New Approach"(2008) 8 *Journal Of East Asian Studies*, 259-292.

Ikenberry, G. John, "American hegemony and East Asian order"(2004) 58(3) *American Journal of International Affairs* 353-367.

Im, Hyug Baeg, "The US role in Korean democracy and security since cold war era"(2006) 6(2) *International Relations of Asia-Pacific* 157-187.

"In Rare Display of Dissent, Lawmakers In Russia's Far East Urge Putin To Stop Ukraine War", *RadioFreeEurope/RadioLiberty*(2022. 3. 27), https://www.rferl.org/a/russia-primorye-parliament-war-dissent/31871358.html [https://perma.cc/8Z4D-CJEF].

"In Tokyo, Biden set to launch new Indo-Pacific trade pact to replace TPP", *Associated Press*(2022. 5. 22), https://www.marketwatch.com/story/bidens-indo-pacific-trade-pact-wont-include-taiwan-at-launch-01653261066 [https://perma.cc/BV43-7549].

Institute for Security and Development Policy, *Amending Japan's Pacifist Diet*(2018. 4), https://isdp.eu/wp-content/uploads/2018/04/Amending-Japan%E2%80%99s-Pacifist-Constitution-2.pdf [https://perma.cc/5B35-EDC5].

Interesse, Giulia, *China-Mongolia: Bilateral Trade, Investment, and Future Prospects*(2022. 12. 2), https://www.china-briefing.com/news/china-mongolia-bilateral-trade-investment-and-future-prospects/ [https://perma.cc/L96M-QUJG].

International Energy Agency, *Energy Fact Sheet: Why does Russian oil and gas matter?*(2022. 3. 21), https://www.iea.org/articles/energy-fact-sheet-why-does-russian-oil-and-gas-matter [https://perma.cc/H64C-3GY4].

International Trade Administration, *U.S. Trade in 2021: U.S. Exporters on Road to Recovery*(2022. 2. 11), https://blog.trade.gov/2022/02/11/u-s-trade-in-2021-u-s-exporters-on-road-to-recovery/#: - :text=The%20top%20four%20U.S.%20goods,followed%20by%20China%20and%20Japan [https://perma.cc/3F52-735G].

International Trade Administration, *South Korea - Country Commercial Guide*, https://www.trade.gov/country-commercial-guides/south-korea-market-overview [https://perma.cc/RZ39-MXQF].

Iokibe, Makoto, *The Occupation of Japan*(Congressional Information Service, 1987).

Issawi, Charles, "The 1973 Oil Crisis and After"(1978) 1(2) *Journal of Post Keynesian Economics* 3-26.

Jackson, Brianna, "Confucianism and Korean Dramas: How Cultural and Social Proximity, Hybridization of Modernity and Tradition, and Dissimilar Confucian Trajectories Affect Importation Rates of Korean Broadcasting Programs between Japan and China", *Virginia Commonwealth University Scholars Compass*(2017), https://scholarscompass.vcu.edu/cgi/viewcontent.cgi?article=1041&context=auctus(2022. 12. 22 접속).

Jackson, Lewis, Amy Lv, Eric Onstad, Ernest Scheyder, "China hits back at US tariffs with export controls on key rare earths", *Reuters*(2025. 4. 4), https://www.reuters.com/world/china-hits-back-us-tariffs-with-rare-earth-export-controls-2025-04-04/(2025. 4. 24 접속).

James, David H., *The Rise and Fall of the Japanese Empire*(Routledge, 2011).

Jansen, Marius B., Fed G. Notehelfer, "Japan: World War II and defeat", *Encyclopaedia Britannica*(2022. 1. 27 개편), https://www.britannica.com/place/Japan/World-War-II-and-defeat#ref23207 [https://perma.cc/QNX2-S4R6].

"Japan protests Russia-China military drills, Moscow scraps Kuril Islands visa deal", *South China Morning Post*(2022. 9. 6), https://www.scmp.com/news/asia/east-asia/article/3191470/japan-protests-russia-china-military-drills-mosco w-scraps-visa [https://perma.cc/9S3K-W66H].

"Japan still divided on revising war-renouncing Constitution: survey", *Kyodo News*(2022. 5. 2), https://english.kyodonews.net/news/2022/05/a8faf66fd209-japan-still-divided-on-revising-war-renouncing-constitution-survey.html?phrase=nhk&words= [https://perma.cc/783G-2CPP].

"Japan's PM denies 'comfort women' coerced", *NBC News*(2007. 3. 1), https://www.nbcnews.com/id/wbna10625961 [https://perma.cc/W95U-9CYA].

Jeong, Yong-Hwan, Eun-Jee Park, "18 percent of North Koreans now thought to own mobile phones", *JoongAng Daily*(2020. 8. 11), https://koreajoongangdaily. joins.com/2020/08/11/business/tech/North-Korea-smartphone/202008111 80400430.html [https://perma.cc/6H7N-9P8U].

Jervis, Robert, "The Impact of the Korean War on the Cold War"(1980) 24(4) *Journal of Conflict Resolution* 563-592.

Jervis, Robert, "Cooperation Under the Security Dilemma"(1987) 30(2) *World Politics* 167-214.

Jin, Fang, *The Belt and Road Initiative: Progress, Problems and Prospects*(2017), https://www. csis.org/belt-and-road-initiative-progress-problems-and-prospects [https://perma.cc/YHG5-24H7].

Jo, He-rim, "US Support for Japan's military ambitions may spell concerns for Korea", *Korea Herald*(2022. 5. 24), https://www.koreaherald.com/view.php?ud =20220524000833 [https://perma.cc/6M2X-7FHB].

Johnson, Jesse, "Trump's push for South Korea to pay more for U.S. troops puts Japan on notice", *Japan Times*(2019. 8. 8), https://www.japantimes.co.jp /news/2019/08/08/asia-pacific/trumps-push-south-korea-pay-u-s-troops-p uts-japan-notice/ [https://perma.cc/EM88-3BAS].

Johnston, Eric, " How Russia quietly built up its military presence in Asia", *Japan Times*(2022. 3. 9), https://www.japantimes.co.jp/news/2022/03/09/ national/russia-asia-presence-ukraine-invasion/ [https://perma.cc/G5V4-DGYG].

Joint Declaration on the question of Hong Kong(1984. 12. 19), https://treaties.un.org/ doc/Publication/UNTS/Volume%201399/v1399.pdf [https://perma.cc/ T8WC-UZ5A].

Jones, Randall S., Jae Wan Lee, *Enhancing Dynamism in SMEs and Entrepreneurship in Korea*, OECD Economic Development Working Papers, no. 1510, ECO/ WKP(2018)58(2018. 10. 5).

Jones, Sara Su, "Embarked on a New Path: US Assistance to Russia After the Cold War"(1994) 17(1) *Harvard International Review* 56-57, 87-88.

Jukes, Geoffrey, *The Russo-Japanese War 1904-1905*(Osprey Publishing, 2002).

Jun, Kwanwoo, "Trump's Tariffs Are Hitting Exports, Early Korean Data Show", *The Wall Street Journal*(2025. 4. 21), https://www.wsj.com/economy/trade/ trumps-tariffs-are-hitting-exports-early-korean-data-show-96519de5(2025. 4. 22 접속).

Jung, Da-min, "Lee Jun-seok's victory ushers Korean politics into new era", *Korea Times*(2021. 6. 14), https://www.koreatimes.co.kr/www/nation/2021/06/ 356_310361.html [https://perma.cc/KFC5-JBMC].

Jung, Da-min, "Young leader's nomination exam plan raises question", *Korea Times*(2021. 6. 16), https://www.koreatimes.co.kr/www/nation/2021/06/ 356_310594.html [https://perma.cc/F2A8-45WV].

Kallander, George(trans.), *The Diary of 1636: The Second Manchu Invasion of Korea* (Columbia University Press, 2020).

Kalra, Prajakti, *The Silk Road and the Political Economy of the Mongol Empire*(Routledge, 2018).

Kang, Hyeok Hweon, "Big Heads and Buddhist Demons: The Korean Musketry Revolution and the Northern Expeditions of 1654 and 1658"(2014) 2(2) *Journal of Chinese Military History* 127-189.

Kang, Jin Woong, "Political Use of Confucianism in North Korea"(2011) 16(1) *Journal of Korean Studies* 63-87.

Kanno-Youngs, Zolan, Peter Baker, " Biden Pledges to Defend Taiwan if It Faces a Chinese Attack", *New York Times*(2022. 3. 23), https://www.nytimes.com /2022/05/23/world/asia/biden-taiwan-china.html [https://perma.cc/FM2H-2STW].

Katz, Richard, "Voodoo Abenomics: Japan's Failed Comeback Plan"(2014) 93(4) *Foreign Affairs* 133-141.

Kawagoe, Toshihiko, *Agricultural Land Reform in Postwar Japan: Experiences and Issues*, World Bank Policy Research Working Papers(2013. 6. 25).

Keane, Sean, "Huawei ban timeline: Detained CFO makes deal with US Justice Department", CNET(2021. 9. 30), https://www.cnet.com/news/privacy/ huawei-ban-timeline-detained-cfo-makes-deal-with-us-justice-department/ [https://perma.cc/82C5-CNTV].

Kendall-Taylor, Andrea, Michael Kofman, "Russia's Dangerous Decline: The Kremlin Won't Go Down Without a Fight"(2022) 101(6) *Foreign Affairs* 22-35.

Khalid, Asma, Franco Ordoñez, Deirdre Walsh, Barbara Sprunt, Ashley Lopez, "Judge pauses Trump's federal funding freeze as confusion and frustration spread," *National Public Radio*(2025. 1. 28), https://www.npr.org/2025/01/28/nx-s1-5277029/trump-memo-halt-funding(2025. 1. 31 접속).

Khan, Hider A., *Global Markets and Financial Crises in Asia*(New York: Palgrave Macmillan, 2004).

Kim, Choong-Nam, "Changing Northeast Asia and Korea-US Relations"(2000) 14(1) *Journal of East Asian Affairs* 1-36.

Kim, Eun-Joon, "China's Wang Yi Calls the United States a Rule Breaker Citing IRA to Park Jin", *Chosun Ilbo*(2022. 12. 13), https://www.chosun.com/politics/diplomacy-defense/2022/12/12/KR5O2NUZNBAKVPFY7672MSLDOA/ [https://perma.cc/8UBE-KUX2].

Kim, Hakjoon, "The American Military Government in South Korea, 1945-1948: Its Formation, Policies, and Legacies"(1988) 12(1) *Asian Perspective* 51-83.

Kim, Heajin, "Northeast Asia, Trust and the NAPCI", *The Diplomat*(2015. 12. 18), https://thediplomat.com/2015/12/northeast-asia-trust-and-the-napci/ [https://perma.cc/2824-9PSH].

Kim, Hyun-Wook, Won K. Paik, "Alliance Cohesion in the Post-Cold War US – South Korea Security Relations"(2009) 23(2) *Journal of Asian Affairs* 1-40.

Kim, Hyung-Jin, "Kim threatens to use nukes amid tensions with US, S. Korea", *AP News*(2022. 7. 28), https://apnews.com/article/covid-health-seoul-south-korea-nuclear-weapons-e285be60ef404092fe3324748fa60707 [https://perma.cc/9XJ5-GHF6].

"Kim Il-Sung", *Encyclopaedia Britannica*(2022. 7. 4), https://www.britannica.com/biography/Kim-Il-Sung [https://perma.cc/9E75-HRZJ].

Kim, Ji Young, "Escaping the Vicious Cycle: Symbolic Politics and History Disputes Between South Korea and Japan"(2014) 38(1) *Asian Perspective* 31-60.

Kim, Jina, *China and Regional Security Dynamics on the Korean Peninsula*(2020. 3. 18), https://carnegieendowment.org/2020/03/18/china-and-regional-security-dynamics-on-korean-peninsula-pub-81235 [https://perma.cc/F7J3-4UEF].

Kim, Jong-dae, "Korea shouldn't be welcoming Japan's pursuit of counterstrike capabilities", *Hankyoreh*(2022. 12. 9), https://english.hani.co.kr/arti/english_edition/english_editorials/1070978.html [https://perma.cc/S4P5- SMMS].

Kim, Min-hyung, "Why Nuclear? Explaining North Korea's Strategic Choice of Going Nuclear and Its Implications for East Asian Security"(2021) 56(7) *Journal of Asian and African Studies* 1488-1502.

Kim, Sam, "South Korea Posts Longest Run of Trade Deficits Since 1997", *Bloomberg*(2022. 9. 30), https://www.bloomberg.com/news/articles/2022-10-01/south-korea-posts-longest-string-of-trade-deficits-since-1997?leadSource=uverify%20wall [https://perma.cc/FH9W-P3CV].

Kim, Sarah, "PPP's rule change to elect next leader causes divide within party",

Korea JoongAng Daily(2022. 12. 20), https://koreajoongangdaily.joins.com/2022/12/20/national/politics/Korea-People-Power-Party-chairman/20221220161103412.html [https://perma.cc/L2QT-DKQM].

Kim, Suk Hi, Mario Martin-Hermosillo, "The Effectiveness of Economic Sanctions Against a Nuclear North Korea"(2013) 9(2) *North Korea Review* 99-110.

Kim, Sunhyuk, Jong-Ho Jeong, "Historical Development of Civil Society in Korea since 1987"(2017) 24(2) *Journal of International and Area Studies* 1-14.

Kim, Tong-Hyung, "S Korean business owners call for boycott of Japanese goods", *Japan Today*(2019. 7. 15), https://japantoday.com/category/politics/s.-korean-business-owners-call-for-boycott-of-japanese-goods [https://perma.cc/JRK9-67XK].

Kim, Youn-Suk, "Prospects of Japanese-U.S. Trade and Industrial Competition"(1990) 30(5) *Asian Survey* 493-504.

Kinche, Alexandre, "South Korea: Seoul disengages from Russian oil", *Energynews*(2022. 6. 22), https://energynews.pro/en/south-korea-seoul-disengages-from-russian-oil/ [https://perma.cc/XM5Y-5A7W].

Kine, Phelim, Lara Seligman, "Why the U.S. isn't ready for a fight in the Indo-Pacific", *Politico*(2022. 12. 27), https://www.politico.com/news/2022/12/27/united-states-china-taiwan-pacific-00075555 [https://perma.cc/Z4AE-TY5Y].

Kirchberger, Sarah, *Who is encircling Whom?: Security policy aspects of China's relationship with Japan*(Federal Academy for Security Policy, January 2017).

Kirk, Donald, "Rebellion in North Korea Not Likely," *Inside Sources*(2019. 3. 18), https://insidesources.com/rebellion-in-north-korea-not-likely/ [https://perma.cc/NNX3-K4AT].

Klingler-Vidra, Robyn, Yu-Ching Kuo, *Washington shores-up friends in the semiconductor industry*(2022. 9. 28), https://www.eastasiaforum.org/2022/09/28/washington-shores-up-friends-in-the-semiconductor-industry/ [https://perma.cc/ARL7-PM6P].

Klingner, Bruce, Jung H. Pak, Sue Mi Terry, *Trump shakedowns are threatening two key US alliances in Asia*(2019. 12. 18), https://www.brookings.edu/blog/order-from-chaos/2019/12/18/trump-shakedowns-are-threatening-two-key-u-s-alliances-in-asia/ [https://perma.cc/YH9J-KXS3].

Köllner, Patrick, "The Denuclearisation of North Korea: From Maximum Demands to Arms Control", *GIGA Focus*, no. 2(2019. 2).

Komiya, Ryutaro, Ryuhei Wakasugi, "Japan's Foreign Direct Investment"(1991) 513

The Annals of the American Academy of Political Social Science 48-61.

Koo, Hagen, "Civil Society and Democracy in South Korea"(2002) 11(2) *The Good Society* 40-45.

Koo, Jahyeong, Sherry L. Kiser, "Recovery from a Financial Crisis: The Case of South Korea", *Economic and Financial Review*(2001, 4분기).

Kopanja, Mihajlo, "The Curious Case of Northeast Asia: External Balancing Meets Strategic Culture"(2019) 70(1176) *Review of International Affairs* 67-83.

Korea Institute for National Unification, *Analysis on North Korea's 4th Plenary Meeting of the 8th Central Committee of the Workers' Party of Korea*(2022. 1. 4), https://www.kinu.or.kr/pyxis-api/1/digital-files/b4062b0f-180d-4647-9c8 b-96ba26380fdc [https://perma.cc/Y5BL-HKPN].

Korea International Cooperation Agency, *Ex-post Evaluation Report on the Pilot Project to Reduce Air Pollution by Improving Heating Culture in Ulaanbaatar, Mongolia* (2013. 12), https://www.oecd.org/derec/korea/Ex-post-Evaluation-Report-on-the-Pilot-Project-to-Reduce-Air-Pollution-by-Improving-Heating-Culture -in-Ulaanbaatar-Mongolia.pdf [https://perma.cc/6D8Y-DD6U].

"Korea strongly protests Japan diplomat's comments on comfort women", *Korea Herald*(2017. 6. 29), https://www.koreaherald.com/view.php?ud=2017 0629000790 [https://perma.cc/U23E-QZRX].

Ku, Chang Sung, "Japan's Three Items Subject to Export Restraint Measures, Import Dependency up to the Maximum of 94 Percent", *MK News*(2019. 7. 1), https://www.mk.co.kr/news/business/view/2019/07/476728/ [https://perma.cc/5FSN-8PKF].

Kumagai, Takeo, "Japan's Russian crude oil imports fall to zero in June", *S&P Global*(2022. 7. 22), https://www.spglobal.com/commodityinsights/en/ market-insights/latest-news/oil/072222-japans-russian-crude-oil-imports-fa ll-to-zero-in-june#: - :text=%22Considering%20the%20risk%20involved% 20in,Gas%20and%20Metals%20National%20Corp [https://perma.cc/6DRU-YTTB].

Kuperman, Alan J., Hina Acharya, *Japan's Misguided Plutonium Policy*(2018. 10), https://www.armscontrol.org/act/2018-10/features/japan%E2%80%99s-mi sguided-plutonium-policy [https://perma.cc/E8HM-3Z36].

"Kuril Islands dispute between Russia and Japan", *BBC News*(2013. 4. 29), https:// www.bbc.com/news/world-asia-pacific-11664434(2022. 12. 22 접속).

Kwan, Chi Hung, *Sinocentrism or Paranoia?* Research Institute of Economy, Trade, and Industry(2003. 1), https://www.rieti.go.jp/en/china/03080101.html? utm_source=chatgpt.com [https://perma.cc/28FW-JTYT].

Kwon, Edward, Liza Abram Benham, "Shinzo's Abe's Scheme of Staking Territorial Claims to Korea's Dokdo"(2016) 3(1) *Journal of Territorial and Maritime Studies* 47-64.

Kwong, Emily, "Mongolia's Long Road to Mining Wealth, Changing Mongolia", *National Public Radio*(2019. 7. 31), https://www.npr.org/2019/07/31/741798613/ mongolias-long-road-to-mining-wealth [https://perma.cc/PA4A-8X52].

Kyodo, "Japan seeks cooperation from Mongolia in North Korean abduction issue, denuclearization", *Japan Times*(2019. 6. 16), https://www.japantimes.co.jp/ news/2019/06/16/national/politics-diplomacy/japan-seeks-cooperation-m ongolia-north-korean-abduction-issue-denuclearization/ [https://perma.cc /6RDU-NVFX].

Lampton. David M., *Following the Leader: Ruling China, From Deng Xiaoping to Xi Zingping*(University of California Press, 2014).

Lankov, Andrei, "Kim Takes Control: The 'Great Purge' in North Korea, 1956- 1960" (2002) 26(1) *Korean Studies* 87-119.

Lankov, Andrei, "'The big hunt': When North Korean agents almost killed South Korea's president", *NK News*(2021. 1. 21), https://www.nknews.org/2021/ 01/the-big-hunt-when-north-korean-agents-almost-killed-south-koreas-pre sident/ [https://perma.cc/D9SK-T7JS].

Lankov, Andrei, *North Korea's perfectly logical strategy of missile launches and dialogue*, NK News(2021. 10. 14), https://www.nknews.org/2021/10/north-koreas- perfectly-logical-strategy-of-missile-launches-and-dialogue/ [https://perma. cc/NR7E-DNDU].

Larkins, Christopher M., "Judicial Independence and Democratization: A Theoretical and Conceptual Analysis"(1996) 44 *The American Journal of Comparative Law* 605-626.

Larsen, Kirk W., Joseph Seeley, "Simple Conversation or Secret Treaty? The Taft-Katsura Memorandum in Korean Historical Memory"(2014) 19(1) *Journal of Korean Studies* 59-92.

Lary, Diana, *China's Civil War: A Social History, 1945-1949*(Cambridge University Press, 2015).

Latourette, Kenneth Scott, *A History of Modern China*(Penguin Books, 1954).

Lawder, David, "USTR Tai calls U.S. tariffs on Chinese goods 'significant' leverage",

Reuters(2022. 6. 22), https://www.Reuters.com/business/ustr-tai-says-us-tariffs-chinese-goods-are-significant-leverage-2022-06-22/(2022. 12. 22 접속).

Layne, Christopher, "China's Challenge to US Hegemony"(2008) 107 *Current History* 13-18.

Lee, I-yun, Christine Han, "Politics, popular culture and images of Japan in Taiwan", in Paul Morris, Naoko Shimazu, Edward Victors(eds.), *Imagining Japan in Postwar East Asia*(Routledge, 2013).

Lee, Jae Young, "Korea-Mongolia Economic Relations: Current Status and Cooperation Measures"(2021) 31 *Korea's Economy* 31-37.

Lee, Jaeha, "The Problems of Dokdo's Development Policy and an Alternative for Future Development"(2013) 19(2) *Korea Journal of Regional Geography* 282-300.

Lee, Jong Won, "The Impact of the Korean War on the Korean Economy"(2001) 5(1) *International Journal of Korean Studies* 97-118.

Lee, Joyce and Ju-min Park, "South Korea's Yoon removed from office over martial law, election looms", *Reuters*(2025. 4. 5), https://www.reuters.com/world/asia-pacific/south-koreas-impeached-president-yoon-faces-court-ruling-decide-his-fate-2025-04-03/(2025. 4. 22 접속).

Lee, Manwoo, "Some Reflections on Soviet Influence in East Asia"(1986) 10(2) *Asian Perspective* 255-271.

Lee, Michael, "Joo Ho-young picked to lead PPP temporarily", *Korea JoongAng Daily*(2022. 8. 9), https://koreajoongangdaily.joins.com/2022/08/09/national/politics/Korea-PPP-People-Power-Party/20220809181854797.html[https://perma.cc/LA9P-2FA8].

Lee, Sangsoo, *North Korea's economy is recentralised and China-reliant*, East Asia Forum (2021. 4. 10), https://www.eastasiaforum.org/2021/04/10/north-koreas-economy-is-recentralised-and-china-reliant/ [https://perma.cc/2HLM-7XTC].

Lee, Seung-hoon, Kwon Han-wool, Lee Eun-joo, "U.S. pressure mounts on Korea to join Chip 4 amid Pelosi visit to Taipei and Seoul", *Pulse*(2022. 8. 4), https://pulsenews.co.kr/view.php?year=2022&no=686003(2022. 12. 22 접속).

Lee, Sook-Jong, "Democratization and Polarization in Korean Society"(2005) 29(3) *Asian Perspective* 99-125.

Lee, Sook Jong, *Generational Divides and the Future of South Korean Democracy*, Carnegie Endowment for International Peace(2021), https://carnegieendowment.

org/2021/06/29/generational-divides-and-future-of-south-korean-democra cy-pub-84818 [https://perma.cc/PK9X-MZJV].

Lee, Steven Hugh, *The Korean War*(Longman, 2001).

Lee, Yong-Shik, *Reclaiming Development in the World Trading System*(2d ed., Cambridge University Press, 2016).

Lee, Yong-Shik, "The Eagle Meets the Dragon - Two Superpowers, Two Mega RTAs, and So Many In Between: Reflections on TPP and RCEP"(2016) 50(3) *Journal of World Trade* 479-500.

Lee, Yong-Shik, "General Theory of Law and Development"(2017) 50(3) *Cornell International Law Journal* 415-471.

Lee, Yong-Shik, "Future of Trans - Pacific Partnership Agreement: Just a Dead Trade Initiative or a Meaningful Model for the North-South Economic and Trade Integration?"(2017) 51(5) *Journal of World Trade* 1-26.

Lee, Yong-Shik, "Should China be Granted Market Economy Status?: In View of Recent Development"(2017) 3(2) *China and WTO Review* 319-341.

Lee, Yong-Shik, "Law and Development: Lessons from South Korea"(2018) 11(2) *Law and Development Review* 433-465.

Lee, Yong-Shik, "Law and Economic Development in the United States: Toward a New Paradigm"(2019) 68(2) *Catholic University Law Review* 229-290.

Lee, Yong-Shik, "South Korean Economy at the Crossroads: Structure Issues under External Pressure - An Essay from a Law and Development Perspective" (2019) 12(3) *Law and Development Review* 865-885.

Lee, Yong-Shik, "Three Wrongs Do Not Make a Right: The Conundrum of the U.S. Steel and Aluminum Tariffs"(2019) 18(3) *World Trade Review* 481-501.

Lee, Yong-Shik, "The Steel and Aluminum Quota Agreements: A Question of Compatibility with WTO Disciplines and Their Impact on the World Trading System"(2019) 52(5) *Journal of World Trade* 811-832.

Lee, Yong-Shik, "International Trade Law Post Neoliberalism"(2020) 68(2) *Buffalo Law Review* 413-478.

Lee, Yong-Shik, "Mimicking President Trump? - Trade and Politics in Japan's Recent Export Measure"(2020) 14(1) *Review of Institution and Economics* 1-5.

Lee, Yong-Shik, "New General Theory of Economic Development"(2020) 24(2) *Review of Development Economics* 402-423.

Lee, Yong-Shik, *Law and Development: Theory and Practice*(2d ed., Routledge, 2022), pp.65-87, 242-260.

Lee, Yong-Shik, "On Ramseyer's Response to the Critics of 'Contracting for Sex in the Pacific War'"(2022) 15(1) *Law and Development Review* 201-214.

Lee, Yong-Shik, "Weaponizing International Trade in Political Disputes: Issues under International Economic Law and Systemic Risks"(2022) 56(3) *Journal of World Trade* 405-428.

Lee, Yong-Shik, "National Security as a Means to a Commercial End-Call for a New Approach"(2023) 102(1) *Nebraska Law Review* 1-51.

Lee, Yong-Shik, "'Unmaking' of International Trade Law?"(2025) 59(1) *Journal of World Trade* 1-22, pp.10-17.

Lee, Yong-Shik, Jaemin Lee, Kyung Han Sohn, "The United States - Korea Free Trade Agreement: Path to Common Economic Prosperity or False Promise?" (2011) 7 *University of Pennsylvania East Asia Law Review* 111-162.

Lee, Y.S., Kwangkug Kim, "Tripartite Free Trade Agreement among China, Korea, and Japan: A Step Towards Economic Integration in Northeast Asia?" *in* Jiaxiang Hu and Matthias Vanhullebusch(eds.), *Regional Cooperation and Free Trade Agreements in Asia*(Leiden: Brill Publishers, 2014).

Lee, Y.S., Natsu Taylor Saito, and Jonathan Todres, "The Fallacy of Contract in Sexual Slavery"(2021) 42(2) *Michigan Journal of International Law* 291-319.

Lee, Y.S., Xiaojie Lu, "China's Trade and Development Policy under the WTO: An Evaluation of Law and Economics Aspect"(2016) 2(2) *China and WTO Review* 339-360.

Lee, Y.S., Young-Ok Kim, Hye Seong Mun, "Economic Development of North Korea: International Trade Based Development Policy and Legal Reform"(2010) 3(1) *Law and Development Review* 136-156.

Lei, Cui, "Why It's Nearly Impossible to Denuclearize North Korea", *The Diplomat*(2018. 6. 22), https://thediplomat.com/2018/06/why-its-nearly-impossible-to-denuclearize-north-korea/ [https://perma.cc/CM87-GM7G].

Li, Bin Grace, Pranav Gupta, Jiangyan Yu, "From natural resource boom to sustainable economic growth: Lessons from Mongolia"(2017) 151 *International Economics* 7-25.

Li, Lianshui, Zhanyuan Du(eds.), A *Research Report on the Development of China's Manufacturing Sector(2016)*(Springer, 2017).

Li, Wei, Dennis Tao Yang, "The Great Leap Forward: Anatomy of a Central Planning Disaster"(2005) 113(4) *Journal of Political Economy* 840-877.

Lieberthal, Kenneth G., "Mao Tse-Tung's Perception of the Soviet Union as

Communicated in the Mao Tse-tung Ssu-Hsiang Wan Sui", Rand Paper Series(1976).

Lieberthal, Kenneth G., *The American Pivot to Asia*(2011. 12. 21), https://www.brookings.edu/articles/the-american-pivot-to-asia/ [https://perma.cc/D87F-H8GZ].

Lim, Jae-Cheon, "North Korea's Hereditary Succession, Comparing Two Key Transitions in DPRK"(2012) 52(3) *Asian Survey* 550-570.

Lim, Lionel, "Xi Jinping's jaunt through Southeast Asia is 'a reassurance and a warning' to trading partners as the region is caught between the U.S. and China", *Fortune*(April 22, 2025), https://fortune.com/asia/2025/04/22/xi-jinping-china-southeast-asia-trip-us-trump-tariffs/ [https://perma.cc/75GK-7RM9].

Lim, Louisa, *The People's Republic of Amnesia: Tiananmen Revisited*(Oxford University Press, 2014).

Lin, Karen Jingrong, Xiaoyan Lu, Junsheng Zhang, Ying Zheng, "State-owned enterprises in China: A review of 40 years of research and practice"(2020) 13(1) *China Journal of Accounting Research* 31-55.

Lind, Jennifer, Daryl G. Press, "Should South Korea build its own nuclear bomb?" *Washington Post*(2021. 10. 7), https://www.washingtonpost.com/outlook/should-south-korea-go-nuclear/2021/10/07/a40bb400-2628-11ec-8d53-67cfb452aa60_story.html [https://perma.cc/3KKR-EB23].

Lkhaajav, Bolor, "Mongolia's Ulaanbaatar Dialogue Focuses on Regional Cooperation in Energy Transition and Critical Minerals", *The Diplomat*(2024. 6. 12), https://thediplomat.com/2024/06/mongolias-ulaanbaatar-dialogue-focuses-on-regional-cooperation-in-energy-transition-and-critical-minerals/ [https://perma.cc/3C24-DTD4].

"Losses of Russia for the period from Feb 24 to Nov 18", *Odessa Journal*(2022. 11. 24), https://odessa-journal.com/losses-of-russia-for-the-period-from-feb-24-to-nov-18/ [https://perma.cc/33W9-M9LD].

Lowenthal, Richard, "Russia and China: Controlled Conflict"(1971) 49(3) *Foreign Affairs* 507-518.

Luxmoore, Matthew, "In Russia's Far East, A Rare Protest Movement Refuses To Be Cowed", *RadioFreeEurope/RadioLiberty*(2020. 9. 11), https://www.rferl.org/a/in-russia-far-east-a-rare-protest-movement-refuses-to-be-cowed/30833806.html [https://perma.cc/5MTF-UAVP].

MacDonald, Roderick A., Hoi Kong, "Judicial Independence as a Constitutional

Virtue", in Carles Boix, Susan C. Stokers(eds.), *The Oxford Handbook of Comparative Politics*(New York, 2012).

MacFarquhar, Roderick, Michael Schoenhals, *Mao's Last Revolution*(Harvard University Press, 2006).

MacLeod, Andrew, *Ukraine invasion: should Russia lose its seat on the UN Security Council?*(2022. 2. 25), https://www.kcl.ac.uk/ukraine-invasion-should-russia-lose-its-seat-on-the-un-security-council [https://perma.cc/KU75- PYSD].

Madsen, Robert A., "What Went Wrong: Aggregate Demand, Structural Reform, and the Politics of 1990s Japan", BRIE Working Paper 162(2004).

Mah, Jai S., "Patterns of international trade and the industrial-led economic development of North Korea"(2018) 30(6) *Post-Communist Economies* 830-832.

Maizland, Lindsay, *Hong Kong's Freedoms: What China Promised and How It's Cracking Down*(2022. 5. 19), https://www.cfr.org/backgrounder/hong-kong-freedoms-democracy-protests-china-crackdown [https://perma.cc/9HTZ- CBH4].

Maizland, Lindsay, *China's Repression of Uyghurs in Xinjiang*(2022. 9. 22), https://www.cfr.org/backgrounder/china-xinjiang-uyghurs-muslims-repression-genocide-human-rights [https://perma.cc/A9LB-KZ6Z].

Makinen, Julie, "North Korean leader unveils 5-year plan for economy, but no radical reforms", *Los Angeles Times*(2016. 5. 8), https://www.latimes.com/world/asia/la-fg-north-korea-economy-20160508-story.html [https://perma.cc/UVY4-TRQX].

Mark, Max, "Chinese Communism"(1951) 13(2) *Journal of Politics* 232-252.

Marks, Sally, "Mistakes and Myths: The Allies, Germany, and the Versailles Treaty, 1918-1921"(2013) 85(3) *Journal of Modern History* 632-659 참조.

Marrow, Alexander, "Russia announces troop build-up in Far East", *Reuters*(2020. 9. 17), https://www.Reuters.com/article/us-russia-military/russia-announces-troop-build-up-in-far-east-idUSKBN2682JM(2022. 12. 22 접속).

Martin, Christopher, *The Russo-Japanese War*(Abelard-Schuman, 1967).

Martínez-Beltrán, Sergio, "Maryland federal judge blocks Trump's birthright citizenship order", *National Public Radio*(2025. 2. 5), https://www.npr.org/2025/02/05/nx-s1-5288083/maryland-federal-judge-blocks-trumps-birthright-citizenship-order [https://perma.cc/9RUB-X4J2].

Master, Farah, David Stanway, "China lacked a 'zero COVID' exit plan. Its people are paying the price"(2022. 12. 22), https://www.Reuters.com/world/china/china-lacked-zero-covid-exit-plan-its-people-are-paying-price-2022-

12-23/ [https://perma.cc/2PMT-XA7R].

Matsuzato, Kimitaka(ed.), *Russia and Its Northeast Asian Neighbors: China, Japan, and Korea, 1858-1945*(Lexington Books, 2017).

May, Ernest R., "The United States, the Soviet Union, and the Far Eastern War, 1941-1945"(1955) 24(2) *Pacific Historical Review* 153-174.

May, Timothy, Michael Hope(eds.), *The Mongol World*(Routledge, 2022).

Mayger, James "Cash-Rich Japanese Companies Aren't Investing at Home", *Bloomberg* (2015. 3. 9), https://www.bloomberg.com/news/articles/2015-03-09/cash-rich-japanese-companies-aren-t-investing-at-home#xj4y7vzkg (2022. 12. 30 접속).

McAleavy, Henry, *The Modern History of China*(Praeger, 1967).

McBride, James, Andrew Chatzky, *Is 'Made in China 2025' a Threat to Global Trade?* Council on Foreign Relations(2019. 5. 13), https://www.cfr.org/backgrounder/ made-china-2025-threat-global-trade [https://perma.cc/ J3RN-QKDU].

McCurry, Justin, "North Korea confirms test of its largest intercontinental ballistic missile yet", *The Guardian*(2022. 3. 25), https://www.theguardian. com/world/ 2022/mar/24/n-korea-confirms-missile-testing-ahead-of-long-confrontation-with-us [https://perma.cc/JY2J-YDAY].

McDonald, Joe, "China criticizes US action against Huawei", *AP News*(2019. 5. 16), https://apnews.com/article/china-technology-united-states-ap-top-news-b eijing-6dffae234a3e45a8b1e7ede17480839d [https://perma.cc/WLF3-HDS2].

McDonald, Joe, "China's Economy Shrinks 2.6% During Virus Shutdowns", *U.S. News and World Report*(2022. 7. 15), https://www.usnews.com/news/ business/articles/2022-07-14/chinas-economic-growth-falls-to-0-4-amid-vir us-shutdowns(2022. 12. 22 접속).

McDonald, Scott, "NY Governor Cuomo Says a Federal Quarantine by Trump Would be a 'Declaration of War'. Trump Renegotiates", *Newsweek*(2020. 3. 28), https://www.newsweek.com/ny-governor-cuomo-says-federal-quarantine -ordered-trump-would-declaration-war-states-1494857   [https://perma.cc /7DLL-4BPC].

McGregor, Grady, "China's lockdowns to contain Omicron snarled the global economy. Lockdowns to contain subvariant BA.5 could be even worse", *Fortune*(2022. 7. 11), https://fortune.com/2022/07/11/china-covid-lockdowns-omicron-ba-5-subvariant-economy-shanghai/ [https://perma.cc/EJN9-YTRY].

McKenzie, Frederick Arthur, *Korea's Fight for Freedom*(Pinnacle Press, 2017)

McNelly, Theodore, "American Political Traditions and Japan's Postwar Constitution" (1977) 140(1) *World Affairs* 58-66.

Mearsheimer, John J., *The Tragedy of Great Power Politics*(W.W. Norton & Company, 2001).

Mearsheimer, John J., "The Gathering Storm: China's Challenge to US Power in Asia"(2010) 3(4) *The Chinese Journal of International Politics* 381-396.

Meltzer, Joshua P., Neena Shenai, *The US-China economic relationship: A comprehensive approach*(2019. 2. 28), https://www.brookings.edu/research/the-us-china-economic-relationship-a-comprehensive-approach/ [https://perma.cc/FR8S-VAZS].

Meserve, Walter J., Ruth I. Meserve, "Theatre for Assimilation: China's National Minorities"(1979) 13(2) *Journal of Asian History* 95-120.

Microtrends, *South Korea Military Spending/Defense Budget 1960-2022*, https://www.macrotrends.net/countries/KOR/south-korea/military-spending-defense-budget [https://perma.cc/H6NP-L8QD].

Miller, Jennifer R., *Cold War Democracy: The United States and Japan*(Harvard University Press, 2019).

Millett, Allan R., "Korean War", *Encyclopaedia Britannica*(2021. 6. 18), https://www.britannica.com/event/Korean-War [https://perma.cc/8TA8-SPRF].

Millhiser, Ian, "A federal judge already blocked Trump's single most unconstitutional action", *Vox*(2025. 1. 23), https://www.vox.com/immigration/395945/donald-trump-unconstitutional-birthright-citizenship-illegal?utm_source=chatgpt.com [https://perma.cc/8BDF-WEU4].

Min, W-J, S. Han, "Economic sanctions against North Korea: The pivotal role of US – China cooperation"(2020) 23(2) *International Area Studies Review* 177-193.

Ministry of Foreign Affairs of Japan, *Japan's Position on the United Nations Security Council for the 21st Century*(2011. 3), https://www.mofa.go.jp/policy/un/sc/pdfs/pamph_unsc21c_en.pdf [https://perma.cc/BKU6-5Q3B].

Ministry of Foreign Affairs of the People's Republic of China, *Wang Yi: Promote Sound and Steady Growth of China-ROK Strategic Cooperative Partnership with a Five-point Commitment*(2022. 8. 9), https://www.fmprc.gov.cn/mfa_eng/wjdt_665385/wshd_665389/202208/t20220810_10740381.html [https://perma.cc/PYZ7-GPGM].

Ministry of SMEs and Startups(South Korea), *The Status of SMEs*, https://www.mss.

go.kr/site/smba/foffice/ex/statDB/MainSubStat.do [https://perma.cc/
4P38-UXZZ].

Minohara, Tosh, Kaoru Iokibe. "America Encounters Japan, 1836-94", *in* Makoto
Iokibe, Tosh Minohara(eds.), *The History of US-Japan Relations: From Perry
to Present*(Palgrave Macmillan, 2017).

Mishra, Rohan, "Toward A Nuclear Recognition Threshold"(2020) 120(4) *Columbia
Law Review* 1035-1076.

Mishra, Vivek, Kevin Yao, "Trump to unleash nearly 40% tariffs on China in early
2025, hitting growth: *Reuters* poll", Reuters(2024. 11. 20), https://www.
Reuters.com/markets/asia/trump-unleash-nearly-40-tariffs-china-early-202
5-hitting-growth-2024-11-20/?utm_source=chatgpt.com(2025. 1. 21 접속).

Mitter, Rana, "1911: The Unanchored Chinese Revolution"(2011) 208 *China Quarterly*
1009-1020.

Mizokami, Kyle, "Surprise: Japan Could Quickly Build Nuclear Weapons in a Crisis",
National Interest(2021. 7. 21), https://nationalinterest.org/blog/reboot/
surprise-japan-could-quickly-build-nuclear-weapons-crisis-190089
[https://perma.cc/S665-LBET].

"Mongolia under pressure to align with Russia and China", *The Guardian*(2022. 5.
31), https://www.theguardian.com/world/2022/may/31/mongolia-under-
pressure-to-align-with-russia-and-china [https://perma.cc/FV7H-V9XR].

"Mongolian prime minister submits resignation after COVID-19 protests", *Reuters*(2021.
1. 21), https://www.Reuters.com/article/us-health-coronavirus-mongolia/
mongolian-prime-minister-submits-resignation-after-covid-19-protests-idU
SKBN29Q1GT [https://perma.cc/6ZH3-NK6K].

Moon, Chung-In, "S Korea 'all in' on US economic security alliance", *Asia Times*(2022.
11. 10), https://asiatimes.com/2022/11/s-korea-all-in-on-us-economic-security
-alliance/ [https://perma.cc/63BB-XA8U].

"Moon: Japan's not S. Korea's Ally", *KBS World*(2017. 11. 15), http://world.kbs.
co.kr/service/news_view.htm?lang=e&Seq_Code=131394 [https://perma.
cc/S2CW-PMDP].

Morgan, Raleigh, "Chinese, Japanese, and United States Views of the Nanking
Massacre: The Supreme Court Trial of Shiro Azuma"(2002) 9(2) *American
Journal of Chinese Studies* 235-246.

Morgenthau, Hans, *Politics Among Nations: The Struggle for Power and Peace*(Alfred
A. Knopf, 1948).

Morrison, Wayne M., China's *Economic Rise: History, Trends, Challenges, and Implications for the United States*, Congressional Research Service, RL33534(2019).

Mutual Defense Treaty Between the United States and the Republic of Korea(1953), https://www.usfk.mil/Portals/105/Documents/SOFA/H_Mutual%20Defen se%20Treaty_1953.pdf [https://perma.cc/MZD6-BKGC].

Nagasawa, Tsuyoshi, Masaya Kato, "US supports Japan's sovereignty over Senkakus: Pentagon", *Nikkei Asia*(2021. 2. 25), https://asia.nikkei.com/Politics/ International-relations/Biden-s-Asia-policy/US-supports-Japan-s-sovereignt y-over-Senkakus-Pentagon [https://perma.cc/ZP8L-7JAY].

Nakamura, Keita, "Japan OKs enemy base strike capability in major defense policy shift", *Kyodo News*(2022. 12. 16), https://english.kyodonews.net/news/2022/ 12/02fc9015409c-japan-to-vow-to-obtain-enemy-base-strike-capability-ami d-threats.html [https://perma.cc/SX6T-7FQU].

Nakashima, Ellen, John Hudson, Michelle Ye Hee Lee, Cate Cadell, "Key Asian nations join global backlash against Russia, with an eye toward China", *Washington Post*(2022. 3. 3), https://www.washingtonpost.com/national- security/2022/03/03/ukraine-asia-sanctions/ [https://perma.cc/WL3D- R6NK].

Nardelli, Alberto, "Russia Turns to Old Tanks as It Burns Through Weapons in Ukraine", *Bloomberg*(2022. 6. 14), https://www.bloomberg.com/news/ articles/2022-06-14/russia-turns-to-old-tanks-as-it-burns-through-weapons- in-ukraine [https://perma.cc/LT88-VGHY].

National Archive, *Marshall Plan*(1948), https://www.archives.gov/milestone- documents/marshall-plan [https://perma.cc/ZQH3-RE6Y].

Naughton, Barry, "Is China Socialist?"(2017) 31(1) *Journal of Economic Perspectives* 3-24.

Neuhard, Ryan, *The New US National Security Strategy: Four Takeaways for Asia Policy*(2022. 10. 21), https://www.fpri.org/article/2022/10/the-new-us-national-security -strategy-four-takeaways-for-asia-policy/ [https://perma.cc/FQ95-4BDX].

Nikitin, Mary Beth D., Samuel D. Ryder, "North Korea's Nuclear Weapons and Missile Programs", *CRS Report*, IF10472(2021. 1. 5), https://crsreports. congress.gov/product/pdf/IF/IF10472/19(2022. 12. 22 접속).

Niou, Emerson N. S., Peter C. Ordeshook, Gregory F. Rose, *The Balance of Power: Stability in International Systems*(Cambridge University Press, 1989).

Nishida, Tsuneo, "China and Japan: Managing a Complex Relationship"(2015) 4

Horizons: Journal of International Relations and Sustainable Development 62-73.

"No to Three No's", Korea Herald(2022. 8. 12), https://www.koreaherald.com/view.php?ud=20220811000838 [https://perma.cc/B4JF-DL3J].

Noland, Marcus, Sherman Robinson, Li-gang Liu, "The Costs and Benefits of Korean Unification: Alternate Scenarios"(1998) 38(8) Asian Survey 801-814.

"North Korea says new missile puts all of US in striking range", BBC News(2017. 11. 29), https://www.bbc.com/news/world-asia-42162462(2022. 12. 22 접속).

"North Korean artillery hits South Korean island", BBC News(2010. 11. 23), https://www.bbc.com/news/world-asia-pacific-11818005(2022. 12. 22 접속).

"North Korea's Kim Jong Un threatens to use nuclear weapons preemptively 'if necessary'." CBS News(2022. 4. 30), https://www.cbsnews.com/news/north-korea-nuclear-weapons-kim-jong-un-preemptively/ [https://perma.cc/UGM3-35YB].

"North Korea's Military Capabilities", Council on Foreign Relations(2021. 12. 22), https://www.cfr.org/backgrounder/north-korea-nuclear-weapons-missile-tests-military-capabilities [https://perma.cc/WJ2H-ZEMH].

Northeast Asian History Network, Korea-China History Awareness, http://contents.nahf.or.kr/english/item/level.do?itemId=iscd [https://perma.cc/G2B5-Y5ST].

Nosov, Mikhail, "Russia between Europe and Asia"(2014) 81(1) Rivista di Studi Politici Internazionali 15-34.

Nyamjav, Soyolgerel, Mendee Jargalsaikhan, Why Is the UB Dialogue Important?(2022. 7. 25), https://blogs.ubc.ca/mongolia/2022/ubdialogue-neasia-security/ [https://perma.cc/HR22-4CJG].

O'Dwyer, Shuan(ed.), Handbook of Confucianism in Modern Japan(MHN Limited, 2021).

Office of Strategic Industries and Economic Security Bureau of Export Administration and DFI International, U.S. Commercial Technology Transfers to the People's Republic of China(1999. 1), https://www.bis.doc.gov/index.php/documents/technology-evaluation/71-u-s-commercial-technology-transfers-to-the-people-s-republic-of-china-1999/file [https://perma.cc/6A3N-N6LY].

Oh, Eunjung Irene, "Ambitions Are Not Opportunities: South Korean President Moon Jae-in's Failed North Korea Policy", Yale Journal of International Affairs(2022. 1. 14), https://www.yalejournal.org/publications/ambitions-are-not-opportunities-south-korean-president-moon-jae-ins-failed-north-korea-policy [https://perma.cc/A8W8-XHYL].

Ohn, Chang-Il, "The Causes of the Korean War 1950-1953"(2010) 14(2) International

Journal of Korean Studies 19-44.

Ojewale, Oluwole, *What coltan mining in the DRC costs people and the environment*(2022.
    5. 29), https://theconversation.com/what-coltan-mining-in-the-drc-costs-
    people-and-the-environment-183159 [https://perma.cc/4RZN-HTT7].

Okimoto, Daniel I., *Causes of Japan's Economic Stagnation*, https://aparc.fsi.stanford.edu/
    research/causes_of_japans_economic_stagnation [https://perma.cc/G4ZX-
    ALNK].

Okuyama, Yutaka, "The Dispute Over the Kurile Islands between Russia and Japan
    in the 1990s"(2003) 76(1) *Pacific Affairs* 37-53.

Olsen, Edward A., "U.S. - North Korean Relations: Foreign Policy Dilemmas"(2005)
    1 *North Korean Review* 63-75.

Onchi, Yosuke, "Kim Jong Un's fury stems from his blaming Moon for Hanoi debacle",
    NikkeiAsia(2020. 7. 5), https://asia.nikkei.com/Spotlight/N-Korea-at-
    crossroads/Kim-Jong-Un-s-fury-stems-from-his-blaming-Moon-for-Hanoi-d
    ebacle [https://perma.cc/335C-EBJR].

O'Neill, Mar, "Soviet Involvement in the Korean War: A New View from the Soviet-era
    Archives"(2000) 14(3) *OAH Magazine of History* 20-24.

Organisation for Economic Cooperation and Development, "Economy", *Korea Policy
    Brief*(2016. 10), https://www.oecd.org/policy-briefs/korea-productivity-
    through-innovation-and-structural-reform_EN.pdf [https://perma.cc/
    G5ZH-DSBG].

Organisation for Economic Co-operation and Development, *Average wages*(2022),
    https://data.oecd.org/earnwage/average-wages.htm [https://perma.cc/478A-
    L47D].

Ott, Haley, Aimee Picchi, Ibrahim Aksoy, "Why would Trump want Greenland
    and the Panama Canal? Here's what's behind U.S. interest.", *CBS News*(2025.
    1. 8), https://www.cbsnews.com/news/trump-greenland-panama-canal-
    why-us-interest/ [https://perma.cc/U2ZC-NTYV].

Pact of Neutrality between Union of Soviet Socialist Republics and Japan(1941),
    https://avalon.law.yale.edu/wwii/s1.asp [https://perma.cc/V2NQ-SG92].

Paine, S. C. M., *The Sino-Japanese War of 1894-1895: perceptions, power, and primacy*
    (University Press, 2003).

Palmer, Brandon, "Imperial Japan's Preparations to Conscript Koreans as Soldiers,
    1942-1945"(2007) 31 *Korean Studies* 63-78.

Pamuk, Humeyra, David Brunnstrom, "U.S. criticises China's Hong Kong move, set to raise Xinjiang genocide charge in talks", *Reuters*(2021. 3. 11), https://www.*Reuters*.com/article/us-usa-china-hongkong/u-s-criticises-chinas-hong-kong-move-set-to-raise-xinjiang-genocide-charge-in-talks-idUSKBN2B32TC(2022. 12. 22 접속).

Panton, Michael A., "Politics, Practice and Pacifism: Revising Article 9 of the Japanese Constitution"(2010) 11(2) *Asian Pacific Law & Policy Journal* 163-218.

Park Byong-su, "Germany offers lessons for remembering atrocities-Japan should take them", *Hankyoreh*(2022. 9. 24), https://english.hani.co.kr/arti/english_edition/e_international/1059951.html [https://perma.cc/JKV8-74PD].

Park, H.-K., "American Involvement in the Korean War"(1983) 16(4) *The History Teacher* 249-263.

Park, Ha-na, "Korea's top policymakers to visit US next week amid push for tariff relief", *Korea Herald*(2025. 4. 16), https://www.koreaherald.com/article/10466746 [https://perma.cc/84FZ-8Y52].

Park, Insook Han, Lee-Jay Cho, "Confucianism and the Korean Family"(1995) 26(1) *Journal of Comparative Family Studies* 117-134.

Park, Nathan, "Abe Ruined the Most Important Democratic Relationship in Asia", *Foreign Policy*(2020. 9. 4), https://foreignpolicy.com/2020/09/04/shinzo-abe-japan-south-korea-war-nationalism/ [https://perma.cc/82DW-UP7K].

Park, So-jeong, "Korean, Japanese, Chinese trade ministers affirm cooperation at Seoul meeting", *ChosunBiz*(2015. 3. 30), https://biz.chosun.com/en/en-policy/2025/03/30/HRKCJWG5RZAO3B72UNF4NLC7QE/ [https://perma.cc/8LUG-AXHN].

Park, Soo-Bin, *The North Korean Economy: Current Issues and Prospects, Association of Korean Studies*(2003), https://carleton.ca/economics/wp-content/uploads/cep04-05.pdf?origin=publication_detail [https://perma.cc/H5EB-FNUU].

Park, Young Ho, *South and North Korea's Views on the Unification of the Korean Peninsula and Inter-Korean Relations*(2014), https://www.brookings.edu/wp-content/uploads/2014/04/park-young-ho-paper.pdf [https://perma.cc/3SUL-6BJA].

Parsons, Edward B., "Roosevelt's Containment of the Russo-Japanese War"(1969) 38(1) *Pacific Historical Review* 21-44.

Pastreich, Emanuel, "The Balancer: Roh Moo-hyun's Vision of Korean Politics and the Future of Northeast Asia"(2005) 3(8) *Asian-Pacific Journal* 1-14.

Patalano, A., "Japan as a Maritime Power: Deterrence, Diplomacy, and Maritime Security", in Mary McCarthy(ed.), *Routledge Handbook of Japanese Foreign*

Policy(Routledge, 2018).

Perdue, Peter C., "Boundaries and Trade in the Early Modern World: Negotiations at Nerchinsk and Beijing"(2010) 43(3) *Eighteen-Century Studies* 341-346.

Permanent Mission of Mongolia to the United Nations, *Mongolia-Neutrality*(2015. 9. 10), https://www.un.int/mongolia/news/mongolia-neutrality [https://perma. cc/KCV5-DGKR].

Person, James, "North Korea's Purges Past", *National Interest*(2013. 12. 30), https://nationalinterest.org/commentary/north-koreas-purges-past-9628 [https://perma.cc/U5ZM-YCKM].

Pifer, Steven, *Why care about Ukraine and the Budapest Memorandum*(2019. 12. 5), https://www.brookings.edu/blog/order-from-chaos/2019/12/05/why-care -about-ukraine-and-the-budapest-memorandum/ [https://perma.cc/74XB- 85GD].

Potkin, Fanny, Che Pan, "Exclusive: Huawei readies new AI chip for mass shipment as China seeks Nvidia alternatives, sources say", *Reuters*(2025. 4. 22), https://www.reuters.com/world/china/huawei-readies-new-ai-chip-mass- shipment-china-seeks-nvidia-alternatives-sources-2025-04-21/(2025. 4. 24 접속).

"Power", *The U.S. News and World Report*, https://www.usnews.com/news/best- countries/rankings/power(2022. 12. 22 접속).

Prowse, Sinclaire, *Mongolia - Neutrality and Anxiety*(2022), https://asiasociety.org/ australia/mongolia-neutrality-and-anxiety [https://perma.cc/V7BH-NBS4].

Psarras, Sophia-Karin, "Han and Xiongnu: A Reexamination of Cultural and Political Relations(II)"(2004) 52 *Monumenta Serica* 37-93.

PSCORE, *Forced to Hate*, http://pscore.org/life-north-korea/forced-to-hate/ [https:// perma.cc/ABV3-TM6S].

Public Law 117-167(Chips and Science Act of 2022, United States).

Public Law 117-169(Inflation Reduction Act of 2022, United States).

Purdue, Peter C., China Marches West: The Qing Conquest of Central Eurasia(Belknap Press, 2005).

Radnaased, Turdalai, *Land relations in Mongolia during the Collectivization Movement: From Herders to Collectivists*(Palgrave Macmillan, 2025).

Ramburg, Bennett, *North Korea's ongoing nuclear missile tests prove it's time to normalize relations*, NBC News(2021. 10. 21), https://www.nbcnews.com/think/ opinion/north-korea-s-ongoing-nuclear-missile-tests-prove-it-s-ncna12821

18 [https://perma.cc/8FT8-TE4V].

Ramseyer, J. Mark, "Contracting for Sex in the Pacific War"(2021) 65 *International Review of Law and Economics* 1-8.

Reardon-Anderson, James, "Land Use and Society in Manchuria and Inner Mongolia during the Qing Dynasty"(2000) 5(4) *Environmental History* 503-530.

Record, Jeffrey, *Japan's Decision for War in 1941: Some Enduring Lessons*(U.S. Army War College, Strategic Studies Institute, 2009).

Reinert, Kenneth A., "Steel, security and the WTO Dispute Settlement Mechanism: A trade catastrophe in the making"(2024) 47(6) *World Economy* 2219-2759, p.2743.

Revere, Evans J. R., *Kim Jong-un will not give up North Korea's nuclear weapons*(2018. 4. 9), https://www.brookings.edu/blog/order-from-chaos/2018/04/09/kim-jong-un-will-not-give-up-north-koreas-nuclear-weapons/ [https://perma.cc/3BPF-FCGA].

Revere, Evans J. R., *North Korea's Economic Crisis: Last Chance for Denuclearization?* Brookings Institute Report(2021. 2. 26), https://www.brookings.edu/research/north-koreas-economic-crisis-last-chance-for-denuclearization/ [https://perma.cc/TV6M-6W7Z].

Reynolds, Isabel, Emi Nobuhiro, "China Says Unfair Treatment of Huawei Could Damage Japan Ties", *Bloomberg*(2019. 3. 29), https://www.bloomberg.com/news/articles/2019-03-29/china-says-unfair-treatment-of-huawei-could-damage-japan-ties [https://perma.cc/S3HZ-ZF46].

Rich, Timothy S., Mallory Hardesty, *Americans Largely Reject Closing Bases in Germany, South Korea and Japan*(2022. 7. 26), https://www.e-ir.info/2022/07/26/americans-largely-reject-closing-bases-in-germany-south-korea-and-japan/ [https://perma.cc/3FHJ-N2VV].

Richards, Clint, "Japan's New Remote Island Defense Plan", *The Diplomat*(2014. 8. 13), https://thediplomat.com/2014/08/japans-new-remote-island-defense-plan/ [https://perma.cc/7PHD-PA3X].

Rienzi, Greg, "Other Nations Could Learn from Germany's Efforts to Reconcile after WWII", *Johns Hopkins Magazine*(2015 여름), https://hub.jhu.edu/magazine/2015/summer/germany-japan-reconciliation/ [https://perma.cc/D9DQ-3C6Y].

Roberts, Priscilla, "New Light on a "Forgotten War": The Diplomacy of the Korean Conflict"(2000) 14(3) *OAH Magazine of History* 10-14.

Robinson, Joan, "Korean Miracle"(1965) 16(9) *Monthly Review* 541-549.

Roblin, Sebastien, "The Rangoon Bombing: North Korea's 1983 Attempt to Destroy South Korea's Government", *National Interest*(2021. 7. 29), https://national interest.org/blog/reboot/rangoon-bombing-north-korea%E2%80%99s-198 3-attempt-destroy-south-korea%E2%80%99s-government-190689 [https:// perma.cc/9JPJ-XE74].

Rogin, Josh, "Trump still holds Jimmy Carter's view on withdrawing U.S. troops from South Korea", *Washington Post*(2018. 6. 7), https://www.washington post.com/news/josh-rogin/wp/2018/06/07/trump-still-holds-jimmy-carters -view-on-withdrawing-u-s-troops-from-south-korea/ [https://perma.cc/ 8YZT-ENZ8].

Rosato, Sebastian, "The Flawed Logic of Democratic Peace Theory"(2003) 97(4) *American Political Science Review* 585-602.

Rosenberg, Daniel M., "The Collectivization of Mongolia's Pastoral Production"(1981) *Nomadic Peoples*, no. 9(1981. 9).

Ross, Robert S., *The Fate of the Pivot: U.S. Policy in East Asia*(S. Rajaratnam School of International Studies, 2014).

Roth, Antoine, Andrea A. Fischetti, "Japan's Growing Reliance on the Chinese Market", *Tokyo Review*(2021), https://www.tokyoreview.net/2021/02/japans-growing -reliance-on-the-chinese-market/ [https://perma.cc/CF33-Z2HQ].

Roth, Kenneth, *World Report 2022: North Korea(2022)*, https://www.hrw.org/world- report/2022/country-chapters/north-korea [https://perma.cc/4FYE- 6XZP].

Rowe, William T., *China's Last Empire: The Great Qing*(Belknap Press, 2012).

Rozman, Gilbert, "Regionalism in Northeast Asia: Korea's Return to Center Stage", in Charles K. Armstrong 외(eds.), *Korea at the Center: Dynamics of Regionalism in Northeast Asia*(Routledge, 2006).

Rozman, Gilbert(ed.). *U.S. Leadership, History, and Bilateral Relations in Northeast Asia*(Cambridge University Press, 2011).

Rubin, Gabriel, "Defiance of US Supreme Court is tricky to price", *Reuters*(2025. 4. 18), https://www.reuters.com/breakingviews/defiance-us-supreme-court- is-tricky-price-2025-04-17/?utm_source=chatgpt.com(2025. 4. 22 접속)

"Russia says China will start paying for gas in rubles and yuan", *CNN Business*(2022. 9. 6), https://www.cnn.com/2022/09/06/energy/china-russian-gas-payments- ruble-yuan/index.html [https://perma.cc/L3U2-S6C7].

"Russia scraps visa-free visits to islands claimed by Japan", *Japan Times*(2022. 9.

6), https://www.japantimes.co.jp/news/2022/09/06/national/politics-diplomacy/islands-visa-agreement/ [https://perma.cc/5MSV-X6FX].

"Russia Suspends Fisheries Agreement with Japan", *Nippon.com*(2022. 6. 7), https://www.nippon.com/en/news/yjj2022060701155/ [https://perma.cc/M3HP-ZBJT].

"S. Korea expresses strong protest over Japan's renewed Dokdo claims in defense white paper", *Korea Herald*(2021. 7. 13), https://www.koreaherald.com/view.php?ud=20210713000503 [https://perma.cc/RSR4-9MZT].

Sabloff, Paula L. W., "Why Mongolia? The political culture of an emerging democracy"(2010) 21(1) *Central Asian Survey* 19-36.

Saich, Tony, *From Rebel to Ruler: One Hundred Years of the Chinese Communist Party*(Harvard University Press, 2021).

Sakoh, Katsuro, "Japanese Economic Success: Industrial Policy or Free Market?"(1984) 4(2) *Cato Journal* 521-548.

Sanallkhundev, Bayasgalan, "Third Neighbor Policy Concept in Mongolia's Geopolitics" (2021) 22 *Mongolian Journal of International Affairs* 81-98.

Sanders, Alan J. K., "Mongolia: Independence and Revolution", *Encyclopaedia Britannica,* https://www.britannica.com/place/Mongolia/Independence-and-revolution [https://perma.cc/D6YF-B7A6].

Sanders, Alan J. K., "Mongolia since 1990: Constitutional change", *Encyclopaedia Britannica,* https://www. britannica.com/place/Mongolia/Reform-and-the-birth-of-democracy [https://perma.cc/G9L3-5EWU].

Sanger, David E., "North Korea Say They Tested Nuclear Device", *New York Times* (2006. 10. 9), https://www.nytimes.com/2006/10/09/world/asia/korea.html [https://perma.cc/8ENQ-EG7U].

Santora, Marc, Andrew E. Kramer, Dan Bilefsky, Ivan Nechepurenko, Anton Troianovski, "Russia Orders Retreat From Kherson, a Serious Reversal in the Ukraine War", *New York Times*(2022. 11. 9), https://www.nytimes.com/2022/11/09/world/europe/ukraine-russia-kherson-retreat.html [https://perma.cc/7AJN-ES7D].

Sasaki, Tomoyuki, "Whose Peace? Anti-Military Litigation and the Right to Live in Peace in Postwar Japan"(2012) 10(29) *Asia-Pacific Journal* 1-19.

Sassim, Francesco, "Russia's Energy Game in Asia", *The Diplomat*(2022. 9. 27), https://thediplomat.com/2022/09/russias-energy-game-in-asia/ [https://perma.cc/93B7-TYTJ].

Saunders, Phillip C., Julia G. Bowie, "US-China military relations: competition and cooperation"(2016) 39 *Journal of Strategic Studies* 662-684.

Savada, Andrea Matles, William Shaw(eds.), *South Korea: A Country Study*(1990), http://countrystudies.us/south-korea/7.htm#: - :text=Japan's%20initial%20 colonial%20policy%20was,self%2Dsufficiency%20and%20war%20preparati on [https://perma.cc/J6GX-9HJ9].

Schifrin, Nick, Zaba Warsi, "UN investigator outlines evidence of Russian war crimes in liberated areas of Ukraine", *PBS News Hour*(2022. 9. 28), https://www.pbs. org/newshour/show/un-investigator-outlines-evidence-of-russian-war- crimes-in-liberated-areas-of-ukraine#: - :text=Ukraine's%20prosecutor% 20general%20also%20said,the%20beginning%20of%20the%20war [https://perma.cc/JE42-DHLZ].

Schoff, James L., Li Bin, A *Precarious Triangle: U.S.-China Strategic Stability and Japan* (Carnegie Endowment for International Peace, 2017).

Schroeder, Paul W., "The 'Balance of Power' System in Europe, 1815-1871"(1975) 27(5) *Naval War College Review* 18-31.

Schuman, Michael, "Why Biden's Block on Chips to China Is a Big Deal", *The Atlantic*(2022. 10. 25), https://www.theatlantic.com/international/archive /2022/10/biden-export-control-microchips-china/671848/ [https://perma. cc/9FHF-2XWV].

Schuman, Michael, Jonathan Fulton, Tuvia Gering, *How Beijing's newest global initiatives seek to remake the world order*, Issue Brief, Atlantic Council(2023. 6. 21), https://www.atlanticcouncil.org/in-depth-research-reports/issue-brief/ho w-beijings-newest-global-initiatives-seek-to-remake-the-world-order/?utm _source=chatgpt.com [https://perma.cc/3JGM-Z4YP].

Seldon, Mark, "Japanese and American War Atrocities, Historical Memory and Reconciliation: World War II to Today"(2008) 6(4) *Japan Focus* 1-19.

Sella, Amnon, "Khalkhin-Gol: The Forgotten War"(1983) 18(4) *Journal of Contemporary History* 651-687.

Seth, Michael J., A *History of Korea: From Antiquity to the Present*(Rowman & Littlefield, 2011).

Seth, Michael J., *South Korea's Economic Development, 1948-1996*(2017. 12. 19), https://oxfordre.com/asianhistory/view/10.1093/acrefore/9780190277727. 001.0001/acrefore-9780190277727-e-271 [https://perma.cc/7PH4-GPQK].

Setser, Brad W., *Meanwhile, in Japan, Household Consumption Continues to Fall*(2016.

6. 7), https://www.cfr.org/blog/meanwhile-japan-household-consumption
-continues-fall [https://perma.cc/23V6-M7PV].

Shalal, Andrea, "IMF sees global growth hurt by trade tensions but no recession",
Reuters(2025. 4. 17), https://www.reuters.com/markets/imf-expects-notable
-markdowns-growth-forecasts-no-global-recession-2025-04-17/?utm_sourc
e=chatgpt.com(2025. 4. 18 접속).

Shalal, Andrea, "IMF cuts growth forecasts for most countries in wake of century-high
US tariffs", *Reuters*(2025. 4. 22), https://www.reuters.com/business/imf-
cuts-growth-forecasts-most-countries-wake-century-high-us-tariffs-2025-04
-22/?utm_source=chatgpt.com(2025. 4. 22 접속).

Sheehan, Michael, "The Sincerity of the British Commitment to the Maintenance
of the Balance of Power 1714-1763"(2004) 15(3) *Diplomacy and Statecraft*
489-506.

Shin, David W., "North Korea's Post-Totalitarian State: The Rise of the Suryong
(Supreme Leader) and the Transfer of Charismatic Leadership"(2016) 33(1)
American Intelligence Journal 31-48.

Shin, Gi-Wook, "The Rise of Anti-Chinese Sentiments in South Korea: Political and
Security Implications", *FSI News*, Stanford Freeman Spogli Institute for
International Studies(2021. 10. 7).

Shin, Hyonhee, "N.Korea backs Russia's proclaimed annexations, criticises U.S.
'double standards'." *Reuters*(2022. 10. 3), https://www.Reuters.com/world/
asia-pacific/nkorea-backs-russias-proclaimed-annexations-criticises-us-dou
ble-standards-2022-10-03/(2022. 12. 22 접속).

Shin, Ji-hye, "36-year-old Lee Jun-seok becomes new leader of People Power Party",
Korea Herald(2021. 6. 11), https://www.koreaherald.com/view.php?ud=
20210611000445 [https://perma.cc/R8BL-FMVK].

Shin, Ji-hye, "Why does Korea have such a deep political divide?" *Korea Herald*(2021.
11. 6), https://www.koreaherald.com/view.php?ud=20211108000739
[https://perma.cc/CNW5-YSLL].

Shin, Mitch, "North Korea Issues Warning Over South Korea-US Joint Military
Exercises", *The Diplomat*(2021. 8. 12), https://thediplomat.com/2021/08/
north-korea-issues-warning-over-south-korea-us-joint-military-exercises/
[https://perma.cc/NM6V-2BKU].

Shin, Mitch, "US Warns North Korea: Nuclear Attack Will End Kim Regime", *The
Diplomat*(2022. 10. 28), https://thediplomat.com/2022/10/us-warns-north-

korea-nuclear-attack-will-end-kim-regime/ [https://perma.cc/SP5U-MHQR].

Shin, Wook, Daniel Sneider, *Divergent Memories*(Stanford University Press, 2016).

Shinkman, Paul D., "North Korea Threatens U.S.: Nuclear Attack 'The Only Option Left'." *U.S. News and World Report*(2020. 6. 26), https://www.usnews.com/news/world-report/articles/2020-06-26/north-korea-threatens-us-with-nuclear-attack(2022. 12. 22 접속).

Shinkman, Paul D., "China Indicates to Biden it Won't Send Weapons to Russia", *The U.S. News and World Report*(2022. 3. 18), https://www.usnews.com/news/world-report/articles/2022-03-18/china-indicates-to-biden-it-wont-send-weapons-to-russia-as-bloody-war-in-ukraine-grinds-on(2022. 12. 22 접속).

Shipitko, Ulyana, "Rediscovering Russia in Northeast Asia"(2010) 9 *Ritsumeikan Annual Review of International Studies* 205-229.

Shirk, Susan L., "China in Xi's 'New Era': The Return to Personalistic Rule"(2018) 29(2) *Journal of Democracy* 22-36.

Sibbett, Benjamin K., "Tokdo or Takeshima? The Territorial Dispute Between Japan and the Republic of Korea"(1998) 21(4) *Fordham International Law Journal* 1606-1646.

Silver, Laura, *Some Americans' views of China turned more negative after 2020, but others became more positive*(2022. 9. 28), https://www.pewresearch.org/fact-tank/2022/09/28/some-americans-views-of-china-turned-more-negative-after-2020-but-others-became-more-positive/ [https://perma.cc/54PB-SEXS].

Simes Jr., Dimitri, Tatiana Simes, "Putin's Big Plans for Russia's Far East Aren't Panning Out", *World Politics Review*(2021. 10. 5), https://www.worldpoliticsreview.com/putin-s-big-plans-for-russia-s-far-east-aren-t-panning-out/ [https://perma.cc/QQL6-QYDF].

Smith, Paul J., "The Senkaku/Diaoyu Island Controversy: A Crisis Postponed"(2013) 66(2) *Naval War College Review* 27-44.

Smith, Shane, *North Korea's Evolving Nuclear Strategy*, US-Korea Institute at SAIS(2015. 8), https://www.38north.org/wp-content/uploads/2015/09/NKNF_Evolving-Nuclear-Strategy_Smith.pdf [https://perma.cc/4ALC-HA42].

Solís, Mireya, *China moves to join the CPTPP, but don't expect a fast pass*(2021. 9. 23), https://www.brookings.edu/blog/order-from-chaos/2021/09/23/china-moves-to-join-the-cptpp-but-dont-expect-a-fast-pass/ [https://perma.cc/X2XG-ZH2D].

Somin, Ilya, "Remembering the biggest mass murder in the history of the world", *Washington Post*(2016. 8. 3), https://www.washingtonpost.com/news/volokh-conspiracy/wp/2016/08/03/giving-historys-greatest-mass-murderer-his-due/ [https://perma.cc/8NMN-ARKU].

Son, Ji-hyoung, "Chinese envoy warns Korea against 'interference' in chip supply chain", *Korea Herald*(2022. 7. 26), https://www.koreaherald.com/view.php?ud=20220726000627 [https://perma.cc/MV22-T83M].

"South Korea and U.S. begin their largest military drills", *CNBC*(2022. 8. 22), https://www.cnbc.com/2022/08/22/s-korea-and-us-begin-largest-military-drills-amid-n-korea-backlash.html [https://perma.cc/V8HL-77DJ].

Spitzer, Kirk, "Why Japan Is Still Not Sorry Enough", *Time*(2012. 12. 11), https://nation.time.com/2012/12/11/why-japan-is-still-not-sorry-enough/[https://perma.cc/3XP5-WSL6].

Statista, *China is the World's Manufacturing Superpower*(2021. 5. 4), https://www.statista.com/chart/20858/top-10-countries-by-share-of-global-manufacturing-output/ [https://perma.cc/98Z5-FMBB].

Statista, *Share of the leading merchandise importers worldwide in 2020, by importing nation*(2021. 10. 11), https://www.statista.com/statistics/252140/share-of-the-leading-merchandise-importers-worldwide-by-importing-nation/ [https://perma.cc/U93A-D6TT].

Stavridis, James, "A US-China War Over Taiwan Isn't Happening Anytime Soon", *Bloomberg*(2022. 8. 9), https://www.bloomberg.com/opinion/articles/2022-08-09/a-us-china-war-over-taiwan-isn-t-happening-anytime-soon?leadSource=uverify%20wall [https://perma.cc/7WCY-5W7T].

Steen, Bard Nikolas Vik, "Is Pacific Asia Returning to Sinocentrism?" *E-International Relations*(2014. 9. 14), https://www.e-ir.info/2014/09/14/is-pacific-asia-returning-to-sinocentrism/ [https://perma.cc/FLV4-V9HC].

Steinbock, Dan, "U.S.-China Trade War and Its Global Impacts"(2018) 4(4) *China Quarterly of International Strategic Studies* 515-542.

Stephen, John J., "Sakhalin Island: Soviet Outpost in Northeast Asia"(1970) 12(12) *Asian Survey* 1090-1100.

Stokes, Bruce, *Hostile Neighbors: China vs. Japan*(2016. 9. 13), https://www.pewresearch.org/global/2016/09/13/hostile-neighbors-china-vs-japan/ [https://perma.cc/A5CN-CKR8].

Strobel, Warren P., Michael R. Gordon, Nancy A. Youssef, "Russia Moves More

Weaponry Toward Ukraine, Keeps the West Guessing", *Wall Street Journal* (2022. 1. 14), https://www.wsj.com/articles/russia-moves-more-weaponry-toward-ukraine-keeps-the-west-guessing-11642161605 [https://perma.cc/G66K-PGBK].

Suganuma, Unryu, *Sovereign Rights and Territorial Space in Sino-Japanese Relations: Irredentism and the Diaoyu/Senkaku Islands*(University of Hawaii Press, 2000).

Suh, Dae-Sook, "Military-First Politics of Kim Jong Il"(2002) 26(3) *Asian Perspective* 145-167.

Suh, Ji-Youn, "Mongolian leader to N. Korea: 'No tyranny lasts forever.'" *Korean Herald*(2013. 11. 15), http://www.koreaherald.com/view.php?ud=2013 1115000897 [https://perma.cc/2UGH-5RSE].

Sutter, Robert G., *US-China Relations: Perilous Past, Uncertain Present*(3d ed., Rowman & Littlefield, 2018).

Sykes, Alan, *Stanford's Al Sykes on the $280 Billion Chips and Science Act, Government Intervention, and Trade*(2022. 8. 2), https://law.stanford.edu/2022/08/02/stanfords-al-sykes-on-the-280-billion-chips-and-science-act-governmen t-intervention-and-trade/ [https://perma.cc/27MX-A9SK].

Svrluga, Susan and Danielle Douglas-Gabriel, "Harvard sues the Trump administration in escalating confrontation", *Washington Post*(2025. 4. 21), https://www.washingtonpost.com/education/2025/04/21/harvard-sues-trump-administr ation-funding-antisemitism/(2025. 4. 22 접속).

Tachikawa, Tomoyuki, "FOCUS: Chinese citizens support Xi's hard-line policy against Hong Kong", *Kyoto News*(2021. 3. 6), https://english.kyodonews.net/news /2021/03/39fe8d7e5ccd-focus-chinese-citizens-support-xis-hard-line-polic y-against-hong-kong.html [https://perma.cc/GLP5-73QT].

"Taiwan rejects China's 'one country, two systems' plan for the island", *Reuters*(2022. 8. 6), https://www.Reuters.com/world/asia-pacific/taiwan-rejects-chinas-one-country-two-systems-plan-island-2022-08-11/ [https://perma.cc/Z6XG-VEXB].

Tamamoto, Masaru, "Reflections on Japan's Postwar State"(1995) 124(2) *Daedalus* 1-22.

Tamponi Alessandra, *The start of a generational turn in Mongolian Politics: What can we expect from L. Oyun-Erdene's New Cabinet?*(2021. 2. 8), https://eias.org/publications/op-ed/the-start-of-a-generational-turn-in-the-mongolian-politi cs-what-can-we-expect-from-l-oyun-erdenes-new-cabinet/ [https://perma.

cc/8W3P-UDS4].

Tang, Francis, "Japan and the U.S. begin tariff talks on good terms, but without breakthroughs", *Japan Times(2025. 4. 17)*, https://www.japantimes.co.jp/business/2025/04/17/economy/trump-akazawa-japan-trade-talks/ [https://perma.cc/QZ2X-DG2G].

Tanner, Harold M., *China: A History: From the Great Qing Empire through The People's Republic of China(1644 - 2009)*, vol. 2(Hackett Publishing Company, 2010).

Tikkanen, Amy, "Sakhalin Island", *Encyclopaedia Britannica*, https://www.britannica.com/place/Sakhalin-Island [https://perma.cc/JA7X-T5JG].

Tobita, Rintaro, "U.S. calls out Japan and Netherlands over China chip curbs", *Nikkei Asia(2022. 11. 6)*, https://asia.nikkei.com/Business/Electronics/U.S.-calls-out-Japan-and-Netherlands-over-China-chip-curbs [https://perma.cc/5HDM-GD6U].

Toloraya, Georgy, "The Six Party Talks: A Russian Perspective"(2008) 32(4) *Asian Perspective* 45-69.

Trading Economics, *Japan Exports By Country(2022)*, https://tradingeconomics.com/japan/exports-by-country [https://perma.cc/4BM2-HHL7].

Trading Economics, *Mongolia Foreign Direct Investment(2022)*, https://tradingeconomics.com/mongolia/foreign-direct-investment#: - :text=Foreign%20Direct%20Investment%20in%20Mongolia%20averaged%2019380.19%20USD%20Million%20from,the%20fourth%20quarter%20of%202010. [https://perma.cc/7YKN-F3VC].

Trading Economics, *South Korea Exports By Country(2022)*, https://tradingeconomics.com/south-korea/exports-by-country [https://perma.cc/LGH4-CB7E].

Treaty of Mutual Cooperation and Security between Japan and the United States of America(1960), https://www.mofa.go.jp/region/n-america/us/q&a/ref/1.html [https://perma.cc/CDQ9-RUAR].

Treaty of Peace, Amity, Commerce and Navigation between the United States and the Kingdom of Korea(1882), https://www.degruyter.com/document/doi/10.1515/9780824885380-020/pdf(2022. 12. 22 접속).

Treaty of Peace with Japan(1951), https://treaties.un.org/doc/Publication/UNTS/Volume%20136/volume-136-I-1832-English.pdf [https://perma.cc/DNX3-CMD8].

Treaty of Portsmouth(1905), https://portsmouthpeacetreaty.org/process/peace/TreatyText.pdf [https://perma.cc/U675-AW2Q].

Treaty on Basic Relations Between Japan and the Republic of Korea(1965), https://treaties.un.org/doc/Publication/UNTS/Volume%20583/volume-58 3-I-8471-English.pdf [https://perma.cc/K2JH-RLTD].

Trend Economy, *Mongolia's exports 2021 by country*, https://trendeconomy. com/data/h2/Mongolia/TOTAL [https://perma.cc/Y2MT-9WL7].

Trofimov, Yaroslav, "The New Beijing-Moscow Axis", *Wall Street Journal*(2019. 2. 2).

Tseng, Hui-Yi Katherine, "China's Territorial Disputes with Japan: The Case of Senkaku/Diaoyu Islands"(2014) 1(2) *Journal of Territorial and Maritime Studies* 71-95.

Tsogtochir, Burmaa, Soyoung Park, "Natural resource curse exists in Mongolia? Focusing on budget transparency in local governments"(2021) *Journal of the Asia Pacific Economy*, https://doi.org/10.1080/13547860.2021.1892566 (2022. 12. 22 접속).

Turner, Nick and Mackenzie Hawkins, "Nvidia Sees $5.5 Billion Hit From New Trump China Curbs on Chips", *Bloomberg*(2025. 4. 15), https://www.bloom berg.com/news/articles/2025-04-15/nvidia-says-us-has-imposed-new-chin a-restrictions-on-h20-chips?embedded-checkout=true(2025. 4. 19 접속).

"Ukraine war: US estimates 200,000 military casualties on all sides", *BBC News*(2022. 11. 10), https://www.bbc.com/news/world-europe-63580372(2022. 12. 22 접속).

Unicef Mongolia, Environment & air pollution, https://www.unicef.org/mongolia/ environment-air-pollution#: - :text=Ulaanbaatar%20%E2%80%93%20 home%20to%20half%20of,level%20WHO%20recommends%20as%20safe. [https://perma.cc/7RPK-RMPB].

United Nations, *The International Covenant on Civil and Political Rights*, G.A. Res. 2200A(XXI)(1966. 12. 16).

United Nations, *Ukraine, Russian Federation, United Kingdom of Great Britain and Northern Ireland and the United States of America*, UNTS, vol. 3007, I-52241(1994. 12. 5), https://treaties.un.org/doc/Publication/UNTS/Volume%203007/Part /volume-3007-I-52241.pdf [https://perma.cc/S289-6SZK].

United Nations, *Aggression against* Ukraine, A/ES-11/L.1(2022. 3. 1), https:// digitallibrary.un.org/record/3958976?ln=en(2022. 12. 22 접속).

United Nations, "UN General Assembly votes to suspend Russia from the Human Rights Council", *UN News*(2022. 4. 7), https://news.un.org/en/story/2022/ 04/1115782 [https://perma.cc/XX6W-HEPW].

United Nations Conference on Trade and Development, *Evolution of the world's 25 top trading nations*, https://unctad.org/topic/trade-analysis/chart-10-may-2021(2022. 12. 22 접속).

United Nations Human Rights Council, *Report of the Commission of Inquiry on Human Rights in the Democratic People's Republic of Korea*, A/HRC/25/63(2014. 2. 7).

United Nations Human Rights Office of the High Commissioner, *OHCHR Assessment of human rights concerns in the Xinjiang Uyghur Autonomous Region, People's Republic of China*(2022. 8. 31), https://www.ohchr.org/sites/default/ files/ documents/countries/2022-08-31/22-08-31-final-assesment.pdf [https:// perma.cc/M8VT-5PUL].

United Nations Peacemaker, *The July 4 South-North Joint* Communiqué(1972. 7. 4), https://peacemaker.un.org/sites/peacemaker.un.org/files/KR%20KP_720 704_The%20July%204%20South-North%20Joint%20Communiqu%C3%A9.p df [https://perma.cc/C572-T8NF].

United Nations Peacemaker, *Agreement on Reconciliation, Non-aggression and Exchanges and Cooperation between the South and North*(1991. 12. 13), DC/1147(1992. 3. 25), [https://perma.cc/GQQ2-44CV].

United Nations Research Institute for Social Development, *Economic and Social Development in the Republic of Korea: Processes, Institutions and Actors*, Research and Policy Brief 14(2012. 10).

United States Census Bureau, *Top Trading Partners —September 2022*, https://www.census.gov/foreign-trade/statistics/highlights/top/top2209yr.html [https://perma.cc/GK26-WWXH].

"United States Continues to Block New Appellate Body Members for the World Trade Organization, Risking the Collapse of the Appellate Process"(2019) 113(4) *American Journal of International Law* 822-831.

United States Government, "Notice of Modification of s. 301 Action: China's Acts, Policies, and Practices Related to Technology Transfer, Intellectual Property, and Innovation", 83 *Federal Register*(2018. 9. 21).

United States Statistics Division, *Value Added by Economic Activity, at current prices - US Dollars*(Mining Manufacturing, and Utilities), https://unstats.un.org/ unsd/snaama/Basic(2022. 12. 22 접속).

United States Trade Representative, *Indo-Pacific Economic Framework for Prosperity(IPEF)*, https://ustr.gov/trade-agreements/agreements-under-negotiation/indo-pa

cific-economic-framework-prosperity-ipef [https://perma.cc/Y2DE-QXNM].

U.S. Army Garrison Humphreys, https://home.army.mil/humphreys/index.php [https://perma.cc/EMV2-RB4Q].

"US calls on China, Hong Kong to release Stand News staff", *France 24*(2021. 12. 30), https://www.france24.com/en/asia-pacific/20211230-us-calls-on-china-hong-kong-to-release-stand-news-staff [https://perma.cc/ZB8P-WEJR].

U.S. Chamber of Commerce, *Made in China 2025: Global Ambitions Built on Local Protections*(2017), https://www.uschamber.com/assets/archived/images/final_made_in_china_2025_report_full.pdf [https://perma.cc/YU48-CXW9].

"US confronts China, Russia at UN over N Korean missile launches", *Aljazeera*(2022. 11. 5), https://www.aljazeera.com/news/2022/11/5/us-confronts-china-russia-at-un-over-n-korean-missile-launches [https://perma.cc/J6KB- N8Y5].

U.S. Congress, *Calling on the People's Republic of China(PRC) to cease its retaliatory measures against the Republic of Korea in response to the deployment of the U.S. Terminal High Altitude Area Defense(THAAD) to U.S. Forces Korea(USFK), and for other purposes*, H. Res. 223, 115th Congress(2017).

U.S. Department of Defense, *Military and Security Developments Involving the People's Republic of China 2021*(2021), https://media.defense.gov/2021/Nov/03/2002885874/-1/-1/0/2021-CMPR-FINAL.PDF [https://perma.cc/88FK-5MQV].

U.S. Department of Defense, *2022 National Defense Strategy of the United States*(2022. 10), https://media.defense.gov/2022/Oct/27/2003103845/-1/-1/1/2022-NATIONAL-DEFENSE-STRATEGY-NPR-MDR.PDF [https://perma.cc/57D6-HE2D].

U.S. Department of State, *U.S. Relations With Mongolia*(2021. 6. 24), https://www.state.gov/u-s-relations-with-mongolia/ [https://perma.cc/V4GQ-C97T].

U.S. Department of State, *Integrated Country Strategy: Mongolia*(2022. 3. 8), https://www.state.gov/wp-content/uploads/2022/05/ICS_EAP_Mongolia_Public-1.pdf [https://perma.cc/L2CU-ZD5M].

U.S. Department of State, *2021 Country Reports on Human Rights Practices: China(Includes Hong Kong, Macau, and Tibet)*, https://www.state.gov/reports/2021-country-reports-on-human-rights-practices/china/ [https://perma.cc/GP97-597E].

U.S. Department of State, *Japan, China, the United States and the Road to Pearl Harbor,*

1937-41, https://history.state.gov/milestones/1937-1945/pearl-harbor [https://perma.cc/7RLH-6QN4].

U.S. Department of State, *Nuclear Non-Proliferation Treaty*, https://www.state.gov/nuclear-nonproliferation-treaty/ [https://perma.cc/KF5E-V6TV].

U.S. Department of State, *Resolution of the Comfort Woman Issue*, https://2009-2017.state.gov/secretary/remarks/2015/12/250874.htm [https://perma.cc/TA4P-362F].

U.S. Department of Transportation's Bureau of Transportation Statistics, https://www.bts.gov/content/world-motor-vehicle-production-selected-countries [https://perma.cc/L653-ZVPC].

U.S. Energy Information Administration, *North Korea*(2018. 6), https://www.eia.gov/international/analysis/country/PRK [https://perma.cc/7JKX-JGHE].

U.S. Government Accountability Office, *Burden Sharing: Benefits and Costs Associated with the U.S. Military Presence in Japan and South Korea*, GAO-21-270(2021. 3. 17), https://www.gao.gov/products/gao-21-270 [https://perma.cc/CQ9T-G4AE].

"U.S. hails Japan's new security strategy as 'bold and historic'." *Kyodo News*(2022. 12. 17), https://english.kyodonews.net/news/2022/12/5ee1f51910f0-us-hails-japans-new-security-policy-as-bold-and-historic.html [https://perma.cc/UT89-R6M6].

U.S. Indo-Pacific Command, *About USINDOPACOM*, https://www.pacom.mil/About-USINDOPACOM/ [https://perma.cc/F8GS-3JBA].

U.S. Library of Congress, *Modern Mongolia, 1911-84*, http://countrystudies.us/mongolia/26.htm [https://perma.cc/54F4-8E5B].

U.S. Senate Committee on Appropriations, *Hearings on appropriations for 1951*(U.S. Government Printing Office, 1950).

Valencia, Mark, "Japan's new assertiveness re-energizes its territorial disputes", *Asia Times*(2021. 8. 17), https://asiatimes.com/2021/08/japans-new-assertiveness-re-energizes-its-territorial-disputes/ [https://perma.cc/DYK6-56J6].

Van Kemenade, Willem, *China and Japan: Partners or Permanent Rivals?*(Clingendael Institute, 2006).

Van Ree, Erik, "The limits of Juche: North Korea's dependence on Soviet industrial aid, 1953-76"(1989) 5(1) *Journal of Communist Studies* 50-73.

Van Slyke, Lyman P., "The United Front in China"(1970) 5(3) *Popular Fronts* 119-135.

Varada, Pranay, "Mongolia: On the Verge of a Mineral Miracle", *Harvard International*

Review(2022. 2. 11), https://hir.harvard.edu/mongolia-on-the-verge-of-a-mineral-miracle/ [https://perma.cc/8Z3B-PEYD].

Veatch, R., "Japan, the United States, and Manchuria"(1932) 1 *Editorial Research Reports 1932*, https://library.cqpress.com/cqresearcher/document.php?id=cqresrre1932062000 [https://perma.cc/GT7J-M62K].

Vlamis, Kelsey and Katherine Li, "Nightmare on Main Street: Trump Tariffs Hit American Small Businesses", *Business Insider*(2025. 4. 19), https://www.businessinsider.com/main-street-trump-trade-war-tariffs-small-businesses-impact-2025-4 [https://perma.cc/66Q9-CS4W].

Walt, Stephen M., *The Origins of Alliances*(Cornell University Press, 1987).

Waltz, Kenneth N., *Theory of International Politics*(Addison-Wesley, 1979).

Wang, Amber, "China warns Japan against joining forces with US, *South China Morning Post*"(2022. 5. 18), https://www.scmp.com/news/china/diplomacy/article/3178259/china-warns-japan-against-joining-forces-us [https://perma.cc/P76R-WSSP].

Wang, Dong, Friso M. S. Stevens, "Why is there no Northeast Asian security architecture? - Assessing the strategic impediments to a stable East Asia" (2021) 34(4) *Pacific Review* 577-604.

Wang, Orange, "How much is China's foreign direct investment and is it still a good destination for overseas investors?" *South China Morning Post*(2022. 6. 10), https://www.scmp.com/economy/economic-indicators/article/3181037/how-much-chinas-foreign-direct-investment-and-it-still [https://perma.cc/8B9C-W4FA].

Wang, Yi, "The Backward Will Be Beaten: Historical Lesson, Security, and Nationalism in China"(2020) 29(126) *Journal of Contemporary China* 887-900.

Wang, Zheng, History Education: The Source of Conflict Between China and Japan, *The Diplomat*(2014. 4. 23), https://thediplomat.com/2014/04/history-education-the-source-of-conflict-between-china-and-japan/ [https://perma.cc/NJ8L-Y7UF].

Ward, Alexander, Quint Forgey, "North Korea tested its first ICBM since 2017", *Politico*(2022. 3. 10), https://www.politico.com/newsletters/national-security-daily/2022/03/10/north-korea-tested-its-first-icbm-since-2017-00016206 [https://perma.cc/WAD3-FGGY].

Warnberg, Tim, "The Kwangju Uprising: An Inside View"(1987) 11 *Korean Studies* 33-57.

Weber, Isabella M., *How China Escaped Shock Therapy: The Market Reform Debate* (Routledge, 2021).

Wertz, Daniel, Matthew McGrath, Scott Lafoy, "North Korea's Nuclear Weapons Program", *Issue Brief*, The National Committee on North Korea(2018. 4), https://www.ncnk.org/sites/default/files/issue-briefs/NCNK_IssueBrief_N orthKoreaNuclearWeapons_April2018.pdf [https://perma.cc/3RGU-2Z3R].

Westad, Odd Arne, *The Cold War: A World History*(Basic Books, 2019).

Westcott, Ben, "Kim Jong Un 'ordered' half brother's killing, South Korean intelligence says", *CNN*(2017. 2. 28), https://www.cnn.com/2017/02/27/asia/kim-jong-nam-north-korea-killed [https://perma.cc/WS5J-K57B].

"What Could Push China to Invade Taiwan," *Startfor Worldview*(2022. 9. 20), https://worldview.stratfor.com/article/what-could-push-china-invade-taiw an [https://perma.cc/386F-U4EQ].

"What does Xi Jinping's China Dream mean?" *BBC News*(2013. 6. 6), https://www.bbc.com/news/world-asia-china-22726375(2022. 12. 22 접속).

"What the Chinese People Are Revealing About Themselves", *New York Times*(2022. 12. 3), https://www.nytimes.com/2022/12/03/opinion/china-covid- protests.html(2022. 12. 30 접속).

White, Edward, Song Jung-a, Kang Buseong, "Lotte's China woes a harbinger of South Korean exodus", *Financial Times*(2019. 6. 20), https://www.ft.com/content/3a2eaeb2-9330-11e9-aea1-2b1d33ac3271 [https://perma.cc/7U22-J4ZM].

White House, *Building Resilient Supply Chains, Revitalizing American Manufacturing, and Fostering Broad-Based Growth*(2021. 6), https://www.whitehouse.gov/wp-content/uploads/2021/06/100-day-supply-chain-review-report.pdf [https://perma.cc/VXX9-QSLQ].

White House, *Indo-Pacific Strategy of the United States*(2022. 2), https://www.whitehouse.gov/wp-content/uploads/2022/02/U.S.-Indo-Pacific-Strategy.pdf [https://perma.cc/8ZJL-RXK4].

White House, *Background Press Call by a Senior Administration Official on Announcement of U.S. Ban on Imports of Russian Oil, Liquefied Natural Gas, and Coal*(2022. 3. 8), https://www.whitehouse.gov/briefing-room/press-briefings/2022/03/08/background-press-call-on-announcement-of-u-s-ban-on-imports-of-russian-oil-liquefied-natural-gas-and-coal/#: - :text=Today%2C%20President%20Biden%20signed%20an,his%20needless%20war%20of%20c hoice [https://perma.cc/D29N-P7ZN].

White House, *Fact Sheet: CHIPS and Science Act Will Lower Costs, Create Jobs, Strengthen Supply Chains, and Counter China*(2022. 8. 9), https://www.whitehouse.gov/briefing-room/statements-releases/2022/08/09/fact-sheet-chips-and-science-act-will-lower-costs-create-jobs-strengthen-supply-chains-and-counter-china/ [https://perma.cc/74RA-4KHW].

White House, *National Security Strategy*(2022. 10), https://www.whitehouse.gov/wp-content/uploads/2022/10/Biden-Harris-Administrations-National-Security-Strategy-10.2022.pdf [https://perma.cc/HH24-B83N].

White House, *Phnom Penh Statement on US – Japan – Republic of Korea Trilateral Partnership for the Indo-Pacific*(2022. 11. 13), https://www.whitehouse.gov/briefing-room/statements-releases/2022/11/13/phnom-penh-statement-on-trilateral-partnership-for-the-indo-pacific/ [https://perma.cc/T78M-8ERE].

White House, *Fact Sheet: President Donald J. Trump Imposes Tariffs on Imports from Canada, Mexico, and China*(2025. 2. 1), https://www.whitehouse.gov/fact-sheets/2025/02/fact-sheet-president-donald-j-trump-imposes-tariffs-on-imports-from-canada-mexico-and-china/ [https://perma.cc/ PB35-98TF].

"Why did Russia invade Ukraine and has Putin's war failed?" *BBC News*(2022. 11. 16), https://www.bbc.com/news/world-europe-56720589(2022. 12. 22 접속).

Widakuswara, Patsy, "Biden Pushes Expansion of Domestic Semiconductor Manufacturing", *Voice of America*(2022. 1. 21), https://www.voanews.com/a/biden-pushes-expansion-of-domestic-semiconductor-manufacturing/6407527.html [https://perma.cc/63BL-PSRA].

Wilborn, Thomas L., *Japan's Self-Defense Forces: What Dangers to Northeast Asia?*(Strategic Studies Institute, US Army War College, 1994).

Wishnick, Elizabeth, "The Sino-Russian Partnership and the North Korean Nuclear Crisis", *The National Bureau of Asian Research*(2019. 6. 14), https://www.nbr.org/publication/the-sino-russian-partnership-and-the-north-korean-nuclear-crisis/ [https://perma.cc/8CDA-8M2V].

Wishnick, Elizabeth, "Mongolia: Bridge or Buffer in Northeast Asia?" *The Diplomat*(2019. 6. 19), https://thediplomat.com/2019/06/mongolia-bridge-or-buffer-in-northeast-asia/ [https://perma.cc/3R8E-GBZY].

Wolff, David, Yokote Shinji, Willard Sunderland(eds.), *Russia's Great War and Revolution in the Far East: Re-imagining the Northeast Asian Theater, 1914-22*(Slavica, 2018).

Wong, Chun Han, "Is China's Communist Party Still Communist?" *Wall Street Journal* (2021. 6. 30), https://www.wsj.com/articles/is-chinas-communist-party-still-communist-11625090401 [https://perma.cc/D2HB-84CC].

Wong, Edward, Ana Swanson, "U.S. Aims to Constrain China by Shaping Its Environment, Blinken Says", *New York Times*(2022. 5. 26), https://www.nytimes.com/2022/05/26/us/politics/china-policy-biden.html [https://perma.cc/9JEM-LEBR].

Wood, Alan, *Russia's Frozen Frontier: A History of Siberia and the Russian Far East, 1581-1991*(Bloomsbury, 2011).

Workman, Daniel, *North Korea's Top Trading Partners*(2022), https://www.worldstopexports.com/north-koreas-top-import-partners/ [https://perma.cc/5YJK-6GY5].

Workman, Daniel, *Mongolia's Top 10 Exports*, https://www.worldstopexports.com/mongolias-top-10-exports/ [https://perma.cc/3X28-6HN7].

World Bank, *The World Bank in Mongolia*(2022. 10. 6 개편), https://www.worldbank.org/en/country/mongolia/overview#1 [https://perma.cc/ P4XJ-PHBE].

World Bank, *Armed forces personnel, total-Japan*, https://data.worldbank.org/indicator/MS.MIL.TOTL.P1?most_recent_value_desc=true&locations=JP [https://perma.cc/5DUG-R68S].

World Bank, *China Trade*, https://wits.worldbank.org/CountrySnapshot/en/CHN (2022. 12. 22 접속).

World Bank, *Exports of goods and services(% of GDP) – Korea, Rep.*, https://data.worldbank.org/indicator/NE.EXP.GNFS.ZS?locations=KR [https://perma.cc/779N-HQVA].

World Bank, *Exports of goods and services(current US$) – Mongolia*, https://data.worldbank.org/indicator/NE.EXP.GNFS.CD?locations=MN [https://perma.cc/AFU7-XJ2Y].

World Bank, *GDP(current US$)*, https://data.worldbank.org/indicator/NY.GDP.MKTP.CD [https://perma.cc/UJ53-S2T9]

World Bank, *GDP(current US$) – China, Japan*, https://data.worldbank.org/indicator/NY.GDP.MKTP.CD?locations=CN-JP [https://perma.cc/5EX9-2VRC].

World Bank, *GDP(current US$) – China, Russian Federation*, https://data.worldbank.org/indicator/NY.GDP.MKTP.CD?locations=CN-RU [https://perma.cc/93Z4-3SFY].

World Bank, *GDP(current US$) – Japan*, https://data.worldbank.org/indicator/NY.

GDP.MKTP.CD?locations=JP [https://perma.cc/NQK5-7EVK].

World Bank, *GDP(current US$) - Japan, Korea, Rep., China,* https://data.worldbank.
org/indicator/NY.GDP.MKTP.CD?locations=JP-KR-CN [https://perma.cc/
Z6PL-KGEF].

World Bank, *GDP(current US$) - Korea, Rep.,* https://data.worldbank.org/indicator/
NY.GDP.MKTP.CD?locations=KR [https://perma.cc/254J-FEYA].

World Bank, *GDP(current US$) - Mongolia,* https://data.worldbank.org/indicator/NY.
GDP.MKTP.CD?locations=MN [https://perma.cc/QQ66-DHD4].

World Bank, *GDP per capita(current US$) - China,* https://data.worldbank.org/indicator/
NY.GDP.PCAP.CD?locations=CN [https://perma.cc/AH9M- BMC5].

World Bank, *GDP per capita(current US$) - Japan, United States,* https://data.world
bank.org/indicator/NY.GDP.PCAP.CD?end=1995&locations=JP-US&start=
1960 [https://perma.cc/FF3Z-TLFY].

World Bank, *GDP growth(annual %) - Mongolia,* https://data.worldbank.org/indicator/
NY.GDP.MKTP.Kd.zg?end=2021&locations=MN&start=1982 [https://perma.
cc/W5WH-CJ92].

World Bank, *GNI per capita, Atlas method(current US$) - Japan,* https://data.worldbank.
org/indicator/NY.GNP.PCAP.CD?locations=JP [https://perma.cc/Z32Z-
NLMS].

World Bank, *GNI per capita, Atlas method(current US$) - Korea, Rep.,* https://data.
worldbank.org/indicator/NY.GNP.PCAP.CD?locations=KR [https://perma.
cc/J6YW-QNUC].

World Bank, *GNI per capita, Atlas method(current US$) - Korea, Rep., Japan,* https://data.
worldbank.org/indicator/NY.GNP.PCAP.CD?locations=KR-JP [https://perma.
cc/B3DL-972X].

World Bank, *GNI per capita, Atlas method(current US$) - Mongolia,* https://data.
worldbank.org/indicator/NY.GNP.PCAP.CD?locations=MN [https://perma.
cc/HAQ4-DVCP].

World Bank, *Gross domestic product 2021,* https://databankfiles.worldbank.org/
data/download/GDP.pdf [https://perma.cc/ZH97-G9JB].

World Bank, *Manufacturing, value-added(current US$) - China,* https://data.worldbank.
org/indicator/NV.IND.MANF.CD?locations=CN [https://perma.cc/4N25-
9AEK].

World Bank, *Manufacturing, value added(% of GDP),* https://databank.worldbank.org/
reports.aspx?source=2&series=NV.IND.MANF.ZS&country=MNG(2022.

12. 25 접속).

World Bank, *Military expenditure(% of GDP) - Japan*, https://data.worldbank.org/indicator/MS.MIL.XPND.GD.ZS?most_recent_value_desc=true&locations=JP [https://perma.cc/QU4L-UCRM].

World Bank, *Military expenditure(current US$) - Japan*, https://data.worldbank.org/indicator/MS.MIL.XPND.CD?most_recent_value_desc=true&locations=JP [https://perma.cc/6XKB-RZVF].

World Bank, *Poverty headcount ratio at $6.85 a day(2017 PPP)(% of population) - China*, https://data.worldbank.org/indicator/SI.POV.UMIC?locations=CN [https://perma.cc/WBX4-J2D3].

World Bank, *The Global Economic Outlook During the COVID-19 Pandemic: A Changed World*, https://www.worldbank.org/en/news/feature/2020/06/08/the-global-economic-outlook-during-the-covid-19-pandemic-a-changed-world [https://perma.cc/MZ29-JJ7J].

World Bank, *The World Bank in Republic of Korea*, https://www.worldbank.org/en/country/korea [https://perma.cc/WJY8-4BJT].

World Justice Project, *Rule of Law Index 2022*(2022), https://worldjusticeproject.org/rule-of-law-index/global/2022 [https://perma.cc/E4D5-SKTE].

World Population Review, *Democracy Countries 2022*(2022), https://worldpopulationreview.com/country-rankings/democracy-countries [https://perma.cc/W843-BJ3P].

World Population Review, *Largest Countries in the World 2022*(2022), https://worldpopulationreview.com/country-rankings/largest-countries-in-the-world [https://perma.cc/MT79-LNZC].

World Population Review, *Mongolian Population 2022*(2022) https://worldpopulationreview.com/countries/mongolia-population [https://perma.cc/TU48-PEY4].

World Steel Association, *World Steel in Figures 2022*(2022), https://worldsteel.org/steel-topics/statistics/world-steel-in-figures-2022/ [https://perma.cc/S9WQ-A2LB].

World Trade Organization, *United States - Tariff Measures on Certain Goods from China*, Report of the Panel, WT/DS543/R(2020. 9. 15).

World Trade Organization, *Members continue push to commence Appellate Body appointment process*(2022. 3. 28), https://www.wto.org/english/news_e/news22_e/dsb_28mar22_e.htm [https://perma.cc/N68E-WTWP].

World Trade Organization, *Regional Trade Agreements Database*(2022. 9. 16), http://rtais.

420

wto.org/UI/PublicMaintainRTAHome.aspx [https://perma.cc/ D22X-6LVR].

World Trade Organization, *United States—Certain Measures on Steel and Aluminium Products*, Report of the Panel, WT/DS544/R(2022. 9. 22), para. 7.149.

World Trade Organization, *World Trade Statistical Review 2022*, Table A6, https://www.wto.org/english/res_e/booksp_e/wtsr_2022_e.pdf [https://perma.cc/ UYJ7-DDAS].

Wrage, Stephen D., "Germany and Japan Handle History Very Differently", *New York Times*(1995. 8. 17), https://www.nytimes.com/1995/08/17/opinion/IHT-germany-and-japan-handle-history-very-differently.html [https://perma.cc/U47K-QXL4].

Wright, Quincy, "The Manchurian Crisis"(1932) 26(1) *American Political Science Review* 45-76.

"Xi calls for closer cooperation between Chinese, Mongolian ruling parties", *Xinhuanet*(2020, 7. 4), http://www.xinhuanet.com/english/2020-07/04/c_139187996.htm [https://perma.cc/5T5B-ZS58].

Yamaguchi, Mari, "What's behind strained China-Japan relations", *AP News*(2022. 9. 28), https://apnews.com/article/taiwan-china-japan-asia-tokyo-44df15b19e710fb8da38e69deae85b53 [https://perma.cc/76RG-L3CC].

Yamaguchi, Mari, "US vows full military defense of allies against North Korea", *AP News*(2022. 10. 25), https://apnews.com/article/technology-japan-united-states-tokyo-south-korea-7397d3c81ecc6ceff76a4f0ffe25ec24 [https://perma.cc/L3AM-XYZP].

Yamaguchi, Takaya, Leika Kihaand Makiko Yamazaki, "Exclusive: Japan finance minister 'deeply concerned' over Trump tariff impact", *Reuters*(2025. 4. 17), https://www.reuters.com/world/japan-finance-minister-deeply-concerned-over-trump-tariff-impact-2025-04-17/(2025. 4. 22 접속).

Yamamura, Kozo, *Economic Policy in Postwar Japan: Growth versus Economic Democracy* (University of California Press, 1967).

Yamane, Hiroko, "Japan as an Asian/Pacific Power"(1987) 27(12) *Asian Survey* 1302-1308.

Yang, Chen, "Japan's dream for UN Security Council seat crushed by its historical mirages", *Global Times*(2020. 9. 26), https://www.globaltimes.cn/content/1202114.shtml [https://perma.cc/9BBP-KJT4].

Yeo, Hokyu, "China's Northeast Project and Trends in the Study of Koguryŏ History"(2006) 10 *International Journal of Korean History* 121-155.

Yi, Myonggu, William A. Douglas, "Korean Confucianism Today"(1967) 40 *Pacific Affairs* 43-59.

Yi, Whan-woo, " South Korea's population to shrink to 38 million by 2070 amid rising world population", *Korea Herald*(2022. 12. 26), https://www.koreatimes.co.kr/www/biz/2022/09/602_335593.html [https://perma.cc/67NM-RMGY].

Yeom, Hyun-a, "U.S. imposes 10% universal tariff, 25% on South Korean goods starting 9th", *Chosun Biz*(2025. 4. 5), https://biz.chosun.com/en/en-international/2025/04/05/RS2IBQMVWBCHDP3R5XAVBNOTII/ [https://perma.cc/LHC5-7G96].

Yoo, Seung-Mok, "Koreans Stop Going to Japan, but Japanese Still Come to Korea", *Money Today*(2019. 9. 23), https://news.mt.co.kr/mtview.php?no=2019092314261312525 [https://perma.cc/88QT-49DW].

"Yoon's approval rating rises to 38.9%: poll", *The Korea Herald*(2022. 12. 5), https://www.koreaherald.com/view.php?ud=20221205000142 [https://perma.cc/7MM2-VZ3P].

Yoshimi, Yoshiaki, *Comfort Women*(Columbia University Press, 2002).

Young, Benjamin R., "When the Lights Went Out: Electricity in North Korea and Dependency on Moscow"(2020) 29(1) *International Journal of Korean Unification Studies* 107-134.

Zagora, Donald S., "Mao's Role in the Sino-Soviet Conflict"(1974) 47(2) *Pacific Affairs* 139-153.

Zakharova, Liudmila, "Russia and Northeast Asia: Pursuing Strategic and Economic Goals"(2017) 12(4) *Global Asia* 57-61.

Zatsepine, Victor, *Beyond the Amur: Frontier Encounters between Russia and China, 1850-1930*(University of British Columbia Press, 2017).

Zhang, Feng, "Chinas Rise Will be Peaceful", in Robert S. Ross and Zhu Feng(eds.), *China's Ascent-Power, Security, and the Future of International Politics*(Cornell University Press, 2008).

Zhao, Suisheng, "Rethinking the Chinese World Order: the imperial cycle and the rise of China"(2015) 24(96) *Journal of Contemporary China* 961-982.

Zheng, Bijan, "China's 'Peaceful Rise' to Great-Power Status", *Foreign Affairs* September/October 2005, https://www.foreignaffairs.com/articles/asia/2005-09-01/chinas-peaceful-rise-great-power-status [https://perma.cc/ 5RRT-Y8MJ].

Zheng, Sara, "Three reasons China will not accept a nuclear armed North Korea",

South China Morning Post(2017. 9. 19), https://www.scmp.com/news/china
/diplomacy-defence/article/2111788/three-reasons-china-will-not-accept-n
uclear-armed-north [https://perma.cc/X3Q8-86XD].

Zheng, William, "China's Communist Party backs Xi Jinping's firm hand on Hong
Kong and Taiwan", *South China Morning Post*(2021. 11. 12), https://www.
scmp.com/news/china/politics/article/3155755/chinas-communist-party-b
acks-xi-jinpings-firm-hand-hong-kong [https://perma.cc/3K88-NYP4].

Zhou, Yu, *The Inside Story of China's High-Tech Industry: Making Silicon Valley in Beijing*
(Rowman & Littlefield, 2008)

Zubok, Vladislav, "The Soviet Union and China in the 1980s: reconciliation and
divorce"(2017) 17 *Cold War History* 121-141.

「1991년 남북한 UN 동시가입」, 『KBS World』(2018. 4. 26), http://world.kbs.co.kr/
service/contents_view.htm?lang=k&board_seq=275292(2025. 1. 18 접속).

경수현, 「일본 GDP 내년 세계 5위…독일 이어 인도에도 밀린다」, 『연합뉴스』(2024.
4. 21), https://www.yna.co.kr/view/AKR20240421047600073?utm_source
=chatgpt.com [https://perma.cc/N7LD-8SRU].

고홍길, 「'아프리카'의 남북 외교전」, 『중앙일보』(1977. 2. 26), https://www.joon
gang.co.kr/article/1457070#home [https://perma.cc/L5ND-HW8K].

「국적(지역) 및 연령별 체류외국인 현황」, 『국가통계포털』, https://kosis.kr/
statHtml/statHtml.do?orgId=111&tblId=DT_1B040A6(2022. 12. 30 접속).

김 리차드, 「집권당 역대급 참패 원인과 앞으로의 전망」, 『BBC News 코리아』(2024.
4. 11), https://www.bbc.com/korean/articles/crgyxz146x3o [https://
perma.cc/H7SU-JXZS].

김 리차드, 「국회서 불붙은 '핵무장론'…'트럼프 당선되면 우리도 핵 보유' 주장
나오는 배경은」, 『BBC 코리아』(2024. 7. 11), https://www.bbc.com/
korean/articles/cx0277v41k7o [https://perma.cc/GBM3-SHKN].

김명성, 「北, 150대 출격 선전했지만… 고철 전투기 띄우다 추락도」, 『조선일보』
(2022. 10. 15), https://www.chosun.com/politics/north_korea/2022/10/15
/NJEVJVV6WFF37AU7YHMM6VEIA4/ [https://perma.cc/5J42-EBPC].

김보광, 「12세기초 송의 책봉 제의와 고려의 대응」, 『동국사학』 제60호(2016),
pp.43-84.

김성만, 「김정은의 2015 통일대전에 대한 분석」, 『NK Chosun』(2014. 9. 15),
https://nk.chosun.com/news/articleView.html?idxno=159093(2025. 1. 19
접속).

김상철, 「실속없는 친중·친일 논쟁」, 『아주경제』(2020. 8. 23), https://www.ajunews.com/view/20200823130640749 [https://perma.cc/K539-CPU6].

김연정, 「이준석, 당원권 정지 6개월…초유의 현직 당대표 징계」, 『연합뉴스』(2021. 7. 8), https://www.yna.co.kr/view/AKR20220708004352001 [https://perma.cc/PKD5-JJ9X].

김영환, 「중화주의로서의 유학」, 『철학사상』 40호(2011), pp.3-33.

김정일, 「위대한 수령 김일성동지의 조국통일 유훈을 철저히 관철하자」, 『천리마』 통권 460(1997), pp.3-10.

「김정은, 남북 '적대적 두 국가 관계,' '통일 가능성 없다'」, 『BBC News 코리아』(2023. 12. 31), https://www.bbc.com/korean/articles/c4nyjy7l859o [https://perma.cc/7M92-B69U].

김지연, 「북, 경제난극복 러시아에 기댄다…식량·유류에 노동자 파견까지」, 『연합뉴스』(2023. 9. 13), https://www.yna.co.kr/view/AKR20230913144400504?utm_source=chatgpt.com [https://perma.cc/G79H-AGLF].

노재완, 「러 보고서 "한국, 2020년대 북 흡수통일"」, 『자유아시아방송』(2011. 11. 4), https://www.rfa.org/korean/in_focus/russiareport-11042011114933.html [https://perma.cc/TW5A-PHPJ].

「대북지원 현황」, 『나라지표』(2022. 7. 11), https://web.archive.org/web/20221008235217/https://www.index.go.kr/potal/main/EachDtlPageDetail.do?idx_cd=2784(2025. 1. 17 접속).

「대한민국 헌법」, 제4조, https://www.law.go.kr/LSW/lsInfoP.do?lsiSeq=61603&viewCls=engLsInfoR&urlMode=engLsInfoR#0000(2022. 12. 30 접속).

「대한민국과 미합중국간의 상호방위조약」(1952), https://www.archives.go.kr/next/newsearch/listSubjectDescription.do?id=005139&sitePage= [https://perma.cc/CTG3-R57F].

「대한민국과 일본국 간의 기본 관계에 관한 조약」(1965), https://treatyweb.mofa.go.kr/usr/treaty/selectTreatyInfomationDetail.do;jsessionid=FWx3Fzqfoafvy1gtF-aQvBQmKspn_PFTwD_P0xGn.treatyinter04(2025. 2. 5 접속).

마오, 프란시스, 제이크 권, 「윤석열 대통령은 왜 갑작스럽게 비상계엄을 선포했을까」, 『BBC News 코리아』(2024. 12. 4), https://www.bbc.com/korean/articles/c75w6rn5kw0o [https://perma.cc/CUJ7-UX9N].

「몽골 정부와 Rio Tinto, Oyu Tolgoi 구리 광산에서 첫 지하 생산 시작」, 『연합뉴스』(2023. 3. 14), https://www.yna.co.kr/view/RPR20230314009000353?utm_source=chatgpt.com [https://perma.cc/KX99-6J4Z].

민경진, 「中企 노동생산성 대기업의 27%인데…」, 『한겨레』(2021. 7. 11), https://www.

hankyung.com/economy/article/2021071122481 [https://perma.cc/5RL4-6MHV].

박영석, 「北, 종전 후 470회 도발해 납치·사망 4119명」, 『중앙일보』(2010. 12. 6), https://www.joongang.co.kr/article/4754445#home [https://perma.cc/B45X-XGMG].

박진용, 「윤석열 대통령 지지율 24%. 또다시 최저치[갤럽]」, 『서울경제』(2022. 9. 30), https://www.sedaily.com/NewsView/26B9WC9VMD [https://perma.cc/EH6T-6DK4].

백병훈, 「김정은의 불꽃놀이와 한몽골 국가연합」, 『파이낸셜 리뷰』(2022. 6. 7), http://www.financialreview.co.kr/news/articleView.html?idxno=22239 [https://perma.cc/3JMV-8TFD].

「北 잇따른 도발 속 日기시다, 임기 중 개헌 의욕 강조」, 『Newsis』(2022. 10. 6), https://mobile.newsis.com/view.html?ar_id=NISX20221006_0002039740 [https://perma.cc/6J85-RHPD].

산업통상자원부, 「2021년 수출액·무역액 사상 최대」(2022. 1. 4), https://www.korea.kr/news/visualNewsView.do?newsId=148897615 [https://perma.cc/3P55-EXGK].

손승철, 「사대교린(事大交隣)」, 『한국민족문화대백과사전』(1998), http://encykorea.aks.ac.kr/Contents/Index?contents_id=E0025448 [https://perma.cc/7H76-QLY6].

신상구, 「4.19 혁명의 원인과 경과와 영향과 역사적 평가」, 『대전문화신문』(2021. 4. 20), http://djmunhwa.kr/news/view.php?no=8574 [https://perma.cc/SX8J-848K].

신창용, 김용례, 「우크라 통한 러시아산 가스 유럽 공급 새해 첫날 중단」, 『연합뉴스』(2025. 1. 1), https://www.yna.co.kr/view/AKR20250101042751009?utm_source=chatgpt.com [https://perma.cc/9F44-XDS9].

안병직, 『한국경제 성장사』(서울대 출판부, 2001).

안준현, 김도연, 안태민, 최하연, 서일원, 장윤, 「尹 구속부터 시위대 진압까지 '법원 난동' 3시간 재구성」, 『조선일보』(2025. 1. 20), https://www.chosun.com/national/incident/2025/01/19/KYDUYEAIBNEE3PGHFTYZMVJWL4/ [https://perma.cc/4XUG-W6JJ].

「외환보유액」, 『국가통계포털』, https://kosis.kr/statHtml/statHtml.do?orgId=301&tblId=DT_038Y001&vw_cd=&list_id=&scrId=&seqNo=&lang_mode=ko&obj_var_id=&itm_id=&conn_path=E1(2025. 1. 19 접속).

유상철, 「시진핑 권력 절정인데…후진타오 그리워하는 목소리, 왜」, 『중앙일보』

(2019. 10. 27), https://www.joongang.co.kr/article/23616322#home [https:// perma.cc/AU59-EL2R].

「윤 대통령 구속결정…경찰 '서부지법 난동' 수사전담팀 구성」, 『BBC News 코리아』 (2025. 1. 19), https://www.bbc.com/korean/articles/c99yyzdlv10o [https:// perma.cc/WYK6-SBQN].

「윤석열 대통령 탄핵소추안 가결」, 『BBC News 코리아』(2024. 12. 4), https://www.bbc. com/korean/articles/c07g1mnpgv7o [https://perma.cc/JPQ5-2SUU].

윤종주, 「실향민(失鄕民)」, 『한국민족문화대백과사전』(1995), http://encykorea. aks.ac.kr/Contents/Item/E0033696 [https://perma.cc/5HXN-PFVJ].

이대근, 『해방후 1950년대의 경제』(삼성경제연구소, 2002).

이상현, 「북러, 경제공동위 의정서 조인…"다방면 협력사업 활성화"」, 『연합뉴스』 (2023. 11. 16), https://www.yna.co.kr/view/AKR20231116009900504?utm _source=chatgpt.com [https://perma.cc/JL3E-4CUS].

이세원, 「日정부, 난징학살 부정학파 인용한 의견서 유네스코 제출」, 『연합뉴스』 (2015. 11. 6), https://www.yna.co.kr/view/AKR20151106088700073 [https://perma.cc/WQF2-HS8A].

이재영, 권가원, 「한국과 몽골의 경제협력 현황과 증진방안」, 『오늘의 세계경제』 제16권 제15호(2016), pp.1-22.

이정훈, 「삼성 날고 다른 재벌 '경제력 집중' 커졌는데…윤 정부 정책은 '친재벌'」, 『한겨레』(2022. 6. 27), https://www.hani.co.kr/arti/economy/marketing/ 1048550.html [https://perma.cc/AB4Q-C5QE].

이종구, 「日, 혁신세력 몰락과 경기침체로 '총체적 보수화'」, 『프레시안』(2005. 3. 28), https://www.pressian.com/pages/articles/46252(2022. 12. 22 접속).

이혜운, 「85년생 中천재가 눌러버린 美 콧대…'딥시크', 챗GPT도 위협」, 『조선일보』 (2025. 1. 28), https://www.chosun.com/economy/money/2025/01/28/24 CEYO4F6FF4TMWWHY3GJUEDGA/ [https://perma.cc/65TK-95PE].

「일본 "북한에 반격능력 행사, 한국 허가 필요없어…자체판단"」, 『연합뉴스』(2022. 12. 17), https://www.yna.co.kr/view/AKR20221217031400704 [https:// perma.cc/3RNX-TU5P].

「일본국 헌법」, 제9조, https://japan.kantei.go.jp/constitution_and_government_ of_japan/constitution_e.html [https://perma.cc/R5ZY-9L4J].

임병도, 「일본 순시선, 최근 5년간 440회 독도 인근 해역 출몰」, 『아이엠피터 News』 (2021. 10. 5), http://www.impeternews.com/news/articleView.html?i dxno=60398 [https://perma.cc/JUZ6-PV2L].

「재산 및 청구권 문제의 해결과 경제 협력에 관한 협정」(1965), https://www.

law.go.kr/LSW/trtyInfoP.do?mode=4&trtySeq=3678&chrClsCd=0102 [https://perma.cc/4HHG-BW5J].

정흥모, 「몽골의 정치발전: 몽골 민주주의의 예외성을 중심으로」, 『국제학논총』 (2022), pp.55-90.

전재우, 「북·러 관계 강화와 중국: 지정학적 시각에서」, 동아시아연구원(2024. 12. 10), https://www.eai.or.kr/new/ko/pub/view.asp?board=kor_issue briefing&intSeq=22813&utm_source=chatgpt.com [https://perma.cc/5LL7-PCGP].

전준범, 「원자재 수입 사상 첫 월 300억弗 돌파…자원외교 시험대 선 차기 정부」, 『Chosun Biz』(2022. 3. 10), https://biz.chosun.com/policy/policy_sub/2022/03/10/QDC7IJIO5BD6PBDLUGJUEQOHLU/ [https://perma.cc/Q47F-AWRR].

전홍택, 「북한의 경제발전: 1945-1995」, 『경제개발연구』 제1권(1995).

정남구, 「미 "일본 개헌은 일본 문제" 사실상 개정 찬성」, 『한겨레』(2013. 5. 3), https://www.hani.co.kr/arti/international/international_general/585883.html [https://perma.cc/QA87-U4VT].

「조미수호통상조약」(1882), https://contents.history.go.kr/mobile/hm/view.do?levelId=hm_115_0060 [https://perma.cc/P4U2-LG6N].

조아라, 「한일회담 과정에서의 미국의 역할: 케네디 정권기 청구권 교섭을 중심으로」, 『일본비평』 통권 10호(2014), pp.270-307.

「지니계수」, 『나라지표』 https://www.index.go.kr/unity/potal/main/EachDtlPageDetail.do?idx_cd=1407 [https://perma.cc/SYD6-TGD2].

차두현, 「2023년 북한 동향 분석: 핵집착의 지속과 경로종속성」, 『이슈브리프』, 아산정책연구원(2023. 10. 13).

최은미, 「박근혜 정부의 「동북아평화협력구상」은 왜 사라졌을까?: 동북아 다자협력을 위한 (신)기능주의적 접근의 도전과 한계」, 『국가전략』 제26권 제3호(2020), pp.18-208.

최정일, 「한국 - 몽골의 협력 방안에 대한 새로운 모색 - 정치·경제적 고찰을 중심으로」, 『사회융합연구』 제2권 체1호(2018), pp.29-36.

최태호, 「무역(貿易)」, 『한국민족문화대백과사전』(1995), http://encykorea.aks.ac.kr/Contents/Item/E0019151 [https://perma.cc/9YZE-JBLV].

통일부, 「최근현황」, https://www.unikorea.go.kr/unikorea/business/NKDefectorsPolicy/status/lately/?utm_source=chatgpt.com/ [https://perma.cc/4BY2-KVT3].

하주희 「의료 대란 어쩌다 여기까지 왔나」, 『월간조선』(2024. 11), https://m.

monthly.chosun.com/client/news/viw.asp?ctcd=C&nNewsNumb=202411
    100020 [https://perma.cc/K5UW-4A2L].
「한국 - 몽골 국가연합론 세미나」, 『신동아』(2007. 6), pp.334-337.
한국은행, 「1996년 북한 GDP 추청결과」, 통화정책 보도자료(1997. 12. 2).
한국은행, 「한국의 주요 산업생산 지도」(2021. 6).
한상미, 「북한 김일성, 1965년 제2의 남침 준비⋯중국에 파병 요청」, 『VOA』(2013.
    10. 24), https://www.voakorea.com/a/1775964.html [https://perma.cc/ 24S8-
    DE8F].
행정안전부, 「지방자치」, https://www.pa.go.kr/research/contents/policy/index10.
    jsp [https://perma.cc/F9RA-V8BQ].
홍제성, 「〈韓-몽골 협력〉 ⑦ 오송 주몽골 대사 "몽골 인구 10% 이상이 한국경험자」,
    『연합통신』(2016. 7. 10), https://www.yna.co.kr/view/AKR20160709031
    400083 [https://perma.cc/77CA-JZNU].
황의방, 『베트남과 그 이웃 중국』, 창비(2000).
황재하, 「日수출규제, 한국 반도체 산업 견제하기 위한 것일 수도」, 『연합뉴스』(2019.
    7. 12), https://www.yna.co.kr/view/AKR20190712026700008 [https://perma.
    cc/9UGP-R5CS].